Remo H. Largo | Monika Czernin
Glückliche Scheidungskinder

Remo H. Largo | Monika Czernin

Glückliche Scheidungskinder

Was Kinder nach der Trennung brauchen

Mit 21 Abbildungen und Grafiken

Piper München Zürich

Mehr über unsere Autoren und Bücher:
www.piper.de

Für Eva, Helena, Kathrin und Johanna

ISBN 978-3-492-05602-1
© Piper Verlag GmbH, München 2014
Redaktion der Neuausgabe: Margret Trebbe-Plath
Gesetzt aus der Scala
Gesamtherstellung: Kösel, Krugzell
Printed in Germany

Inhalt

Einleitung 8

Teil 1 Die Trennung: Das Kind ins Zentrum stellen 19

Wie sagen wir es unserem Kind? 20

Was verstehen Kinder unter Liebe, Ehe, Trennung und Scheidung? 35

Warum reagieren ältere Kinder anders auf eine Trennung als jüngere? 49

Wieso leiden Kinder in den ersten Lebensjahren seltener unter der Scheidung? 56

Warum die Trennung besonders für Kinder im Schulalter belastend ist 59

Wie Jugendliche die Trennung der Eltern aufnehmen 63

Wie sehr vermissen Eltern und Kinder einander? 74

Teil 2 Der Alltag danach: Getrennt leben, gemeinsam erziehen 81

Was ändert sich nach der Trennung? 82

Woher wissen wir, ob es dem Kind gut geht? 95

Wie viele verschiedene Zuhause verträgt ein Kind? 111

Welche Betreuung braucht ein Kind? 126

Wie gemeinsame Elternschaft trotz allem gelingen kann 143

Teil 3 Gefühle und Werte: Das Kind behutsam begleiten 159

Kann es den Kindern gut gehen, wenn es den Eltern schlecht geht? 160

Warum Kinder unter dem Streit der Eltern leiden 181

Was bewirken Familienideale bei Eltern und Kindern? 206

Teil 4 Patchwork und Co.: Leben in verschiedenen Familienformen 219

Was geschieht mit den Kindern, wenn sich die Eltern neu verlieben? 220

Wie fühlen sich die Kinder und was erwarten die Eltern von ihrer neuen Familie? 242

Wie wachsen Kinder in einer Patchworkfamilie zusammen? 259

**Teil 5 Erwachsene Scheidungskinder:
Licht und Schatten** 269

Welche Auswirkungen haben Konflikte und Trennung auf das spätere Leben der Kinder? 270

**Teil 6 Familie und Gesellschaft:
Zusammenleben heute** 283

Wie sich die Lebensformen verändert haben 284

Wie können Gesetzgeber und Gerichte helfen? 295

Warum wir einen neuen Begriff von Elternschaft brauchen 307

Nachwort 312

Dank 315

Anhang 317

Glossar 318

Fragebögen 325

Literatur 334

Register 342

Bildnachweis 349

Einleitung

Es war an einem verregneten Sonntag in Zürich vor zwölf Jahren. Remo Largo und ich wollten eine gemeinsame Lesung über die Entwicklung eines Kindes vom Säugling zum Kleinkind vorbereiten, seinen Erläuterungen über die Besonderheiten der kindlichen Entwicklung sollten meine mütterlichen Reflexionen gegenüberstehen. Videosequenzen über wackelige Krabbelversuche und den Triumph der ersten Schritte wurden gesichtet sowie Dias über die ungebremste Forscherlust von Zweijährigen aus Remos reichem Bilderfundus hervorgekramt. Dann, noch bevor wir uns mit den Einzelheiten des Programms auseinandersetzen konnten, platzte es in einer Mischung aus Verzweiflung und eiserner Haltung aus mir heraus.

»Wir haben uns getrennt!«

Ich hatte mir vorgenommen, das Gespräch auf meine persönliche Situation zu lenken – allerdings erst nach getaner Arbeit und zu angemessener Zeit. Würde Remo Largo, Entwicklungsspezialist und feinfühliger Kenner der Kinderseele, mir vielleicht sagen können, was nun aus meiner damals dreijährigen Tochter werden wird? Diese Frage lastete schwer auf meinen Schultern.

»Wenn ihr als Eltern die Bedürfnisse eurer Tochter weiterhin ausreichend abdeckt und es euch selbst nach der Trennung gut geht, wird nichts passieren«, sagte er.

Meine Tochter war mit nach Zürich gereist. Sie war früh aufgestanden, die ganze Autofahrt über hellwach geblieben und erst kurz vor Zürich eingeschlafen. Wenn sie allerdings einmal schlief, war sie kaum zu wecken, und so hielt ich mein schlummerndes Mädchen im Arm, während ich redete.

»Du meinst, sie würde keinen Schaden nehmen, wenn wir uns trennten und schließlich auch scheiden lassen würden?« Ich war einigermaßen erstaunt. »Wahrscheinlich meinst du, der Schaden ließe sich begrenzen, könnte – gemessen an dem Schaden, den unglückliche, sich ewig streitende Eheleute anrichten – vielleicht sogar das kleinere Übel sein? Aber kein Schaden?«

»Trennung und Scheidung sind für die Eltern sehr schmerzhafte Erfahrungen. Aber für das Kind muss eine Trennung nicht zu einer unvermeidlichen und vor allem langfristigen Tragödie werden. Im besten Fall wird das Kind in seinem Wohlbefinden gar nicht oder nur vorübergehend beeinträchtigt. Es erlebt die Trennung dann als negativ, wenn es nicht mehr ausreichend betreut wird, seine Grundbedürfnisse nicht mehr wie bisher befriedigt werden oder das Kind unter den negativen Gefühlen und dem Streit zwischen den Eltern leidet.«

Das saß. Ich hatte schon etliche Bücher zum Thema durchgepflügt, mich auf mein Wissen als Pädagogin konzentriert, aber eine derart radikale Antwort hatte ich bisher nicht gefunden. Stattdessen wurden Schuldgefühle geschürt. »Scheidungskinder machen in der Schule Schwierigkeiten.« »Sie verlieren einen Elternteil und dann auch noch den anderen, wenn er sich wieder verliebt.« »Sie wollen um jeden Preis, dass ihre Eltern wieder zusammenfinden.« »Als Erwachsene sind sie weniger bindungsfähig.« Und nun also das: kein bleibendes Trauma? Keine Kindheit zweiter Klasse? Sondern eine Kindheit wie jede andere? Möglicherweise sogar eine glückliche Kindheit? Darüber wollte ich mehr erfahren, herausfinden, worauf es dabei ankommt, und diese Erfahrungen schließlich mit anderen Menschen teilen. Zwei Jahre lang führten Remo Largo und ich damals Gespräche über die Auswirkungen von Trennung und Scheidung auf die Kinder und entwickelten dabei unsere Vorstellungen, die wir zu Papier gebracht und für das Buch aus Überzeugung den Titel »Glückliche Scheidungskinder« gewählt haben.

Oft half mir Remo während dieser Zeit, »das Problem Trennung« richtig zu analysieren, falsche Schuldgefühle zu zerstreuen und den Blick für die tatsächliche Verantwortung meinem Kind gegenüber zu stärken. Einmal, als ich beruflich verreisen wollte, obwohl meine Tochter mich gerade sehr brauchte, redete er mir derart ins Gewissen, dass ich auf der Stelle einen Bandscheibenvorfall bekam und zu Hause blieb. »Kann es sein, dass du zu wenig Zeit für deine Tochter hast und sie dich deshalb nicht

Der Wandel der Familie von der traditionellen Großfamilie ...

loslassen will? Ich denke nicht, dass die Scheidung daran schuld ist!«

Das war einer jener Schlüsselsätze. Nicht die Scheidung, nicht die Familienform bestimmt, ob es einem Kind gut geht, sondern ob und wie wir seine Bedürfnisse wahr- und ernstnehmen. Das ist einerseits die befreiende Nachricht für alle Eltern, die Angst haben, ihre Kinder würden durch Trennung und Scheidung Schaden nehmen. Andererseits fordert dieser Satz die Eltern heraus, die Erziehungsaufgabe, die sie mit der Geburt ihrer Kinder übernommen haben, auch wirklich zu erfüllen – in welcher Familienform sie auch leben.

Die Überarbeitung

Das ist jetzt zwölf Jahre her, und seitdem hat sich vieles verändert, weshalb wir unser Buch komplett überarbeitet und in eine neue Form gebracht haben. Während wir 2003 mit unserem durchaus provokativen Titel »Glückliche Scheidungskinder« oft aneckten, setzte sich die Sicht, dass Scheidungskinder genauso glücklich

... zur heutigen Kleinfamilie

aufwachsen können wie Kinder aus sogenannten Kernfamilien, in den folgenden Jahren immer mehr durch. Trennungen sind heute kein Tabu mehr, und Scheidungskinder gibt es in jeder Schulklasse. Vieles von dem, was wir als kindgerechten Weg im Umgang mit Trennung und Scheidung für wichtig halten, wird heute von Erziehungsberatungsstellen und Familientherapeuten ähnlich gesehen. So herrscht Einigkeit darüber, dass die Beziehung zwischen den Eltern und Kindern nach der Trennung entscheidend dafür ist, ob die Kinder mit der neuen Lebenssituation zurechtkommen oder nicht. Andererseits bleibt gerade die Trennung der Paar- von der Elternebene für viele Mütter und Väter eine große und oftmals schwierige Herausforderung.

Mit der Überarbeitung des Buches wollen wir auch dem sozialen Umbruch, der in unserer Gesellschaft gegenwärtig stattfindet, Rechnung tragen. Dabei geht es in erster Linie um die neuen Formen des familiären Zusammenlebens. 2011 bestanden in Deutschland 20 Prozent der Familien aus einem alleinerziehenden Elternteil mit Kind oder Kindern, 15 Jahre zuvor waren es noch 14 Prozent (Familienreport 2012). 2012 kamen in der Schweiz 82 164 Kinder auf die Welt; 14 268 waren Kinder lediger Mütter (17,5 Prozent).

Immer mehr Paare entscheiden sich bewusst dafür, nicht zu heiraten und trotzdem eine Familie zu gründen. Diese und andere neue Formen des Zusammenlebens bekräftigen uns in der Grundhaltung, die wir bereits in der Erstausgabe dieses Buches eingenommen haben: Entscheidend für das Kindeswohl ist nicht die Familienform, sondern die Art und Weise, wie Eltern mit ihren Kindern umgehen.

Auch die gesellschaftlichen Institutionen haben auf die neue familiäre Wirklichkeit reagiert, und ein ganzes Heer von Hilfs- und Beratungseinrichtungen ist entstanden. Das Bewusstsein, dass Trennung und Scheidung nicht nur das Paar, sondern vor allem deren Kinder betrifft, ist gewachsen, das Kindeswohl ist zu einem großen Wort geworden. Nur – und das ist der zweite Grund für diese Neubearbeitung – ist deshalb schon alles gut? Werden die Kinder mit ihren Bedürfnissen stärker berücksichtigt? Zwar richtet sich heute der Blick öfter auf die Kinder, doch was genau sie für ihr Wohl wirklich brauchen, scheint nach wie vor unklar zu sein. Wie erleben die Kinder den Alltag in Trennungs- und Scheidungsfamilien? Wie viele pendeln zwischen ihren Eltern hin und her, und unter welchen Umständen ist das Pendeln für die Kinder tragbar, wann hingegen eine zu große Belastung? Wie lebt es sich in so komplexen sozialen Gebilden wie der Patchworkfamilie? Was an der neuen Familienwelt ist wirklich kindgerecht und was nur elterngemäß? Wie sehr erschweren die ungünstigen Rahmenbedingungen in Gesellschaft und Wirtschaft Eltern in ausreichendem Maße für ihr Kind zu sorgen?

Wie bereits bei der ersten Ausgabe des Buches stellte sich auch bei der Überarbeitung immer wieder heraus, dass viele der angesprochenen Probleme nicht spezifische Scheidungsprobleme sind, sondern auch die sogenannten Normalfamilien belasten und zu den »großen« Problemen und Ungereimtheiten unserer Zeit gehören. Allen voran das Thema Zeit, Zeit für Kinder, Zeit für Familie, Zeit für individuelle Bedürfnisse und Interessen. Zeit ist zu einem der kostbarsten Güter geworden, die Eltern ihren Kindern geben können.

Der Aufbau des Buches

Das Buch besteht aus sechs überarbeiteten Teilen. Jeder Teil kann für sich gelesen werden. In Teil 1 geht es um die Zeit vor und nach der Trennung. Alle Eltern fragen sich, wie sie ihren Kindern die Trennung erklären sollen. Worauf kommt es dabei an, und was davon verstehen Kinder überhaupt? In welchem Alter reagieren sie besonders empfindlich und warum? Ausführlich wird auf eine vorausschauende, möglichst bereits vor der Trennung vorgenommene, umsichtige Planung und Organisation des Kinderlebens, insbesondere der zukünftigen Kinderbetreuung, hingewiesen.

In Teil 2 befassen wir uns mit dem Alltag nach der Trennung. Wer wohnt wo, und welche Konsequenzen ergeben sich daraus für das Kind? Woran erkennen wir, ob es ihm gut geht, und woher wissen wir, ob es mit der neuen Lebenssituation zurechtkommt? Welche Herausforderungen haben die Eltern nach der Trennung zu meistern? Wie kann man als Paar getrennt leben, aber dennoch als Eltern die Kinder gemeinsam erziehen?

Teil 3 widmet sich den Gefühlen und Emotionen aller Beteiligten. Hier versuchen wir zu klären, warum Streit für Kinder so schädlich ist, was Kinder in hochkonflikthaften Fällen durchleiden und wie Eltern trotz großer Schwierigkeiten zu einer konstruktiven gemeinsamen Haltung finden können.

In Teil 4 wenden wir uns der Vielfalt des Zusammenlebens zu. Ob Stief- oder Patchworkfamilie, Living-apart-together- oder Einelternfamilie: Die Familie muss sich wandeln, Stief- und Halbgeschwister müssen integriert und der anspruchsvolle Alltag gemeistert werden – eine große Herausforderung für alle.

Teil 5 beschäftigt sich mit der Frage, was aus Scheidungskindern wird, wenn sie erwachsen werden. Wie wirken sich die oftmals Jahre zurückliegende Trennung und Scheidung auf ihre Beziehungsfähigkeit aus? Welche Erwartungen und Befürchtungen haben sie bezüglich Partnerschaft und Elternschaft?

In Teil 6 werfen wir einen Blick auf den Wandel, den die Familie in den vergangenen Jahren durchgemacht hat, und fragen uns, welche Auswirkungen dieser Wandel auf Eltern und Kinder hat und in Zukunft haben wird. Gesetzgeber, Gerichte und Fürsorgestellen haben sich in den letzten Jahren sehr bemüht, Anpassungen – beispielsweise beim gemeinsamen Sorgerecht – an die veränderten Lebensweisen vorzunehmen. Die familienergänzende Kinderbetreuung hat weiter an Bedeutung gewonnen. Uns geht es bei den ganzen gesellschaftlichen Veränderungen darum, die Elternschaft als eine unkündbare Verpflichtung fest im Bewusstsein aller zu verankern.

In allen Teilen des Buches begegnen wir Kindern und ihren Eltern, Stiefeltern, Großeltern und Geschwistern. Anna zum Beispiel. Die Geschichte des Mädchens, ihrer Mutter Valerie und ihres Vaters bildet den roten Faden des Buches. Valerie ist bestimmt keine perfekte Mutter. Ihre Lebensumstände sind glücklich und ihre Beziehung zu Anna innig. Ihre größte Stärke liegt darin, dass sie Anna gut »lesen« kann. Die beiden schaffen es immer wieder, die Herausforderungen des Lebens zu meistern. Mit Anna und ihren Eltern wollen wir einen positiven Verlauf von Trennung und Scheidung nachvollziehbar machen. Dazwischen gibt es viele andere Lebensgeschichten von Kindern und den dazugehörigen Erwachsenen. Manche dramatisch, andere haben wir wegen ihrer aufschlussreichen Details ausgewählt. Wir haben uns bemüht, die ganze Breite der Lebenswirklichkeiten von Scheidungskindern abzubilden. Alle Geschichten basieren auf Interviews, den Ergebnissen diverser empirischer Studien, Forschungsarbeiten und unseren eigenen Erfahrungen. All jenen, die uns Einblick in ihr Leben gewährt haben, danken wir an dieser Stelle.

In der Überzeugung, dass jedes Kind einmalig ist und jede Lebenssituation nur aus sich heraus beurteilt werden kann, versuchen wir verallgemeinernde Ratschläge zu vermeiden. Stattdessen haben wir uns einer dialogischen Wahrheitssuche verschrieben, die unsere persönlichen Auffassungen und Erfahrungen mit Kindern und Scheidungskindern am besten wiedergibt.

Durch unseren Ansatz entsteht – so hoffen wir – ein korrigiertes Bild der Lebenswirklichkeit von Scheidungskindern, ein besseres Verständnis der Kinder und neue Handlungsmöglichkeiten für Eltern, Großeltern, Kindergärtner, Lehrer, Fachleute und Anwälte.

Wir beide, Remo Largo und Monika Czernin, sind überzeugt, dass Kinder auch als Trennungs- und Scheidungskinder glücklich aufwachsen können. Ihre Bedürfnisse nach Geborgenheit, sozialer Anerkennung und Entwicklung wahrzunehmen und zu erfüllen ist nicht eine Frage des Familienmodells, sondern der Beziehungsbereitschaft und Erziehungshaltung der für sie verantwortlichen Erwachsenen. Deshalb heißt der Schlüssel zu einem glücklichen Aufwachsen nicht: Scheidung ja oder nein?, sondern: Wie können wir als verheiratete oder geschiedene Eltern das Verhalten unserer Kinder richtig lesen und auf ihre Bedürfnisse angemessen eingehen.

Niemand kann über ein solch anspruchsvolles und vielschichtiges Thema wie »Scheidungskinder« schreiben, ohne seine ganz persönlichen Erfahrungen und Werthaltungen in die Texte einfließen zu lassen. Bei Monika Czernin liegt die Scheidung zwölf, bei Remo Largo 28 Jahre zurück. Unsere Kinder sind als Scheidungskinder großgeworden. In einem Nachwort geben wir den Lesern und Leserinnen Einblick in unser eigenes bisheriges Familienleben.

Unser Anliegen

Die Grundaussage der Erstausgabe haben wir vollumfänglich übernommen: Nur die Eltern können es richten. Darauf werden wir in diesem Buch immer wieder zurückkommen. Wir möchten die Eltern im Umgang mit ihren Kindern möglichst kompetent machen. Unser erstes Anliegen, das auf dem Fit-Konzept (Largo 1999) beruht, geht von folgender Annahme aus: Damit sich ein Kind gut entwickeln kann, müssen seine drei Grundbedürfnisse ausreichend befriedigt werden:
- *Geborgenheit:* Jedes Kind will sich geborgen fühlen. Dazu braucht es vertraute und verfügbare Bezugspersonen. Die bedingungslose Bindung des Kindes an seine Eltern und andere Bezugspersonen sorgt für jene emotionale Sicherheit, die für sein Wohlbefinden und seine Entwicklung notwendig ist. Eltern und Bezugspersonen sollen dem Kind auch nach Trennung und

Scheidung möglichst erhalten bleiben, dann wird es sich auch weiterhin geborgen fühlen.
- *Soziale Anerkennung:* Mit seinen sozialen Kompetenzen, seinem Wesen und seinen Begabungen erobert sich das Kind einen Platz in der Gemeinschaft der anderen Kinder. Von diesen angenommen, wegen seiner Fähigkeiten und seinem sozialen Wesen geschätzt zu werden, wird für jedes Kind ab dem dritten Lebensjahr immer wichtiger. Gleichaltrige und Freunde sind von elementarer Bedeutung. Bei Trennung und Scheidung sollten seine Beziehungen zu den Gleichaltrigen möglichst erhalten bleiben.
- *Entwicklung:* Jedes Kind hat einen genuinen Drang, seine Fähigkeiten möglichst gut auszubilden. Ihm die einzelnen Entwicklungsschritte zu ermöglichen ist die Aufgabe der Eltern, der Schule und der Gesellschaft. Trennung und Scheidung sollten sich als emotionale Krisen auf die Entwicklung und Leistungsbereitschaft des Kindes möglichst wenig auswirken.

Die wohl größte Herausforderung in Betreuung und Erziehung besteht darin, dass jeder dieser drei Lebensbereiche von Kind zu Kind und je nach Alter unterschiedlich bedeutungsvoll ist. Es gibt richtige Mama-Kinder. Sie hängen noch beim Schuleintritt am Rockzipfel der Mutter. Andere Kinder hingegen gleiten schon mit drei Jahren ihrer Mutter immer wieder von der Hand, weil sie emotional bereits etwas unabhängiger sind. Manche Kinder brauchen ausgedehnte Kontakte zu anderen Kindern, andere wiederum können gut allein spielen. Im Schulalter ziehen einige Kinder ihre Befriedigung vor allem aus ihren schulischen und sportlichen Leistungen, andere lesen gern Bücher, können stundenlang für sich die Welt erforschen und sind wenig auf die Bestätigung durch ihre soziale Umwelt angewiesen. Wieder andere suchen vor allem Erfahrungen im zwischenmenschlichen Bereich und tauschen sich rege mit Freunden und Gleichaltrigen aus.

Erwachsene, Eltern, Erzieherinnen, Lehrerinnen und Fachleute im Sozialwesen sollten sich um eine möglichst gute Übereinstimmung zwischen den individuellen Bedürfnissen und Entwicklungseigenheiten des Kindes und seinem Umfeld bemühen. Wenn es dem Kind in diesen drei Grundbereichen gut geht, fühlt es sich wohl, ist aktiv und kann ein gutes Selbstwertgefühl entwickeln. In Krisensituationen wie Trennung und Scheidung kann dieses Gefüge ins Wanken geraten, was zu Verhaltensauffälligkeiten sowie körperlichen und psychosomatischen Störungen führen kann. Gelingt es den Erwachsenen auch in für sie schweren Zeiten, ausreichend auf die Grundbedürfnisse des Kindes einzugehen, wird es die Trennung und die Zeit danach ohne größere Verunsicherung und Beeinträchtigung seiner Entwicklung überstehen.

Unser zweites Anliegen ist es, Eltern deutlich zu machen, dass sie schon im Vorfeld der Trennung ihr Kind in den Mittelpunkt ihrer Überlegungen stellen sollen. In den vergangenen Jahren haben wir immer wieder die Erfahrung gemacht, dass je früher sich Eltern, die auf eine Trennung zusteuern, mit den möglichen Auswirkungen auf ihre Kinder beschäftigen, desto besser gelingt es ihnen, die Kinder während der Krise im Blick zu behalten. Doch dazu brauchen wir ein neues gesellschaftliches Bewusstsein. Ohne Einigung keine Trennung, könnte es, knapp gesagt, lauten. Damit sind nicht nur die organisatorischen Belange gemeint, sondern vor allem das emotionale und zeitliche Engagement der Eltern. Und es gibt Länder, die das so handhaben. In Norwegen können Paare erst vor den Scheidungsrichter treten, wenn sie eine gemeinsame Vereinbarung zur weiteren Erziehung und Betreuung ihrer Kinder vorzuweisen haben.

Die rechtlichen und erzieherischen Vorstellungen hierzulande gehen immer noch zu sehr vom Recht der Eltern an ihren Kindern aus und zu wenig von ihrer Verpflichtung den Kindern gegenüber – oder anders gesagt vom Recht der Kinder auf Eltern, die auf ihre Bedürfnisse eingehen und für ihr Wohl Sorge tragen. Deshalb unterscheiden wir nach wie vor nicht trennscharf zwischen Besitzrechten und Verantwortungsverpflichtungen den Kindern gegenüber. »Ist es nicht schön, ein eigenes Kind zu *haben*«, sagte eine Bekannte zu mir, als meine Tochter zur Welt kam. »Am Wochenende *hat* der Vater die Kinder«, ist die allgemein übliche Sprachweise für den Umstand, dass die Kinder am Wochenende bei ihrem Vater sind, leben, von ihm betreut werden und sich dort hoffentlich wohl fühlen. »Die Ferien teilen wir auf, sodass wir die

Kinder gleich viel *haben*.« »*Hast* du in den Ferien das Kind oder der Vater?« und so weiter. Diese uns oftmals gar nicht bewusste, aus einer tausendjährigen Geschichte stammende Grundhaltung, dass Kinder ihren Eltern gehören, ihr Eigentum sind, spukt in zahlreiche Regelungen und Verhaltensweisen hinein und wird oft erst bei der Trennung und Scheidung offensichtlich. Viele Vereinbarungen sehen dann zwar so aus, als wären sie kindgerecht, entpuppen sich bei näherem Hinsehen jedoch vor allem als elterngemäß.

Um diesen notwendigen Paradigmenwechsel hin zu einer umfassenden Wahrnehmung der Kinder geht es in dem Buch. Außerdem geben wir den Eltern im Anhang Fragebögen zur Hand, die es ihnen erleichtern sollen, einen kindgerechten Blick auf ihre Familiensituation zu werfen und das eigene Verhalten danach abzuklopfen, ob die Bedürfnisse der Kinder ausreichend wahrgenommen werden.

Im Mittelpunkt unseres Buches steht der Leitgedanke der »unkündbaren Elternschaft«. Stellen Sie sich einmal vor, es wäre verpflichtend, sich schon bei der Eheschließung darauf zu einigen, dass auch im Falle einer Trennung das Paar in gemeinsamer Verantwortung die Bedürfnisse der Kinder wahrnehmen und erfüllen wird. Also zu einem Zeitpunkt, an dem man dies gern und leicht unterschreibt. Die Kirche könnte, wie auch die Standesbeamten, diesen Paragrafen in ihre jeweiligen Zeremonien aufnehmen. Wie eine solch unkündbare Elternschaft – in ihrer ganzen Vielfalt möglichen Zusammenlebens – gelebt werden kann, wollen wir in unserem Buch aufzeigen.

Remo Largo • Monika Czernin
November 2013

Teil 1
Die Trennung: Das Kind ins Zentrum stellen

Wie sagen wir es unserem Kind?

»Weißt du«, versuchte Verena Alexandra beim Frühstück in ein Gespräch zu verwickeln. Sie dehnte die Worte, wusste nicht recht, wie sie ihrer vierjährigen Tochter erklären sollte, dass sie und Tilmann am Vortag bei Gericht gewesen waren, um die Scheidung einzureichen. Sie meinte, ihrer Tochter diese folgenschwere Entscheidung irgendwie mitteilen zu müssen. Möglichst schonend versteht sich, aber offen und ehrlich. Deshalb wählte sie die Worte behutsam und kontrollierte den Tonfall ihrer Stimme. »Dein Vater und ich waren verheiratet. Dann haben wir uns aber nicht mehr so gut verstanden, und deshalb haben der Papa und ich uns jetzt scheiden lassen.« Prüfend blickte sie in Alexandras Gesicht. War sie schockiert? Sie versuchte Alexandras blaue Augen zu ergründen. Sie hatten einen warmen Glanz. Ihr Mädchen wirkte weder irritiert noch traurig. Dennoch fügte Verena schnell noch einen Satz aus dem Scheidungsratgeber hinzu, den sie gerade gelesen hatte. »Aber weißt du, Papa und Mama haben dich immer lieb und werden auch weiterhin für dich da sein.« Geschafft, dachte Verena. Damit hätten wir die Dinge erst einmal geklärt. Ganz ruhig, zuversichtlich und mit einer positiven Botschaft am Ende. Doch Alexandra schien mit ihren Gedanken ganz woanders zu sein. »Warum kleben die so zusammen?«, wollte sie von ihrer Mutter wissen und zeigte auf die Cornflakesschachtel. Dann verstreute sie den halben Packungsinhalt, weil sie auf der Suche nach den Pokemonstickern war. Alexandras Verhalten machte Verena ratlos. Sollte sie ihr alles noch einmal erklären oder die Vierjährige nun in den Kindergarten bringen? Sie entschied sich für Letzteres und packte Alexandras Rucksack. Brotbox. Einen Regenschutz. Es sah ganz nach Regen aus, dachte Verena, während Alexandra ihr wie jeden Morgen alle möglichen Geschichten aus dem Kindergarten erzählte. Wer mit wem und warum der Leo gestern schon wieder so gemein war und so weiter.

Monika Czernin: Warum interessiert sich die vierjährige Alexandra nicht für die Scheidung ihrer Eltern? Unterdrückt sie den ihr zugefügten Schmerz einfach? Die Psychologie spricht da häufig

von Verdrängung. Der Trennungsschmerz sei zu groß, als dass ein kleines Kind sich damit konfrontieren könne. Deshalb verdränge es ihn einfach.
Remo Largo: Es ist sicher richtig, dass nicht nur Erwachsene, sondern auch schon Kinder schmerzhafte Ereignisse verdrängen. Doch in diesem Fall erkläre ich mir Alexandras Verhalten anders. Die Mutter hätte genauso gut erzählen können, dass der Bäcker in ihrer Straße in andere Geschäftsräume gezogen ist. Das hätte die kleine Alexandra womöglich mehr irritiert, weil ihr die Brötchen dort so gut schmecken.

Ihr Interesse für die Pokemonsticker diente also nicht dazu, von einem ihr unangenehmen Thema abzulenken?
Ich denke nicht. Trennung und Scheidung sind in diesem Alter zuerst einmal kein unangenehmes, sondern überhaupt kein Thema für ein Kind. Diese Begriffe sind für Erwachsene von schicksalsschwerer Bedeutung, aber die vierjährige Alexandra kann sich darunter gar nichts vorstellen. Deshalb hat sie auch nichts zu verdrängen und reagiert nicht auf die Erklärungen ihrer Mutter.

Ich erlebe immer wieder, dass Eltern Panik vor diesem Schritt haben: Wie sagen wir es dem Kind? Das ist auch die erste Frage, mit der die meisten von ihnen in die Beratung kommen, ganz gleich in welchem Alter ihre Kinder sind. Erwachsene haben große Mühe, sich in dieser Situation in die Kinder hineinzuversetzen und zu begreifen, wie sie die Probleme der Erwachsenen wahrnehmen.

Alexandra und ihre Mama lebten nun schon seit zwei Jahren allein. Wegen der Trennung waren sie in eine »schöne neue Wohnung mit kleinem Garten« umgezogen. So hatte Verena Alexandra den Sachverhalt der Trennung damals erklärt. Alexandras Papa, ein viel beschäftigter Arzt am städtischen Krankenhaus, kam und ging. So war es früher gewesen und so war es auch jetzt. An den kleinen Unterschied, dass er früher im großen Mamabett aufwachte, konnte sich Alexandra nicht erinnern. Außerdem fand sie es gut, wie es war. Sie durfte nämlich morgens oder bei Albträumen auch mitten in der Nacht unter die kuschelig weiche Decke von Mama schlüpfen. Verena und Tilmann hatten keine Dramen veranstaltet, als es zur Trennung kam. Im Grunde hatten sie schon vorher geahnt, vor der Geburt von Alexandra und vor ihrer Hochzeit, dass ihre zehnjährige Beziehung nicht ausreichend stabil für eine Ehe sein würde. Also zog Verena nach zwei gemeinsam verbrachten Ehejahren einfach wieder aus. Klar kannte Alexandra Papas Wohnung. »Schwindstraße 8«. Das wusste sie sogar auswendig. Die war auch schön, aber da, wo sie mit Mama wohnt, war es schöner. Da war eine Schaukel im Garten und ein Sandkasten und der Baum mit dem Vogelnest von den Amseln. Einmal erzählte der Papa, dass die Mama und sie früher auch in der Schwindstraße gewohnt hätten. Alexandra war ganz erstaunt. »Stimmt das, Mama, was der Papa erzählt hat?« »Ja, Liebes, das ist richtig«, sagte Verena ohne Kummer in der Stimme, aber auch voller Bereitschaft, ihr von damals zu erzählen. »Ja, das stimmt. Früher haben wir alle dort zusammengelebt, aber jetzt nicht mehr. Jetzt haben wir unsere eigene Wohnung.« So war das also. Mehr wollte Alexandra nicht wissen. Sie war gerade vom Kindergarten zurückgekehrt und wollte schnell noch ein Bild malen, bevor ihre Freundin Alberta kommen würde. Mit Alberta konnte man nicht malen, die wollte immer nur mit Puppen spielen.

Mit zwei Jahren war Alexandra damals viel zu klein, um aus dem Umzug mit ihrer Mutter auf den Zustand der Ehe der Eltern schließen zu können, und seitdem war Familie für sie eben das, was sie zu Hause erlebte. Alles scheint in Ordnung zu sein, oder gibt es, denkst du, doch irgendwelche Verletzungen bei Alexandra?
Dafür spricht nichts. Emotionale Sicherheit ist für eine Vierjährige das Wichtigste auf der Welt, und die bekommt Alexandra. Nach der Trennung hat sich für sie weder die gute Betreuungssituation geändert, noch wurde sie durch eine emotionale Krise der Eltern verunsichert. Fragt sich nur, wie sich die Beziehung zum Vater entwickelt hat.

Die Beziehung zum Vater ist erst einmal gleich geblieben. Der Umzug hat daran kaum etwas verändert. Vor der Trennung hat sie ihn nur wenig gesehen, danach ebenfalls.
Hätte der Vater vor der Trennung an den Wochenenden immer

einige Stunden mit seiner Tochter gespielt und wäre nach der Trennung nicht mehr regelmäßig vorbeigekommen, würde ihn seine Tochter sicherlich vermissen. Doch Alexandra geht es gut, ihr fehlt nichts. Das Leben ist für sie in Ordnung – so wie es ist. Eltern haben oft das Gefühl, dass die Scheidung an sich ihren Kindern schadet und dass eine gute Erklärung diesen Schaden mindern könnte. Die Geschichte von Alexandra aber zeigt: Das Kind kann sich vor und nach der Trennung geborgen fühlen. Wenn die Betreuungssituation für das Kind davor und danach gut bleibt, dann wirken sich Trennung oder Scheidung nicht negativ auf sein Wohlbefinden aus. Ist das Kind älter, ist es – wie wir noch sehen werden – für das Kind und die Eltern nicht mehr so einfach.

Peters Eltern trennten sich, als der Junge vier Jahre alt war. Obwohl Peters Mutter und sein Vater bis dahin schon zehn Jahren zusammengelebt hatten, hatten die Streitereien seit der Geburt ihres Sohnes stetig zugenommen. Schließlich entschloss sich Thomas, aus der gemeinsamen Wohnung auszuziehen. Er hatte die ständigen Nörgeleien einfach satt. Barbara war verzweifelt. Immer wieder ließ sie ihren Aggressionen auf Thomas freien Lauf. Sie wurde laut. Einmal schleuderte sie ihm sogar seine »heiligen Bücher« hinterher, als er wieder einmal mit seinem kleinen Köfferchen mit dem Nötigsten die Wohnung verließ. Ganz offensichtlich war er auf dem Weg zu einer anderen Frau, stellte Barbara verzweifelt fest. In ihrem Groll vernachlässigte sie den kleinen Peter. Einmal vergaß sie etwas für ihn zu kochen. Sein Quengeln tat sie als lästig ab, erst als er plötzlich sehr bestimmt »Peter hat Hunger« sagte, wachte sie erschreckt aus ihrem Selbstmitleid auf und besann sich auf ihre Mutterpflichten. Dann, nach ein paar angespannten Wochen, hatte Thomas eine Wohnung gefunden. Nun galt es, die Scherben zusammenzukehren und noch größeren Schaden von Peter abzuwenden. Also erkundigte sie sich gemeinsam mit Thomas bei einer Scheidungsberatungsstelle nach einer möglichst schonenden Art, Peter die Trennung der Eltern nahezubringen. Für die Aussprache hatte Barbara das Kinderbuch »Papa wohnt jetzt in der Heinrichstraße« gekauft und ihrem Sohn am Abend daraus vorgelesen. Bei der kritischen Stelle, an welcher der Papa aus- und umzieht, stoppte der Vierjährige seine Mutter und forderte sie auf, die Stelle zu wiederholen. Dann sagte er: »Das will ich aber nicht. Aber Mama lies weiter.« Am darauffolgenden Abend sprachen beide, Barbara und Thomas, mit Peter und versuchten ihm zu erklären, dass sie einander nicht mehr liebten und es deswegen besser sei, wenn sie nicht mehr zusammenwohnen würden, weshalb der Papa jetzt eine eigene Wohnung genommen hätte. Der Junge blickte sie daraufhin bloß verständnislos an und sagte heulend zu seinem Papa: *»Ich will aber nicht, dass du woanders wohnst.«*

> **Meist laufen Trennungen eher so wie in der Geschichte von Peter als wie bei Alexandra ab. Das Ende der Partnerschaft oder Ehe ist schmerzhaft und eine Zeit sich wiederholender Krisen. Es kommt immer wieder zu Auseinandersetzungen, und oft gelingt es nicht, sie von den Kindern fernzuhalten. Immerhin haben die Eltern von Peter die Situation gemeinsam in die Hand genommen und zusammen mit Peter geredet.**

Dennoch haben sie mit ihrer gut gemeinten Aufklärung bei Peter Ängste und Verunsicherung ausgelöst. So wie Worte gegebenenfalls Sicherheit vermitteln, können sie auch verunsichern. Peter hörte aus Mutters Worten heraus, dass der Vater weggeht und ihn verlässt. Dies ist das Schlimmste, was einem Kind passieren kann. Verlassen zu werden, und das von einem der beiden für ihn wichtigsten Menschen. Dass der Vater weggeht, emotional aber doch irgendwie für ihn dableibt, ihn immer noch genauso gern hat, kann Peter in der Situation nicht verstehen. Liebe bedeutet für ein Kind: Die Person, die mich liebt, ist für mich da. Erst die Erfahrung, dass der Vater immer noch für ihn da ist, wird Peter beruhigen. Er muss konkret erleben, dass sich sein Vater genauso wie bisher um ihn kümmert, auch wenn er nicht mehr bei ihm und seiner Mutter wohnt.

> **Und doch: Alexandra aus der ersten Geschichte und Peter sind gleich alt. In beiden Fällen starten die Eltern Erklärungsversuche. Alexandra versteht nichts davon, und es scheint ihr auch egal zu sein. Peter hingegen gerät in tiefe Verlustängste.**

Peter hat vor allem die Art und Weise verunsichert, wie die Eltern miteinander in der Trennungsphase umgegangen sind. Die Mutter war völlig aufgelöst, die Eltern haben viel gestritten und sich in der angespannten Zeit nicht genug um Peter gekümmert. Peter hatte also allen Grund, sich verlassen zu fühlen und unter der Situation zu leiden. Erklärungen, zumal solche, die das Kind nicht verstehen kann, können die schlechten Gefühle und die emotionale Vernachlässigung nicht wettmachen, sondern verstärken sie unter Umständen sogar noch.

Eines Morgens fragte Peter seine Mutter: »Mama, hast du mich noch lieb?« Barbara war bestürzt. »Natürlich, Peter, hab ich dich noch lieb. Du bist mir das Liebste auf der ganzen Welt. Das weißt du doch, oder?« Wie liebebedürftig Kinder doch sind, dachte Barbara und erinnerte sich an das Hasen-Kinderbuch, in dem Mutter- und Babyhase einander mit Liebesbeweisen zu übertrumpfen versuchen. Barbara nahm Peter in den Arm, liebkoste ihn und versprach ihm, am Abend eine ganz besonders lange Geschichte vorzulesen. Anschließend würde sie an seinem Bett wachen, bis er eingeschlafen war. Sie reagierte instinktiv fürsorglich auf die Not ihres Kindes.

Jedes Kind geht davon aus, dass seine Eltern immer bei ihm sein werden. Von sich aus käme es ihm nie in den Sinn, die Beziehung zu Vater und Mutter infrage zu stellen. Die Beständigkeit dieser Beziehungen ist für das Kind genauso selbstverständlich wie die Sonne, die am Morgen auf- und am Abend untergeht. Wenn ein Kind nun die Erfahrung macht, dass sein Vater es »verlässt«, hat es begreiflicherweise Angst, dass auch die Mutter weggehen könnte. Barbara spürt die Verunsicherung bei ihrem Kind, versucht es zu beruhigen und ihm Sicherheit zu geben.

In den meisten Familien gibt es zwischen Eltern, wenn sie sich trennen, eine Menge Wut, Enttäuschung und Hass. Es ist für sie in dieser Situation sehr schwer, die Bedürfnisse und Ängste der Kinder im Blick zu behalten.
Kinder sind wahre Seismografen. Die Trauer in den Worten der Eltern, ihre Verzweiflung und die seelische Not bleiben ihnen nicht verborgen. Die Kinder können sich von den negativen Gefühlen ihrer Eltern nicht abgrenzen. Ein Vierjähriger kann sich nicht innerlich von den Eltern distanzieren und sich sagen: »Ich

weiß, ihr habt Probleme miteinander. Aber mich gehen eure Streitereien nichts an. Ich weiß ja, dass ihr mich liebt.«

Selbst Erwachsenen fällt es schwer, so zu denken und sich emotional abzugrenzen. Oft vermitteln die Erwachsenen durch den Versuch, ihre Emotionen zu kontrollieren, Doppelbotschaften. Im Gespräch bemühen sie sich um eine friedliche Stimmung. Spätestens im alltäglichen Umgang miteinander regieren aber wieder die negativen Gefühle. Die Worte, welche die Eltern wählen, sprechen von Einvernehmen und Frieden, darunter spüren die Kinder gleichwohl die Spannungen. Wem sollen sie nun glauben, den Worten oder dem Verhalten?

Die Körpersprache wirkt viel stärker auf Kinder als die gesprochene Sprache. Sie nehmen die negativen Emotionen der Eltern genauestens wahr, in der Art, wie sie miteinander umgehen, den anderen körperlich abwehren, das Gesicht verziehen. Ein Kind fühlt sich von den Eltern abgelehnt, wenn es den Eltern nicht gut geht, wenn sie verzweifelt sind oder sich gar streiten. Die negativen Emotionen der Eltern empfindet es als Ablehnung: »Sie lieben mich nicht mehr.« Wie also soll Peter den beschwichtigenden Worten von Vater und Mutter Glauben schenken, wenn ihm gefühlsmäßig etwas ganz anderes mitgeteilt wird (siehe Seite 181 f.)?

Viele Ratgeber empfehlen, den Kindern die Trennung oder Scheidung »zu erklären«. Sie gehen davon aus, dass eine offene und aufrichtige Aussprache – natürlich emotional möglichst kontrolliert – der Schlüssel zu einer »sanften Trennung« sei. Wäre es oft nicht besser, mit Erklärungen sparsamer umzugehen?

In einem solchen Moment ist es tatsächlich schwierig, nicht *zu viel* zu sagen. Was nützt eine falsch verstandene Aufrichtigkeit, wenn sie das Kind nur verwirrt und verängstigt? Auch sollten die Eltern Worte wählen, die das Kind versteht. Kein einfaches Unterfangen, wie wir im nächsten Kapitel sehen werden. Oft ist es hilfreicher, wenn die Eltern warten, bis das Kind mit eigenen Fragen zu ihnen kommt. Dann hat es sich schon selbst seine Gedanken gemacht und wird Fragen stellen, die seinem Denken entsprechen und seine Sorgen ausdrücken. Wenn die Eltern darauf möglichst kindgerecht und ehrlich antworten, ist dem Kind mehr geholfen als mit Erklärungen, die sich die Eltern zurechtgelegt haben. Die Eltern können dem Kind auch Fragen stellen wie zum Beispiel »Was glaubst du, wird der Papa in seiner neuen Wohnung für dich zum Spielen bereit haben?«

> **Das sollte das gemeinsame Ziel sein.** Eltern sollten ihre Erklärungen darauf ausrichten, wie es mit dem Kind nach der Trennung weitergeht. Sie sollten sagen: »Wir haben uns das so und so überlegt«, ihrem Kind Mut und Hoffnung machen und es fragen, was es dazu meint.

Erklärungen zum Warum der Trennung gehen meist an der Lebenswelt des Kindes und dem, was es verstehen kann, weit vorbei. Für ein Kleinkind ist es nicht von Bedeutung, dass die Ehe der Eltern gescheitert ist. Es kann sich unter Ehe und Scheidung nichts vorstellen. Und Begründungen wie »Wir haben uns nicht mehr lieb« und »Wir streiten uns nur noch« leuchten dem Kind ganz einfach nicht ein.

> **Immer wieder heißt es, man soll den Kindern den elterlichen Konflikt mit Streitereien aus ihrem Freundeskreis verdeutlichen.** Die Erklärung der Eltern, sie trennen sich, weil sie sich ständig streiten, ist für das Kind jedoch nicht stichhaltig. Streit erlebt das Kind mit seinen Geschwistern und seinen Spielkameraden tagtäglich, und dennoch kann es sich nicht vorstellen, dass sie sich deswegen plötzlich nicht mehr sehen werden.

Bedeutungsvoll für das Wohlbefinden des Kindes ist, was sich in seinem Leben verändern, aber auch nicht verändern wird; das Bestehende und Vertraute vermittelt Sicherheit. Bis jetzt war das Leben für das Kind so. Wie nun wird es in der Zukunft aussehen? Die Eltern sollten ihr Kind auf diese Veränderungen vorbereiten und sich dabei so ausdrücken, dass das Kind sie auch versteht. Ein Vierjähriger kann nicht begreifen, was es bedeutet, wenn der Vater jedes zweite Wochenende zu Besuch kommt. Bestenfalls versteht er, wie lange er von heute bis morgen oder übermorgen warten muss. Und selbst ältere Kinder haben mit vielen Aspekten des erwachsenen Weltbildes ihre Verständnisschwierigkeiten (siehe Seite 181 f.).

> Dann müsste aber der Umkehrschluss richtig sein: Wenn dem Kind der Kontakt mit seinen Bezugspersonen erhalten bleibt, ist es für das Kind in Ordnung.

Das trifft zu, wenn sich in den Beziehungen nichts verändert. Wenn der nicht beim Kind lebende Elternteil weiterhin verfügbar und als Bezugsperson vorhanden ist, wird sich das Kind nicht verlassen vorkommen. Dann verläuft die Trennung der Eltern für das Kind diesbezüglich ohne gravierende Folgen. Für das Wohlbefinden des Kindes hängt alles an dem Wort »verfügbar«, an der Zeit, die die Eltern für das Kind aufbringen, und der inneren Bereitschaft, für das Kind wirklich da zu sein.

Die meisten Kinder erinnern sich nicht daran, wann und wie sie von der Trennung erfahren haben, jedoch an den Zeitpunkt, als ein Elternteil ausgezogen ist. Eltern messen dem Gespräch mit den Kindern über die Trennung eine geradezu mystische Bedeutung bei. Die Eltern erhoffen sich durch das Gespräch Entlastung und Verstehen. Dabei ist viel, viel wichtiger, welche Erfahrungen das Kind in Zukunft machen wird.

Von den Worten zu den Erfahrungen

Welche Erfahrungen entsprechen dem Satz: »Wir haben dich weiterhin lieb und werden weiterhin für dich da sein«?

- Liebevolles Zu-Bett-Bringen und Vorlesen
- Zeit für gemeinsame Spiele haben
- Miteinander an einen Bach gehen, schöne Steine suchen und das Wasser stauen

Jeder Elternteil achtet darauf, gemeinsame Aktivitäten, die er vor der Trennung mit dem Kind gemacht hat, möglichst beizubehalten. Sie verbinden ihn mit dem Kind.

Er bemüht sich bei seinen Besuchen, beim Abholen und bei der Betreuung des Kindes verlässlich und einfühlsam zu sein.

Er achtet darauf, wenn das Kind bei ihm ist, mit seinen Gedanken und Gefühlen für das Kind präsent und für seine Bedürfnisse aufmerksam zu sein.

Gemeinsame alltägliche und besondere Erfahrungen

Den Schock der Trennung können die meisten Eltern ihren Kindern nie ganz ersparen. Entscheidend wird sein, ob das Kind die Erfahrung machen darf, dass die Eltern weiterhin für es da sind. Das gemeinsame Interesse der Eltern muss darauf ausgerichtet sein, die Beziehung zum Kind zu erhalten und – was dazugehört – immer wieder aufzufrischen und neu zu gestalten. Will man das Kind vor Verletzungen schützen, dann muss man eigene, durch die Trennung entstandene Verletzungen hintenanstellen. Beziehungsabbruch oder auch die Unterbindung der Beziehung zu einem Elternteil gehen immer zulasten des Kindes. Beziehungserhaltung darf aber nicht nur versprochen, sondern muss gelebt werden. Wenn beispielsweise ein Vater zwar sagt, dass er sein Kind weiter liebt und für es da sein will, aber nach dem Auszug nicht wie gewohnt mit seinem Sohn zum Fußball geht, macht das Kind die Erfahrung, der Vater ist nicht mehr für mich da, was er auch sagt. Und wenn die Mutter aus Verzweiflung und Überlastung keine Zeit für das Kind hat, wird es sich verlassen vorkommen, selbst wenn sie dem Kind erklärt, dass sie es ganz fest lieb hat und für es da sein will. Dabei kommt es nicht nur darauf an, dass die Eltern ausreichend Zeit mit dem Kind verbringen, sondern auch darauf, wie sie diese Zeit gestalten (siehe Anhang: Fragebogen 8).

Noch heute huscht ein leichter Schauder über das Gesicht von Susanne, wenn sie sich erinnert, wie sie und Heiner es damals den Kindern gesagt haben. Sie haben gemeinsam mit ihnen gesprochen. Der dreijährige Jakob verstand nicht, was nun schon wieder los war, aber seine beiden großen Geschwister, acht und zwölf Jahre alt, begannen bitterlich zu weinen. Susanne und Heiner waren genauso verzweifelt wie ihre Kinder. Sie liebten die drei mehr als alles andere auf der Welt. Was waren sie doch nur für Himmelsgeschenke. Jedes Einzelne von ihnen. Auch der kleine Jakob, der sich völlig ungeplant und unerwartet als Nachzügler eingestellt und allen so viel Freude gebracht hatte. Was war die Einsicht, dass die Beziehung der Eltern nicht mehr klappte, dass sie einander nur noch auf die Nerven gingen, gegen die Tatsache, dass sie gemeinsam drei Kinder in die Welt gesetzt und bisher auch verantwortlich großgezogen hatten? Natürlich hatten die Kinder immer wieder einmal den Streit der Eltern mitbekommen, hin und wieder auch zu schlichten versucht, dann sich wieder über die Augenblicke des Glücks und der Versöhnung gefreut. Doch die Phasen der Harmonie währten nicht lange, und so fällten die Eltern schließlich die Entscheidung, sich zu trennen. Sie mussten der destruktiven Spirale entgehen, in die ihre Beziehung geraten war. Dabei war ihnen klar, dass sie die Kinder in den Mittelpunkt aller kommenden Überlegungen stellen würden. Bei der Geburt ihres ersten Kindes hatten sie einen Pakt geschlossen: Wie auch immer sich ihre Partnerschaft entwickeln würde, sie würden stets gute Eltern bleiben – gemeinsam. Wenn Susanne aus der Distanz einiger Jahre auf die vielleicht schwierigste Zeit ihres Lebens zurückblickt, ist sie stolz, dass es ihr und Heiner gelungen ist, trotz aller Probleme friedlich auseinanderzugehen und dabei auf die Bedürfnisse der Kinder Rücksicht zu nehmen.

Mir scheint, die beiden haben etwas sehr Wichtiges begriffen: Um eine Trennung und Scheidung möglichst gut zu überstehen, muss man die Kinder von Anfang an in den Mittelpunkt stellen. Was auch immer in der Partnerschaft passiert, die Elternschaft muss oberste Pflicht sein. Die gemeinsame Verantwortung für die Kinder ist unkündbar.

Ein sehr wichtiger Punkt dabei ist folgender: Die meisten Eltern möchten es gut machen, doch dann schlittern sie in die Trennung hinein. Ist die Krise aber erst einmal da, ist sie kaum mehr zu kontrollieren, und die Kinder geraten aus dem Blickfeld der Eltern. Einerseits wegen der Streitereien und Konflikte und andererseits weil die Eltern die Herausforderung einer Trennung völlig unterschätzt haben. Die Lebenssituation erweist sich als viel schwieriger, die eigenen Sorgen und Nöte wachsen gefühlsmäßig ins Unermessliche.

Erst wenn die Eltern eine klare Vorstellung davon haben, wie es weitergehen wird, sollten sie mit den Kindern reden. Dabei sollten sie sich genauestens überlegen, wie die Situation der Kinder bisher war, was sich bei einer Trennung für sie ändern und wer was zur gemeinsamen Kindererziehung beitragen wird (siehe Anhang: Fragebogen 1).

Eltern, die sich trennen wollen, sollten sich nicht scheuen, frühzeitig Hilfe in Anspruch zu nehmen. Mediatoren sowie Kinder- und Jugendtherapeuten können sie beraten, wie sie die schwierige Zeit im Interesse der Kinder am besten meistern. Sie können sie auch im Gespräch mit den Kindern unterstützen und sie durch die schwierige Phase der Trennung begleiten. Dabei geht es auch darum, den Kindern eine wichtige Stimme im Trennungs- und Scheidungsprozess zu geben. Die Familiengerichte haben dafür kindgerechte Formen der Anhörung entwickelt. Fachleute, die über ausreichende Erfahrungen mit Kindern und gründliche Kenntnisse der kindlichen Entwicklung verfügen, können Eltern auf die Bedürfnisse und Wünsche der Kinder hinweisen und dafür sorgen, dass deren Anliegen im Gespräch und im Trennungsprozess ausreichend berücksichtigt werden.

Es ist sinnvoll, bereits kleinere Kinder ihrem Alter entsprechend in die Entscheidungsprozesse miteinzubeziehen. Vor allem um den Kindern das Gefühl zu geben, dass sie gehört und ernstgenommen werden. Ab dem Schulalter sollten die Kinder immer mehr mitbestimmen können. Auch wenn die Eltern letztlich die Verantwortung für die Entscheidungen tragen, sollten die Kinder nicht das Gefühl vermittelt bekommen, dass über ihren Kopf hinweg über ihr Leben bestimmt wird.

Es war an einem hektischen Montagmorgen. Wie so oft fuhren Valerie und Anna zu spät zum Kindergarten. Kaum saßen sie im Auto, fragte Anna, warum »der Papa nicht wieder bei uns wohnt«, schließlich gäbe es genug Betten und Platz in der Wohnung. Annas Vater war nach einem Jahr in Stuttgart wieder zurück nach Hamburg übersiedelt. »Das geht nicht«, begann Valerie und dachte daran, dass der Kindergarten in vier Minuten geschlossen Richtung Schwimmbad aufbrechen würde, gleichzeitig erinnerte sie sich daran, dass sie sich geschworen hatte, auf Annas Fragen keine ihrer schnellen, beruhigenden Antworten mehr zu geben, sondern die Gelegenheit zu nutzen, ihr so manches zu erklären, was bisher nicht ausgesprochen worden war. Sie fuhr also zum Schwimmbad. Dort würden sie eine halbe Stunde auf die anderen Kindergartenkinder warten müssen und reden können. Valerie versuchte Anna zu erklären, dass es Eltern gibt, die zusammenleben, und solche, die das nicht tun, dass sich diese Mamas und Papas aber ebenso gut um ihre Kinder kümmern. Dass sie, Anna, für ihre Mama und ihren Papa das Wichtigste auf der Welt sei. Doch die Eltern würden sich nicht gut genug verstehen, um zusammenleben zu können. »Ach Quatsch, das stimmt ja gar nicht. Ich werde den Papa überreden und dich auch«, sagte die Fünfjährige. »Ich verstehe, dass dich das böse macht, aber das wird dir nicht gelingen«, antwortete Valerie und ergänzte, dass Papas neue Freundin weit besser zu ihm passen würde. »Nein du, weil du hast auch kurze Haare und sie hat diese ekeligen langen Locken.« Wäre Valerie das Gespräch mit Anna nicht derart unter die Haut gegangen, hätte sie unwillkürlich lachen müssen. Wie oft hatte sie sich lange Haare gewünscht und wie oft hatte sie ihren Mann eher an der Seite so einer Frau gesehen als an der ihren.

Das Gespräch ging noch eine Weile weiter, dann sagte Anna plötzlich: »So, jetzt will ich nicht mehr darüber sprechen.« Valerie zwang ihr noch ein »Ich-finde-es-gut,-wenn-du-mich-fragst« auf, und dann gingen die beiden ins Schwimmbadbistro, um Brausepulver zu kaufen. Anna schien irgendwie erleichtert zu sein. »Ist es nicht schön hier, so gemütlich, Mama«, sagte sie. Und: »Danke für das Brausepulver.« Und schon begann sie von den wöchentlichen Schwimmstunden zu erzählen, dass sie leider bei der »Seepferdchen«-Prüfung die leichteste Übung nicht geschafft habe, aber diese demnächst, wenn sie sich für groß genug dafür halte, wiederholen werde. Dann kamen schon die anderen Kinder und die Kindergärtnerinnen, und Anna verschwand mit ihren Freunden in der Umkleidekabine. Auch am Abend war sie zufrieden und am nächsten Morgen noch seliger. Manchmal gab es diese Morgen, an denen Anna einer Fee gleich in den Tag hüpfte, versonnen vor sich hin spielte, sich ohne Protest anzog und dann in ihr Leben hinausschwebte.

Warum ihre Eltern nicht mehr zusammenleben können, hat Anna nicht begriffen, aber dennoch scheint eine Last von ihr abgefallen zu sein. Wie ist das zu erklären?
Die Mutter hat sich Zeit für Anna genommen, sie hat sich um sie bemüht und ihr damit gezeigt, wie lieb sie sie hat und wie wichtig sie ihr und ihrem Vater ist. Die kleine Anna fühlte sich angenommen. Wie viel sie dabei von Valeries Erklärungen begriffen hat, ist nebensächlich.

Das Wichtigste in Kürze

1. Eltern sollten sich immer bewusst sein, dass sie mit der Elternschaft eine gemeinsame und unkündbare Verpflichtung für ihre Kinder eingegangen sind.

2. Wenn sie sich für eine Trennung entschieden haben, sollten sie sich frühzeitig und detailliert mit der Situation der Kinder auseinandersetzen. Wie haben sie bisher gelebt? Was wird sich durch die Trennung ändern? Wer wird was zukünftig zur gemeinsamen Kindererziehung beitragen (siehe Anhang: Fragebogen 1)?

3. Unterstützung durch eine Mediatorin oder einen Familienberater ist zu empfehlen, da die Eltern die Anzahl und das Ausmaß der zu lösenden Probleme, die mit der Trennung auf sie zukommen, immer unterschätzen.

4. Erst wenn sich Eltern im Klaren darüber sind, wie es mit den Kindern weitergehen wird, sollten sie gemeinsam mit ihnen sprechen. Dabei sollten Eltern die Themen, die sie ansprechen wollen, vorher festlegen und dabei auch abmachen, worüber sie nicht sprechen wollen.

5. Eltern sollten vor allem auf die Fragen der Kinder eingehen. Sie sollten sich im Gespräch auf die Veränderungen konzentrieren, die durch die Trennung auf ihre Kinder zukommen. Sie sollten ihnen möglichst konkret sagen, wie es mit ihnen weitergehen wird.

6. Eltern sollten in einer möglichst guten emotionalen Verfassung sein, wenn sie mit den Kindern reden. Sie sollten niemals aus Verärgerung und Frustration heraus ein Gespräch über Trennung oder Scheidung mit ihnen führen.

7. Was und wie viel man Kindern bezüglich der partnerschaftlichen Trennung erklären sollte, ist sehr vom Alter der Kinder abhängig. Eltern müssen sich sorgfältig überlegen, welche Informationen das Kind überhaupt verstehen kann und welche Aussagen eher Verwirrung stiften als zur Klärung der neuen Situation beizutragen.

8. Nicht das Trennende, sondern das Verbindende sollten Eltern betonen. Es kommt nicht nur darauf an, was sie dem Kind sagen, sondern auch, wie sie es formulieren.

9. Eltern sollten, wenn sie mit ihren Kindern über die Trennung sprechen, immer daran denken, dass ihr Handeln für die Kinder wichtiger ist als alles Reden. Es kommt nicht so sehr auf die Erklärungen an als vielmehr auf ihr zukünftiges Verhalten als Eltern.

10. Es reicht nicht, den Kindern zu sagen, dass die Eltern sie weiter lieben und für sie sorgen werden. Die Kinder müssen ganz konkret die Erfahrung machen, dass sie nicht verlassen werden.

Was verstehen Kinder unter Liebe, Ehe, Trennung und Scheidung?

Die Gelegenheit konnte nicht günstiger sein. Claudia war mit ihrer Mutter eine Woche zum Skilaufen in die Schweizer Alpen gefahren. Endlich Ferien. Ferien von der Arbeit, der täglichen Routine, dem Stress mit Claudias Schule, vor allem aber vom monatelangen Ehedrama, das Edith gerade durchlitten hatte. Endlich würde sie genug Zeit und Ruhe finden, ihrer siebenjährigen Tochter alles zu erklären. Sie war besorgt. Die heftigen Auseinandersetzungen zwischen ihr und ihrem Mann, dann vor zwei Monaten ihr Entschluss, Claudias Vater zu verlassen und zu den Eltern nach Winterthur zu ziehen, all das war für Claudia schwer zu verkraften. Die Kleine war in letzter Zeit ungewöhnlich still, zog sich oft zurück, doch Fragen stellte sie keine. Nichts. »Was geht bloß im Kopf meines Mädchens vor?«, fragte sich die Mutter und ergriff deshalb im Skiurlaub die Initiative. Sie erklärte Claudia, dass der Papa und sie sich nicht mehr liebten, dass es nicht mehr so sei wie früher, als sie alle noch schöne Reisen unternommen hatten. Die Mutter wollte, dass Claudia begriff, was ihre Eltern auseinandergebracht hatte.

Ich kann Edith gut verstehen. Auch ich hatte damals, als mein Mann und ich uns trennten, den Wunsch, unserer Tochter zu erklären, was mit ihren Eltern geschehen war. Man hat das Bedürfnis, sich zu rechtfertigen, vor allem wenn die Kinder nicht mehr so klein sind. Und doch habe ich es ihr nicht erklärt, sondern in erster Linie auf ihre Fragen geantwortet. Im Laufe der Jahre kamen neue Fragen hinzu und alte wurden anders gestellt. Ihre Sicht der Dinge war immer spannend für mich. Als sie noch klein war, verstand ich dadurch besser, wo sie in ihrer Entwicklung stand und was sie von der Erwachsenenwelt begriff. Ich profitierte immer sehr von diesen Gesprächen.

Aus meiner Zeit am Kinderspital Zürich erinnere ich mich an viele Eltern, die versucht haben, mit ihren Kindern über ihre Ehekonflikte zu sprechen. Das läuft etwa so ab: Die Eltern geben sich große Mühe, ihrem Kind zu erklären, wie sie sich verliebt haben, wie die Liebe gewachsen ist und sie so glücklich miteinander waren, dass sie den Entschluss fassten, zu heiraten und Kinder zu bekommen. Nun aber hätten sie sich auseinandergelebt, würden einander nicht mehr verstehen und sich oft streiten. Deshalb sei es besser, wenn sie sich trennten. Sie, die Eltern, würden ihre Kinder aber auch in Zukunft genauso lieb haben wie bisher. Das Problem dabei ist nur, dass ein Kind bis ins frühe Schulalter solche Erklärungen einfach nicht verstehen kann.

Das Weltbild von Kindern unterscheidet sich bis zur Pubertät stark von dem der Erwachsenen. Das Verständnis eines Kindes von Geografie, Zeit und Liebe sieht grundlegend anders aus.
Es braucht etwa 15 Jahre, bis sich aus dem Denken der Kinder die Gedankenwelt der Erwachsenen entwickelt hat. Wer einmal beginnt, die Welt durch Kinderaugen zu sehen, realisiert plötzlich, wie unmöglich das Unterfangen ist, einem Kind das Weltbild der Erwachsenen überstülpen zu wollen. Welche Eltern denken schon daran, dass ein Kind eine Vorstellung von der Liebe zwischen Erwachsenen und der Ehe haben müsste, um zu verstehen, dass Mama und Papa sich früher geliebt haben, heute aber nicht mehr, und dass es zudem eine entsprechende Zeitvorstellung bräuchte, um ihre Worte überhaupt zu verstehen. Doch ein Wissen darüber, dass Menschen geboren werden, sich entwickeln, erwachsen werden, einen Partner finden und Kinder bekommen, stellt sich frühestens im Laufe des Schulalters ein.

Mit der Liebe ist es ähnlich. Kinder können doch gar nicht anders, als ihre Eltern zu lieben, und sie gehen davon aus, dass die Liebe zwischen den Eltern genauso ist. Das scheint mir ein sehr großer Unterschied zwischen der Liebe von Kindern und der von Erwachsenen zu sein.
Ein Kind liebt seine Eltern aus einer inneren Notwendigkeit heraus, weil es von ihnen psychisch und körperlich abhängig ist. Außerdem ist seine Liebe bedingungslos. Das heißt, die Qualität der elterlichen Betreuung spielt kaum eine Rolle. Auch der größte Streit stellt die Eltern als wichtigste Personen im Leben des Kindes

nicht infrage. Selbst Kinder, die von ihren Eltern misshandelt werden, verlassen ihre Eltern nicht. Dafür gibt es viele – traurige – Beispiele. Ein Kind kann die Liebe seiner Eltern nicht infrage stellen. Ohne ihre Liebe auszukommen ist für es schlicht unvorstellbar. Bis ins mittlere Schulalter haben Kinder keine Wahl.

Macht es dann vielleicht doch keinen Sinn, die Kinder in den Trennungs- und Scheidungsprozess mit einzubeziehen, wie wir es im vorigen Kapitel diskutiert haben?
Es ist zwar wichtig, ihnen das Gefühl zu geben, dass nicht über ihren Kopf hinweg über ihr Leben entschieden wird, aber Kinder können sich nicht in die Eltern hineinfühlen. So ist die Liebe, wie Kinder sie empfinden, zeitlich unbegrenzt. Wie sollen sie da verstehen, dass sich die Eltern einmal sehr geliebt haben, jetzt aber nicht mehr? Die Eltern sagen, sie lieben das Kind, wieso lieben sie dann einander nicht mehr? Und noch viel schwerwiegender: Wenn sich Papi und Mami plötzlich nicht mehr lieben, können sie sich dann auch von dem Kind »entlieben«?

Das heißt, die Eltern tun in den Augen der Kinder etwas völlig Unverständliches. Einem Kleinkind können die Eltern die Trennung gar nicht erklären. Trotzdem sagen Experten immer wieder, dass das offene Gespräch mit den Kindern so wichtig dafür ist, dass die Kinder die Trennung gut verkraften.
Dieses Offenheitsangebot gilt sicher nicht im Vorschulalter. Im Schulalter wächst – auch durch Erlebnisse außerhalb der Familie – langsam eine Vorstellung davon – wenn auch noch kein Verständnis dafür – dass es Eltern gibt, die getrennt leben. Erst in der Adoleszenz wird ein echtes Verstehen möglich. Jetzt verändert sich auch die Beziehung zu den Eltern. Die bedingungslose Liebe des Kindes weicht einer abgeschwächten emotionalen Abhängigkeit des Jugendlichen. Der Jugendliche erlebt in seinen ersten Bekanntschaften nun selbst die Zerbrechlichkeit und Ambivalenz partnerschaftlicher Beziehungen und kann daraus ein Verständnis für die ehelichen Schwierigkeiten seiner Eltern herleiten.

Entwicklung des Verständnisses für soziale Beziehungen

0 – 3 Jahre	Körperempfindung von Nähe und Alleinsein sowie von vertraut und unvertraut: Die Welt besteht aus vertrauten Personen, die Wohlbefinden und Zuwendung vermitteln, und fremden Personen, die Ablehnung hervorrufen.
	Selbstwahrnehmung mit 18 bis 24 Monaten: Das Kind nimmt sich erstmals bewusst als Person wahr und grenzt sich von anderen Personen ab.
3 – 5 Jahre	Erste bewusste Vorstellungen: Die Welt besteht aus Erwachsenen und Kindern, die vertraut oder unvertraut sind.
	Ein Verständnis für unterschiedliche Rollen entwickelt sich im Spiel (zum Beispiel durch Nachahmen von Vater und Mutter).
	»Theory of Mind«: Mit etwa vier Jahren können Kinder sich vorstellen, dass andere Menschen ihr eigenes Denken und ihre eigenen Gefühle haben.
5 – 7 Jahre	Erste bewusste Vorstellungen, wie ein Menschenleben verläuft: Menschen werden geboren, wachsen, werden erwachsen und sterben.
	Das Kind beginnt sich vorzustellen, was es einmal werden möchte.
7 – 12 Jahre	Das Verständnis vom Lebensbogen wird differenzierter: Eltern haben Kinder, die entwickeln sich, werden erwachsen, verlieben sich, heiraten, haben eigene Kinder, werden alt und sterben schließlich.
12 – 16 Jahre	Abstraktes Denken: Eigene Vorstellungen von Partnerschaft, Familie und Beziehungen.
	Eigenständiges Denken über gesellschaftliche Zusammenhänge.

Die Angaben beschreiben eine durchschnittliche Entwicklung. Das einzelne Kind kann sich erheblich rascher oder langsamer entwickeln.

Mit ihren sieben Jahren konnte Claudia die Erklärungen der Mutter nicht verstehen, obwohl sie schon damals ein geistig ziemlich frühreifes Mädchen mit einem gut entwickelten Sprachvermögen war. Ihre Mutter nannte ihr die unterschiedlichsten Gründe für das Erlöschen der Liebe zwischen ihr und Papa, aber keiner leuchtete Claudia ein. Also erwähnte Edith als Ultima Ratio und mit schwerem Herzen schließlich Papas neue Freundin. Sie wollte ihre Tochter nicht mit Papas außerehelicher Affäre belasten, hatte gelesen, dass Kinder dann diesen Elternteil für das Auseinanderbrechen der Familie verantwortlich machen, doch was sollte sie tun, damit Claudia sie endlich verstand? »Dann nimm dir doch auch einen Freund«, meinte Claudia. Schließlich habe sie, Claudia, auch verschiedene Freunde. »Wir alle könnten dann zusammenziehen.« Das Einzige, was das kleine Mädchen sehr wohl verstand, war, dass sich »etwas Kaltes und Böses« zwischen die Eltern geschlichen hatte.

Für Claudia hat der Begriff Freund oder Freundin eine ganz andere Bedeutung als für ihre Mutter. Sie belegt diese Ausdrücke mit Inhalten aus ihrer eigenen Lebens- und Erfahrungswelt. Was sie sagt, ist aus ihrer Sicht also durchaus schlüssig und pragmatisch. Ich habe auch immer wieder erlebt, dass Kinder Wörtern eine ganz andere Bedeutung gaben als wir Eltern.
Was Claudia aber sehr wohl mitbekommen hat, ist das »Kalte und Böse«, das sich zwischen die Eltern geschlichen hat. Es besteht ein großer Unterschied zwischen dem rationalen Begreifen, das bei Kindern noch sehr begrenzt ist, und dem gefühlsmäßigen Erfassen einer Beziehung. Darin sind Kinder absolute Meister. Sie reagieren sehr empfindlich auf Missstimmungen in der Familie.

Und das ist es, worunter sie eigentlich leiden. Wenn der Vater berufsbedingt in eine andere Stadt umzieht und die Mutter dem Kind das Ganze als neues und interessantes Abenteuer nahebringt, wird es anders auf die Trennungssituation reagieren, als wenn die Mutter Bedenken äußert. Und wenn sie die Kraft aufbringt, trotz Trennung den Veränderungen des Lebens auch etwas Positives abzugewinnen, wird sie selbst etwas anderes ausstrahlen, als wenn sie sich in eine Negativschleife hineinziehen lässt.

Valerie hatte ähnliche Schwierigkeiten wie Claudias Mutter. Schließlich hatte Anna auf die Trennung auch ganz anders reagiert, als sie es von ihrer vierjährigen Tochter erwartet hätte. Die Entscheidung der Eltern fiel zufällig mit einer beruflichen Veränderung ihres Mannes zusammen. Er zog von Hamburg nach Stuttgart. Die Eltern erklärten Anna nicht viel. Um ehrlich zu sein, sagte Valerie ihr bloß, dass der Papa anderswo arbeiten und deshalb oft nicht da sein werde. Da Annas Vater jedoch auch davor viel verreist gewesen war, änderte sich am alltäglichen Leben des Mädchens wenig, zumal sich Valerie keine negativen Emotionen erlaubte. Eines jedoch kam Anna seltsam vor: »Warum hat Papa sein Auto nicht mehr?« »Weil er doch in Stuttgart arbeitet«, versuchte ihr die Mutter zu erklären. »Aber warum hat er dann kein Auto?« Valerie verstand nicht, warum Anna die Geschichte mit dem Auto nicht begriff.

Unter Stuttgart verstand Anna wahrscheinlich so viel wie Hamburg-Altona, den Stadtteil, in dem eine Freundin von ihr wohnt. Ein vierjähriges Kind hat noch keine Vorstellung von Distanzen. Ob etwas weit weg oder in der Nähe gelegen ist, kann Anna sich noch nicht vorstellen.

Aber wieso ist ihr das Auto ihres Vaters so wichtig?
Offenbar ist es ein Teil von ihm, etwas, das sie mit ihm verbindet. Es steht wohl für Annas Vater und ihre Beziehung zu ihm. Dass er aber kein Auto in Hamburg braucht, wo er doch in Stuttgart lebt, wird Valerie ihrer vierjährigen Tochter nicht begreiflich machen können.

Um selbst besser zu verstehen, wo Anna in ihrer Entwicklung gerade steht, könnte ihr Valerie Fragen stellen. »Wo wohnt die Oma?« »Im Opa-Haus.« »Gut. Aber wo ist das?« »In Deutschland.« »Hm, nein. Wir leben in Deutschland, deine Großeltern in der Schweiz. Deutschland und die Schweiz sind zwei verschiedene Länder, weißt du.« »Aha. Und ist Deutschland in Stuttgart?« »Nein, Stuttgart ist eine Stadt in Deutschland.« So ungefähr. Dabei würde sie auch die Erfahrung machen, wie anders ihre Tochter die Welt versteht.

In den ersten Lebensjahren besteht die Welt für das Kind nur aus seiner unmittelbaren Umgebung. Alles andere kann es sich nicht vorstellen. Für ein Kind ist die räumliche Entfernung, die wir als Erwachsene einschätzen können, wenn wir an Stuttgart denken, nicht existent. Für Anna ist Stuttgart genauso nah wie Hamburg-Altona oder so fern wie für uns die Galaxien. In den ersten Lebensjahren weitet sich ganz allmählich der räumliche Horizont aus. Das Kind lernt seine Umgebung kennen, zuerst zu Fuß, dann mit dem Rad, schließlich werden ihm Landschaften vertraut, durch die es mit seinen Eltern im Auto regelmäßig fährt, der Bauernhof nebenan mit den Pferden auf der Koppel, der Bäcker an der Straßenecke auf dem Weg zum Kindergarten, der Kindergarten und die Bushaltestelle. Die Raumvorstellung eines Kindes ist in jedem Alter an seine konkreten Erfahrungen gebunden. Auch bei vielen Erwachsenen ist dies immer noch weit mehr der Fall als wir annehmen. Das Kind weiß, dass nach einer bestimmten Kirche ein Gasthaus kommt. Abstrakte Begriffe wie Distanzen und Flächen begreift es aber erst frühestens im mittleren Schulalter.

Damit wird auch verständlich, dass ein Kindergartenkind, das gerade erst bis zehn zählen gelernt hat, sich nicht vorstellen kann, was ein Kilometer ist oder wie weit weg die Stadt ist, in der sein Vater nun wohnt. Das muss man berücksichtigen, wenn man über den Umgang mit Kindern nach der Trennung nachdenkt. Wie und wie oft das Kind den Weg zu der Wohnung des Vaters erlebt – mit der Straßenbahn, dem Auto oder dem Zug –, bestimmt seine räumliche Vorstellung davon, in welcher Distanz der Vater wohnt.

Valerie hatte Anna eine Kinder-Weltkarte über das Bett gehängt und ihr gezeigt, wo sie schon einmal zusammen gewesen waren. Manchmal, Anna war mittlerweile viereinhalb, zeichnete Valerie für sie Länder und die dazugehörenden Hauptstädte auf ein Blatt Papier. »So klein sind die?«, meinte Anna erstaunt, ohne die Erklärung ihrer Mutter, es handle sich doch bloß um eine Abbildung im verkleinerten Maßstab, zur Kenntnis zu nehmen. Erst langsam begann das Kind zu begreifen. Stadt und Land. »Gibt es viele Länder?« Dann wurde der Satz »Wie lange muss man in das Land fliegen?« zur praktischen Distanzmes-

sung, wobei Anna noch lange nicht klar war, dass je weiter ein Punkt auf der Landkarte von zu Hause entfernt ist, desto länger auch der Flug dorthin dauert. Eines Abends, wieder ein halbes Jahr später, schaute Anna mit ihrer Mutter die Abendnachrichten. Ein Bericht über eine Bundestagsdebatte flimmerte über den Bildschirm: »... und wir werden das Schiff Deutschland ...«, deklamierte ein Abgeordneter. »He«, sagte Anna, »was redet der für einen Blödsinn. Deutschland ist doch kein Schiff, sondern ein Land.« Länder und Städte. Das hatte Anna mittlerweile begriffen, aber Metaphern? Trotz ihrer sprachlichen Eloquenz würde sie zum abstrakten Verständnis, dass Begriffe auch im übertragenen Sinne benutzt werden können, noch Jahre brauchen.

Entwicklung der Raumvorstellung

0 – 3 Jahre	Raumvorstellungen, die sich im Spiel ausdrücken: Behälter und Inhalt (ein- und ausräumen) Vertikale (Turm bauen) Horizontale (Zug bauen) Orientierung in der Wohnung Sprachliche Verwendung von räumlichen Präpositionen (in, auf, unter etc.)
3 – 5 Jahre	Konstruieren von komplexen Gebilden wie Haus oder Flugzeug Orientierung in der Nachbarschaft
5 – 7 Jahre	Puzzle Orientierung auf dem Weg in den Kindergarten und zur Schule
7 – 12 Jahre	Bewusster Umgang mit räumlichen Größen: Distanzen, Volumina etc. Dazu muss ein gut entwickeltes Zahlenverständnis vorhanden sein (z. B. 1 Tonne = 20 Zentner = 1000 Kilogramm). Erstes geografisches Verständnis
12 – 16 Jahre	Abstraktes Denken: Lesen von Landkarten, Sternkarte Verständnis für Aussagen wie: Die Erde ist rund. Nicht die Sonne geht unter, sondern die Erde dreht sich von der Sonne weg.

Die Angaben beschreiben eine durchschnittliche Entwicklung. Das einzelne Kind kann sich erheblich rascher oder langsamer entwickeln.

Ähnlich wie mit der Geografie verhält es sich auch mit der Vorstellung von der Zeit. Kleinen Kindern kann man die eigene Abwesenheit oder die Tage bis zu ihrem Geburtstag, dem Nikolaus oder das Warten bis zur Abreise ans Meer am besten mit Worten wie »noch viermal schlafen« erklären.

Das Kind lebt bis ins Alter von etwa drei Jahren in einer statischen Welt, in der der Zeitaspekt nicht vorkommt. Es kann deshalb auch kaum auf etwas warten. Es erlebt die Welt immer in der Gegenwart: Da sind seine Eltern, die Geschwister, die geliebte Familienkatze, der lustige Nachbar, sein riesiger Hund und so weiter. Die Welt, wie sie das Kind in dieser Entwicklungsperiode erlebt, war schon immer so und wird auch immer so sein. Ihm fehlen die bewusste Erinnerung und die Fähigkeit, Vorstellungen in die Zukunft zu projizieren. Damit gibt es für ein Kind in dem Alter kaum Vergangenheit und Zukunft, sondern nur das, was gerade geschieht. Da dem Kind die Zeitdimension fehlt, kann es sich auch keine Entwicklung und kein Älterwerden vorstellen, und so nimmt es Kinder und Erwachsene als verschiedene Wesen wahr, etwa wie Hund und Pferd, und nicht wie Wesen der gleichen Art, aber unterschiedlichen Alters.

So sehen dann auch die Zeichnungen zum Thema »Meine Familie« im Kindergartenalter aus. Die Katze steht unmittelbar neben dem Vater und der Großmutter – und alles hat eine seltsame Gleichzeitigkeit.

Gegen Ende des dritten Lebensjahres stellt sich eine erste Vorstellung von Zeit ein. Vor und nach dem Mittagessen, vor und nach dem Schlafen, gestern, heute und morgen. In den folgenden Jahren dehnt das Kind seinen Zeithorizont immer weiter aus. Im Kindergartenalter haben die meisten Kinder eine vage Vorstellung von der Zeiteinheit »Woche«. Sie kennen die Jahreszeiten, haben aber noch Mühe, sich deren Ablauf zu vergegenwärtigen. Eine zeitliche Vorstellung eines Menschenlebens als dynamischem Prozess gibt es in dem Alter jedoch noch nicht.

Kinderwelt mit
5 Jahren

Als Anna drei Jahre alt war, kamen sie und Valerie überein, dass Anna einfach schon immer in ihrem Leben vorhanden war, denn immer wenn die Mutter ihr etwas aus ihrem Leben, von ihren Reisen nach Afrika und Asien erzählte, fragte die Kleine: »Und wo war ich?« »Noch nicht da«, antwortete Valerie wahrheitsgemäß und erntete heftigsten Widerspruch. Dann erklärte Anna: »Nein, Mama, da war ich eben noch in deinem Bauch.« »Gut«, befand die Mutter, weil ihr die Idee, dass ihr geliebtes Kind als Möglichkeit immer schon in ihr angelegt war, ebenfalls gefiel. Es fühlte sich einfach »richtiger« an, konnte sie sich doch gar nicht mehr vorstellen, wie ein Leben ohne sie, ohne ihre Fragen und Theorien über das Leben und die Welt, ohne ihr Lachen und Strahlen aussehen sollte.

Den Lebensbogen, dass also jeder Mensch geboren wird, aufwächst, sich über viele Jahre entwickelt, zur Schule geht, erwachsen wird, eine Familie gründet, Kinder hat und schließlich alt wird und stirbt, lernen Kinder erst langsam, im Laufe ihrer Schulzeit zu begreifen. Dennoch bekommt wohl jedes Kind Erklärungen wie die folgende zu hören: »Weißt du, auch die Großmutter war einmal ein Baby, ist in die Schule gegangen, hat dann den Großvater geheiratet, deine Mutter im Bauch getragen und zur Welt gebracht.« Sich das vorzustellen, ist selbst für einen erwachsenen Menschen nicht leicht.

Entwicklung der Zeitvorstellung

0–3 Jahre	Unbewusstes Zeitgefühl bestimmt durch: Rhythmische Körperempfindungen (Hungergefühl, Schlaf etc.) Periodische Umweltereignisse (Tag/Nacht, der Vater oder die Mutter geht morgens weg und kommt abends zurück) Das Kind lebt ganz in der Gegenwart
3–5 Jahre	Erstes Zeitbewusstsein: Vor und nach einem alltäglichen Ereignis (zum Beispiel vor und nach dem Essen/Schlafen) Gestern/heute/morgen Vorstellung über 2 bis 3 Tage Sprachliche Verwendung von Zeitformen der Verben
5–7 Jahre	Wochentage Jahreszeiten
7–12 Jahre	Umgang mit zeitlichen Größen: Uhrzeit: Stunden, Minuten und Sekunden Jahr: Jahreszeiten, Monate und Wochen Der Umgang mit Zeitgrößen setzt ein recht gut entwickeltes Zahlenverständnis voraus (zum Beispiel 1 Tag = 24 Stunden, 1 Stunde = 60 Minuten, 1 Minute = 60 Sekunden)
12–16 Jahre	Abstraktes Denken, abgelöst von den eigenen Erfahrungen Zeitepochen: Jahrhunderte, Jahrtausende Verständnis für Geschichte Überblicken von großen Zeiträumen und komplexen Beziehungen in Kultur, Gesellschaft und Wirtschaft

Die Angaben beschreiben eine durchschnittliche Entwicklung. Das einzelne Kind kann sich erheblich rascher oder langsamer entwickeln.

Ebenso verhält es sich mit dem Tod. Dass ein Mensch nicht zurückkehrt, dass das Leben endlich ist, ist für Kinder lange Zeit unbegreiflich. Endlichkeit und Unendlichkeit sind für sie unvorstellbar, und damit ist »keine Rückkehr« undenkbar, selbst dann noch, wenn die Kinder beginnen, Fragen über den Tod zu stellen. In ihren Gedanken bleibt der Großvater lebendig und wird – irgendwann – zurückkehren.

Man erlebt das immer wieder bei Vorschulkindern, wenn ihre Großeltern sterben. Sie nehmen Abschied vom Verstorbenen, erleben, wie er still daliegt mit geschlossenen Augen, dass er nicht mehr spricht. Dennoch fragen sie ein paar Wochen später, wann der Großvater nun endlich zurückkommen wird. Sie vermissen die Gesellschaft des Großvaters. Nur langsam, durch die Erfahrung, dass er nicht zurückkommt, wächst ihre Vorstellung vom Mysterium des Todes.

Anna war fünf, als ihre Urgroßmutter starb. Die 98-Jährige wurde im offenen Sarg im Wohnzimmer ihres Hauses zwei Tage lang aufgebahrt. Anna legte ihr Rosenblätter in den Sarg und wunderte sich, dass ihre Hände sich so kalt anfühlten. Als Valerie ihr erklärte, dass Uromas Seele davongeflogen sei wie ein Vogel, meinte sie: »Aber Mama, ein Vogel kommt doch wieder, aber du hast gesagt, die Uroma kommt nicht mehr zurück.« Mittlerweile war der Sarg in die Kirche gebracht worden. Beim Begräbnis kamen schwarz gekleidete Friedhofsdiener und hievten »die Kiste«, wie Anna sagte, an dicken Seilen in die Familiengruft hinunter. Bis hierher war das Geschehen für Anna einigermaßen einleuchtend. Ihre Uroma war müde, hatte in »der Kiste« ein angenehmes Bett gefunden, konnte den Duft der Rosenblätter riechen ... Aber was machten die Erwachsenen nun mit ihr? »Wieso kommt die Uroma jetzt auch noch in diese Falle? Was soll sie in dieser kleinen Falle machen?«, protestierte Anna lauthals und zauberte ein kleines Lächeln in so manches erwachsene Trauergesicht.

Wie die meisten Eltern hat auch Valerie versucht, ihrer Anna einen Sachverhalt zu erklären, den ein Kind in diesem Alter noch nicht verstehen kann. Welche Folgen haben solche Erklärungen? Schaden sie den Kindern?

Glücklicherweise weit weniger, als man befürchten könnte. Kinder sind Weltmeister im »Überhören« dessen, was sie nicht verstehen können, oder sie interpretieren das Unverständliche auf ihre

Weise, wie man an der Geschichte sieht. Bedenklicher hingegen ist, dass Eltern fälschlicherweise annehmen, ihre Erklärungen würde das Kind verstehen und beruhigen. Es gibt keine Erklärung, die einem Kleinkind den Tod der Urgroßmutter oder – um zu unserem Thema zurückzukehren – das Auseinandergehen der Eltern wirklich nachvollziehbar machen kann.

Wenn Kinder also Unverständliches einfach überhören, und dafür haben wir jetzt etliche Beispiele genannt, dann ist das ein weiterer Beweis dafür, dass sie, wenn sie über die Erklärungen der Eltern zur Trennung in Verzweiflung geraten, eigentlich auf etwas anderes reagieren, nämlich auf die Emotionen und Spannungen, welche die Erklärungen begleiten. Einmal mehr zeigt sich, dass es wohl besser ist, auf Worte weitgehend zu verzichten und stattdessen lieber Memory zu spielen oder auf den Spielplatz zu gehen.

Mit dem Kind zusammenzusein beruhigt es weit mehr als alle Erklärungen der Welt. Worte werden dann wichtig, wenn das Kind Fragen stellt. Wenn das Kind den Vater nicht mehr jeden Abend sieht, weil er woanders wohnt, und es die Mutter oder den Vater danach fragt, müssen die Eltern darauf eine Antwort finden.

Und zwar eine Antwort, die dem Kind Mut macht und ihm den Übergang zu der neuen Lebensform der Familie erleichtert. Schon deshalb muss der jeweils präsente Elternteil die Beziehung des Kindes zum abwesenden Elternteil in Wort und Tat stärken und diese Beziehung unterstützen. So könnte die Mutter die Situation zum Beispiel so erklären: »Sieh mal, das wird bestimmt lustig für dich und aufregend. Weißt du schon, wie du dein neues Kinderzimmer bei Papa einrichten möchtest?« »Brauchst du in der Wohnung vielleicht noch ein paar Kuscheltiere?« »Er will dir sicher am Abend eine Geschichte vorlesen, am besten du packst gleich dein Lieblingsbuch ein und zeigst es ihm.« Lauter praktische Dinge. Die konsequente Orientierung an dem, was für die Kinder bedeutsam ist, bewirkt noch etwas anderes Wichtiges: Indem man sich von den eigenen Problemen und den Erklärungen zur Trennung der Eltern ab- und den alltäglichen Erfordernissen

des kindlichen Lebens zuwendet, kann man besser zwischen der Elternebene und der Paarebene unterscheiden. Es hat eine Art Mutmachereffekt für alle. Wie wir noch sehen werden, ist die innere Haltung ein wichtiger Schlüssel zum Gelingen einer harmonischen Nachtrennungsfamilie (siehe auch Teil 6).

Das Wichtigste in Kürze

1. Kinder denken und fühlen ihrem Entwicklungsstand entsprechend. Ihre Vorstellungen und Gefühle unterscheiden sich daher deutlicher von denen der Erwachsenen, je kleiner sie sind, umso stärker. Erst im Jugendalter stellen sich eine erwachsene Denk- und Gefühlswelt ein.

2. Wenn Eltern mit ihrem Kind reden, sollten sie sich bemühen, den Entwicklungsstand des Kindes zu berücksichtigen, und sich fragen:
   - Wie ist sein räumliches Vorstellungsvermögen?
   - Wie ist sein zeitliches Vorstellungsvermögen?
   - Was hat es für ein Verständnis vom Lebensbogen (Geburt, Kindheit, Erwachsensein, Alter und Tod)?
   - Wie weit ist sein sozio-emotionales Verständnis entwickelt? Was versteht es von Liebe, Partnerschaft, Ehe, Trennung und Scheidung?

3. Eltern sollten ihre Worte so wählen, dass diese dem Denk- und Gefühlsvermögen des Kindes entsprechen. Sie sollten sich an seinen konkreten Erfahrungen orientieren und dabei eine erzählende Form benutzen.

4. Rationale Erklärungen können das Kind auf die Dauer nicht beruhigen, sondern nur die positiven Gefühle, welche die Eltern dem Kind entgegenbringen, und vor allem gemeinsame Erfahrungen.

Warum reagieren ältere Kinder anders auf eine Trennung als jüngere?

Heinrich und Hanna lieferten sich seit vier Jahren einen heftigen Rosenkrieg. Hanna hatte Heinrich schlussendlich wegen eines jüngeren Mannes verlassen, hatte sie doch seit Jahren darunter gelitten, allein die ganze Last der Kindererziehung zu tragen, während Heinrich neben seinem anstrengenden Beruf seiner Leidenschaft für den Autorennsport frönte. Als sie dann ging, war es Heinrich, der aus allen Wolken fiel und die Trennung nicht akzeptieren wollte. Was folgte, war ein jahrelanges Ringen. Mehrere Anwälte, diverse Klagen und Gegenklagen, von übler Nachrede über Sorgerechts- und Umgangsprobleme bis zum jahrelangen Kleinkrieg darüber, wer die Kinder wann wo abzuholen, hinzubringen, wie zu unterstützen und zu betreuen habe; ein Kampf darüber, wann wer in Ferien fahren und wer welche Telefonnummern benützen dürfe, um sich, möglichst ohne in Kontakt mit dem anderen Elternteil zu treten, mit den Kindern zu verabreden. Vermittlungsversuche verschiedener Therapeuten und Mediatoren scheiterten, Hanna und Heinrich blieben in ihrem Rosenkrieg ebenso gefangen wie in ihrer schlechten Ehe zuvor – zulasten ihrer drei Kinder Elisa (4), Ronny (8) und der 13-jährigen Mona. Die Kinder reagierten sehr unterschiedlich auf die Konflikte und Trennungsprobleme der Eltern. Elisa flüchtete ins Bett der Mutter und wurde ein sensibles, schüchternes Kind, das es allen recht zu machen versuchte, vor allem der Mutter. Den Vater wollte sie lange Zeit gar nicht mehr sehen. Ronny hatte Schwierigkeiten in der Schule, er konnte sich einfach nicht konzentrieren und musste schließlich, obwohl er eigentlich ein guter Schüler war, die Klasse wiederholen. Er sehnte sich nach seinem Vater und wartete oft stundenlang an der Wohnungstür, wenn dieser wieder einmal die Verabredung nicht einhielt. Am stärksten aber reagierte Mona. Sie ließ sich zu Hause kaum noch blicken, ging in Clubs und auf Partys, wo sie immer wieder auch Alkohol trank. Bald hatte sie ihren ersten Freund und zog gewissermaßen bei ihm ein, nur ihre Geschwister und die Eltern ihres Freundes konnten sie ab und zu dazu bewegen, zu Hause vorbeizuschauen. Die Eltern waren für sie mittlerweile das Letzte. So wie die sich benahmen, hatten sie jegliche moralische Vorbildrolle ein für alle Mal eingebüßt. Was sollte sie denen noch glauben? Was sollte sie sich von denen sagen lassen? Nichts. Ihr Groll blieb sogar bestehen, als die Beziehung zu ihrem Freund in die Brüche ging. Sie plante haarklein ihren Auszug, sparte ihr Taschengeld für eine eigene Wohnung und träumte davon, in Australien als Tauchlehrerin zu jobben.

Jedes der drei Kinder leidet auf seine Weise unter der Trennung der Eltern. Dabei haben Hanna und Heinrich es den Kindern mit ihrem Rosenkrieg besonders schwer gemacht. Und die Kinder reagieren je nach Alter unterschiedlich auf die Trennung.

Wir können die Kinder und ihr Verhalten am besten verstehen, wenn wir ihr Bindungs- und Beziehungsverhalten in den Blick nehmen. Wie unterschiedlich Kinder in verschiedenem Alter auf eine Trennung oder Scheidung ihrer Eltern reagieren, hängt wesentlich mit der Entwicklung des Bindungsverhaltens zusammen. Das Kind kommt mit einer angeborenen Bereitschaft auf die Welt, sich bedingungslos an die Personen zu binden, die ihm vertraut sind. Aus biologischer Sicht sorgt die Bindung dafür, dass die kindlichen Bedürfnisse gestillt werden: die körperlichen Bedürfnisse (Ernährung, Pflege und Schutz) und die psychischen Bedürfnisse (Nähe, Zuwendung, soziale Anerkennung und gemeinsame Erfahrungen). Zudem hängt die Lernfähigkeit des Kindes stark von der Bindungssicherheit ab. Die leiblichen Eltern werden für das Kind nicht durch Zeugung und Schwangerschaft zu Bezugspersonen, sondern erst durch die im Alltag gelebte Beziehung. Nicht die biologische Herkunft bindet, sondern die Vertrautheit, die durch Fürsorge, Nähe, Zuwendung und gemeinsame Erfahrungen entsteht.

Vertrautheit setzt also Kontinuität und Intensität in der Beziehung voraus. Die Stärke der kindlichen Bindung hängt vor allem von der Zeit ab, die das Kind und die Bezugsperson miteinander verbringen. Sein Wohlbefinden jedoch wird von der Qualität der Fürsorge und der Beziehung zur Bezugsperson bestimmt. Die Art und Weise, wie die Bezugsperson mit dem Kind umgeht, ist daher

von größter Bedeutung für sein psychisches Wohlbefinden und sein Selbstwertgefühl.

Sich geborgen und angenommen zu fühlen ist ein Grundbedürfnis von Kindern. Ein Mangel an Geborgenheit und Zuwendung beeinträchtigt ihr psychisches Wohlbefinden und ihre Entwicklung. Ein entscheidender Punkt in der Betreuung: Kinder können nicht allein sein. Sie brauchen jederzeit, auch noch als Jugendliche, den Zugang zu einer Bezugsperson. Eine Bezugsperson zeichnet sich dadurch aus, dass sich ein Kind in ihrer Gegenwart wohl und geborgen fühlt, interessiert und aktiv ist und bei ihr Nähe, Zuwendung und Schutz findet.

Eigenschaften, die eine Bezugsperson auszeichnen

Eine Bezugsperson

- befriedigt die körperlichen Bedürfnisse des Kindes (körperliches Wohlbefinden),
- gibt ihm Geborgenheit und Zuwendung (psychisches Wohlbefinden),
- gestaltet seine Umgebung so, dass sich das Kind Fähigkeiten und Wissen aneignen kann (Entwicklung).

Eine Bezugsperson weist die folgenden Eigenschaften auf:

- Sie ist dem Kind vertraut. Beide haben schon gemeinsame Erfahrungen gemacht.
- Sie ist verfügbar. Wenn das Kind ein Bedürfnis hat, ist sie für das Kind da.
- Sie ist verlässlich. Sie geht mit dem Kind immer gleich um.
- Sie ist angemessen in ihrem Verhalten. Sie geht auf die individuellen Eigenheiten des Kindes ein (Feinfühligkeit).

Die Anzahl der Personen, an die sich ein Kind binden kann, ist aufgrund seines begrenzten Anpassungsvermögens beschränkt. Bereits ein Säugling vermag sich aber an mehr als eine Person zu binden.

Für ein Kind ist es vorteilhaft, wenn es von mehreren Bezugspersonen betreut wird. Es wird beziehungsfähiger, lernt von verschiedenen Vorbildern und hat mehr Erfahrungsmöglichkeiten. Für das Kind ist es wichtig, das Vertrauen der Eltern in die Bezugsperson zu spüren.

(Largo 2007)

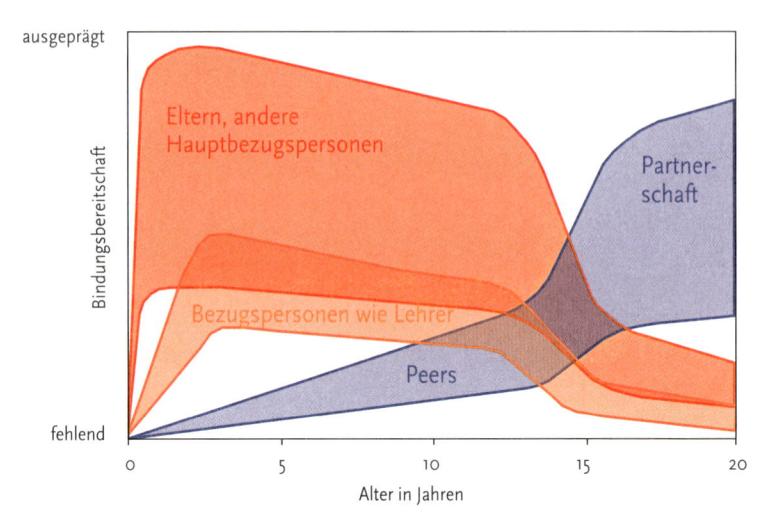

Entwicklung des Bindungsverhaltens

Meist sind es die Eltern, die aufgrund der mit dem Kind geteilten Zeit und Nähe und dem dadurch aufgebauten Vertrauen zu Hauptbezugspersonen werden. Sie können – im Gegensatz zu anderen Bezugspersonen – alle körperlichen und psychischen Grundbedürfnisse des Kindes befriedigen. Ein weiteres Merkmal von Hauptbezugspersonen ist, dass sie vom Kind bevorzugt aufgesucht werden, wenn es Hilfe, Trost oder Schutz braucht. Wie entwickelt sich nun das Bindungsverhalten im Lauf der Kindheit?
Das Kind bindet sich in den ersten Lebensmonaten an jene Personen, die seine Bedürfnisse befriedigen. Grundsätzlich kann sich das Kind an jede erwachsene Person binden. Nach einigen Monaten ist das Kind an seine Eltern so stark gebunden, dass sich ein ausgeprägtes Anhänglichkeitsverhalten entwickelt hat. Das Kind sucht bei ihnen Nähe, Schutz und Zuwendung. Trennungsangst und Fremdeln gegenüber unvertrauten Personen binden das Kind zusätzlich an die Eltern. Das Kind kann sich bereits im ersten Lebensjahr an mehrere Bezugspersonen binden. Die Bindungsbereitschaft ist in den ersten zwei bis drei Jahren hoch und nimmt anschließend immer mehr ab. Nach dem fünften bis siebten Lebensjahr binden sich die meisten Kinder weit weniger stark als

Warum reagieren ältere Kinder anders auf eine Trennung als jüngere?

in den ersten Lebensjahren, beispielsweise wenn sie erst in diesem Alter adoptiert werden. In der Pubertät schließlich löst sich die kindliche Bindung so weit auf, dass der junge Erwachsene seine Eltern verlassen und seine eigene Familie gründen kann. Dabei binden sich nicht alle Kinder gleich stark. Manche Kinder haben ein größeres Bedürfnis nach Nähe und Geborgenheit als andere. Die Anforderungen, die an eine Bezugsperson gestellt werden, sind also von Kind zu Kind unterschiedlich groß. Im Erwachsenenalter verändert sich die Bindung in der Weise, dass sich nun das Kind immer mehr um die Eltern kümmert.

Wie sich Trennung und Scheidung auf das Bindungs- und Sozialverhalten von Kindern auswirken können

0 – 5 Jahre	6 – 12 Jahre	13 – 20 Jahre
• Große Bereitschaft, Bindungen mit jeder Person einzugehen, die sich auf das Kind einlässt	• Beziehungen sind personalisiert, jeder Verlust wird bewusst als solcher wahrgenommen	• Die kindliche Bindung zu den Eltern löst sich weitgehend auf
• Das Kind fühlt sich wohl, wenn die Qualität und Kontinuität der Betreuung gewährleistet sind	• Die Bereitschaft, neue Bindungen einzugehen, ist vermindert	• Lebensumfeld und Freunde sind zumeist wichtiger als die Eltern
• Das Kind reagiert unbewusst auf negative Emotionen bei Streit der Eltern	• Die Bindung zu den Eltern ist noch unabdingbar, jede Form von Verlassenwerden löst Verlustängste aus	• Das Vorbild der Eltern kann die Jugendlichen bestärken oder verunsichern
	• Lebensumfeld und Freunde werden immer wichtiger, ein Umzug kann sehr belastend sein	• Pubertäre Krisen können durch Trennung verstärkt werden und zu Loyalitätskonflikten führen
	• Ungenügende Betreuung und Streit der Eltern belasten das Kind	

Für das Kind sind die Eltern das Maß aller Dinge. Sie sind für das Kind, weil es emotional so stark an sie gebunden ist, die Größten – unabhängig von den Eigenschaften, über die sie tatsächlich verfügen. Das Kind würde die Eltern nie verlassen oder davonlaufen. Wenn es in die Pubertät kommt, büßen die Eltern – für viele eine schmerzhafte Erfahrung – stark an Bedeutung ein, und die Gleichaltrigen werden immer wichtiger. Erst jetzt nimmt der Jugendliche die Eltern gewissermaßen objektiv wahr – mit all ihren Stärken und Schwächen. Je nach Entwicklungsstand des Bindungsverhaltens verhalten sich die Kinder ganz unterschiedlich bei einer Trennung und Scheidung. Bei Elisa, Ronny und Mona können wir sehen, wie unterschiedlich sie den Rosenkrieg ihrer Eltern erleben und wie verschieden sie darauf reagieren.

Das Wichtigste in Kürze

1. Wie Kinder in unterschiedlichem Alter auf Trennung und Scheidung ihrer Eltern reagieren, hängt wesentlich vom Entwicklungsstand ihres Bindungsverhaltens ab.

2. Das Kind kommt mit einer angeborenen Bereitschaft auf die Welt, sich bedingungslos an die Personen zu binden, die mit ihm häufig und intensiv in Beziehung treten (zumeist sind das die Eltern).

3. Die biologische Bedeutung der Bindung ist, die Befriedigung der kindlichen Grundbedürfnisse sicherzustellen:
    - körperliche Bedürfnisse (Ernährung, Pflege und Schutz)
    - psychische Bedürfnisse (Nähe, Zuwendung, soziale Anerkennung und gemeinsame Erfahrungen)
    - entwicklungsgemäße Lernerfahrungen machen.

4. Nicht die biologische Herkunft bindet, sondern die Vertrautheit, die durch Fürsorge, Nähe, Zuwendung und gemeinsame Erfahrungen entsteht. Grundsätzlich kann sich das Kind an jede erwachsene Person binden.

5. Vertrautheit entsteht durch gegenseitiges Kennen und setzt Kontinuität und Intensität der Beziehung voraus. Die Stärke der kindlichen

Bindung hängt von der Zeit ab, die das Kind und die Bezugsperson miteinander verbringen. Die Qualität der Fürsorge bestimmt das Wohlbefinden des Kindes.

6. Eine Bezugsperson
   - befriedigt die körperlichen Bedürfnisse des Kindes (körperliches Wohlbefinden),
   - gibt ihm Geborgenheit und Zuwendung (psychisches Wohlbefinden),
   - gestaltet seine Umgebung so, dass sich das Kind Fähigkeiten und Wissen aneignen kann (Entwicklung).

7. Die Art und Weise, wie die Bezugsperson mit dem Kind umgeht, ist von größter Bedeutung für sein psychisches Wohlbefinden und sein Selbstwertgefühl (Feinfühligkeit).

8. Die Anzahl der Personen, an die sich ein Kind binden kann, ist aufgrund seines begrenzten Anpassungsvermögens beschränkt. Bereits ein Säugling vermag sich aber an mehrere Personen zu binden.

9. Die meisten Eltern haben beim Kind eine besondere Stellung inne. Als Hauptbezugspersonen können sie – im Gegensatz zu anderen Bezugspersonen – alle körperlichen und psychischen Grundbedürfnisse des Kindes befriedigen.

10. Sich geborgen und angenommen zu fühlen ist ein Grundbedürfnis von Kindern. Ein Mangel an Geborgenheit und Zuwendung beeinträchtigt ihr körperliches und psychisches Wohlbefinden, ihr Gedeihen und ihre Entwicklung.

11. Die Bindungsbereitschaft ist in den ersten Lebensjahren hoch und nimmt danach immer mehr ab. In der Pubertät löst sich die kindliche Bindung so weit auf, dass der junge Erwachsene seine Eltern verlassen und sein eigenes Leben führen kann.

Wieso leiden Kinder in den ersten Lebensjahren seltener unter der Scheidung?

»Elisa ist mein Sonnenschein«, sagte Hanna gern, wenn das Leben von grauen Gewitterwolken durchzogen war, von den Alltagssorgen nach der Trennung und den Schwierigkeiten mit Mona und Ronny. Denn Elisa war wirklich ein braves Kind, sie war still und lieb, konnte sich gut allein beschäftigen, und wenn sie einmal weinte, war sie leicht zu trösten. Sie wurde von Hanna morgens in die Kita um die Ecke gebracht und mittags wieder abgeholt. Dann durfte sie mit einkaufen gehen, hin und wieder bekam sie dabei sogar Schokolade. Anschließend spielte sie in der Küche, während Hanna für alle das Mittagessen kochte. Oft kam am Nachmittag Elisas Freundin Lina zu Besuch. Mit Lina konnte Elisa stundenlang Puppenküche spielen, sie war dann derart versunken in ihr Spiel, dass sie die Auseinandersetzungen zwischen Hanna und Heinrich, wenn er Ronny abholte, nur wie eine etwas zu laute Geräuschkulisse wahrnahm. Sie traute sich dann nicht aus dem Zimmer, aber da gab es ja Fridolin, ihren Kuscheltierhund, und der hatte auch keine Angst vor Lärm, vor Erwachsenen, vor Dingen, die man nicht verstehen konnte. Und am Abend war dann alles wieder gut, sie durfte oft bei Mama schlafen, die meist zu müde vom Tag war, um noch mit Freunden auszugehen. Hanna setzte sich lieber ins Bett, knipste die kleine Leselampe an und las komplizierte Bücher, während Mona friedlich vor sich hinschlummerte.

Bei allem Streit der Eltern scheint Elisa doch ausreichend gut betreut worden zu sein. Hanna nahm sich viel Zeit für sie und in der Kita lief es offenbar auch gut.

Ein Kind in diesem Alter leidet nicht zwangsläufig darunter, wenn es vom Vater verlassen wird. Es leidet dann, wenn der Vater wirklich eine Bezugsperson war, das heißt die Bedürfnisse, die der Vater bisher befriedigt hat, durch andere Bezugspersonen nicht abgedeckt werden, und wenn es auf Erfahrungen verzichten muss, die es mit dem Vater machen konnte und die mit anderen Bezugspersonen nicht möglich sind. Beides trifft bei Elisa nicht zu.

Ich kenne eine junge Frau, deren Eltern bei einem Verkehrsunfall ums Leben kamen. Klara war damals 18 Monate alt, und so haben die Großeltern mütterlicherseits das Kind zu sich genommen und großgezogen. Klara hatte eine glückliche und behütete Kindheit. Die Großeltern ließen die Enkelin in dem Glauben, sie seien ihre leiblichen Eltern. In der Schule realisierte Klara zwar, dass ihre »Eltern« älter waren als die ihrer Freundinnen. Sie hinterfragte diesen Umstand aber nicht. Probleme mit dem Familiengeheimnis gab es erst in der Pubertät.

Es klingt etwas hart für Eltern, wenn man es offen ausspricht, aber es ist wirklich so: Wenn in den ersten Lebensjahren die psychischen und körperlichen Bedürfnisse des Kindes ausreichend befriedigt werden und es die notwendige Zuwendung erhält, wird es selbst seine leiblichen Eltern nicht vermissen. In gewisser Weise ist diese große Bindungsbereitschaft ein Glück für das Kind.

Irgendwie habe ich – und viele andere Eltern auch – Mühe mit dieser Aussage. Eltern sind doch nicht einfach Bezugspersonen unter allen anderen. Mutter und Vater sind doch für ihr Kind etwas Besonderes, Einmaliges, Unersetzbares. Dass Eltern allein dadurch wichtig sind, dass sie die leiblichen Eltern sind, ist eine weitverbreitete Vorstellung. Das reicht bis ins Familienrecht und in die Scheidungs- und Trennungspraxis hinein.

Viele Eltern sind tatsächlich unersetzbar für ihre Kinder. Sie waren es aber nicht von Anfang an, sondern sind es geworden. Mütter sind einzigartig für ihre Kinder, nicht weil sie sie geboren haben, sondern weil sie sie während der ersten Lebensjahre umfassend betreut haben. Und auch Väter sind für ihre Kinder nicht an sich wichtig, sondern weil sie eine tiefe Beziehung zu ihnen eingegangen sind. Keine andere Bezugsperson ist mit dem Kind so vertraut wie eine Mutter, die sich während der ersten Lebensjahre umfassend um ihr Kind gekümmert hat. Wenn aber ein Vater, eine Großmutter oder eine Adoptivmutter das Kind ebenso umfassend betreut, wird diese Person genauso unersetzlich wie eine »echte« Mutter. Sie alle können zu Hauptbezugspersonen werden.

Was Elisa in den ersten Lebensjahren vor allem brauchte, ist eine qualitativ gute Betreuung durch verlässliche Bezugspersonen, die immer verfügbar waren. Dies war bei ihr glücklicherweise der Fall. Hanna ist sogar näher an Elisa herangerückt, die Kleine wurde zu ihrem Sonnenschein, zum ruhenden Pol in ihrem turbulenten Leben.

Um abzuschätzen, wie sich die Trennung der Eltern auf ein Kind auswirkt, muss man immer die Lebenssituation der ganzen Familie und insbesondere des Kindes im Blick haben. Wie wir im Teil 3 noch sehen werden, ist das Wohlbefinden eines Kindes entscheidend davon abhängig, ob seine psychischen und körperlichen Bedürfnisse ausreichend befriedigt werden.

Das Wichtigste in Kürze

1. Mütter sind einzigartig für ihre Kinder, nicht weil sie sie geboren, sondern weil sie sie während der ersten Lebensjahre umfassend betreut haben. Auch die Väter sind wichtig und werden für die Kinder unentbehrlich, wenn sie eine tiefe Beziehung zu ihnen eingehen.

2. Jeder Erwachsene kann für ein Kind zur Hauptbezugsperson werden, wenn er sich genauso umfassend wie die Eltern auf das Kind einlässt.

3. In den ersten Lebensjahren leidet ein Kind nicht zwangsläufig darunter, wenn es von einer Bezugsperson, zum Beispiel vom Vater, verlassen wird. Es vermisst weniger die Person per se, sondern vielmehr das, was es von dieser Person an Zuwendung und Erfahrungen bekommen hat.

4. Für Säuglinge und Kleinkinder ist das Wichtigste eine konstante, qualitativ gute Betreuung, in der ihre psychischen und körperlichen Bedürfnisse durch vertraute Bezugspersonen ausreichend befriedigt werden.

Warum die Trennung besonders für Kinder im Schulalter belastend ist

Ronny hatte von Papa zu Weihnachten ein Autorennspiel für seine Playstation bekommen. Davor saß er jetzt öfter. Wenn ihn die Frauen im Haushalt nervten, wenn er keine Lust auf Hausaufgaben hatte und wenn Papa wieder einmal nicht kam, obwohl er es ihm versprochen hatte. Die im Kreis herumfahrenden Autos beruhigten Ronny, und außerdem konnte man dabei so gut abtauchen. Hanna tat sich schwer mit dem Jungen. Sie hatte stets von sich behauptet, eine Mädchen-Mutter zu sein, außerdem erinnerte sie Ronny extrem an Heinrich, mit dem sie sich immer noch die ganze Zeit stritt. Sie bemühte sich, all das nicht an Ronny auszulassen, sondern ihn freundlich und ruhig an seine Hausaufgaben zu erinnern. Doch Auseinandersetzungen waren irgendwie vorprogrammiert, und das neue Autorennspiel war auch kein Beitrag, um die Situation zu entspannen. Dann wieder hatte Hanna großes Mitleid mit Ronny, sie nahm ihn in den Arm, wenn Heinrich nicht kam. Der Papa sei eben so, auch sie würde darunter leiden. Dass sie außer Ermahnungen wegen der Schule und gelegentliches In-den-Arm-Nehmen nicht viel mit Ronnys Lebenswelt zu tun hatte, fiel ihr nicht weiter auf. Ronny vermisste einfach seinen Vater, was sollte sie da machen, sie wusste eben nicht, was Jungen brauchen.

Würde Hanna sich besser um den Jungen kümmern, sich für seine Videospiele interessieren oder überhaupt herausfinden, was ihr Sohn gern tut, dann würde es ihm bestimmt besser gehen. So aber hat sie mit der Abwesenheit des Vaters eine gute Erklärung für die Schulschwierigkeiten ihres Kindes und meint, dass sie ihm nicht helfen kann.

Ronny ist acht Jahre alt. Selbst wenn es Hanna gelänge, besser auf seine Bedürfnisse einzugehen, würde er seinen Vater viel stärker vermissen, als Elisa das tut.

Warum reagiert Ronny so anders als Elisa?
Dafür gibt es verschiedene Gründe. Zum einen ist das Bindungsverhalten bei einem Achtjährigen wie Ronny viel mehr auf seine Hauptbezugspersonen festgelegt als bei einer Vierjährigen wie Elisa. Zum anderen sind Schulkinder weit weniger als Kleinkinder bereit, neue Bindungen einzugehen.

> **Das habe ich auch erlebt.** Als sich mein damaliger Mann und ich trennten, war unsere Tochter drei Jahre alt und hat wenig davon bemerkt. Im Alter von fünf bis zwölf Jahren war sie nur schwer dazu zu bewegen, einen potentiellen neuen Partner von mir zu akzeptieren. Erst als sie in die Pubertät kam, änderte sich das und sie begegnete Freunden von mir mit Interesse.

Was ebenfalls einen großen Unterschied macht: Ronny hat im Gegensatz zu Elisa bewusste Erinnerungen an seinen Vater und an das, was sie früher gemeinsam erlebt haben. All das hat zur Folge, dass er an ihn denken muss und ihn vermisst.

> **Welche Rolle spielt dabei, dass er ein Junge ist?** Studien zeigen, dass Mädchen besser mit alleinerziehenden Müttern zurechtkommen als Jungen. Auch würden sechs- bis achtjährige Jungen mehr vom guten Kontakt zum Vater profitieren als Mädchen (Hötger Ponerth 2009).

Im Alter von vier bis sechs Jahren beginnen Kinder sich immer mehr an gleichgeschlechtlichen Vorbildern zu orientieren, also die Jungen am Vater und an Männern, die Mädchen an der Mutter und an Frauen. Das macht es für die Mädchen einfacher. Die Mutter, die sie umsorgt und verfügbar ist, ist gleichzeitig auch ihr Vorbild. Jungen haben es dabei schwerer. Ihre Hauptbezugsperson ist ebenfalls die Mutter, das Vorbild ist aber der Vater. Auch wenn es im Bekanntenkreis und der Verwandtschaft noch andere Männer gibt, die sich als Vorbilder anbieten, bleibt der Vater jene Bezugsperson, an der Ronny sich am meisten orientieren möchte.

> **In der Literatur wird berichtet, dass Kinder je nach Geschlecht unterschiedlich auf Trennung und Scheidung reagieren.** Jungen würde es schwerer fallen, sich darauf einzustellen (Napp-Peters

1985), Mädchen würden besonders hilfsbereit und altruistisch sein, aber auch mit Angst, Rückzug und Depression reagieren (Hetherington, Niesel 1995).
Schmidt-Denter und Beelmann (1995) wiederum konnten keine solchen Geschlechtsunterschiede feststellen. Auf Grund meiner Erfahrungen gehe ich davon aus, dass die Vielfalt der Verhaltensweisen zwischen den Kindern bei beiden Geschlechtern weit größer ist als der Gruppenunterschied zwischen Jungen und Mädchen. Bedeutsam scheint mir vielmehr zu sein, dass Schulkinder generell sehr sensibel auf Veränderungen in ihrem Lebensumfeld reagieren. Sie wechseln zum Beispiel nur ungern die Schule. Gleichaltrige, insbesondere enge Freunde, werden zunehmend wichtiger für sie. Wenn Kinder bei einer Trennung umziehen müssen, kann der Ortswechsel für sie sehr belastend sein und sie stark verunsichern.

Und wie ist es mit Schuldgefühlen? In welchem Alter beginnen sie die Kinder zu plagen?
Frühestens nach dem fünften Lebensjahr. Mit etwa vier Jahren entwickeln Kinder langsam die Fähigkeit, sich in andere Personen hineinzufühlen. Zuvor gehen sie davon aus, dass alle Menschen die gleichen Gefühle und Gedanken wie sie haben (sogenannter Egozentrismus nach Piaget). Erst mit fünf wird ihnen bewusst, dass andere Personen ihre eigenen Vorstellungen haben. Wenn es den Eltern nicht gut geht und sie miteinander streiten, beginnt das Kind in seiner Vorstellungswelt nach den Gründen zu fragen. Eltern können ja auch heftig reagieren, wenn das Kind nicht gehorcht. Da das Kind die wahren Beweggründe der elterlichen Beziehungskonflikte noch lange nicht verstehen kann, kommt es zu dem Schluss, dass es selbst am Streit der Eltern Schuld hat.

Das Wichtigste in Kürze

1. Schulkinder verkraften Trennung und Scheidung schlechter als jüngere Kinder. Sie sind in ihrem Bindungsverhalten weitgehend festgelegt und erleben eine abwesende Bezugsperson als Verlust.

2. Im Alter zwischen vier und sechs Jahren beginnen sich Kinder immer mehr an gleichgeschlechtlichen Vorbildern zu orientieren. So kann ein Junge den abwesenden Vater als Vorbild vermissen.

3. Schulkinder können sehr sensibel auf Veränderungen in ihrem Lebensumfeld (Freunde, Schule, Freizeitaktivitäten) reagieren. Wenn Kinder wegen einer Trennung umziehen müssen, können die Veränderungen in ihrer Umgebung für sie sehr belastend sein und sie verunsichern.

4. Schulkinder verstehen die wahren Beweggründe der elterlichen Beziehungskonflikte noch nicht. Sie suchen daher die Gründe bei sich, daraus können Schuldgefühle entstehen.

Wie Jugendliche die Trennung der Eltern aufnehmen

Als sich die Eltern von Sabine (14) und Joachim (16) getrennt haben, entschieden sich die beiden Kinder, bei der Mutter zu bleiben. Sie zogen mit ihr in eine Wohnung um die Ecke. Die Umgebung, die Freunde, die Schulwege änderten sich deshalb nicht. Sie sahen ihren Vater regelmäßig, und die Eltern kamen nun nach den jahrelangen Konflikten sichtlich besser miteinander aus. Trotzdem hatte die Mutter all die Jahre das Gefühl, dass bei den Kindern »etwas kaputtgegangen« sei, besonders Sabine hätte unter der Trennung sehr gelitten. Tatsächlich machte Sabine ihrer Mutter jahrelang Vorwürfe. Ihretwegen hätten sie ihr Zuhause verloren, ihretwegen sei alles so schwierig geworden, sie sei schuld daran, dass nun das Verhältnis zwischen ihr und Sabine so angespannt sei. Zwei Jahre nach der Trennung ging Joachim zum Studium nach Wien. Sabine blieb bei der Mutter zurück. Sie war nun 16, aber im Gegensatz zu ihrem Bruder meinte die Mutter, das Mädchen viel stärker behüten zu müssen. Sie war ja ihre Kleine, welche die Trennung so schwer verkraftet hatte. Sabine hingegen torpedierte alle Versuche der Mutter, ihr Leben zu kontrollieren. Wenn sie nicht ausgehen durfte, türmte sie durchs Dachfenster und über die Feuerleiter. Sie verkehrte in einschlägigen Kreisen, kurz, die Mutter nahm an, dass ihre Sorgen berechtigt seien. Dass sie mit ihrer Disziplinierung und Kontrolle alles nur schlimmer machte, dass sie selbst Probleme hatte, ihr Kind loszulassen und Sabine als junge Frau zu betrachten, sah sie nicht. Wie auch. Sie glaubte, die Trennung hätte ihre Tochter aus der Fassung gebracht, nicht die Pubertät. Deshalb schwankte sie zwischen Schuldgefühlen, die sie depressiv machten, und autoritären Erziehungsmethoden, mit denen sie das verlorene Terrain zurückzuerobern versuchte, hin und her. Schließlich brachte sie Sabine und den Vater dazu, sich in eine Familientherapie zu begeben. Das Ergebnis dieser Gespräche war, dass Sabine zu ihrem Vater zog. Nachdem sie ihr Abitur gemacht hatte, nahm sie sich eine eigene Wohnung und begann zu studieren. Heute ist das Verhältnis zwischen Sabine und ihrer Mutter wieder gut.

Je älter Kinder werden, desto größere Bedeutung hat das Umfeld für ihr Wohlbefinden. Die Nachbarschaft mit den Freunden, die Schule, die Freizeitmöglichkeiten, aber auch das Haus, die Wohnung und insbesondere ihr eigenes Zimmer. So kann ein Umzug auch für Kinder aus einer intakten Familie traumatisierend sein. Denn die vertraute Umgebung, die Plätze der Kindheit vermitteln Geborgenheit und Sicherheit. Man hat nie mehr einen solch innigen Bezug zu seiner Umgebung wie als Schulkind und als Jugendlicher.

Jugendliche sind da schon sehr empfindlich. Ich kannte eine Mutter, die viele Jahre nach der Trennung aus dem ehelichen Haus am Stadtrand in eine kleinere Wohnung in die Stadt umziehen wollte. Die vier Kinder waren alle längst ausgeflogen, sie studierten an unterschiedlichen Orten und kamen nur noch ab und zu nach Hause. Dennoch waren sie vollkommen aufgelöst, als die Mutter es wagte, das Familienhaus aufzugeben. Sie hätten ihre Kindheit am liebsten eingefroren, so wie sie gewesen ist. Joachim und Sabine verbanden mit ihrem Zuhause ähnliche Gefühle von Vertrautheit und Geborgenheit und so war es für sie nicht leicht umzuziehen, und das, obwohl sich die Umgebung und ihre Freunde dadurch nicht änderten.

Das Interessanteste an dieser Geschichte ist für mich, dass Sabine genauso wie die 13-jährige Mona aus dem vorherigen Beispiel völlig ausflippt, aber sehr unklar bleibt, ob wirklich die Trennung der Eltern daran schuld ist. Denn alle Probleme, die Sabine hat, haben auch Jugendliche aus sogenannten intakten Familien. Die Pubertät ist nun einmal eine schwierige Lebensphase, für viele sogar die schwierigste Entwicklungsphase ihres ganzen Lebens (Largo, Czernin 2011). Himmelhoch jauchzend und zu Tode betrübt: Es ist die Zeit, in der Menschen die intensivsten Freuden erleben, aber auch am meisten leiden. Viele Jugendliche fühlen sich wie auf einer abschüssigen Bahn, auf der ihnen jede Kontrolle entgleitet. Nichts stimmt mehr, aber man weiß eigentlich nicht genau, warum und wieso. Die Jugendlichen fühlen sich von Zweifeln und Unsicherheiten geplagt. In keinem Lebensalter sind Versuche zur Selbsttötung und tatsächliche Suizide so häufig wie in der Adoles-

Lernen, miteinander umzugehen

zenz. Das zeigt, wie verzweifelt Jugendliche oft sind. Die Pubertät ist eine Art zweite, soziale Geburt.

> **Die inneren Schutzräume der Kindheit sind den Jugendlichen abhandengekommen.** Wenn sich die Eltern nun in dieser für die Jugendlichen schwierigen Zeit trennen, verwechseln die Eltern leicht Scheidungs- und Pubertätssymptome. Ist der Sohn so ablehnend, weil er unter der Scheidung leidet oder weil er sich gerade ablöst? Hat die 15-jährige Tochter Liebeskummer oder leidet sie unter der Trennung? Sind die Eltern out, weil der Jugendliche durch die Trennung verunsichert ist, oder einfach nur, weil das zur Pubertät dazugehört?

So kann der pubertäre Ablösungsprozess Jugendliche auch ohne Scheidung der Eltern in Loyalitätskonflikte stürzen. Sie schlagen sich auf die Seite der Mutter oder des Vaters, um einige Zeit später die Seiten zu wechseln. Dass Sabine in dieser Zeit von der Mutter zum Vater zieht, hat also nicht zwingend etwas mit der Scheidung zu tun.

Wenn die Eltern noch zusammen sind, ergibt sich diese Möglichkeit einfach nicht, aber die Probleme können sehr ähnlich sein. Wenn sich die Eltern jedoch, wie im Fall von Mona, streiten oder gegenseitig schlecht machen, verstärken sich die Loyalitätskonflikte zwangsläufig. Auch Uneinigkeit kann eine Jugendliche wie Mona aus der Familie hinaustreiben.

Jugendliche reagieren auf ganz eigene Weise auf Trennung und Scheidung. Wenn sich der Jugendliche emotional von den Eltern ablöst, entgleitet er weitgehend der elterlichen Kontrolle, er gehorcht nur noch bedingt. Die Eltern erleiden zusätzlich einen Liebesverlust. Der Jugendliche geht körperlich auf Distanz, ist weniger an Gesprächen und gemeinsamen Aktivitäten interessiert. Die Auflösung der kindlichen Bindung führt für den Jugendlichen schließlich auch zu einer veränderten Sicht der Welt. Die Eltern verlieren für ihn den Sonderstatus, den sie während der ganzen Kindheit innegehabt haben. Sie werden zu gewöhnlichen, fehlerbehafteten Menschen. Diese Entmachtung, die jede Mutter und jeder Vater in unterschiedlichem Ausmaß erlebt, ist schwer zu verkraften. Die normale Ablösung des Jugendlichen von seinen Eltern und das Abschiednehmen der Eltern von ihrem Kind sind bereits schwierige Erfahrungen. Fallen sie mit dem Scheitern der Beziehung der Eltern zusammen, sind dies sehr viele Erschütterungen auf einmal.

Es sind nun nicht mehr die Eltern, die das Wohlbefinden des Jugendlichen maßgeblich beeinflussen. Was das Kind in seiner Kindheit von den Eltern an emotionaler Sicherheit erhalten hat, sucht der Jugendliche jetzt bei den Gleichaltrigen. Freunde und Freundinnen sollen dem Jugendlichen nun die Geborgenheit und Zuwendung geben, welche er früher von den Eltern erhalten hat. Damit wird der Jugendliche emotional von den Gleichaltrigen in ähnlicher Weise abhängig wie zuvor von den Eltern. Die Eltern wollen und können sich oft nicht mehr daran erinnern, dass sie in der Pubertät Ähnliches durchlebt haben. Da wurde auch Nibelungentreue auf immer und ewig geschworen, Freundschaften waren so etwas wie Blutsverwandtschaften, man dachte dasselbe und tat nichts ohne den anderen. Auch die ersten Liebesbezie-

hungen waren so. Romantisch, voller Ideale, und gingen sie in die Brüche, so wankte die ganze Welt.

Die Bedeutung der Eltern und Gleichaltrigen für den Jugendlichen

Neue Sicht auf die Eltern:
- Man kann die Eltern nicht mehr so lieben, wie man sie als Kind geliebt hat.
- Man will ihnen nicht mehr alles anvertrauen.
- Man sieht sie mit neuen Augen.
- Man kann sie nicht mehr idealisieren.
- Man verliert seine Illusionen: Eltern sind ganz normale Menschen.
- Man braucht das Gespräch mit ihnen, aber nicht ihre Ratschläge.

Jugendliche suchen bei Gleichaltrigen:
- den Doppelgänger, die verwandte Seele, ein Alter Ego
- ein Gefühl der Verschmelzung, so wie damals mit den Eltern, als man klein war
- eine unzerstörbare Beziehung, Beständigkeit, Treue
- Solidarität, Großmütigkeit und Verschwiegenheit.

Jugendliche wollen:
- sein wie die Altersgenossen (gleiche Kleidung, gleiches Aussehen, Verhalten)
- von den Gleichaltrigen angenommen werden
- den anderen gefallen.

Die Clique bedeutet:
- Zugehörigkeit (gleiche Erkennungszeichen, eigene verschlüsselte Sprache)
- Freundschaft
- Schutz.

(Dolto 1995)

Heranwachsende haben an Liebe, Treue und Moral die größten Erwartungen. Wenn sich Mutter und Vater scheiden lassen, müssen sie feststellen, dass ihre Eltern genau in diesem Punkt »Versager« sind. Dass dies zu heftigen emotionalen Auseinandersetzungen zwischen Jung und Alt führen kann, erstaunt nicht. Söhne und Töchter stellen höchste Ansprüche an ihre eigene Beziehungsfähigkeit – wir werden es einmal besser machen als unsere Eltern –, während die Eltern von Versagens- und Schuldgefühlen geplagt werden oder sich gar einen Rosenkrieg liefern.

Aus diesem Grund war auch Mona von ihrer ersten Beziehung vollkommen überfordert. Da sie bei ihren Eltern keinen Halt mehr fand und ihr Zuhause kein sicherer Hort für sie war, musste ihr Freund für alles herhalten. In solchen Situationen überfordern Jugendliche nicht nur ihre Beziehung zum ersten Freund oder zu ihren besten Freunden, sie überfordern auch sich selbst. Wenn die Eltern nur noch mit sich selbst beschäftigt sind, dann sind die Jugendlichen allein auf sich angewiesen. Viele verkraften das nicht und geraten in Probleme wie Alkohol und Drogen oder sie schmeißen die Schule. Einmal hat mir eine junge Frau gestanden, dass sie sich in ihrer Jugend nichts sehnlicher gewünscht hätte als eine Mutter, zu der sie in allen Lebenslagen hätte gehen können, um Sicherheit und Geborgenheit zu tanken. Das hätte ihr das Selbstbewusstsein und die Stärke verliehen, die sie gebraucht hätte, um nicht gänzlich von ihren Altersgenossen abhängig zu sein.

Der Jugendliche ist auf der Suche nach seiner eigenen Persönlichkeit. Er muss sich seiner Stärken bewusst werden, aber auch seine Schwächen kennenlernen und akzeptieren. Die Frage »Wer bin ich?« führt zwangsläufig zur Frage nach der eigenen Herkunft, zur Frage, wer seine Eltern denn eigentlich sind, wie sie sind und warum sie so geworden sind. Kann sich der Jugendliche mit seiner Mutter und seinem Vater und der Art und Weise, wie sie ihr Leben führen, identifizieren? Wenn nicht, sucht er sich andere Vorbilder und andere Lebensentwürfe. Wie wichtig die eigene Herkunft bei der Identitätssuche ist, zeigt sich immer wieder bei Adoptivkindern. Auch wenn ihre Kindheit glücklich verlaufen ist und sie sich bei ihren Adoptiveltern gut aufgehoben fühlten, beginnen einige in der Adoleszenz nach ihren biologischen Eltern zu suchen. Genauso suchen Jugendliche nach ihrem Vater oder ihrer Mutter, wenn sie von ihnen verlassen worden sind.

Eric hatte kaum gemeinsame Erfahrungen mit seinem Vater gemacht. Als er zwei Jahre alt war, hatten sich die Eltern scheiden lassen. Zwei Monate später nahm die Großmutter Eric zum Einkaufen mit. Auf der

Straße begegneten sie zufällig seinem Vater. Als er seinen Sohn hochhob, fremdelte Eric und schaute die Großmutter fragend an. Er schien keine Ahnung zu haben, wer dieser Mann war. Kurze Zeit später verließ der Vater Deutschland und kehrte nie mehr zurück. Eric wuchs bei seiner Mutter auf. Er hatte eine enge Beziehung zu seiner Mutter, die ihm ausreichend Sicherheit und Geborgenheit schenkte und seine Bedürfnisse gewissenhaft befriedigte. Die Mutter hatte nie den Eindruck, dass Eric seinen Vater vermisste. Es gab genügend Männer in der Verwandtschaft und dem Bekanntenkreis, die ihm als männliche Vorbilder dienten. Er sprach nie von seinem Vater, fragte nie nach ihm, für ihn schien es diesen Mann nicht zu geben. Als Eric jedoch in die Pubertät kam, wurde der Vater zu einem wichtigen Thema. Nun löcherte er seine Mutter mit Fragen. »Wo lebt der Vater?« »Was tut er?« »Wie kann ich ihn finden?« Eric begann, ihm Briefe zu schreiben, und bekam wenig enthusiastische Antworten zurück. Er war sehr enttäuscht, als dem Vater der Briefwechsel zu mühsam wurde und er die Briefe von seiner Freundin beantworten ließ. Aber Eric ließ nicht locker. Als er 18 war, fuhr er nach Zürich, um seinen Vater kennenzulernen. Sie trafen sich zum Abendessen. Das Gespräch war anregend. Sie entdeckten sogar verwandte Interessenbereiche. Dennoch blieb der Vater den ganzen Abend über distanziert. Er war nicht bereit, über seine Vaterrolle und sein jahrelanges Desinteresse an seinem Sohn zu sprechen. Wieder zu Hause, schrieb ihm Eric erneut Briefe, doch als diese nicht mehr beantwortet wurden, gab er schließlich auf.

Es hat mich immer wieder tief berührt, mit welcher Beharrlichkeit Jugendliche den weggebrochenen Elternteil suchen, wie sie von sich aus Kontakt aufnehmen wollen und mit einem großen Engagement und Interesse auf die Erwachsenen zugehen. Und nicht wenige machen so bittere Erfahrungen wie Eric.

Eric muss sehr enttäuscht gewesen sein, dass der Vater seine ausgestreckte Hand einfach nicht ergreifen wollte. Aber immerhin hat Eric mit seinen Briefen und dem Besuch eine konkrete Erfahrung gemacht. Hinterher wusste er, wer sein Vater wirklich war. Mit der Realität kann man immer besser umgehen als mit einer Phantasievorstellung. Die Realität kann man verarbeiten,

die Phantasievorstellung hingegen lässt einen nie los. Eric konnte nun auch die Verbitterung seiner Mutter über ihren ehemaligen Partner besser verstehen, und er nahm sich vor, mit seiner zukünftigen Partnerin sorgfältiger umzugehen als sein Vater.

Für die Identitätsfindung scheint es mir sehr wichtig zu sein, dass Vater und Mutter in ihrem Verhalten glaubwürdig bleiben. Eltern sollen immer authentisch sein. Sie sollten zu ihrer Meinung bei Konflikten mit dem Jugendlichen stehen, ohne aber zu erwarten, dass sich der Jugendliche auch danach richtet. Sie sollten ihm immer wieder deutlich machen, dass er nun für sich selbst die Verantwortung trägt. Dann nämlich kann der Jugendliche seine Eltern so, wie sie nun einmal sind, akzeptieren. Selbst wenn sie andere Vorstellungen vom Leben und andere Interessen haben und selbst wenn er sich gleichzeitig von ihnen innerlich distanziert. Eltern sollten sich nicht anbiedern, sich nicht mit Interessen und Vorstellungen vom Leben, die nicht die ihren sind, bei ihm einzuschmeicheln versuchen.

Im Fall von Trennung und Scheidung bedeutet das, dass Eltern zu ihrer Trennung, zu ihren Gefühlen und Überzeugungen stehen müssen. Das ist schwierig, weil sie womöglich gerade deswegen von den Jugendlichen abgelehnt werden. Wenn sie aber nicht dazu stehen, werden sie unglaubwürdig. Vielleicht erst Jahre später, aber fast immer werden die Kinder, wenn die Eltern authentisch bleiben, die Beziehung zu ihnen wieder aufnehmen.

Die Eltern hatten sich immer weiter auseinandergelebt, ein Prozess, der im Grunde genommen schon vor Jahren begonnen hatte. Sie würden nicht einmal mehr sagen können, wann es genau angefangen hat, wann das Interesse am anderen einzuschlafen begann. Irgendwann legten sich sogar die Streitereien, wie ein Wind, dem die Kraft ausgegangen ist. Jeder verfolgte zunehmend die eigenen Interessen, hatte einen eigenen Freundeskreis und achtete darauf, so wenig wie möglich mit dem Leben des Partners in Berührung zu kommen. Sie wussten schließlich, wie sinnlos ein Zusammenleben war, dass es nur Aggressionen erzeugen und die immer gleichen Unvereinbarkeiten an die Oberfläche bringen würde. Doch die Kinder! Franziska und Oliver. Was würde aus ihnen werden, wenn die Eltern auseinandergingen? Oft hatten Tina und Theo sich diese Frage gestellt und waren dann wieder zu dem Schluss gekommen – jeder für sich –, dass es besser wäre, noch einmal einen Eherettungsversuch zu starten. Also gab es wieder Hoffnung, dann wieder die Spirale der gegenseitigen Missverständnisse und Konflikte, und schließlich kamen sie wieder beim Waffenstillstand an. Mittlerweile war Oliver 14 und Franziska 13. Die beiden waren mitten in der Pubertät, als sich ihr Vater verliebte. Vielleicht, so dachte er, gibt es doch noch ein anderes Leben und doch eine Möglichkeit, diese Ehe aufzulösen? Eines Nachts gestand er alles seiner Frau. Seine Liebe zu einer anderen und sein Gefühl, dass ihre Ehe endgültig gescheitert sei. Natürlich war Tina bestürzt und schockiert. Was würde aus ihr werden? Sie war Mitte 40, und obwohl auch sie die Beziehung mit Theo schon lange nicht mehr befriedigend fand, hatte sie sich doch sehr an diesen Zustand gewöhnt. Den Kindern entging nicht, was los war, schließlich lief ihre Mutter nur noch weinend herum, und ihr Vater machte oft ein ratloses und verlegenes Gesicht. Sie versuchten, die Mutter zu trösten, und hatten anfänglich keine allzu gute Meinung vom Vater. Mittlerweile war auch seine Liebesbeziehung kein Geheimnis mehr. Theo blieb oft nächtelang weg. Wenn er dann aber, vor allem am Wochenende, da war, nahm er sich Zeit für die Kinder, Zeit für ihre Schulprobleme und auch ihre Sorgen um die Familie. Dazwischen versuchte Tina wieder Boden unter die Füße zu bekommen. Sie hatte sich vom ersten Schock erholt und mit Theo viele Aussprachen gehabt. Theo war betont liebevoll, betroffen und großzügig, was die zukünftige Gestaltung des Lebens seiner Familie betraf. Und Tina war letzten Endes zu stark und selbstkritisch, um die schnöde verlassene Ehefrau zu spielen. Mutig stellte sie sich der neuen Situation. Als die Eltern schließlich gemeinsam nach einigen Monaten mit den Kindern über die Trennung und Scheidung sprachen, waren sie überrascht, wie einverstanden Oliver und Franziska mit der Entscheidung ihrer Eltern waren. Ja, sie fanden es sogar ganz gut, dass sie nunmehr einen Elternteil in Hamburg und einen in Berlin haben würden.

Diese Geschichte zeigt, wie Eltern mit einem authentischen Verhalten und überzeugenden Vorbild eine positive Wirkung auf ihre Kinder haben können. Ich finde es immer wieder ermutigend,

wenn ich sehe, wie es Familien gelingt, ihre Trennungs- und Scheidungssituation fair zu bewältigen und wie viel Achtung und Verständnis es oftmals doch bei sich trennenden Paaren gibt.
Vor allem schafften es Tina und Theo, die Kinder nicht in ihren Beziehungskonflikt hineinzuziehen. Deshalb konnten diese trotz Pubertät die Trennung akzeptieren, und sie gerieten nicht in einen Loyalitätskonflikt. So muss eine Trennung selbst in der Pubertät nicht zwangsläufig negativ enden. Wenn die Eltern die Trennung in einer glaubwürdigen Weise bewältigen, kann sie für Jugendliche sogar zu einer positiven Erfahrung werden. Die Eltern haben ihnen vorgelebt, wie man eine sehr schwierige Lebenssituation meistern kann.

Wieder einmal bestimmt nicht die Trennung an sich, sondern die Art und Weise, wie sie die Eltern als sich trennendes Paar bewerkstelligen, ob sie für ihre Kinder zu einem traumatisierenden Erlebnis oder aber zu einer ihre Beziehungsfähigkeit stärkenden Erfahrung wird. Nicht der Umstand, dass die Eltern ihre Ehe auflösen, ist entscheidend, sondern ob sie sich als Menschen gegenseitig achten und würdig miteinander umgehen.

Das Wichtigste in Kürze

1. Die Pubertät ist eine schwierige Lebensperiode, für viele Menschen sogar die schwierigste Entwicklungsphase überhaupt. Der Jugendliche löst seine Bindung zu den Eltern weitgehend auf. Die inneren Schutzräume der Kindheit kommen ihm dabei abhanden.

2. Wenn sich der Jugendliche emotional von den Eltern ablöst, geht er zu den Eltern körperlich auf Distanz, ist weniger an Gesprächen und gemeinsamen Aktivitäten interessiert.

3. Wegen der verminderten emotionalen Abhängigkeit entgleitet der Jugendliche weitgehend der elterlichen Kontrolle, er gehorcht nur noch bedingt. Die Eltern erleiden zusätzlich einen Liebesverlust. Sie verlieren zudem ihren Sonderstatus, den sie während der ganzen Kindheit innegehabt haben.

4. Die emotionale Sicherheit, die der Jugendliche in der Kindheit von den Eltern erhalten hat, sucht er nun bei den Gleichaltrigen. Damit wird der Jugendliche emotional von den Gleichaltrigen genauso abhängig wie zuvor von den Eltern.

5. Je älter Kinder werden, desto größer wird die Bedeutung, die das Umfeld für ihr Wohlbefinden hat. Für den Jugendlichen werden die Gleichaltrigen, die Schule, die Freizeitmöglichkeiten, aber auch die Wohnung und insbesondere sein eigenes Zimmer besonders wichtig.

6. Wenn sich die Eltern in dieser für die Jugendlichen schwierigen Zeit trennen, vermischen sich Scheidungs- und Pubertätssymptome. Es kann zu Loyalitätskonflikten kommen.

7. Eltern sollten immer authentisch bleiben. Sie sollten zu ihrer Meinung bei Konflikten mit dem Jugendlichen stehen, ohne aber zu erwarten, dass sich der Jugendliche auch danach richtet. Sie sollten ihm immer wieder deutlich machen, dass er nun für sich selbst die Verantwortung trägt.

8. Nicht die Trennung an sich, sondern die Art und Weise, wie Eltern sie bewerkstelligen, bestimmt, ob die Trennung für den Jugendlichen zu einem traumatisierenden Erlebnis oder aber zu einer seine Beziehungsfähigkeit stärkenden Erfahrung wird.

9. Wenn Eltern die Trennung in einer glaubwürdigen Weise bewältigen, kann sie für Jugendliche sogar zu einer positiven Erfahrung werden. Die Eltern leben ihnen vor, wie man eine sehr schwierige Lebenssituation meistern kann.

Wie sehr vermissen Eltern und Kinder einander?

Die Situation war gänzlich verfahren. Carlos hatte sich stets mehr um die Zwillinge gekümmert als Cornelia. Er hatte die Kinder von der Kita und vom Kindergarten abgeholt, das Mittagessen aufgewärmt und auf sie aufgepasst, bis sie von der Arbeit nach Hause kam. Er war immer ein warmherziger Vater gewesen. Lange Zeit war Cornelia einfach stolz auf ihren Mann, der neben seinem Wirtschaftsstudium ihr, der Architektin, den Rücken freihielt. Gut, sie verdiente das Geld für die Familie, und er kam mit seinem Studium nicht so recht voran, aber dennoch. Andererseits gab es von Anfang an Probleme. Alles war gleichzeitig passiert. Sie hatte sich nach einer kurzen Zeit bei einem Berliner Stararchitekten selbstständig gemacht. Sie war noch kaum in das neu eingerichtete Büro gezogen, da hatte sie sich schon in ihren späteren Mann verliebt und war kurz danach mit den Zwillingen schwanger geworden. Damals war sie froh, dass wenigstens einer von ihnen nicht Karriere machen wollte. Doch dann litt sie zunehmend an der Doppelbelastung aus Beruf und Haushalt, denn Carlos hatte es zwar bis zum Kochen für die Zwillinge gebracht, aber Aufräumen, Putzen, Bügeln war nicht gerade seine Sache. Durch diese Arbeitsteilung hatte sie noch weniger Zeit für die beiden Kleinen, und das war es, was sie Carlos mehr und mehr vorzuhalten begann. Schließlich kam es zum Bruch und zur Trennung. Und dann war Carlos plötzlich weg. Er war aus der gemeinsamen Wohnung ausgezogen. Er werde, so sagte er, vorübergehend zu seinen Eltern ziehen, bis er eine eigene Wohnung gefunden habe. Er werde sich melden und vorbeikommen. Cornelia dachte sich nichts Schlimmes dabei. Natürlich wird er kommen, sehr bald schon. Etwas anderes konnte sie sich gar nicht vorstellen. Sie hatte die Kinder einstweilen an den Nachmittagen auf die Oma und Kindergartenfreunde aufteilen müssen. Das war nicht ideal für die beiden Vierjährigen. Wenn sie sie am Abend abholte, merkte sie, wie verstimmt und angespannt sie waren, sie weinten viel und schliefen nachts nicht mehr durch. Aber es ging eben nicht anders. Carlos meldete sich nicht. Es verstrichen Wochen und Monate.

Er war nicht aufzutreiben. Auch seine Eltern wussten nicht, wo er geblieben war. Die Kinder vermissten ihn sehr. Einmal, am Abend, steckte Pedro seine Matchboxautos in die Hosentasche, sagte knapp: »Ich Papa holen«, machte die Haustür auf und lief auf die Straße. Seine Zwillingsschwester Maria Pia rief verzweifelt immer wieder: »Mapi Papa lieb« und starrte dabei Löcher in die Luft. Es war schrecklich. Was sollte Cornelia nur tun?

Ich finde die Situation, in die diese Familie geraten ist, aus verschiedenen Gründen erschütternd. Der Vater hatte sich vor der Trennung umfassend und wahrscheinlich mehr als die Mutter um Pedro und Maria Pia gekümmert. Deshalb haben die beiden Kinder einen großen Verlust erlitten, als der Vater plötzlich verschwunden war. Gleichzeitig muss die Mutter in eine extreme Überforderungssituation geraten sein. Sie konnte nicht über Nacht hundertprozentig für den Vater einspringen.

Nach dem anfänglichen Schock fing sich die Mutter langsam wieder. Sie stellte ein Au-pair-Mädchen für die Kinder ein und versuchte, selbst mehr für die beiden da zu sein. Ihre eigene Mutter wurde zum wahren Felsen in der Brandung. Ruhig, kompetent und voller Herzenswärme war sie zugegen, wo immer sie gebraucht wurde. Sie unterstützte ihre Tochter nicht nur durch ihre tätige Anwesenheit, sondern auch durch ihren Pragmatismus und ihre Zuversicht.

Dann, nehme ich an, wird es auch Pedro und Maria Pia langsam wieder besser gegangen sein. Mit ihrem Verhalten zeigen sie dennoch sehr deutlich, wie stark sie der Weggang des Vaters emotional verunsichert hat. Man sieht an den beiden Kindern, wie sehr das kindliche Wohlbefinden von einer Hauptbezugsperson abhängig sein kann.

Aber werden diese beiden Kinder nun ihr Leben lang mit Verlustängsten zu kämpfen haben?

Sie haben eine schlimme Erfahrung gemacht, ohne Zweifel. Je kleiner die Kinder sind, desto leichter kann eine Bezugsperson durch eine andere ersetzt werden. Pedro und Maria Pia waren immerhin bereits vier Jahre alt, als der Vater ging. So brauchte Cornelia – zusammen mit der Oma und dem Au-pair-Mädchen – sicher Wochen und Monate, um den Vater zu ersetzen. Für das Wohlbefinden der Kinder wird es sehr darauf ankommen, was für Erfahrungen sie zukünftig machen werden. Werden sie das Au-pair-Mädchen auch bald wieder verlieren und es dann vermissen müssen? Wie intensiv kann sich Cornelia um die Zwillinge kümmern? Und wird die Oma, die zu einer Hauptbezugsperson geworden ist, die Kraft und Gesundheit in den nächsten Jahren aufbringen, die für die Betreuung von Kleinkindern nun einmal erforderlich sind?

Carlos war vor seinem Weggang eine der Hauptbezugspersonen für seine Kinder. Er hat die Grundbedürfnisse von Pedro und Maria Pia umfassend befriedigt. Er hat sie gefüttert, gewickelt, in den Schlaf gesungen und als Babys herumgetragen, wenn sie Bauchweh hatten. Er war die ganze Zeit bei ihnen und hat ihnen ein Gefühl von Geborgenheit gegeben, er war da, wenn sie krank waren, um ihnen heißen Tee mit Honig zu machen. Carlos war also nur schwer und kurzfristig überhaupt nicht zu ersetzen.

Das Beispiel von Carlos zeigt uns: Die Bedeutung, die ein Vater zum Zeitpunkt der Trennung für seine Kinder hat, hängt davon ab, wie umfassend er ihre Grundbedürfnisse vor der Trennung befriedigt hat.

Heißt das, dass ein Vater, der sich umfassend um die Grundbedürfnisse seiner Kinder vor der Trennung gekümmert hat, von seinen Kindern hinterher auch mehr vermisst wird?

Zweifelsohne – und dessen sollte er sich auch bewusst sein. Je umfassender der Vater die Bedürfnisse seiner Kinder befriedigen konnte, desto bedeutsamer wurde er für die Kinder und desto stärker sind sie an ihn gebunden. Im Laufe der Jahre kommen dann gemeinsame Erfahrungen hinzu. Der Vater bringt den Kindern das Fahrradfahren und Skateboarden bei, lässt mit ihnen Drachen steigen und ist ein interessierter Gesprächspartner. Wenn es zu einer Trennung und Scheidung kommt, wird die Stärke der Bindung der Kinder an ihren Vater zu einem entscheidenden Faktor für ihre zukünftige Beziehung. Schafft es der Vater nach der Trennung für seine Kinder zu sorgen und gemeinsame Erfahrungen zu ermöglichen, dann geht es den Kindern beim Vater gut. Sie wollen bei ihm sein, und wenn sie ihn ausreichend oft sehen, werden sie ihn auch nicht vermissen müssen.

Bedeutet dies auch, dass ein Vater, der sich um die Grundbedürfnisse seiner Kinder vor der Trennung nur wenig oder überhaupt nicht gekümmert hat, von seinen Kindern hinterher auch kaum vermisst wird?
Leider ja. Es wird einem solchen Vater schwerfallen, die Beziehung längerfristig aufrechtzuerhalten. Nicht nur weil sich die Kinder wenig nach dem Vater sehnen und wenig an ihn gebunden sind, sondern auch, weil sie sich beim Vater nicht wohlfühlen. Sie müssen vor der Trennung erlebt haben, dass der Vater für ihr körperliches und psychisches Wohl sorgen kann: für sie kochen und ihnen etwas zu essen geben, sie anziehen, zu Bett bringen, aber auch ihnen Zuwendung und körperliche Nähe geben, verfügbar sein, wenn sie Fragen haben, eine Geschichte hören möchten oder Hilfe brauchen. Wenn sie dieses Vertrauen in den Vater nicht entwickelt haben, werden sie sich nach der Trennung bei ihm kaum wohlfühlen. Es gibt Väter, die erst durch die Trennung intensivere Gefühle für ihre Kinder bekommen und mehr Verantwortung für sie übernehmen wollen. Das ist nicht leicht, aber manchen Vätern gelingt es, ihre Beziehung zu den Kindern auch nach der Trennung zu verbessern. Das neue sorgende väterliche Verhalten sollte aber von den Müttern nicht abgewertet werden, da die Kinder dadurch ihrem Vater näherkommen können.

Es fällt mir als Mutter schwer zu verstehen, weshalb Carlos seine Kinder nicht mehr sehen wollte, obwohl er sich doch vier Jahre um sie gekümmert hatte und somit eine tiefe Beziehung zu ihnen eingegangen war.
Kinder sind für Eltern und besonders Väter aus ganz unterschiedlichen Gründen wichtig. Eine Bedeutung wurzelt in den eigenen Kindheitserfahrungen und in der Partnerschaft: Das Kind als gemeinsames Lebensprojekt. Eine Familie und Kinder zu haben ist

für viele Eltern ein Lebensziel. Kinder wurden in der Vergangenheit und häufig auch heute noch als eine Art Eigentum verstanden. Väter können ihre Kinder auch lieben, weil sie stolz auf sie sind und Anerkennung von der Umgebung für sie bekommen – ohne sich aber besonders um sie zu kümmern oder sich fürsorglich zu verhalten. Der wichtigste Punkt aber ist der folgende: Kinder binden sich nicht nur an ihre Eltern, Eltern binden sich auch an ihre Kinder. Entscheidend sind dabei die gleichen Faktoren wie bei der Bindung des Kindes an die Eltern. Je umfassender und zeitlich intensiver der Umgang, insbesondere der fürsorgliche, mit den Kindern ist, desto mehr binden sich Mutter und Vater an ihre Kinder.

Nach einer Trennung und Scheidung vermisst der getrennt lebende Elternteil die Kinder also ganz unterschiedlich stark?
Ja, das ist so. Es gibt Väter, die ihre Kinder sehr vermissen, wenn sie sie beispielsweise wegen ungünstiger Lebens- und Umgangsbedingungen nicht häufiger sehen können. Besonders große Qualen machen Väter durch, denen die Ex-Partnerin aus Groll den Kontakt mit dem Kind erschwert oder gar verweigert. Vätervereinigungen bemühen sich seit vielen Jahren darum, Kindern und Vätern solch schlimme Erfahrungen zu ersparen (siehe Teil 4). Es gibt aber auch Väter – und das sind leider viele –, die die Beziehung zu ihren Kindern nach einigen Jahren aufgeben, weil sie einerseits spüren, dass die Kinder nicht mehr an sie gebunden und an ihnen interessiert sind, und weil sie andererseits erleben, dass sie die Bedürfnisse der Kinder aus unterschiedlichsten Gründen nicht mehr befriedigen können. Bei diesen Vätern spielt eine ganz bedeutsame Rolle, dass die meisten bereits vor der Trennung keine tragfähige Beziehung zu ihren Kindern hatten (siehe Seite 82 f.).

15 Monate nachdem Carlos seine Familie verlassen hatte, meldete er sich zurück. Er hatte nach dem Weggang einen regelrechten Zusammenbruch erlitten. Nicht nur weil ihm die Kinder fehlten, sondern auch, weil er ohne jede Zukunftsperspektive war; er hatte ja nur studiert und nie richtig gearbeitet. Er brachte die Kraft nicht auf, sich bei Cornelia zu melden. Er verbrachte sechs Monate in einer psychiatrischen Klinik und wurde medikamentös behandelt. Es dauerte ein weiteres halbes Jahr, bis er mithilfe eines Therapeuten so weit war, dass er sein Leben wieder im Griff hatte. Er suchte sich eine Arbeit, was sich als leichter herausstellte, als er befürchtet hatte, und fand eine Wohnung. Als er sich eingerichtet hatte, meldete er sich bei Cornelia. Sie war froh, als Carlos sich zurückmeldete. Sie machte ihm keine Vorwürfe, auch wenn sie ihre tiefe Enttäuschung über sein plötzliches Verschwinden nicht ganz verbergen konnte, und reagierte verständnisvoll, als Carlos ihr von seinem Zusammenbruch und seiner anschließenden Neuorientierung berichtete. Cornelia stellte überrascht fest: Er war erwachsen und er selbst geworden. Als Carlos Pedro und Maria Pia das erste Mal besuchte, waren die beiden zuerst sehr verunsichert, dann aber außer sich vor Freude. Cornelia und Carlos arrangierten sich problemlos in der Betreuung ihrer Kinder. Cornelia war sehr erleichtert, sie musste die Verantwortung für die Kinder nicht mehr allein tragen.

Das Wichtigste in Kürze

1. In ihrer Bereitschaft, für ein Kind zu sorgen, nehmen Eltern unter allen Bezugspersonen eine Sonderstellung ein: Sie haben dem Kind zum Leben verholfen und tragen für das Kind Verantwortung.

2. Die Bindung der Eltern an ihr Kind hat ihre Wurzeln in den eigenen Kindheitserfahrungen und in der Partnerschaft. Entscheidend wird sie aber geprägt durch die Sorge für das körperliche und psychische Wohlbefinden des Kindes, die Zuwendung, die sie von ihm erhalten, und die gemeinsamen Erfahrungen, die sie mit ihm machen.

3. Das Kind wandelt sich ständig in seiner Entwicklung, und damit wandelt sich auch die Eltern-Kind-Beziehung. Eltern und Bezugspersonen müssen ihre Fürsorge und ihr Verhalten dem Kind gegenüber laufend anpassen. Damit verändert sich auch ihre Bindung an das Kind. Gemeinsame Erfahrungen binden Eltern und Kind aneinander; das Ausbleiben von Erfahrungen entfremdet sie einander.

4. Wie schmerzhaft die Trennung für den Elternteil wird, der weggeht, hängt einerseits davon ab, wie stark er an das Kind gebunden ist, das heißt, wie sehr er sich vor der Trennung emotional und zeitlich auf das Kind eingelassen hat. Andererseits spielen Art und Häufigkeit der Kontakte mit dem Kind nach der Trennung eine entscheidende Rolle.

5. Kinder vermissen den getrennt lebenden Elternteil umso mehr, je umfassender dieser sich um sie gekümmert hat. Diese emotionale Abhängigkeit ist aber auch die Gewähr dafür, dass die Beziehung nach der Trennung erhalten bleibt, sofern sich der getrennt lebende Elternteil ausreichend um die Kinder kümmert.

# Teil 2
Der Alltag danach: Getrennt leben, gemeinsam erziehen

Was ändert sich nach der Trennung?

Urs ist auf dem Weg zu seinen beiden Kindern. Die achtjährige Sabina und der sechsjährige Theo leben bei ihrer Mutter, etwa 30 Kilometer von seinem Wohnort entfernt. Seit der Scheidung vor etwa einem Jahr nimmt Urs seine beiden Kinder jedes zweite Wochenende zu sich. Er hat mit seiner Ex-Frau vereinbart, dass er sie am Samstag um 13 Uhr abholt und am Sonntagabend gegen 18 Uhr wieder zurückbringt. Den kommenden 29 Stunden sieht Urs mit gemischten Gefühlen entgegen. »Hoffentlich läuft es gut«, denkt er, »ich habe ja nur die Wochenenden mit ihnen.« Für Samstagnachmittag hat er Karten für das Theaterstück »Emil und die Detektive« besorgt, den Sonntagnachmittag werden sie mit zwei befreundeten Familien verbringen, die vier Kinder im gleichen Alter wie Sabina und Theo haben. Ungewiss ist noch der Sonntagmorgen. Werden sie lange schlafen, oder soll er mit den Kindern noch ins Hallenbad gehen? Heute Abend jedenfalls wird er Fischstäbchen braten, die sicherste Möglichkeit, im Bereich »mütterliche Fürsorge« bei seinen Kindern einen Volltreffer zu landen. Für Sonntagmittag hat er Spaghetti gekauft, dabei aber die Tomatensauce vergessen. Zu dumm. Aber normalerweise kocht am Sonntag ja auch seine Mutter für die Kinder. Als Urs aus seinem Wagen steigt, stehen die Kinder bereits ungeduldig am Fenster. Freudig kommen sie ihm entgegen, begrüßen ihn kaum und wollen gleich wissen: »Gehen wir heute Nachmittag in ›Harry Potter‹?«

Die meisten Väter aus Scheidungsfamilien kennen diese Situation. Auch ich musste im Voraus planen und Vorkehrungen treffen, wenn meine drei Töchter am Wochenende zu mir kamen. Natürlich habe ich mich immer gefreut, aber es war auch mit Stress verbunden. Man geht ja nicht erholt, sondern erschöpft von einer Woche Arbeit ins Wochenende. Zusätzlich ist man nun für Dinge verantwortlich, um die sich bis dahin meist die Mutter gekümmert hat. Einkaufen, kochen und vieles andere mehr. Das sind erhebliche Zusatzbelastungen. Die äußeren Bedingungen haben sich ebenfalls verändert. Die Wohnung ist womöglich zu klein, um ein extra Kinderzimmer darin unterzubringen. Die Kinder haben kaum eine Chance, feste Freundschaften zu den Nachbarskindern aufzubauen, auch wenn sie jedes Wochenende beim Vater sind. Meine Wohnung war ihnen nicht so vertraut, noch weniger die Umgebung. Das heißt, sie konnten sich weniger gut selbst beschäftigen und waren umso mehr auf mich angewiesen. Ich hatte praktisch keine Minute mehr für mich, die drei Kinder beanspruchten mich ständig. Als alleinige Bezugsperson ist man sehr gefordert, und am Montagmorgen leidet man wegen der fehlenden Erholung.

Alleinerziehende, voll berufstätige Mütter erleben das ständig. Berufsarbeit geht jeden Tag in Kinderarbeit über, und das rund um die Uhr. Ausruhen können sie sich höchstens dann, wenn die Kinder beim Vater sind. Dennoch unterschätzen sie, glaube ich, auch oft die Belastungen, die auf ihre Ex-Männer nach der Trennung zukommen. Einige denken wohl auch, es geschieht ihm recht, insbesondere wenn die Väter zuvor keinerlei Erziehungsarbeit geleistet haben.

Dabei ist zu bedenken, dass heute längst nicht mehr alle Scheidungskinder bei ihren Müttern leben und nur am Wochenende oder alle 14 Tage beim Vater sind. Zwar bleibt nach einer Trennung immer noch die große Mehrheit der Kinder bei der Mutter; 90,1 Prozent der Alleinerziehenden sind Mütter und nur 9,9 Prozent Väter. Aber mit der Zeit entstehen aus vielen dieser Alleinerziehenden-Familien – sie machen 16 Prozent aller Familien aus – Patchworkfamilien, die 14 Prozent aller Familien bilden (Bundeszentrale für politische Bildung 2012). Dabei pendeln die Kinder in unterschiedlichen Abständen zwischen ihren Eltern hin und her; manche verbringen gleich viel oder annähernd gleich viel Zeit bei beiden Elternteilen (siehe Seite 111 f. und Teil 4). Ganz allgemein gilt: Nach der Trennung ändert sich das Alltagsleben für jeden in der Familie, für den Vater, die Mutter und vor allem für die Kinder. Und um zu wissen, ob es den Kindern nach der Trennung und Scheidung gut geht, müssen wir uns deshalb fragen, wie sich der Alltag jedes Familienmitglieds verändert.

Geschiedene Väter haben im Wesentlichen drei Strategien, die Wochenenden mit ihren Kindern zu verbringen. Entweder sie verplanen das Wochenende, gehen mit den Kindern ins Theater, ins Kino, in den Zoo oder ins Hallenbad. Oder sie besuchen Verwandte und spannen weibliche Familienmitglieder, vor allem die eigene Mutter, für die Betreuung der Kinder ein. Oder sie schieben die »mütterlichen Aufgaben« ihrer Freundin zu. 50 Prozent der geschiedenen Väter leben mit einer Freundin zusammen, während nur 25 Prozent der geschiedenen Mütter mit einem Freund leben (Decurtins, Meyer 2001). Warum das so ist, wurde in der Studie zwar nicht erfragt, aber die Gründe liegen auf der Hand. Männer können weniger gut allein leben (Coleman 1996, Rosengren et al. 1993). Außerdem ist für einen geschiedenen Vater die Freundin oft eine große Hilfe bei der Betreuung der Kinder. Der Freund hingegen empfindet das Kind seiner Freundin eher als Belastung für die partnerschaftliche Beziehung und lässt sich mitunter nur zögerlich auf das Kind ein.

Das klingt wenig männerfreundlich, doch ich fürchte, die alten Rollenmuster greifen tatsächlich noch immer. Manche Mütter ärgern sich darüber, dass die »Wochenendväter« eher den lustvollen Freizeitteil mit den Kindern leben, als auch mal Hausaufgaben zu betreuen oder Konflikte um die Verteilung der Arbeit mit ihnen auszutragen. Ich kenne allerdings auch etliche Väter, die durch die Trennung und Scheidung ihren Kindern nähergekommen und nun gewillt sind, Verantwortung zu übernehmen. Es hat ihnen gut getan, dass sie ihre fürsorgliche Seite hervorkramen mussten, dass die Kinder auf Gedeih und Verderb nun auf sie angewiesen waren und nicht immer die Mutter als Entlastung zur Verfügung stand. Wenn man mit den Kindern allein in der eigenen Wohnung sitzt, muss man sich auf sie einlassen, man muss sich mit ihnen beschäftigen, sie bei Laune halten. Man ist nun gänzlich allein für ihr Wohlbefinden verantwortlich. Das ist sehr anspruchsvoll, kann aber auch eine Chance für den Vater sein, eine tragfähige Beziehung zu den Kindern aufzubauen und zu erhalten.

Als Norbert das erste Wochenende nach der Trennung mit seiner dreijährigen Tochter verbringen sollte, ließ Christine ihn ins offene Messer laufen. Bestimmt hatte er sich nichts überlegt, dachte sie und spürte Schadenfreude aufsteigen. Als er dann schon Sonntagmittag wieder bei ihr ankam, war sie zufrieden. Auch Natascha beklagte sich hinterher über das Essen und die langweiligen Stunden mit ihrem Papa. »Endlich sieht er einmal, dass Kinder harte Arbeit sind«, sagte sich Christine und konnte sich die Bemerkung nicht verkneifen, dass er ja jetzt sehen werde, wie er ohne sie zurechtkomme. Sie grollte ihm, weil er sie nach so vielen gemeinsamen Jahren verlassen hatte. Einfach so. Sie wusste nicht einmal, ob er eine Neue hatte, geschweige denn, wer das sein könnte. Er hatte gesagt, dass er die ständigen Nörgeleien satt habe. Das hatte er gesagt. Typisch Mann. Als ob sie ihn ohne Grund kritisiert hatte. Besonders seit der Geburt von Natascha war er zu einem konservativen Macho verkommen. Nichts rührte er mehr an, weder im Haushalt noch bei der Kinderbetreuung. Ließ sich bedienen und sagte, dass er eben das Geld für die Familie verdiene. Das müsse doch reichen. Ihr hatte es nicht gereicht. Sie hatte sich ihn als Vater ganz anders vorgestellt. Irgendwie kompetenter und interessierter, so wie die neuen Väter eben, diese tollen Typen, die sie manchmal auf dem Spielplatz sah. Oder die mit Kinderwagen in der Stadt unterwegs waren. Und auf den Werbeplakaten. Und in den Frauenzeitschriften. Warum konnte er nicht auch so einer sein?

Viele Mütter werden in ihren Erwartungen, was ihr Partner als Vater leisten soll, enttäuscht. Und doch freuen sich die wenigsten von ihnen, wenn der Vater mit dem Kind am Wochenende überfordert ist. Die meisten versuchen den Vater zu unterstützen. Es gibt auch Mütter, die keine ruhige Minute haben, wenn die Kinder ein Wochenende beim Vater verbringen: Was macht er die ganze Zeit mit ihnen? Vergisst er auch nichts? Essen sie richtig?

> **Mein Ex-Partner und ich machten einander oft Vorschläge für die Planung der Wochenenden mit unserer Tochter. Wir wollten beide, dass sie eine gute Zeit mit dem jeweils anderen verbringt. Wenn ein Wochenende mit dem Vater bevorstand, habe ich oft geschaut, was es im Kindermuseum gibt, oder ein paar Kinofilme vorgeschlagen. Wenn man ohnehin die ganze Woche mit dem Kinderkram beschäftigt ist, ist es meist keine Hexerei, ein paar Ideen für das Wochenende zu haben.**

Das hat sich positiv auf deine Tochter, den Vater und vor allem auf ihre gemeinsame Beziehung ausgewirkt. Viele Mütter machen das, andere können es leider nicht. Sie sind zu verletzt, zu traurig, zu wütend.

> Mir hätte es einfach zu sehr wehgetan, wenn unsere Tochter enttäuscht von einem Wochenende mit ihrem Vater nach Hause gekommen wäre. Es ist doch ihr geliebter Papi, und da ich sie liebe, liegt mir auch deren Beziehung am Herzen. Außerdem muss man immer an die »Folgekosten« denken. Denn dann wäre meine Tochter nicht gern bei ihrem Vater gewesen. Das hätte ihn gekränkt und das hätte wiederum zur Folge gehabt, dass er mir die Schuld daran gegeben hätte. Dadurch wären wir womöglich in Streit geraten, jeder hätte den anderen beschuldigt ... Ich habe das oft bei anderen Eltern erlebt. Das Hin- und Herpendeln der Kinder kann eine stete Quelle der Missverständnisse, der Beschuldigungen und der Ängste werden, und wenn die destruktive Spirale erst einmal in Gang gekommen ist, kann man sie nur schwer durchbrechen. Deshalb betone ich immer die Folgekosten in meinen Gesprächen mit den Eltern und versuche, mit ihnen an diesen Fragen zu arbeiten: Was will ich langfristig? Was kann jeder der beiden Elternteile dazu beitragen, dass sich die Kinder beim anderen wohl fühlen? Wie möchte ich mit dem anderen über die Kinder kommunizieren? Das sind ganz wichtige Aspekte. Verdachtsmomente und Ängste bekämpft man am besten, indem man den anderen Elternteil über die Kinder und das, was sie betrifft, informiert und über Pläne, Aktivitäten und Vorlieben der Kinder kommuniziert.

Rund 50 Prozent der geschiedenen Väter in Deutschland haben einige Jahre nach der Trennung und Scheidung praktisch keine Beziehungen mehr zu ihren Kindern. Bei 11 Prozent reißt der Kontakt völlig ab, 10 Prozent sehen die Kinder immerhin ein Mal im Jahr, und der Rest hat einen sehr eingeschränkten und unregelmäßigen Kontakt zu ihnen (Napp-Peters 1995, Tazi Preve et al. 2012).

Mit anderen Worten: Viele Väter nehmen leider ihr Besuchs- und Umgangsrecht nach einer Weile gar nicht mehr wahr. In der öffentlichen Diskussion werden vor allem Unstimmigkeiten zwischen den Eltern dafür verantwortlich gemacht. Die Mütter würden die Kinder den Vätern entfremden, heißt es. Das Parental Alienation Syndrome (PAS) (siehe auch Seite 197 f.) sei dafür verantwortlich.
Es gibt leider Mütter, welche die Väter aus dem Leben ihrer Kinder zu verdrängen versuchen. Sie schaden nicht nur ihren Ex-Männern, sondern vor allem auch ihren Kindern. Das bedenken sie oft nicht. Doch mit dem PAS-Syndrom lässt sich nicht hinreichend erklären, warum die Zahl der Väter, die sich nicht um ihre Kinder kümmern, so hoch ist. Dafür muss es noch andere Gründe geben.

Mütter können die Beziehung zu ihren Kindern meist besser aufrechterhalten als Väter, auch wenn diese nicht bei ihnen leben (Gödde 2002). Also hat der Kontaktabbruch des Vaters wohl auch etwas damit zu tun, dass Mütter allgemein beziehungsfähiger sind als Väter?
Es waren die Frauen, die in der gesamten Menschheitsgeschichte die Kinder großgezogen haben. Sie sind deshalb sozial etwas kompetenter und fürsorglicher als die Männer. Außerdem messen sie Beziehungen seit jeher eine größere Bedeutung bei. Das soll nicht bedeuten, dass Männer nicht fähig wären, für Kinder zu sorgen, doch sie haben sich, was Kindererziehung und Rollenaufteilung betrifft, in den vergangenen Jahrzehnten nicht sonderlich verändert. Die neuen Väter sind zwar ein Trendthema in den Medien, in der Realität sind sie aber immer noch die Minderheit, obwohl ich meine Hoffnungen in die unter 30-Jährigen setze. Da scheint eine neue Generation von Vätern zu entstehen.

Es gibt Studien, die besagen, dass der Vater den Kontakt zum Kind vor allem dann verliert, wenn er zuvor einen sehr guten Kontakt zu ihm hatte (Hötker-Ponath 2009).
Das halte ich für falsch. Hättest du die Beziehung zu deiner Tochter aufgekündigt, wenn sie nach der Trennung beim Vater geblieben wäre? Solche Väter oder auch Mütter gibt es, aber die Qualität ihrer Beziehung zu den Kindern würde ich gern hinterfragen.

Manche Väter sehen sich immer noch hauptsächlich in der Rolle des Ernährers und des Familienoberhauptes. Sie tun sich nach der Trennung schwer, ihre Identität als Mann und Vater neu zu finden. Es geht solchen Vätern nicht so sehr um das Kind, sie sind vor allem in ihrem Stolz verletzt und fühlen sich manchmal auch als Versager. Dafür nehmen sie sogar in Kauf, dass ihr Kind unter dem Kontaktabbruch leidet. Viele Eltern übersehen aber auch die emotionalen und organisatorischen Schwierigkeiten, die mit einer Trennung auf sie zukommen. Da fällt es demjenigen Elternteil, der nicht mit dem Kind zusammenlebt, oft schwer, sich angemessen und kontinuierlich um sein Kind zu kümmern. Auch das kann längerfristig zu einem Kontaktabbruch führen.

In Deutschland verbringen 26 Prozent der Väter in vollständigen Familien weniger als 3 Stunden pro Woche allein mit ihren Kindern. 40 Prozent beschäftigen sich bis 8 Stunden und nur 9 Prozent einen ganzen Tag pro Woche mit dem Nachwuchs (Gfk-Studie 2010). Für die Deutschschweiz hat eine etwas ältere Erhebung ein vergleichbares Resultat ergeben, und zwar beschäftigen sich Väter in vollständigen Familien durchschnittlich 20 Minuten pro Tag mit ihren Kindern, Mahlzeiten ausgenommen. Natürlich gibt es auch da Väter, die bis zu 3 Stunden pro Tag mit ihren Kindern verbringen. Viele jedoch sind unter der Woche für ihre Kinder praktisch abwesend. Sie spielen, ob gewollt oder durch ihr berufliches Engagement erzwungen, die Rolle eines Hintergrundvaters. Wenn sie sich dann auch noch am Wochenende mit ihren eigenen Angelegenheiten beschäftigen, vor allem am PC sitzen, anstatt etwas mit den Kindern zu machen, werden sie es nach der Trennung schwer haben. Bloß im Hintergrund vorhanden zu sein reicht dann nicht mehr aus, da die Mutter als Ansprechperson für die Kinder fehlt. Entweder schaffen es die Väter, zu präsenten Vätern zu werden, oder sie verschwinden immer mehr aus dem Leben ihrer Kinder.

Die Hauptursache für den häufigen Beziehungsabbruch zwischen Kindern und geschiedenen Vätern liegt meines Erachtens darin, dass die Beziehung vor der Trennung nicht genügend tragfähig war. Das heißt, Väter sollten sich bereits bei der Geburt ihres

Kindes ernsthaft überlegen, wie viel Zeit sie mit ihm verbringen wollen und wie sie eine tragfähige Beziehung zu ihm aufbauen können. Nur so haben sie eine Chance, wirklich zum Vater ihres Kindes zu werden. Dabei spielt nicht nur die gemeinsam verbrachte Zeit, sondern auch die Qualität der Beziehung und das Ausmaß der Betreuung eine wichtige Rolle. Gibt der Vater seinem Baby regelmäßig das Fläschchen, wickelt er das Kind, bringt er es am Abend zu Bett, steht er nachts auf, wenn es schreit? Wenn er nach der Trennung ein Kleinkind bei sich hat, dann muss er all dies selbstständig leisten, damit sich das Kind wohlfühlt. Wenn er es vor der Scheidung nicht getan hat, wird er hinterher dazu kaum in der Lage sein. Er wird nur dann wissen, welche Spielsachen er kaufen soll, wenn er weiß, womit sein Kind bisher gespielt hat. Außerdem sind da noch weitere Belastungen. Wenn die Kinder bei ihm übernachten sollen, muss er Betten und Bettzeug kaufen, kindgerechte Teller und Besteck und vieles mehr. Diese zusätzlichen Ausgaben können den Vater nicht nur finanziell erheblich belasten, sie sind auch eine emotionale und organisatorische Herausforderung.

Zusatzbelastungen für Mutter und Vater nach der Trennung

- Wohnung suchen und einrichten
- Neue Schule finden
- Vermehrte finanzielle Belastungen
- Arbeit suchen
- Weniger Erholung und Freizeit
- Wochenenden planen und organisieren
- Anstrengende Rhythmuswechsel
- Reisewege
- Soziales Netz neu aufbauen

Auch die Mütter spüren die Veränderungen und die vermehrten Belastungen. Für viele ändert sich das Leben nach der Trennung dramatisch. Plötzlich müssen sie alles in einer Person sein. Wo ist die zweite Schulter geblieben, auf die sich die Lasten des Lebens

verteilen lassen? Wo ist jemand, der Möbel tragen, Glühbirnen wechseln und ein Computerprogramm einrichten kann? Was tut man mit den Sorgen über die Zukunft, das spärlich fließende Geld, die eigene begrenzte Kraft und das Kind zwischen allen Stühlen? Oft chronisch erschöpft, kann auch die Mutter die Beziehung zu ihren Kindern oft nur mit großen Anstrengungen aufrechterhalten, auch wenn sie eine gute Beziehung zu ihnen hat.

Dass Mütter nach der Scheidung besonders belastet sind, zeigt sich einmal mehr darin, wie sehr sie als Alleinerziehende immer noch armutsgefährdet sind. Über 40 Prozent der Alleinerziehenden galten 2008 als armutsgefährdet, hatten also weniger als 925 Euro im Monat (2007) zur Verfügung. War das jüngste Kind unter drei Jahren, waren es sogar mehr als die Hälfte. Der überwiegende Teil von ihnen war erwerbslos oder arbeitete nur eingeschränkt. Insgesamt ist der Prozentsatz in den letzten 10 Jahren sogar noch gestiegen (DJI-Bulletin 2010). Das heißt, es wachsen nicht nur die Belastungen für Mütter, sondern sie brauchen auch bessere Bedingungen am Arbeitsmarkt und vor allem ein besseres und flexibleres Angebot für die Kinderbetreuung.

> Darüber hinaus müssen sich Mütter, die vor der Trennung als Hauptbezugspersonen für ihr Kind da waren, darauf einstellen, nicht mehr lückenlos über das Leben ihres Kindes Bescheid zu wissen. Manchmal ist das Kind nicht da, fährt mit seinem Vater in Urlaub, und die Mutter hat keine Kontrolle, was dort geschieht. War der Vater vor der Scheidung schon kaum verlässlich und hat sich wenig um die Kinder gekümmert, kann ihr nun angst und bange werden, wenn ihre Kinder bei ihm sind. Hatte sie davor stets etwas an seiner Art, wie er mit den Kindern umging, auszusetzen, wird sie jetzt noch viel weniger davon halten. Sie hat plötzlich kinderfreie Tage und muss mit der neuen Dynamik von Mutterwerktagen und Singlewochenenden fertig werden.

Ihr fröhliches »Ciao Mama!« hat Valerie noch im Ohr, als sie Anna an der Hand ihres Vaters davonspringen sieht. Er trägt ihre Tasche mit den Kleidern, Pullovern und der Unterwäsche lässig über der Schulter. Gestern hat sie ihr schnell das Wichtigste zusammengepackt. Auf Annas

Rücken hüpft der Felix-Rucksack auf und ab, dort hat ihr Mädchen selbst ein paar wichtige Habseligkeiten hineingestopft: Malstifte, rosarotes Briefpapier, eine Schere, eine ausrangierte Illustrierte zum Ausschneiden, zwei Barbiepferdchen und ein kleines Buch zum Vorlesen am Abend. »Ciao Engel, mach es gut und viel Spaß!«, ruft Valerie ihr nach – auch fröhlich, wenngleich betont fröhlich. Sie will fröhlicher wirken, als sie tatsächlich ist.

Abschied nehmen lernen, und wenn auch nur für ein Wochenende, ein paar Tage, ist nicht nur für Kinder, sondern auch für Eltern eine neue Erfahrung und eine sich wiederholende, oft schmerzvolle Umstellung. Für mich war es wie ein Vorgeschmack auf das definitive spätere Loslassen des Kindes in der Pubertät. Für Eltern sind Kinder eine Quelle der Zuwendung und Sinngebung. Wenn sie sie abgeben, überkommt viele zumindest vorübergehend ein Gefühl des Verlassenseins. Die Kinder am Wochenende dem Vater zu übergeben ist immer ein kleiner Abschied. Dies gilt genauso für die Väter, wenn sie die Kinder am Sonntagabend zurückbringen. Ich war jedes Mal in einer schlechten Verfassung, nachdem ich die Kinder wieder zur Mutter zurückgebracht hatte. Nicht wegen der Mutter, sondern weil ich die Kinder vermisst habe. Ein geschiedener Vater führt ein sehr ambivalentes Leben zwischen Wiedersehen und Abschied, Freude und Überforderung.

Wie aber ist es für die Kinder? Das ist eigentlich die wichtigste Frage: Ich wundere mich immer, dass zwar viel über die Abschiedsbelastung der Erwachsenen geschrieben wird, aber nur selten etwas über die Belastung der Kinder (Marquart 2011). Ob sich das Kind gern oder ungern trennt, hängt oft von seiner emotionalen Verfassung und der Situation ab und weniger davon, wie das Wochenende verlaufen ist. Wenn es zum Beispiel mitten in einem Spiel ist, möchte es ungern weggehen. Ob es dem Kind beim Vater gefallen hat oder nicht, zeigt sich weniger beim Abschiednehmen, als vielmehr wenn das nächste gemeinsame Wochenende naht. Freut sich das Kind darauf, zum Vater zu gehen?

Für Eltern ist es schwierig, auf die negativen Emotionen der Kinder zu reagieren, ohne aus ihnen Nachteiliges über den anderen Elternteil herauszulesen. Es gibt immer wieder Eltern, die sagen, dass die Kinder schlecht gelaunt sind, wenn sie vom Vater oder der Mutter zurückkommen. Aber nicht immer ist das ein Indiz dafür, dass sich die Kinder beim anderen Elternteil nicht wohlgefühlt haben. Auch das Kind vermisst den Elternteil, den es gerade verlassen hat, und muss sich erst wieder auf eine andere Lebenssituation mit anderen Menschen einstellen. Umstellungen sind für alle aufwendig. Es braucht immer Zeit, um anzukommen (siehe auch Seite 111 f.). Wenn die Mutter es aber schafft, ihrem Ex-Partner eine aktive und kindgerechte Vaterrolle zuzutrauen, und ihn dabei unterstützt, werden schließlich alle davon profitieren. Der Vater und die Kinder, weil ihre Beziehung wachsen darf, und die Mutter, weil sie die dringend benötigte Entlastung bekommt.

Wird er es gut machen mit Anna? Bestimmt liest er ihr das Buch zum Einschlafen nicht vor. Hoffentlich ist er nicht unnötig streng. Anna versteht es nicht, ist gewohnt zu hinterfragen, nicht einfach zu tun, was die Erwachsenen von ihr verlangen. Soll Valerie sie morgen früh anrufen, oder bekommt Anna dann nur Heimweh? Hauptsache, Anna ist fröhlich. Immer wieder gehen Valerie solche und ähnliche Gedanken durch den Kopf. Sie sitzt im Auto, fährt nach Hause, während Anna und ihr Papa zum Skifahren aufbrechen. Vier freie Tage liegen vor Valerie. Vier Tage nur für sich, ein Glück, wenn man so will. Sie wird ins Fitnesscenter und mit einem Freund ins Kino gehen, vielleicht endlich die Wohnung umräumen und jeden Tag neun Stunden im Atelier stehen. Malen, denken, lesen und Musik hören ohne Unterbrechung durch die Fahrt in den Kindergarten, das Mittagessen mit Anna und ihrer Freundin, die laute Musik aus dem Kinderzimmer, nachmittägliche Versteckspiele in ihrem Arbeitszimmer, die gemeinsamen Stunden vor dem Abendessen und das tägliche Schlafritual, das Geschichten erfinden und das »Krauli« zum Abschluss, eine kleine Rücken- und Kopfmassage zum besseren Einschlafen.

Zu Hause angekommen, ist es erst einmal seltsam ruhig, ungewohnt gleichgültig wirkt die Umgebung. Wo ist das Kinderlachen? Sind neun Stunden konzentriertes Arbeiten ohne Kinderunterbrechung nicht viel zu langweilig? Am ersten Tag ist der neue Rhythmus noch ungewohnt und deshalb wenig effizient. Am zweiten Tag geht es besser, und am dritten Tag nützt Valerie endlich die Chance und genießt die Ruhe, das Malen, das Für-sich-Sein. Doch am vierten Tag ist es dann auch schon wieder vorbei mit dem neuen konzentrierten Arbeitsrhythmus. Die Tür fliegt auf. »Mami!« Stiefel fliegen in die Ecke. Der Anorak landet auf dem Boden. Jemand springt auf Valerie drauf und beginnt zu quasseln, ohne Unterlass und ohne auch nur eine Sekunde Unaufmerksamkeit zu dulden. Valerie seufzt, schraubt die noch offenen Maltiegel wieder zu und ist glücklich.

Im besten Fall hat die Mutter Zeit für sich selbst und weiß diese auch zu nutzen, wenn die Kinder beim Vater sind. Und der Vater? Anfänglich erlebt er sich als glänzender Allrounder. Nach einigen gut geplanten Tagen voller Vergnügen und gemeinsamer Unternehmungen kommt er schließlich drauf, dass er die Tage mit seinen Kindern nicht immer verplanen muss. Dass nicht der Kinobesuch, sondern der Waldspaziergang zum Highlight des Besuchswochenendes wurde, weil er mit seinen Kindern Verstecken spielte und sich dann ein langes, gutes Gespräch zwischen ihnen entwickelte über die Schule und die Freunde. Es stellte sich heraus: Die Kinder hätten am liebsten im Wald gezeltet und dafür sogar liebend gern auf das Kino verzichtet.

Das klingt ziemlich kindgerecht. Es ist sehr anstrengend, nur der Unterhalter zu sein, die Rolle des Entertainers hält auf die Dauer kein Vater durch. Was aber bedeutet all dies für die Kinder?
Die Kinder in Trennungsfamilien erleben eine andere Art von Kindheit und Familienleben als Kinder aus Kernfamilien. Das muss nicht, kann aber, wie wir in weiterer Folge sehen werden, belastend sein. Die verschiedenen Zuhause, die unterschiedliche Art der Betreuung, die Unruhe und im schlimmsten Fall Eltern, die nicht miteinander kommunizieren und sich streiten. Wenn die Eltern es jedoch gut machen, können die Kinder von den beiden Welten, in denen sie leben, profitieren.

Es gibt eine schöne Parabel dazu von einem Kindertherapeuten, die Geschichte von der Land- und der Wasserschildkröte, die geheiratet und Kinder bekommen haben. Nach einigen Jahren lebten die beiden sich auseinander, die Wasserschildkröte hatte keine Lust mehr auf Landleben und die Landschildkröte fühlte sich im Wasser einfach unwohl. Also trennten sie sich. Die Kinder waren verzweifelt und gingen zur weisen Eule, um sie zu bitten, die Eltern wieder zusammenzubringen. Die Eule schaute die Kinder an, dann hellte sich ihr Gesicht auf: »Ah, seid ihr die tollen Kinder, von denen ich schon so viel gehört habe? Die Kinder von der Wasser- und der Landschildkröte? Die Kinder, die sowohl an Land als auch im Wasser leben können? Habt ihr ein Glück.« Da begannen die kleinen Schildkrötenkinder zu strahlen und ihr Leben mit neuen Augen zu sehen (Beck 2003).

Das Wichtigste in Kürze

1. Während und nach der Trennung kommt auf Mutter und Vater eine Reihe von organisatorischen, finanziellen und sozialen Mehrbelastungen zu. Je besser Eltern sie bewältigen können, desto weniger wirken sie sich negativ auf die Beziehungsgestaltung und Betreuung der Kinder aus.

2. Beide Elternteile sollten sich gegenseitig unterstützen, um die Mehrbelastungen zu mindern. Tun sie es nicht oder machen sie dem Partner gar zusätzlich Schwierigkeiten, kann dies nachteilig für die Kinder sein.

3. Eltern sollten ihr Kind unterstützen und bestärken, damit es gern zum anderen Elternteil geht und gern wieder zurückkehrt.

4. Väter, die bereits vor der Trennung auf eine umfassende Weise ihre Kinder betreut haben, haben nach der Trennung viel bessere Voraussetzungen, die Beziehung aufrechtzuerhalten und eine für sie und die Kinder entspannte Zeit miteinander zu verbringen.

5. Die Kinder müssen oft große und ständig sich wiederholende Umstellungen bewältigen, wenn ihre Eltern sich getrennt haben. Die Eltern sollten sie darin aktiv unterstützen und bestärken, dann können die Kinder beide Lebenswelten als Bereicherung empfinden.

Woher wissen wir, ob es dem Kind gut geht?

Sophies Lieblingsspielzeug waren Barbiepuppen, schon als Dreijährige versuchte sie ihnen modische Kleider anzuziehen. Am meisten liebte sie es, wenn ihr Vater mit ihr spielte. Er konnte das gut. Viel besser als die Mama. Und besser sogar als ihre Freundinnen. Er setzte sich zu ihr auf den Boden, kochte, wenn es nötig war, Nudeln und Salat und brachte die Barbiepuppen an einen schönen Strand, gleich neben Sophies Kinderbett. Er war es auch, der Bauchweh wegmassieren konnte und Gutenachtgeschichten erfand. Wenn der Vater da war, hatten die bösen Traumgeister keine Macht über Sophies Schlaf.

Doch als das Mädchen vier Jahre alt war, verließ Sophies Vater ihre Mutter. Heda verzieh ihm diesen Schritt nie. Hasserfüllt griff sie zum letzten Mittel ihrer Macht. Wo sie nur konnte, beschränkte und behinderte sie Patricks Kontakt zu seiner Tochter. Er durfte sie zweimal im Monat zwei Tage sehen, auf die Minute genau festgesetzte Stunden mit ihr verbringen. Wehe, er kam zu spät, wehe, er wollte sein Wochenende tauschen. Heda führte im Geiste Buch über jede Verfehlung, und das umso genauer, als sie ansonsten kein Wort mit Patrick wechselte.

Die Trennung fiel in die Zeit, als Sophie begann, Rollenspiele für ihre Barbiepuppen zu erfinden. Wiederum war es der Vater, der ganze Märchenzyklen mit ihr durchspielte, wenn sie ihn besuchte. Als Sophie ihn eines Tages aber nur noch mit »mein Prinz« anredete, war er alarmiert. »Ich bin doch der Papa und nicht der Prinz.« »Nein, du bist mein Prinz«, gab sie ihm zu verstehen und begann zu weinen. Hätte ihr Vater nicht selbst so unter der Trennung von seiner Tochter gelitten, wäre er ihr womöglich gern und ohne Einschränkungen in ihre Phantasiewelt gefolgt. Schließlich hatte er ihr früher zum Einschlafen selbst erfundene Geschichten über Zwerge, Hexen und mutige kleine Mädchen erzählt. Doch unter den gegebenen Umständen hielt er es für ratsam, einen Kinderpsychologen aufzusuchen. Dieser erklärte, dass Kinder im Alter von Sophie Dinge, über die sie nicht sprechen können, in Rollenspiele verpacken, um mit ihnen fertig zu werden.

> Der Psychologe hat recht. Aber wenn sich ein Kind besonders verhält, sollte man sich immer auch fragen, ob diese Besonderheit nicht zur normalen Entwicklung und damit zum aktuellen Entwicklungsstand des Kindes gehört. Man sollte nicht alles zwangsläufig der Trennung zuschreiben. Sophie ist doch einfach im magischen Alter.

Ja, ihre Idee mit dem Prinzen ist sehr charakteristisch dafür. Es ist eine ganz normale und wichtige Phase in der Entwicklung, die jedes Kind durchläuft. Als meine Enkeltochter fünf Jahre alt war, musste ich mit ihr immer wieder »Löwenfamilie« spielen. Jeden Sonntag. Sie spielte das Löwenbaby, ihr dreijähriger Bruder den Löwenvater und ich die Löwenmutter. Über zwei Monate ging das so, in immer neuen Variationen. Diese »magische Phase« beginnt frühestens mit zwei bis drei Jahren und kann bis ins Schulalter anhalten. Imaginäre Personen werden erfunden, Feen und Hexen beleben die Phantasie, Spielsachen führen ein geheimnisvolles Eigenleben, und die Kuscheltiere und Puppen können all das, was ihre Verwandten im Zoo und die Menschen zu Hause auch können. Meist vermögen Kuscheltiere und Puppen noch weit mehr. Sie können fliegen, sich verwandeln, wenn es sein muss auch hexen und andere geheimnisvolle Dinge tun.

> Dass der Vater plötzlich zum Prinzen wird, ist vorerst also ganz normal.

Ich finde schon. Einmal kam eine Mutter mit ihrer Tochter, einem dreijährigen Mädchen namens Nikola, in das Zürcher Kinderspital, weil die Tochter seit einem halben Jahr eine imaginäre Freundin hatte und die Eltern sich deshalb Sorgen machten. Klara, so nannte Nikola ihren Schatten, musste morgens ebenfalls geweckt, an den Frühstückstisch gesetzt und überallhin mitgenommen werden. Nikola verlangte von der Familie, dass ihre imaginäre Freundin als vollwertiges Familienmitglied behandelt wurde. Die Eltern stellten sich nur widerwillig auf die unsichtbare Mitbewohnerin ein. Sie fragten ihre Tochter nach Klaras Eigenheiten, Verhalten und Interessen und hofften auf ein baldiges Verschwinden des geheimnisvollen Mädchens. Manchmal war Klara auch abwesend, doch dann, so erklärte Nikola, war Klara schon auf den Spielplatz vorgegangen oder lag mit Bauchweh im Bett. Als Nikola zu mir in meine Sprechstunde kam, konnte ich nichts Besorgniserregendes feststellen. Nikola war eben ein besonders phantasiebegabtes Kind. Für mich war nur erstaunlich, wie früh sie in die magische Phase gekommen war. Nach etwa sechs Monaten verschwand Klara genauso unerklärlich, wie sie zuvor ins Leben der kleinen Nikola getreten war.

Die vierjährige Sophie leidet, so wie ihre Situation ist, aber wahrscheinlich trotzdem unter der familiären Situation, selbst wenn ihr Bedürfnis, den Vater in der Rolle des Prinzen zu sehen, bloß der magischen Phase entspringt. Sie drückt damit vielleicht auch ihren Trennungsschmerz aus. Der Vater mag dies spüren, ist verunsichert und kann deshalb nicht mehr so spontan reagieren, wie er es vor der Trennung wohl getan hätte. Was kann er tun?
Er soll den perfekten Spielkameraden spielen, der er nun einmal ist, in die Rolle des Prinzen schlüpfen und die Anleitungen seiner Tochter befolgen. Denn indem er seine Rolle mit liebevoller Aufmerksamkeit spielt, fühlt sich Sophie am besten verstanden. So wird er auch rascher und präziser herausfinden, ob und was seinem Kind wirklich fehlt und worunter Sophie leidet. Im Alter zwischen drei und sechs Jahren sind Kinder nur beschränkt fähig, ihre Gefühle in Worte zu fassen oder etwas über die für sie wichtigen Beziehungen zu sagen. Sie können ihre Gefühle im Spiel weit besser und viel differenzierter als in Worten ausdrücken.

Ich habe mit meiner Tochter immer Puppenstube gespielt und dabei gespürt, wie es ihr geht. Im Nu hat sie dann irgendwelche Konflikte aus dem Kindergarten nachgespielt, eine Puppe war traurig, weil sie keine Freundin hatte, oder sie fürchtete sich vor den anderen Puppen. Das Essen schmeckte den Kindern nicht oder sie hatten Angst vor den Gespenstern der Nacht.
Diese Rollenspiele funktionieren genauso wie das Symbolspiel der kleineren Kinder. Zweijährige Kinder können noch nicht erklären, wie man zum Essen einen Löffel benutzt. Aber sie füttern die Puppe mit dem Löffel. Das heißt, das Kind kann die Handlung adäquat nachspielen. Genauso kann ein älteres Kind Situationen

und Verhaltensweisen, aber auch Gefühle wie Freude, Trauer, Wut oder Angst präzise nachahmen, ohne dass sie ihm dabei wirklich bewusst werden. Es dauert noch eine ganze Weile, bis das Kind auch die sprachlichen Begriffe für seine Emotionen kennt und anwenden kann. In gewisser Weise trifft das selbst noch für Jugendliche und sogar Erwachsene zu. Nachspielen und dabei Nachempfinden ist oftmals viel genauer als die sprachliche Ausdrucksweise. Durch das Nachspielen werden Gefühle und Verhaltensweisen hervorgerufen, die mit bestimmten Erfahrungen und Situationen verbunden sind. Dieser Umstand wird seit Langem in pädagogischen und psychotherapeutischen Beratungen und Behandlungen erfolgreich eingesetzt. Die Tatsache, dass Kinder ihre Gefühle in Rollenspielen auszudrücken vermögen, heißt aber noch nicht, dass sie sich in eine Traumwelt *flüchten*. Rollenspiele und imaginäre Spielkameraden gehören zur normalen frühkindlichen Entwicklung. Sie können uns helfen, besser zu verstehen, was den Kindern fehlt und was sie brauchen.

Charakteristische, altersabhängige Verhaltensauffälligkeiten

Alter (Jahre)	0	1	2	3	4	5	6	7	8	9	10	11	12	13	14	15
		Schreien														
			Nächtliches Aufwachen													
				Bauchschmerzen												
						Einnässen										
							Hyperaktivität									
								Einschlafstörungen								
												Magersucht				

(Ausgewählte Beispiele, Largo 1999)

Wenn ein Kind in seinem psychischen Wohlbefinden beeinträchtigt ist, kann es auf unterschiedliche Weise reagieren. Wie sich sein Unwohlsein äußert, hängt von seinem Alter ab. So werden kleine Kinder eher Schlafschwierigkeiten zeigen oder wieder ins Bett machen, während jugendliche Mädchen dazu neigen, mit Essstörungen zu reagieren.

Neben dem Alter spielt die individuelle Disposition des Kindes eine wichtige Rolle. Sie sagt etwas darüber aus, in welchem Bereich das Kind besonders verletzbar und anfällig ist. So gibt es Kinder, denen Unstimmigkeiten vor allem aufs Gemüt schlagen, sie werden traurig. Andere wiederum zeigen ein auffälliges Verhalten, sie werden aggressiv. Bei Kleinkindern kann sich die Entwicklung verzögern, größere Kinder fallen durch einen Leistungsabfall auf. Und Kinder zeigen schließlich auch sogenannte psychosomatische Reaktionen. Sie machen beispielsweise wieder ins Bett oder leiden an Essstörungen.

Verhaltensauffälligkeiten, die den Eltern nach der Scheidung bei ihrem Kind zu schaffen machen, haben häufig schon vor der Scheidung bestanden. Sie machen sich jedoch durch den vermehrten Stress nun häufiger und stärker bemerkbar. Für die Eltern ist es wichtig, sich zu überlegen, was ist neu, was war schon immer so. Kinder, die bereits vor der Scheidung von den Eltern als schwierig bezeichnet wurden, sind während und nach der Trennung noch verletzlicher. Sie sind weniger anpassungsfähig als Kinder, die vor der Scheidung als »unkompliziert« und ausgeglichen galten (Hetherington 1978, Rutter 1979).
Die sogenannte Resilienz, also die Fähigkeit, Krisen durch Rückgriff auf eigene und äußere Ressourcen besser meistern zu können, spielt eine wichtige Rolle bei der Frage, wie es Kindern nach Trennung und Scheidung geht (Hötker-Ponath 2009). Es gibt Kinder – und selbstverständlich auch Erwachsene –, die haben Begabungen, beispielsweise soziale Kompetenzen, die ihnen helfen, mit schwierigen Lebenssituationen wie einer Scheidung erfolgreich umzugehen. Sie haben die Fähigkeit, in ihrer Umgebung emotionale und soziale Unterstützung zu finden und für sich zu mobilisieren.

Kinder reagieren also sehr unterschiedlich, wenn es ihnen nicht gut geht. Wie aber finden die Eltern heraus, woran es liegt? Bei Trennung und Scheidung werden oft allzu rasche und einfache Zuschreibungen gemacht. Zeigt das Kind seelische oder psychosomatische Symptome, wird davon ausgegangen, dass Scheidung

und Trennung daran schuld sind. Das verstellt oftmals den Blick. Denn es sind ja häufig die Begleiterscheinungen einer Trennung wie zum Beispiel eine emotionale Vernachlässigung, die das Wohlbefinden des Kindes beeinträchtigen.

Wie Kinder anzeigen, dass es ihnen nicht gut geht

Emotionale Verunsicherung

Das Kind
- zeigt verstärktes Anhänglichkeitsverhalten, will nicht allein sein.
- äußert vermehrt Trennungsängste.
- kommt nachts ins Bett der Mutter/des Vaters.
- sucht als Jugendlicher vermehrt Geborgenheit und Zuwendung außerhalb der Familie.

Verhaltensauffälligkeiten

Das Kind
- ist eifersüchtig auf Geschwister.
- zeigt aggressives Verhalten.
- ist motorisch unruhig.
- zieht sich zurück, sondert sich ab.
- spielt sich auf, macht den Clown.
- stiehlt Geld und »kauft« sich damit Kameraden.

Entwicklungsverzögerung, Leistungsverminderung

Das Kind
- ist in seiner Entwicklung verzögert (z. B. sprachlich).
- ist unaufmerksam, kann sich weniger konzentrieren, ist vermehrt ablenkbar.
- ist weniger motiviert (z. B. beim Spielen, Lesen).
- zeigt einen Leistungseinbruch in der Schule.

Psychosomatische Störungen

Das Kind
- hat Kopf-, Bauchweh oder andere Schmerzen, zeigt Schlafstörungen (verzögertes Einschlafen, nächtliches Aufwachen).
- macht wieder ins Bett.
- leidet unter Angstträumen.
- ist häufig krank (verminderte Immunabwehr).
- leidet als Jugendlicher an Magersucht.

Deshalb ist es so wichtig, sich zuerst einmal zu fragen, welches die Grundbedürfnisse eines Kindes sind. Dabei spielen seine individuelle Disposition und sein Alter eine wichtige Rolle. So bekommen wir sinnvollere Antworten auf die Frage, wie es dem Kind geht. Wie schon im ersten Teil erläutert, umfassen die Grundbedürfnisse im Wesentlichen drei Bereiche: Geborgenheit, soziale Akzeptanz sowie Entwicklung und Leistungsfähigkeit.

Kurt arbeitete als selbstständiger PR-Berater, Lioba als Krankenschwester in einer Klinik. Die Liebe der beiden war nach und nach immer heftigeren Streitereien gewichen über unterschiedliche Interessen, Wertvorstellungen, Bedürfnisse. Schließlich entschloss sich Lioba zur Trennung. Als sie es den Kindern erklärte, waren sie schockiert. Der vierjährige Benedikt begann zu stottern, und der fünfjährige Sylvester wollte keine fremden Menschen und Kinder mehr kennenlernen. Benedikt kam überdies nachts wieder ins Bett seiner Mutter gekrochen, was er seit zwei Jahren nicht mehr getan hatte. Und obwohl Kurt und Lioba zwei Wohnungen in unmittelbarer Nachbarschaft bezogen, hörten die Probleme der Kinder nicht auf. Benedikt und Sylvester pendelten zwischen beiden »Zuhause« hin und her, wohnten bei der Mutter, dann wieder beim Vater, je nachdem wo es gerade besser ging. Doch selbst nach geraumer Zeit hielten die Auffälligkeiten der beiden weiter an, weshalb die Mutter sie schließlich zu einem Kindertherapeuten brachte. Die Jungen fühlten sich wie »in den Wind gehängt«, stellte die Psychologin fest. Die Eltern waren so mit ihrer Karriere, ihrem neuen Leben und den alten Streitereien beschäftigt, dass sie gar nicht bemerkten, wie alleingelassen sich Benedikt und Sylvester fühlten, wie blass und verunsichert sie in die Welt blickten. Und wenn ihnen der Zustand der Kinder doch einmal auffiel, wie eben durch Benedikts Stottern, dann gingen sie davon aus, dass die Scheidung daran schuld war.

Je kleiner ein Kind ist, desto wichtiger ist der Bereich der Geborgenheit. Wird es ausreichend und verlässlich ernährt? Wer kümmert sich um sein körperliches Wohl? Fühlt es sich umfassend beschützt? Das wichtigste Bedürfnis eines Kindes ist, sich nie verlassen zu fühlen. Eine Bezugsperson sollte daher immer verfügbar sein. Dies bedeutet nicht, dass das Kind ständig jemanden neben sich braucht. Es sollte aber jederzeit Zugang zu einer Bezugsperson haben, wenn ihm danach ist. Das wird beim Kleinkind meist die Mutter oder der Vater sein, die sich in der Wohnung aufhalten, bei einem Schulkind kann schon mal eine Nachbarin zur Betreuung einspringen. Dabei spielt auch die Qualität der Betreuung eine große Rolle. Die Bezugsperson sollte nicht nur physisch anwesend, sondern für das Kind auch ansprechbar sein. Sie sollte fähig sein, die Eigenheiten und Bedürfnisse des Kindes richtig zu lesen und die Bedürfnisse adäquat zu befriedigen.

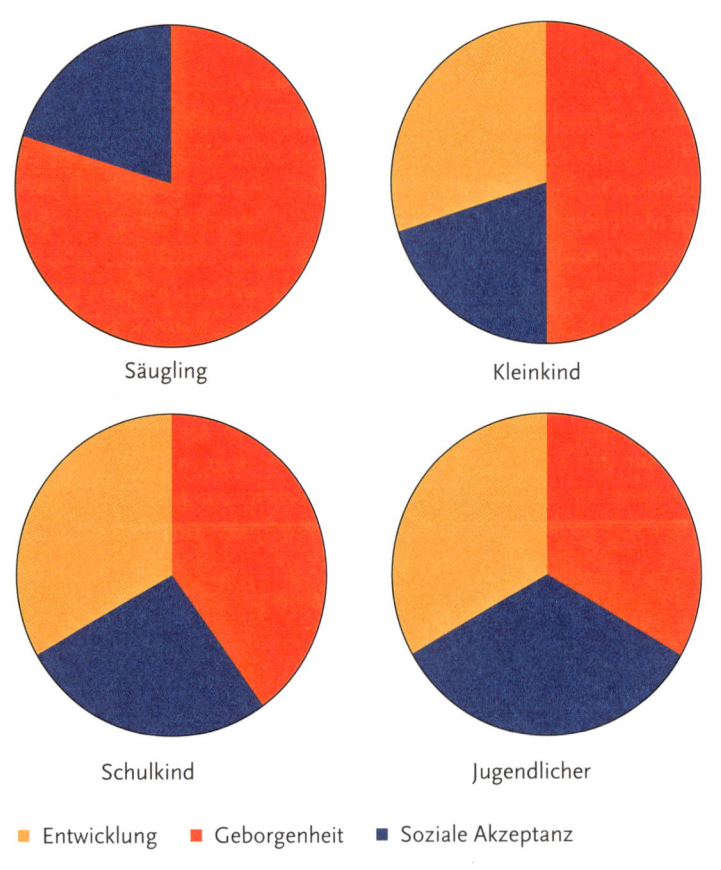

Säugling

Kleinkind

Schulkind

Jugendlicher

■ Entwicklung   ■ Geborgenheit   ■ Soziale Akzeptanz

Die Bedeutung der drei Grundbedürfnisse in Abhängigkeit vom Lebensalter (Fit-Konzept, Largo 1999)

Ein Mangel an Geborgenheit und emotionaler Sicherheit kann sich in vielfältiger Weise auswirken. So kann das Kind eine verstärkte Eifersucht auf ein jüngeres Geschwisterchen zeigen oder in der Schule eine vermehrte Anhänglichkeit dem Lehrer gegenüber an den Tag legen. Das Kind kann sich zu Hause besonders schwierig und nervend verhalten, um so wenigstens die negative Aufmerksamkeit der Eltern zu bekommen. Es kann aber auch psychosomatisch reagieren, Ess- oder Schlafstörungen entwickeln, über Bauchschmerzen oder Kopfweh klagen.

Kinder erleben jeden Tag etwas, das sie emotional verunsichert, ohne dass sich daraus schwerwiegende Störungen ergeben. Für ihr Wohlbefinden entscheidend ist, ob sie sich mehrheitlich geborgen und aufgehoben fühlen. Erst wenn ein Kind über Wochen und Monate emotional verunsichert oder vernachlässigt wird, können ernsthafte, tief greifende Störungen entstehen.

Woher kommt es dann, dass Benedikt mit Stottern und Sylvester mit Ängsten auf die Trennung ihrer Eltern reagieren?

Bestimmt haben die Kinder unter dem Streit der Eltern gelitten. Der eigentliche Grund für ihre Verhaltensauffälligkeiten aber scheint mir, dass die Eltern für ihre Kinder zu wenig Zeit auf-

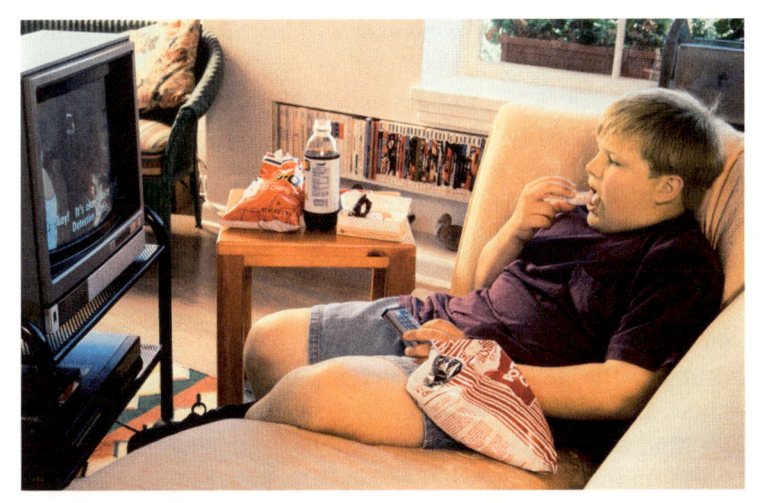

Schuljunge, allein zu Hause

gebracht und sie emotional vernachlässigt haben. Vielleicht hat ein emotionales Defizit sogar bereits vor der Trennung bestanden. In der neuen Familiensituation fühlten sich die Kinder noch mehr alleingelassen. Wenn Eltern überfordert oder nicht fähig sind, ausreichend für Geborgenheit zu sorgen, sollten sie sicherstellen, dass sich andere Bezugspersonen um ihre Kinder kümmern. Eine Beratung oder Mediation kann helfen, dass Eltern sich der Bedürfnisse ihrer Kinder bewusst werden. Was die Kinder dringend brauchen, ist eine Verbesserung der Betreuungssituation.

Lilian war außer sich vor Schmerz. Ihr kleiner Körper wurde vom Weinen nur so geschüttelt. »Die lassen mich nicht mitspielen«, schluchzte sie. Nicht mitspielen? Die Kindergärtnerin verstand sie nur mühsam. Zuerst versuchte sie, Lilian zu beruhigen und dann mit ihr zu reden. Die Fünfjährige war ihr Sorgenkind. Sie war vor einem halben Jahr in diesen Kindergarten gekommen und hatte sich noch immer nicht in die kleine Gruppe der Gleichaltrigen integriert. Gewiss, die Eltern hatten sich scheiden lassen, und die Mutter hatte mit ihrer Tochter in eine andere Wohngegend ziehen müssen. Aber zu Hause sei Lilian immer ein aufgewecktes und fröhliches Kind. Auch zu ihrem Vater habe sie ein gutes Verhältnis. Das erzählte jedenfalls Lilians Mutter. Warum also hatte sie es dann so schwer? Sie fühlte sich schnell ausgeschlossen. Spielte ihre einzige Freundin mit anderen Kindern, sagte sie sofort, dass sie dann nicht mehr ihre Freundin sei und dass sie ihr keine Geschenke mehr mitbringen werde. War das andere Mädchen aber einmal stark und ließ sich nicht von Lilian unterdrücken, brach sie förmlich zusammen. Wie von der ganzen Welt verlassen, so fühlte sie sich dann. Saß in der Ecke auf der Matratze, schluchzte und sah wie ein ängstliches, zerrupftes Vögelchen aus.

Mit dem Älterwerden wird die soziale Anerkennung, die das Kind von anderen Kindern bekommt, für sein Wohlbefinden immer wichtiger. Die gleichaltrigen Freunde im Kindergarten, in der Schule und in der Nachbarschaft spielen dabei eine große Rolle. Das Kind erobert sich durch sein soziales Verhalten und das, was es alles kann, einen Platz in der Gemeinschaft der Gleichaltrigen. Wer kann als Erster Rad fahren? Welches Mädchen malt die schönere Prinzessin? Von den anderen Kindern angenommen, wegen seiner Fähigkeiten und seines sozialen Wesens geschätzt zu werden wird für jedes Kind spätestens ab dem Kindergartenalter immer wichtiger. Kinder, denen es schlecht geht, ziehen sich oft aus der Gruppe zurück oder werden aggressiv.

Es wirkt so, als würde Lilian mehr als gewöhnlich unter den ganz normalen Spannungen im Kindergarten leiden. Ich kann mir schwerlich vorstellen, dass ihre Angst, ausgeschlossen zu werden, nur etwas mit dem Bedürfnis nach sozialer Akzeptanz zu tun hat.
Es kommt immer wieder vor, dass Kinder fehlende Geborgenheit zu Hause durch eine vermehrte Aufmerksamkeit bei der Kindergärtnerin und bei den anderen Kindern zu kompensieren suchen. Weil sie sehr hohe Erwartungen an den Freund oder die Freundin haben, überfordern sie sich und die anderen in ihrem Bemühen, Freundschaften zu Gleichaltrigen zu schließen. Es gibt Kinder, die gehen äußerst starke und sehr einseitige Beziehungen zu anderen Kindern ein. Andere versuchen, eine Stellung in der Gruppe zu erringen, die sie für ihr angeschlagenes Selbstwertgefühl benötigen, die ihnen aber nicht entspricht. Ihr Verhalten kann dazu führen, dass sie von den anderen Kindern in der Gruppe als zu dominant wahrgenommen und deshalb abgelehnt werden. Und dann gibt es auch Kinder, die ordnen sich völlig unter, um nicht aus der Gruppe ausgeschlossen zu werden.

Glücklicherweise gelingt es den meisten Kindern, eine Freundin oder einen Freund zu finden. Kann diese Beziehung nicht auch zu einem wichtigen und fruchtbaren Ersatz für den Mangel an Geborgenheit zu Hause werden?
Zumindest teilweise. Nach dem fünften Lebensjahr werden Freundschaften immer wichtiger. Es kann die Beziehung zu den Gleichaltrigen aber sehr belasten, wenn ein Kind ein emotionales Defizit auf diese Weise zu kompensieren versucht.

Was sollten Eltern unternehmen, wenn die Kindergärtnerin ihnen berichtet, dass sich ihr Kind sozial auffällig verhält?
Sie sollten die Betreuungssituation überdenken und, falls notwendig, verbessern. Es ist immer wieder eindrücklich zu erleben, wie sich ein Kind im Kindergarten oder in der Schule in seinem Sozialverhalten normalisiert, wenn sich die Betreuungssituation zu Hause verbessert hat und sich das Kind wieder geborgen fühlt.

Der dritte Bereich betrifft die Entwicklung und mit dem Älterwerden immer mehr auch die Leistung des Kindes. Dabei geht es nicht nur um die soziale Wertschätzung, sondern auch um die eigene Befriedigung, die das Kind in jedem Alter erlebt, wenn es einen Entwicklungsschritt oder eine Leistung vollbracht hat. Ein 18 Monate altes Kind ist tief befriedigt und überaus stolz, wenn es ihm gelingt, mit dem Löffel zu essen. Genauso empfindet das Schulkind, wenn es die ersten Wörter lesen kann.
Auch im Bereich der Leistung kann eine Verunsicherung zu unterschiedlichen Reaktionen führen. Manche Kinder möbeln ihr angeschlagenes Selbstwertgefühl mit guten schulischen Leistungen auf, bei anderen, wohl dem Großteil, führt die Verunsicherung dazu, dass sie leistungsmäßig abfallen. Es kann vorkommen, dass ein Kind auf Gymnasialniveau so schlecht abschneidet, dass es in die Real- oder gar Hauptschule wechseln muss. Und das, obwohl es durchaus die Fähigkeiten für mehr Leistung und eine höhere Schulbildung mitbringt.

Je nachdem, wie die drei Lebensbereiche bei einem Kind ausgebildet sind, führt also eine emotionale Vernachlässigung zu unterschiedlichen Auffälligkeiten. Das eine Kind leidet an mangelnder Geborgenheit, ein anderes erlebt einen Einbruch in der sozialen Anerkennung und ein drittes in seinen schulischen Leistungen. Die Empfindlichkeit gegenüber Stresssituationen, wie sie durch die Scheidung auftreten können, und die Bewältigungsstrategien sind bei jedem Kind verschieden. Es gibt Scheidungskinder, die auch auf große Belastungen nicht oder nur wenig reagieren. Andere wählen sehr aktive Bewältigungsformen, werden hyperaktiv. Wieder andere ziehen sich zurück oder zeigen psychosomatische

Störungen. Manche Kinder und Jugendliche verweigern die Leistung in der Schule oder gleiten in ein negatives Problemlösungsverhalten wie Alkoholmissbrauch ab (Sandler et al. 1994, Kurdek, Sinclair 1988, Kurdek 1989).

50 Prozent der Kinder zeigen unmittelbar nach der Scheidung Symptome. Nach eineinhalb Jahren sind es noch über 30 Prozent und zweieinhalb Jahre danach 20 Prozent, was dem normalen Prozentsatz entspricht (Schmidt-Denter, Beelmann 1995). Das heißt, bei der Hälfte der Kinder müssen wir damit rechnen, dass sich nach einer Trennung und Scheidung Auffälligkeiten einstellen. Die Grafik zeigt aber auch, dass die Symptome vorübergehender Natur sind.

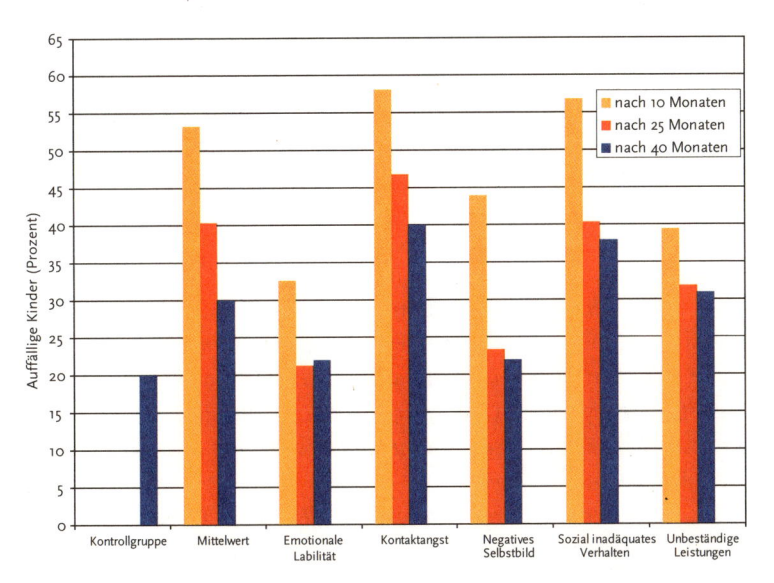

Sozial-emotionale Verhaltensauffälligkeiten bei Kindern 10, 25 und 40 Monate nach der Trennung. Werte über 30 Prozent sind bedeutungsvoll (Schmidt-Denter, Beelmann 1995).

In meinen Coachings haben Eltern immer wieder Fragen wie: Mein Kind ist schlecht in der Schule. Kommt das von der Scheidung? Dann führe ich die sogenannte Fit-Probe durch. Ich bitte die Eltern, sich anhand des Fit-Konzeptes zu überlegen, wie es ihrem Kind geht (siehe Anhang: Fragebogen 2). Sie sollen möglichst detailliert über die drei Bereiche Geborgenheit, soziale Akzeptanz und Entwicklung nachdenken. Wenn sie sich auf diese Weise die Lebenssituation ihres Kindes bewusst gemacht haben, können sie die Symptome und das auffällige Verhalten besser einordnen. Beispielsweise können sie dann erkennen, dass ihr Kind Probleme mit den Freunden hat und deshalb nicht lernt, und nicht weil es unter der Scheidung leidet. Oder aber sie kommen drauf, dass es ihrem Kind nicht gut geht, weil es zu viel hin- und herpendelt oder seine Freunde beim Umzug verloren hat.

Alexander war sehr getroffen, als ihm Paula, kurz nachdem sie von einem Studienaufenthalt in Paris zurück nach Genf übersiedelt waren, erklärte, sie wolle sich von ihm trennen. Er liebte sie ganz einfach und fragte sich, warum sie so unzufrieden war. Paula hingegen dachte: Merkt er nicht, wie wir uns entfremdet haben? Wie wir allmählich auseinandergedriftet sind? Ihre Gedanken waren längst nicht mehr die seinen. Früher hatte sie mit ihm oft Gedankenlesen gespielt und immer gewonnen. Jetzt ahnte sie nicht einmal mehr, wo er sich geistig und seelisch aufhielt. Seine Bücher las sie schon lange nicht mehr; das hatte sie im Grunde nur am Anfang, verliebt wie sie nun einmal war, getan. In Wahrheit interessierte sie sich für andere Dinge. So ist das nun einmal. Paula sah die Sache ganz nüchtern und wusste, dass auch Alexander kein Mann überzogener Reaktionen war. Wenn man sich nicht mehr liebt, zieht man auseinander. Das hatten sie einander bei der Hochzeit versprochen. Und zwar wie zwei vernünftige selbstständige Erwachsene, ohne die gemeinsame Verantwortung für die sechsjährige Desirée zu vernachlässigen.

Also zogen sie in zwei verschiedene Wohnungen, nicht weit voneinander und Desirées neuer Grundschule entfernt. Wie schon zuvor teilten sie sich auch weiterhin die sogenannte Erziehungsarbeit. Immer war einer von beiden für Desirée da. Das Mädchen erlitt durch die Trennung keinen Schock. Sie fragte, warum die Eltern nunmehr in zwei

Wohnungen lebten, und nahm die Antwort »weil das für Mama und Papa besser ist« einfach hin. Sie hatte ja beide regelmäßig und dann eben auch ganz für sich. Mama und Papa waren Freunde. Warum sie dafür zwei Wohnungen brauchten, verstand Desirée nicht. Aber es gab Wichtigeres, über das man nachdenken musste. Die Schule. Die Freunde. Die strenge Klavierlehrerin, die Desirée nicht enttäuschen wollte.

Alexander staunte, dass Desirée nicht stärker unter der Trennung ihrer Eltern litt. Er konnte keine psychischen oder körperlichen Auffälligkeiten bei ihr entdecken. Um ja nichts zu übersehen, hatten er und Paula mit Desirée sogar einen Kinderpsychologen aufgesucht. Doch der hat alle drei gleich nach der ersten Sitzung wieder nach Hause geschickt. Er hatte keinen Grund gefunden, den Eltern eine Therapie ihrer Tochter nahezulegen.

Ist Desirée also ein ganz normales, glückliches Kind?
Es sieht ganz danach aus. Solche Familienkonstellationen gibt es, man würde sich mehr davon wünschen. Die behutsame und konstante Fürsorge der Eltern, keine Streitigkeiten und die glücklichen Umstände haben Desirée auch nach der Scheidung das Gefühl gegeben, emotional gut aufgehoben zu sein. Das ist die Grundlage für ihr Wohlbefinden. Darauf konnte das Mädchen seinen stabilen Freundeskreis aufbauen und seine Talente und Leistungsfähigkeit in der Schule unter Beweis stellen. Die drei Lebensbereiche scheinen bei Desirée gut abgedeckt zu sein. Ihr Wohlbefinden und Selbstwertgefühl werden durch den emotionalen Rückhalt, den ihr die Eltern geben, ihr Beziehungsnetz und durch ihre Leistungen getragen. Die Trennung war für Desirée nicht traumatisierend, weil ihre Grundbedürfnisse nicht beeinträchtigt worden sind.

Das Wichtigste in Kürze

1. Die Ursache für das verminderte Wohlbefinden eines Kindes sollte nicht vorschnell der Scheidung zugeschrieben, sondern im Verhalten der Eltern und in den Lebensbedingungen des Kindes nach der Scheidung gesucht werden.

2. Nicht die Trennung und Scheidung an sich, vielmehr deren Auswirkungen sind es, die das Kind in seinem Wohlbefinden und in seiner Entwicklung beeinträchtigen.

3. 50 Prozent der Kinder zeigen unmittelbar nach Trennung und Scheidung Symptome. Nach zweieinhalb Jahren sind es noch 20 Prozent und damit ist der Prozentsatz an Verhaltensauffälligkeiten nicht mehr größer als in vollständigen Familien.

4. Ein vermindertes Wohlbefinden kann sich beim Kind folgendermaßen äußern:
   - Emotionale Verunsicherung
   - Verhaltensauffälligkeit
   - Entwicklungsverzögerung, Leistungsverminderung
   - Psychosomatische Störung

5. Wie sich das beeinträchtigte Wohlbefinden auswirkt, ist von Kind zu Kind unterschiedlich sowie von seinem Alter und seiner individuellen Disposition abhängig.

6. Wohlbefinden, Leistungsfähigkeit und Selbstwertgefühl sind vermindert, wenn die drei Grundbedürfnisse unzureichend befriedigt werden:
   - Geborgenheit
   - Zuwendung und soziale Akzeptanz
   - Entwicklung und Leistung

Wie viele verschiedene Zuhause verträgt ein Kind?

Benjamin war noch keine drei Jahre alt. Ein stämmiger, stets fröhlicher kleiner Junge mit schalkhaften Augen. Seinen beiden älteren Geschwistern gab er abwechselnd dicke Schleckerküsse oder biss herzhaft zu und rannte dann auf seinen Babyspeckbeinen davon. Doch dann musste die Familie innerhalb eines Jahres zweimal umziehen. Zuerst gaben sie ihre kleine Wohnung in Frankfurt auf und zogen nach München, dann nach Wien. Benjamins Vater hatte zweimal seine Arbeit wechseln müssen. Die Familie seufzte. Benjamins Mutter bewältigte beide Umzüge am Rande des Nervenzusammenbruchs. Schon wieder Wohnungssuche, Renovierungsarbeiten, neue Schulen, ein Kindergartenplatz für den Jüngsten. Die gerade erst gewonnenen Freunde mussten verabschiedet und ihre mühsam gefundene Teilzeitstelle als Sprechstundenhilfe wieder aufgegeben werden. Doch Benjamins Mutter war eine pragmatische Frau, und die Kinder waren ihr das Allerwichtigste. Nun, in Wien, machte sie sich große Sorgen um Benjamin. Die neunjährige Pia sah zwar etwas blass aus. Sie vermisste ihre beste Freundin aus München und die Lehrerin. Aber Pia war so vernünftig. Sofort begann sie allen Freunden Briefe zu schreiben, wie sie es auch in München mit ihren Frankfurter Freunden getan hatte. Schreiben war ihr Allerhöchstes. Heinrich war zehn, einigermaßen verträumt und gerade noch nicht in der Pubertät. In München hatte er keinen wirklich guten Freund gefunden. Außerdem interessierte sich Heinrich sowieso nur für seine Steinsammlung, Astronomie und Computerspiele. Benjamin aber rannte nicht mehr kraftstrotzend durch die Gegend, um alle Welt zu beißen oder zu küssen, sondern wich seiner Mutter nicht mehr vom Rockzipfel. Trotz seiner 16 Kilo wollte er ständig von ihr getragen werden. Er schlief nicht mehr allein ein. Um keinen Preis, nicht einmal in Pias Zimmer. Er schlief überhaupt nur noch im Bett der Eltern, genauer gesagt in der Mitte, quer zu den beiden. Morgens stand er schon als Erster an der Tür, um ja mitgenommen zu werden, wenn Patricia seine Geschwister in die Schule brachte. Sein erster Tag im Kindergarten war ein derartiges Desaster, dass die Kindergärtnerin schon nach einer Stunde Patricia anrief, damit sie das völlig verstörte, heulende Kind wieder abholte. Patricia war knapp davor, einen Kinderpsychologen einzuschalten, doch diese Idee verlor sich im Alltagsstress. Stattdessen ordnete sie sich Benjamins Wünschen und Bedürfnissen unter. Sie akzeptierte, in nächster Zeit unter der lückenlosen Kontrolle und Präsenz ihres Sohnes zu stehen, verschob seinen Eintritt in den Kindergarten und ihre Arbeitssuche.

Patricia ist eine sehr umsichtige Mutter. Sie realisiert, dass sie während des Umzugs zu wenig Zeit für Benjamin hatte und dass die beiden Ortswechsel den Kleinen sehr verstört haben. Nun lässt sie ihm Zeit, bis er sich wieder ganz geborgen und sicher fühlt. Sie nimmt seine Bedürfnisse ernst und wartet, bis Benjamin von sich aus bereit ist, loszulassen.

Ich kann mir vorstellen, dass manche Leute über solch ein mütterliches Verhalten nur den Kopf schütteln. Sie würden Patricias Verhalten haarsträubend finden, würden sagen, dass sie ihren Sohn viel zu sehr verwöhnt. Wenn sie ihm andauernd nachgibt, anstatt Grenzen zu setzen, werde er sie bloß ausnützen.

Benjamin ist ein gutes Beispiel dafür, wie falsch die Vorstellung sein kann, man würde ein emotional verunsichertes Kind mit Zuwendung verwöhnen können. Hätte die Mutter Benjamin nicht die Möglichkeit gegeben, die Geborgenheit, die er vorübergehend verloren hatte, zurückzugewinnen, hätte ihr Sohn wahrscheinlich für längere Zeit gelitten und wäre deshalb noch länger anhänglich geblieben. So aber findet er sein emotionales Gleichgewicht nach einiger Zeit wieder.

Als Mutter habe ich immer wieder erlebt, dass Phasen vermehrter Anhänglichkeit schneller vorbeigehen, wenn man dem Kind all seine Anhänglichkeit zugesteht. Leider geht das nicht immer. Nicht alle Mütter können so flexibel auf die Bedürfnisse ihrer Kinder eingehen wie Patricia. Nicht jede Mutter hat die Kraft und Zeit dazu. Vor allem nach einer Trennung und Scheidung sind die Belastungen oft so hoch, dass die Kinder fast zwangsläufig zu

kurz kommen. **Die Mehrheit der Mütter muss arbeiten und muss ihre Kinder in den Kindergarten oder in die Kinderkrippe geben.**
Ein Umzug, das zeigt dieses Beispiel deutlich, kann für Kinder eine große Belastung sein. In der Regel ist er für Kinder schwieriger zu verkraften als für Erwachsene. Und das auch ohne Trennung und Scheidung der Eltern. Kleinere Kinder reagieren oft mit Verlustängsten, sie verstehen ganz einfach noch nicht, was vorgeht. Größere Kinder können zwar verstehen, dass sie durch den Ortswechsel nicht alles verlieren und dass das neue Umfeld auch wieder schöne Erfahrungen mit sich bringen wird. Sie leiden aber unter dem Verlust ihrer Freunde und der geliebten Umgebung. Damit kommen Kinder unterschiedlich gut zurecht. Pia zum Beispiel hat ihr Schreibtalent. Die Lebensumstände fördern ihre Liebe zum Lesen und Schreiben sogar noch. Und Heinrich scheint der klassische Eigenbrötlertyp zu sein. Solange er sich bei seinen Eltern aufgehoben fühlt und seinen Hobbys nachgehen kann, geht es ihm gut.

»Benjamin ist Mamas Klammeraffe«, hänselten die Geschwister und trieben manchmal böse Spiele mit ihm. »Benjamin. Wo ist die Mama? Du hast schon zwei Minuten nicht mehr auf ihrem Schoß gesessen.« Zuerst lief das Kind immer sofort zu ihr, zurück auf den Schoß, auf den Arm, an ihre Hand. Benjamin war total verunsichert. Warum müssen alle die ganze Zeit Koffer ein- und auspacken? Warum bekommt er immer wieder ein neues Zimmer und findet seine Spielsachen nicht mehr? Warum ist sein geliebtes Dreirad plötzlich in einer Kiste gelandet und lange Zeit nicht mehr aufgetaucht? Doch allmählich ließ Benjamins Anhänglichkeit nach. Er vergaß mehr und mehr, dass er die Mutter eigentlich nicht aus den Augen verlieren wollte. Was seine Geschwister machten, zog ihn in den Bann. Er wollte dabei sein, wenn sie am PC beschäftigt waren. Immer wollten sie ihn weg haben, schickten ihn zur Mama. Das passte ihm nun gar nicht mehr.

Aus Benjamins Sicht ist es sehr verständlich, dass er zum Klammeraffen seiner Mutter wird. So muss sich die Mutter um ihn kümmern. Was er braucht, ist vor allem Nähe.
Und das spürt auch Benjamins Mutter. Würde sie versuchen, etwas dagegen zu unternehmen, ihn zum Beispiel schreiend in

seinem Bett einschlafen lassen oder ihn zwingen, in die Spielgruppe zu gehen, oder ihn gar auf Distanz halten, würde Benjamin noch mehr leiden. So aber ist es eine vorübergehende Krise, die der Dreijährige auf seine Art bewältigen kann. Solche Krisen können selbst in der Pubertät noch vorkommen.

Wenn Kinder wegen der Scheidung der Eltern umziehen müssen, kommen meist noch zusätzliche Belastungen auf sie zu. Der Streit der Eltern, ihre seelische Verstimmung, die Probleme mit dem ausziehenden Elternteil und wie sich die Beziehung zu ihm gestalten wird, die materiellen Einschränkungen. Die Mutter wird mehr arbeiten oder, falls sie davor zu Hause war und ihre Kinder nicht mehr so klein sind, sich jetzt eine Arbeit suchen müssen. Ist es dann nicht besser, wenn die Kinder mit einem Elternteil in ihrem angestammten Umfeld bleiben dürfen?

Wenn das möglich ist, ist das natürlich von großem Vorteil. Das Beispiel von Benjamin zeigt, was ein Umzug für Kinder bedeuten kann. Vielleicht finden Eltern eine andere Lösung, als alle Belastungen auf einmal über die Familie hereinbrechen zu lassen. Vielleicht verschieben sie den Umzug. Vielleicht lässt sich ein Zimmer untervermieten, um die Kosten für das Einfamilienhaus zu reduzieren. Ein Problem bei Scheidungen wie bei allen großen Krisen ist ja, dass sie den Betroffenen mehr abverlangen als diese zu meistern vermögen. Deshalb ist es hilfreich, die Lasten zu verteilen, sowohl zeitlich als auch auf Menschen, die die geschiedenen Eltern unterstützen können, auf Großeltern und Verwandte, Freunde und Lehrer. Sie alle müssen mithelfen, die Belastungen für die Eltern und vor allem für die Kinder so erträglich wie möglich zu gestalten. Scheidungsfamilien sind oft – aus unterschiedlichsten Gründen – sich selbst überlassen, ausgerechnet sie, die auf Unterstützung besonders angewiesen sind.

Die große Mehrheit (90 Prozent) der Kinder bleibt, wie schon erwähnt, bei ihrer Mutter und besucht unterschiedlich oft den Vater. Manche halten sich strikt an die Besuchsregelung und sind alle zwei Wochenenden im Monat beim anderen Elternteil, andere finden eigene Lösungen. In der Regel bleibt das Kind bei dem

Elternteil, der weniger arbeitet und weniger verdient. Das ist zumeist die Mutter. Im Zuge der Gleichberechtigung von Mann und Frau nimmt aber auch das sogenannte Wechselmodell zu, bei dem die Kinder zu mehr oder weniger gleichen Anteilen zwischen den Eltern hin- und herpendeln. Vater und Mutter übernehmen dann etwa die Hälfte der Erziehungsarbeit, und die Kinder haben zwei gleichwertige Zuhause. Klingt zunächst einmal gut.

Dominik und Sebastian, sechs und acht Jahre alt, sind Wanderer zwischen den Welten. Von Montag bis Donnerstag leben sie in der Papa-Welt mit ihren ganz eigenen Gesetzen, mit den Computerspielen, der Fertigpizza und dem Tischfußball. Sie gehen oft zu spät ins Bett, müssen ihr Zimmer nur selten aufräumen und dürfen häufiger fernsehen als bei der Mama. Nur bei den Hausaufgaben ist der Papa streng. »Die«, sagt er, »werden sofort nach der Schule erledigt, je schneller, desto mehr Zeit bleibt für andere Dinge, Jungs.« Am Donnerstagnachmittag steht dann die Mama an der Bushaltestelle. Wenn der achtjährige Sebastian und der sechsjährige Dominik aus dem Schulbus steigen und ihre Mutter umarmen, sind sie schon in einer anderen Welt, der Mama-Welt. Wie bei einem Kippschalter geht das, links Papa-Welt, rechts Mama-Welt. Klick, klack. In der Mama-Welt duftet es meist schon aus der Küche, wenn sie die Wohnung betreten. Die Mama-Welt-Spielsachen warten, alles ist aufgeräumt, hell, jedes Buch, jeder Stuhl bewusst zurechtgerückt. Hier sind die Kinder ordentlich, helfen die Küche aufräumen, gehen pünktlich um acht ins Bett. Eine Welt mit anderen Spielregeln. Hier herrscht äußerste Akkuratesse, dort bohemienhafte Nachlässigkeit. Damals, als die Mutter auszog, wünschten sich die Kinder, »gleich viel bei Mama und Papa zu sein«. Anfangs, als sich Mama und Papa noch oft in die Haare kriegten, war das Hin- und Herpendeln eine kiloschwere Last für die Kinder. Jetzt balancieren sie zwischen den Welten und freuen sich auf die Spielsachen im jeweils anderen Zuhause, auf die Mama und dann wieder auf den Papa. Wo sie zu Hause sind? Wahrscheinlich würden sie sagen an beiden Orten. Vielleicht käme es ihnen gar nicht in den Sinn, dass es sich um zwei voneinander getrennte Plätze handelt, vielleicht ist der Weg zwischen den Zuhause längst so etwas wie der lange Gang früher zwischen dem Schlafzimmer der Eltern und dem Kinderzimmer, ein Korridor von Vertrautem zu Vertrautem.

> Eine Million Kinder pendeln in Deutschland zwischen ihren Eltern hin und her. Sie leben multilokal im wahrsten Sinne des Wortes. Sowohl das gemeinsame Sorgerecht, das seit 1998 zum Standard geworden ist, als auch ein – wenn auch noch langsamer – Wandel des Vaterschaftsbildes hin zu einem aktiven und präsenten Vater fördern diese Multilokalität. Doch wie viele verschiedene Zuhause verträgt ein Kind?

Darauf gibt es keine allgemeine Antwort, weil das kindliche Wohlbefinden von zahlreichen Faktoren, nicht zuletzt vom Alter abhängt. Außerdem reagieren Kinder auf eine bestimmte Lebenssituation ganz unterschiedlich. Nicht jedes Kind kann gleich viel Unruhe vertragen. Manche Kinder werden zu Zappelphilipps, wenn sie allzu oft ihre vier Wände verlassen, den Ort wechseln und mit zu vielen Leuten auskommen müssen. Am besten geht es diesen Kindern, wenn ihr Tagesablauf immer gleichmäßig und ruhig verläuft und sie sich nur auf wenige Menschen und Orte einstellen müssen. Andere Kinder kommen mit einem ständigen Ortswechsel besser zurecht. Im Großen und Ganzen sind Kinder aber ziemlich sesshaft.

> Etwa 20 Prozent der Kinder wohnen nach der Trennung nur 15 Gehminuten vom anderen Elternteil entfernt, 23 Prozent brauchen mindestens eine Stunde Fahrtzeit, der Rest liegt irgendwo dazwischen. Die räumliche Distanz der beiden Lebenszentren bestimmt die Häufigkeit des Umgangs der Kinder mit beiden Elternteilen und die Stabilität der Beziehungen mit. Wohnen Vater und Mutter höchstens 15 Fußminuten voneinander entfernt, bricht der Kontakt nur bei 11 Prozent der Kinder zu einem Elternteil ab. Bei einer Entfernung von mindestens einer Stunde sind es jedoch fast 30 Prozent (DJI 2011).

Daran sieht man schon, dass Pendeln für alle mühsam sein kann. Für Eltern wie auch für Kinder. Abschiednehmen und Aufbrechen, Ankommen und sich Vertrautmachen sind aufwendig. Alle müssen sich auf unterschiedliche Lebensrhythmen einstellen und zwei Arten von Leben führen.

Doch was ist eigentlich ein Zuhause? Welche Qualitäten sollte der Ort, der für die ganze weitere Entwicklung so prägend ist, haben? Und was bedeutet es für Kinder, wenn sie an zwei Orten zu Hause sind? Wie ertragen sie es, ihre Eltern an zwei unterschiedlichen Orten zu wissen? Jeder von uns trägt Bilder aus seiner Kindheit in sich, kann sich an ein ganz bestimmtes Gefühl der Vertrautheit zurückerinnern, ob glücklich oder nicht. Nie wieder schlägt der Mensch so tief reichende Wurzeln wie im Alter zwischen einem und 18 Jahren. Die Orte der Kindheit, die Landschaft und ihre Häuser, bestimmte Geräusche und Gerüche erzeugen bei Erwachsenen noch Jahrzehnte später ein »Heimat«-Gefühl. Wir vergessen dieses Gefühl nie mehr, weil es für uns der Inbegriff von Geborgenheit ist. Geborgenheit vermitteln den Kindern also nicht nur ihre Hauptbezugspersonen, sondern auch die vertraute Umgebung, der Bäcker und Supermarkt um die Ecke, die Häuser der Nachbarn, der Garten mit den alten Apfelbäumen, die Spielsachen, der einäugige Teddybär und die Schachtel mit dem alten Puppengeschirr. Kinder schlafen am besten im eigenen Bett, wenn sie von den geliebten Kuscheltieren und Spielsachen umgeben sind.

Die Schneiders hatten eine kleine Ferienwohnung in den Schweizer Alpen. Wann immer sie konnten, verbrachten sie ihre Ferien dort, sommers wie winters. Ihre kleine Tochter liebte die spartanisch eingerichteten zwei Zimmer mit Dusche und Kochnische im Dachboden des Bauernhofs. Sie durfte mit der Bäuerin in den Stall gehen und den ganzen Tag mit den Katzenbabys spielen. Es war immer so friedlich, und ihre Eltern konnten am Abend nicht ausgehen. Als Lea größer wurde, saß sie stundenlang im Apfelbaum und träumte. Oder sie nahm ein Buch mit und las darin, während sie ihre Beine zwischen den Ästen baumeln ließ. Oder sie streifte mit den anderen Kindern durch den Wald, sammelte Blaubeeren und brachte Pilze nach Hause. Auch nach der Trennung der Eltern kam Lea regelmäßig hierher, einmal mit dem Papa, dann wieder mit der Mama. Viele Jahre bestand sie sogar darauf, ihre gesamten Ferien dort zu verbringen. Nirgendwo sonst würde sie hinfahren, sagte sie trotzig und so willensstark, dass sich niemand ihren Wünschen zu widersetzen vermochte. Der Bauernhof war ihr eigent-

liches Zuhause, viel mehr als die Wohnung in der Stadt, in der sie aufgewachsen war, oder etwa das kleine Häuschen, in das ihr Vater und seine neue Frau nach der Scheidung gezogen waren. Auch als Lea schon längst erwachsen war, konnte nichts solch ein Gefühl von Geborgenheit bei ihr erzeugen wie die Landschaft rund um den Bauernhof, die Berge und Wiesen, der Gebirgsbach, in dem sie als Kind gebadet hatte, die Wanderwege in der Sonne, der mit den Jahreszeiten wechselnde Duft der Blumen, die Steine, von denen sie im Laufe der Jahre wahrscheinlich mehrere Tonnen gesammelt hatte. Wenn sie traurig und verzweifelt war, stellte sie sich vor, dass sie bloß in die Zweizimmerwohnung über dem Bauernhof ziehen müsste, ganz allein, und dass dann alles wieder gut werden würde.

Viele Menschen haben solche Kindheitserfahrungen zutiefst verinnerlicht. Orte, an denen sie als Kind glücklich waren, und Menschen, die ihnen ein Gefühl der Geborgenheit vermittelt haben. Dort fühlten sie sich umsorgt, gut aufgehoben, sicher. Das sind Qualitäten, die ein glückliches Zuhause ausmachen. Und wie bei Lea kann das selbst eine Ferienwohnung sein. Es kommt nicht darauf an, wie luxuriös dieses Zuhause gestaltet ist, sondern wie viel Wärme, Geborgenheit und Sicherheit es ausstrahlt.

Das heißt, ob Kinder ein oder zwei Zuhause haben, ob sie bei einem Elternteil leben und den anderen besuchen oder ob sie zwischen beiden hin- und herpendeln, entscheidet nicht, ob sie mit ihrer Situation glücklich sind. Jede Familie hat andere Lebensbedingungen, und sie verändern sich im Lauf der Zeit. Und die Kinder sind zu verschieden, als dass bestimmte Umgangsmodelle zu bevorzugen wären.

Ich bin überzeugt, dass wir mit allgemein verbindlichen Regeln wie »Der Vater darf sein Kind alle 14 Tage zu sich nehmen« (Residenzmodell) oder »Das Kind soll möglichst zu gleichen Teilen bei den Eltern sein« (Wechselmodell) den Kindern nicht gerecht werden. Eltern müssen selbstverantwortlich entscheiden, wie sie ihr Leben für ihre Kinder gestalten wollen, und die Behörden und Beratungsinstitutionen sollten sie darin unterstützen.

Und doch bleiben Ortswechsel für Kinder oftmals eine große Belastung. Wie sie verkraftet werden, hängt auch davon ab, wie die Besuche organisiert sind und – vor allem – wie wohl sich die Kinder an beiden Orten fühlen. Ob ein oder zwei Zuhause: Wichtig ist, dass den Kindern der Ort vertraut ist und sie sich von ihren Bezugspersonen gut betreut fühlen. Wie tragfähig ist die Beziehung zum jeweiligen Elternteil? Wie oft sehen sie einander und für wie lange? Es macht einen großen Unterschied, ob dies jedes Wochenende zwei Tage oder alle 14 Tage lediglich für drei Stunden der Fall ist. Ist die Wohnung kindgerecht eingerichtet, hat das Kind ein eigenes Bett, eine Ecke, die ihm gehört, mit seinen Spielsachen und Büchern? Kann es im Freien spielen, kennt es die Kinder in der Nachbarschaft? Und schließlich: Wie verträgt das Kind den Rhythmus des Pendelns, wie viel Zeit verbringt es an jeweils einem Ort, wie viel muss es reisen, wie viel Unruhe gibt es in seinem Leben? Und nicht zuletzt spielen die individuellen Bedürfnisse und Eigenheiten des Kindes eine wesentliche Rolle. Arrangements, die das eine Kind problemlos bewältigt, können für ein anderes eine Überforderung sein.

Heute liegt das Wechselmodell im Trend. Man liest und hört, es sei die beste Regelung für die Kinder nach einer Trennung und Scheidung. Gleichzeitig gibt es aber auch Forscher, die skeptisch sind. Es würde vor allem einer Ideologie der Gerechtigkeit und Gleichberechtigung von Mann und Frau entsprechen, die Bedürfnisse der Kinder aber außer Acht lassen. Die Entscheidung der Eltern für das Wechselmodell könne auch lediglich auf dem Selbstinteresse basieren, beispielsweise um Geld zu sparen oder einfach, weil auch Eltern Zeit für sich selbst beanspruchen (Smart 2004).
Etwas überspitzt gefragt: Könnte es beim Wechselmodell weniger um das Wohl des Kindes als vielmehr um die Interessen der Eltern gehen? Diese Frage müssen sich die Eltern selbstkritisch stellen. Wollen sie nur ihr Recht auf das Kind und ihre Interessen wahren oder sich wirklich um dessen Bedürfnisse kümmern und die Beziehung aufrechterhalten?

In den gesellschaftlich fortschrittlichen Ländern wie Norwegen nimmt die Betreuung der Kinder im Wechselmodell zu. So leben nach einer Studie 63 Prozent der Kinder aus Nachtrennungsfamilien bei ihren Müttern, 11 bei den Vätern und 25 Prozent werden im Wechselmodell betreut (DJI 2012). Wirklich ein Fortschritt?

Dass sich immer mehr Väter als aktive Väter verstehen und die Betreuung ihrer Kinder übernehmen, ist sicher ein gutes Zeichen. Manchmal bedeutet eine gute Vaterschaft aber auch Verzicht. Sehr kleinen Kindern, also Kindern unter zwei Jahren, ist der permanente Wechsel zwischen den Elternteilen zumeist nicht zuzumuten. Da ist es besser, wenn sie an einem Ort leben – in den meisten Fällen wird das die Mutter sein – und der Vater so oft wie möglich kommt. Aber auch bei größeren Kindern muss man sehr genau hinschauen. Es gibt Kinder, die ihre ganze Kindheit hindurch zwischen den Eltern hin- und herpendeln und dann, kaum in der Pubertät, zu einem Elternteil ziehen. Es sieht also nur so aus, als ob sie das Wechselmodell gern leben, in Wirklichkeit ist es ein Zwang, dem sie sich als Jugendliche verweigern.

Kinder haben aufgrund ihrer emotionalen Abhängigkeit von beiden Eltern gar nicht die Wahl, sich für einen Elternteil – und gegen den anderen – zu entscheiden. Erst in der Pubertät wird eine solche Wahl durch die Ablösung von den Eltern möglich. Aus diesem Grund ist es falsch, Kindern die Entscheidung, wo sie leben wollen, zu überlassen.

Es gibt natürlich auch Kinder, die gerade in der Pubertät die Vorzüge zweier Zuhause schätzen lernen. Sie genießen die größere Freiheit, die Freunde an zwei unterschiedlichen Orten und das mit dem Pendeln verbundene In-der-Welt-Herumgondeln. Im Interesse des Jugendlichen sollten sich Vater und Mutter allerdings regelmäßig absprechen.

Ganz wesentlich scheint mir eines zu sein: Kinder kommen mit jeder Form von Wechselmodell vor allem dann gut zurecht, wenn die Eltern keine Konflikte miteinander haben und eine harmonische und kooperative Elternschaft leben. Nur dann nämlich kön-

nen die Kinder frei zwischen ihnen hin- und herpendeln, ohne dass ihnen die Verantwortung für die Eltern und deren Wohlbefinden aufgebürdet wird. Streiten die Eltern, dann rutschen die Kinder zwischen die Stühle, fühlen sich verantwortlich, beispielsweise gleich viel Zeit im Haushalt jedes Elternteils zu verbringen **(siehe Seite 181 f.). Konflikte zwischen den Eltern wirken sich beim Wechselmodell stärker aus als beim Residenzmodell.**
Man sieht wieder einmal: Der Indikator für die richtige Form des Zusammenlebens ist das Kind. Wenn das Kind die meiste Zeit zufrieden und ausgeglichen ist, wenn es sich gut entwickelt, sich für seine Umgebung interessiert, die Leistungen, zu denen es fähig ist, erbringt und ein gutes Selbstwertgefühl besitzt, dann ist die Qualität des Zuhauses gut – wie auch immer dieses gestaltet sein mag. Es ist die Verantwortung der Eltern, dies sicherzustellen durch die von ihnen gewählte Lebensform. Dabei sollten die Vorstellungen und Wünsche der Kinder gehört werden, auch wenn sie noch nicht fähig sind, über die für sie richtige Lebensform zu entscheiden. Jugendliche hingegen müssen in die Entscheidungen mit einbezogen werden, aber auch sie können eine für sie sinnvolle Form des Zusammenlebens nur dann finden, wenn sich die Eltern einig sind.

Anna hatte nach der Trennung nicht umziehen müssen. Valerie war das sehr wichtig gewesen. Nur ja keine zusätzliche Unruhe jetzt, nachdem Annas Vater vorübergehend nach Stuttgart gezogen und sie und Anna in Hamburg zurückgelassen hatte. Annas Leben sollte möglichst so weitergehen wie bisher. Dass ihr Vater weniger da war und sie, Valerie, an den Wochenenden, wenn er kam, die Ausflüge nicht mehr mitmachte, oder dass er bei einer Freundin übernachtete, solange er noch keine eigene Wohnung in Hamburg hatte, war ihrer Meinung nach schon genug Veränderung für das Kind. Der Weg zum Kindergarten, zum Supermarkt, die vertrauten Spielplätze und Radwege sollten ihr erhalten bleiben. »Das wird ihr Stabilität geben«, erklärte Valerie gern und vermietete einen Teil ihrer Wohnung an eine junge Studentin. Sie war ein Glücksfall, manchmal spielte sie mit Anna und insgesamt machte sie die Familie irgendwie kompletter. Als Annas Vater wieder zurück nach Hamburg kam und sich eine kleine Wohnung suchte, war

Anna verstört. »Wieso? Im Gästezimmer ist doch noch viel Platz«, sagte die Fünfjährige. Dann wieder ging sie voller Neugierde mit ihm durch die Straßen, um eine Wohnung für ihn zu suchen. »Eine, wo ich ohne die Mama hinlaufen kann«, sagte sie. »Oder die Wohnung über unserer Wohnung«, erklärte sie ihrem Papa. Sie erinnerte sich, dass vor einiger Zeit jemand Neues ins Haus eingezogen war. »Leider ist da nichts frei«, erklärten ihre Eltern. Als dann ihr Papa endlich eine kleine Wohnung fand und sie ein kleines Bett darin bekam und eine Kiste mit eigenen Spielsachen, war sie beruhigt. Auch ihre Fragen, warum der Papa denn nicht bei ihr und Mama wohnen würde, legten sich. Es war, als würde sie sich nun wieder zurechtfinden in ihrer Welt, als hätte sie die Koordinaten ihres Lebens wieder gefunden.

Kleine Kinder brauchen Stabilität. Wenn sie nicht wissen, wo ihr Vater wohnt, sind sie verwirrt. Sie fangen ja gerade erst an, Distanzen und geografische Bezüge zu erfassen. Mit vier Jahren kennen sie den Weg zum Kindergarten, zum Supermarkt. Sie wissen, dass man den Zug nehmen muss, um zur Oma zu fahren. Aber wo die Oma wohnt und dass sie in einer anderen Stadt lebt, können sie noch nicht begreifen.

Wenn der Vater auswärts lebt und nur zu Besuch in die Stadt der Kinder kommt, entsteht nur sehr schwer ein richtiges Geborgenheitsgefühl. Da braucht es schon unkonventionelle Lösungen. Etwa die einer Mutter, die mir erzählte, dass der Vater bei ihr und der gemeinsamen Tochter eine Gästematratze habe, wenn er seine fünfjährige Tochter besuchen komme. Ihre Freunde hätten das Arrangement heftig kritisiert, ihr gesagt, dass es nicht gut für das Kind sei, weil es dann nicht verstehe, dass die Eltern getrennt sind. Ich hab sie einfach gefragt, wie es ihr, dem Kind und dem Vater mit dem Arrangement geht. Alle waren zufrieden damit.
Dann wird es auch das beste Lebensmodell für diese Familie zu diesem Zeitpunkt gewesen sein. In Frankreich gibt es Einrichtungen, die den zu ihren Kindern pendelnden Vätern stunden- und tageweise Wohnungen zur Verfügung stellen. Auch in Deutschland sind ähnliche Initiativen zu finden. Das kann sehr hilfreich sein, denn ansonsten zieht der Vater wie ein Nomade mit seinen

Kindern durch die Stadt, denkt sich irgendwelche Unternehmungen aus, aber das wichtige Alltagsleben mit den Kindern fehlt.

Und die pendelnden Kinder? Die müssten doch dann auch das Gefühl haben, nirgendwo zu Hause zu sein. Ist es unterm Strich nicht doch das Beste für die Kinder, wenn sie ihren Lebensmittelpunkt bei dem Elternteil haben, der sich besser kümmern möchte und kann? Der andere muss deshalb ja nicht zum reinen Wochenendelternteil verkommen, er kann doch trotzdem im Alltag der Kinder präsent sein. In Österreich gibt es diese als altmodisch verschriene Regelung des Lebensmittelpunktes noch. Das erscheint mir oft kindgerechter, und es sollte uns um die beste Möglichkeit für die Kinder und nicht um eine möglichst gerechte Lösung für die Eltern gehen.

Egal welche Regelung die Eltern treffen: Wenn geschiedene Eltern einander in der Erziehung nicht unterstützen, werden sich ihre Kinder nicht geliebt und aufgehoben fühlen. Wenn der eine Elternteil den anderen, dessen Wohnsituation und die Zeit, die das Kind mit ihm verbringt, schlecht macht, muss das Kind das Gefühl haben, jedes Mal in ein feindliches Territorium zu wechseln, das stürzt Kinder naturgemäß in große Loyalitätskonflikte. Da helfen die besten Vereinbarungen, die schönsten Wohnungen und die kürzesten Distanzen nicht weiter. Die Erziehung der Kinder muss ein gemeinsames Ziel der Eltern bleiben. Ein hoher Anspruch, zu dem es keine Alternative gibt.

Martin und Elisabeth brachten es nicht übers Herz, ihren Kindern das Familienhaus wegzunehmen. Es war schließlich das Zuhause der achtjährigen Fiona und des zehnjährigen Alex. Sie waren hier glücklich, kannten jede Ecke des Gartens, hatten ganze Sommer lang im Sandkasten unter der alten Pappel gespielt und mit Martin das Biotop angelegt. Hier lebten die vier Hasen und die zugelaufene Katze, die die beiden so liebten. Martin hatte das Haus von seinen Eltern geerbt, den Lebensunterhalt der Familie bestritt er, der Regisseur, gemeinsam mit Elisabeth, die als Lehrerin an einer Montessorischule arbeitete. Also zog Martin in die zwei Zimmer im Dachgeschoss und mietete ein kleines Büro in der Nähe. So sparte die Familie Geld und Elisabeth und die

Kinder mussten nicht in eine kleine Wohnung umziehen und ihr ursprüngliches Zuhause verlassen. Martin war aus beruflichen Gründen viel verreist, wenn er aber da war, übernahm er – ohne dass die Kinder irgendwohin mussten – ihre Betreuung. Natürlich verlangte dieses Lebensmodell viel Disziplin von den Eltern, und auf immer und ewig wollten sie auch nicht so leben. Aber für die nächsten Jahre, vielleicht sogar bis die Kinder aus der Schule waren, war es das Beste, was sie für Fiona und Alex tun konnten. Sie wuchsen in der Folge zu glücklichen und selbstbewussten Jugendlichen heran, und die Eltern schauten voller Dankbarkeit auf ihre Entscheidung von damals zurück.

Das klingt nach dem sogenannten »Nestmodell«, das immer wieder propagiert wird. Dabei bleiben die Kinder im ehemaligen Zuhause und die Eltern ziehen abwechselnd bei den Kindern ein, um sie zu betreuen. Es gibt zwar nur wenige Eltern, die dieses Umgangsmodell tatsächlich leben, aber im Fall von Martin und Elisabeth scheint es ja sehr gut zu funktionieren.

Es kann aber nur funktionieren, wenn es sich um ein individuelles Modell und nicht um das klassische Nestmodell handelt. Beim klassischen Modell haben beide Eltern ihre eigene Wohnung und ziehen bei den Kindern ständig ein und aus, sie sind im Zuhause der Kinder eigentlich nur noch Gäste. Den Kindern fehlt damit eine kontinuierliche Instanz im Leben, sie wissen nicht mehr, wer hier eigentlich die Verantwortung trägt. Kontinuität in der Betreuung ist aber eine Grundvoraussetzung, damit es Kindern gut geht.

Aber in dem Fall, wo die Kinder hin- und herpendeln, gibt es ja auch keine Kontinuität?

Doch, in dem Sinne, dass zu jedem Ort eine Bezugsperson, ein Erziehungs- und ein Lebensstil gehört. Damit können Kinder besser umgehen.

Eine Patentlösung gibt es also nicht, vor allem deshalb, weil die Lebensumstände von Familien so unterschiedlich sind. Der gemeinsame Nenner sollte sein, dass Kinder in für sie stabilen Verhältnissen aufwachsen, vor allem beziehungsmäßig. So erfah-

ren sie kontinuierlich ein Gefühl der Geborgenheit. Martin und Elisabeth haben offenbar das Kunststück, Eltern zu bleiben und trotz großer räumlicher Nähe die Partnerschaft in Frieden zu lösen, fertig gebracht. Ihren Kindern haben sie damit ein glückliches Aufwachsen ermöglicht.

Das Wichtigste in Kürze

1. Ein Umzug bedeutet für Kinder und Eltern Stress. Kinder brauchen in dieser Situation mehr Aufmerksamkeit und Zuwendung. Verwandte und Bekannte sollten die Eltern unterstützen.

2. Geschiedene Eltern sollten für ihre Kinder eine Form des Zusammenlebens finden, die sozial, zeitlich und örtlich eine möglichst große Stabilität gewährleistet.

3. Die Art der Betreuung durch Mutter und Vater sollte auf die individuellen Bedürfnisse der Kinder abgestimmt sein. Das versetzt die Kinder in die Lage, sich an unterschiedliche Lebensbedingungen anzupassen.

4. Die Eltern sollten das Zuhause des anderen Elternteils vor den Kindern nie schlecht machen. Sie sollten die Wohnung des anderen betreten und die Kinder dort abholen.

5. Eltern sollten möglichst an einem Strang ziehen, auch wenn sie unterschiedliche Erziehungsvorstellungen haben. Sie sollten im Interesse der Kinder regelmäßig miteinander kommunizieren und sich gegenseitig unterstützen.

6. Die Qualität der Zuhause ist dann gut, wenn das Kind die meiste Zeit zufrieden und ausgeglichen ist, sich für seine Umgebung interessiert, die Leistungen, zu denen es fähig ist, erbringt und ein gutes Selbstwertgefühl besitzt.

Welche Betreuung braucht ein Kind?

Anna war keine besonders zuverlässige Puppenmutter. Die »Puppi« und noch zwei andere mehr oder weniger geliebte, treuherzig aussehende Puppenkinder lagen meist in ihren Betten oder hausten in einer Kiste gemeinsam mit den Legosteinen, der Kindergitarre und anderem Krimskrams. Malen, Basteln und Kaufladenspielen war interessanter. Doch als Anna in einen neuen Kindergarten kam, änderte sich ihr Verhältnis zur »Puppi« schlagartig. Die noch nicht Fünfjährige musste von ihrer alten Kindergärtnerin Abschied nehmen und sich auf ein neues Umfeld, neue Bezugspersonen und Kinder einstellen. Ausgerechnet zu dem Zeitpunkt hatte Valerie für vier Tage im Ausland zu tun. Annas Papa war auch nicht da, und so musste Anna auch noch bei einer Freundin von Mama schlafen. Valerie war verzweifelt, aber sie konnte ihre Reise nicht verschieben. Sie packte für Anna die nötigsten Sachen zusammen und legte ihr die »Puppi« und ein paar andere vertraute Spielsachen oben in den Koffer. Sie sollten Anna trösten, ein Stück Geborgenheit und Zuhause für ihr kleines Mädchen sein, solange sie weg war. Als Valerie wieder aus Basel zurückkam, erzählte ihr Anna bestürzt und traurig, dass es der »Puppi« gar nicht gut ergangen sei. Niemand habe mit ihr gespielt, sie habe ganz allein in einem Zimmer gesessen und hätte oft weinen müssen. Einige Tage später lag die Puppe aus Versehen auf dem Boden. Anna weinte bitterlich. »Schau, die arme Puppi, niemand hebt sie auf.« Valerie war bestürzt, wie verlassen sich ihr Mädchen während ihrer Abwesenheit gefühlt haben musste. Sie versuchte in der Folge besonders aufmerksam und fürsorglich zu sein. Manchmal fragte Valerie, wie es denn der Puppi gehe? »Gut«, sagte Anna zusehends fröhlicher. Als Valerie nach zwei Monaten noch einmal einige Tage verreisen musste, hatte Anna eine Idee. Ihre Mama solle die Puppi mitnehmen, gut auf sie aufpassen, ihr immer etwas Warmes kochen und sie abends mit ins Bett nehmen. So geschah es. Valerie verreiste mit Annas Puppe und telefonierte jeden Tag mit ihrer Tochter, um zu erzählen, was die Puppi zum Essen bekommen, welche Kleider sie ihr angezogen und wie sie geschlafen habe. Und dann wollte Valerie noch wissen, wie es Anna geht und so weiter. Die Puppe war zu einem Bindeglied zwischen Valerie und Anna geworden.

Mit der Puppenidee hat Anna eine kreative Lösung gefunden, wie sie die Beziehung zu ihrer Mutter aufrechterhalten kann. Sie gab ihr ein Stück von sich selbst mit auf die Reise. Dadurch konnte sich die Tochter am Telefon besser vorstellen, was ihre Mama an dem fremden Ort tat, und fühlte sich mit ihr verbunden. Sie hatte nicht mehr das Gefühl, dass ihre Mama plötzlich verschwunden sei, weil doch die Puppe, also ein Teil von ihr, bei ihr war.

Die Puppe war für Anna eine Art erweitertes Übergangsobjekt. Die meisten Kinder haben ein Tüchlein, eine Puppe oder ein Stofftier, ein sogenanntes Übergangsobjekt, das ihnen emotionale Sicherheit gibt, wenn sie allein sind, beispielsweise beim Einschlafen. Ich finde es faszinierend, wie erfinderisch bereits ganz kleine Kinder sein können. Für die Mutter war diese Form der Kommunikation sicher auch beruhigend. Wie aber ist zu erklären, dass Anna durch die viertägige Abwesenheit der Mutter so verunsichert war?

Sie wohnte bei einer Freundin der Mutter. Diese Frau war ihr nicht vertraut genug. Anna fühlte sich bei ihr nicht aufgehoben. Insbesondere abends, wenn Anna zu Bett gehen sollte, war sie sehr allein. Auch das Essen war irgendwie ungewohnt, und die Freundin von Mama erzählte ganz andere Geschichten als ihre Mutter. Anna kannte die Freundin von gelegentlichen Besuchen und Ausflügen, war aber zuvor nie mehrere Stunden oder gar einen Tag mit ihr allein gewesen oder von ihr ins Bett gebracht worden.

Wir haben ja schon wiederholt darauf hingewiesen, dass Kleinkinder nicht allein sein können. Sie brauchen ständig eine Bezugsperson, bei der sie Hilfe, Schutz und Zuwendung bekommen. Je umfassender die Bezugsperson mit dem Kind vertraut ist, desto sicherer fühlt sich das Kind. Eine Person zu kennen und zu mögen reicht indes nicht aus. Vertraut sein bedeutet vielmehr, konkrete gemeinsame Erfahrungen gemacht zu haben. So fühlt sich das Kind beim Zubettgehen nur dann wirklich wohl, wenn die Person es auch früher schon einmal ins Bett gebracht hat. Dies gilt ebenso für essen, auf die Toilette gehen oder anziehen. Ganz wesentlich dabei ist, wie die Bezugsperson mit dem Kind umgeht. Sie muss das Kind nicht unbedingt in derselben Weise behandeln wie die Eltern, aber so, dass es sich dabei wohl fühlt.

Das gilt auch, wenn Kinder nach der Trennung zwischen den Eltern hin- und herpendeln. Wenn sie beispielsweise nur über eine wenig gefestigte Beziehung zum Vater verfügen, werden sie sich bei ihm ähnlich fremd und unwohl fühlen wie Anna bei der Freundin von Valerie. Das müssen Eltern berücksichtigen, wenn sie sich auf ein Umgangsmodell für ihre Kinder verständigen. Sie sollten immer wieder überprüfen, wie belastbar ihre Kinder sind.

Sarahs Vater überlegte sich stets sehr genau, wie er die wenige Zeit mit seiner achtjährigen Tochter an den gemeinsamen Wochenenden verbringen konnte. Er spielte mit ihr, nahm sich Zeit für ihre Fragen, sah sich ihre Schulhefte an und kochte ihre Lieblingsspeisen, wenn sie bei ihm war. An den Besuchswochenenden gab es für ihn nur eine Priorität, sein Kind. Manchmal gingen sie natürlich auch ins Kino oder zu Freunden, aber Ernst wusste, dass für eine gute Vater-Kind-Beziehung andere Dinge ausschlaggebend sind. Er hatte etwas gegen Eltern, die ihren Kindern alle möglichen Kurse finanzieren und Hotelferien mit Kinderbetreuungsprogrammen buchen. Er nannte sie »die großen Delegierer von Erziehungsverantwortung«. Ernst war Lehrer an einem Gymnasium in Zürich. Dort hatte er es oft mit den sogenannten »Züriberg-Kindern« zu tun. Dieser Begriff hat sich in der Schweiz für »wohlstandsverwahrloste« Kinder eingebürgert, weil es von ihnen in der Luxuswohngegend am Zürichberg besonders viele zu geben scheint. Diese Kinder haben alles, ein ganzes Arsenal sie umgebender »Aktivitätsmanager« – Kindermädchen, Tennislehrer und Malkursleiterinnen. Nur eines haben sie häufig nicht: tragfähige Beziehungen. Ernst hatte seine liebe Mühe mit diesen Kindern, sie machten, was sie wollten, waren nicht mehr führbar, vermehrt aggressiv oder wirkten im Unterricht völlig desinteressiert. Mühe hatte Ernst aber auch mit ihren Eltern, die nicht bereit waren einzusehen, weshalb eine gute Eltern-Kind-Beziehung so wichtig ist. Dass es eben nicht genügt, das Leben der Kinder generalstabsmäßig durchzuorganisieren, sondern dass sie ständig verfügbare, sie liebende Bezugspersonen brauchen, die ganz einfache Dinge tun, zum Beispiel Bücher vorlesen, Wanderungen und Radtouren machen, mit Eisenbahn und Puppen spielen. Dass man das Frühstück und Abendessen für die Kinder nicht einfach so auf den Tisch stellen und weitertelefonieren sollte, sondern dass gemeinsame Essenszeiten auch Beziehung und Kommunikation bedeuten. Auch in seiner Ehe hatte Ernst es deshalb nicht mehr ausgehalten. Für Sarahs Mutter bestand das Zusammenleben mit einem Kind nur aus einer reibungslos ablaufenden Organisation. Und unter Erziehung verstand sie vor allem Ge- und Verbotssätze sowie Zurechtweisungen.

Ich finde es schon eigenartig, dass manche Eltern glauben, wenn sie das Leben ihrer Kinder gut organisiert haben, hätten sie ihren Erziehungsauftrag erfüllt. Wie kommt man zu einer solchen Haltung?
Dafür gibt es vor allem zwei Gründe. Zum einen stehen die Kinder in der Prioritätenliste der Eltern nicht ganz oben. Dort stehen die elterlichen Interessen. Zum anderen sind die Eltern von ihren Eltern genauso erzogen worden. Ihnen fällt ihre Beziehungslosigkeit gar nicht auf. Ein lückenloses Betreuungssystem ist für Kinder zwar unerlässlich, aber die Qualität der Betreuung ist genauso wichtig. Qualität bedeutet vor allem Beziehung. Das heißt, es kommt darauf an, ob alle, Eltern, Kindergärtnerinnen oder Au-pair-Mädchen, wirklich eine Beziehung zu den Kindern eingehen wollen und können.

Bei geschiedenen Eltern erlebe ich immer wieder, dass Kinder von einem zum anderen Elternteil ziehen. Und zwar deshalb, weil sie sich nicht angenommen und geborgen fühlen. Oft wird das Beziehungsdefizit erst bei der Trennung offensichtlich.
Es ist verführerisch zu glauben, mit einer guten Organisation von Krippe und Hort, Kindergarten und Schule hätte man die Erziehung der Kinder im Griff. Aber weder reicht es, als Mutter den Kinderalltag gut zu organisieren, noch als Vater bloß im Hintergrund präsent zu sein und sich ansonsten mit der Rolle des Ernährers zu begnügen. Nach der Scheidung ist die Verantwortung der Eltern, zu ihrem Kind eine tragfähige Beziehung zu haben, noch größer. Beziehung aber heißt, gemeinsame Erfahrungen machen

und füreinander da sein. Beziehung erfordert Einfühlungsvermögen und Zeit.

Und die Zeit ist nach der Trennung meist noch knapper als zuvor. Wobei sich gerade Alleinerziehende offenbar dieser Problematik sehr bewusst sind und sich mehr Zeit für ihre Kinder nehmen, wie eine Studie des Deutschen Jugendinstituts (DJI-Survey 2009) ergab. Da sind es vor allem die nicht-erwerbstätigen Alleinerziehenden, die mit ihren Kindern mindestens ein- bis zweimal im Monat ins Museum gehen und ein Theater besuchen (44,2 Prozent), dicht gefolgt von den erwerbstätigen alleinerziehenden Müttern mit 40 Prozent. Berufstätige Mütter in Paarhaushalten nehmen diese Angebote seltener wahr, das Schlusslicht bilden die Nur-Haus- und Ehefrauen mit 25 Prozent. Sind wir, was die Zeit, die getrennte Eltern für ihre Kinder aufbringen, allzu pessimistisch?

Wir sollten Aktivitäten nicht mit Beziehungsqualität im Alltag gleichsetzen. Die Lebensbedingungen setzen alleinerziehenden Eltern enge Grenzen. So müssen praktisch alle Alleinerziehereltern mehr arbeiten. Sie sind deshalb nach der Trennung und Scheidung vermehrt auf zusätzliche Betreuungspersonen für ihre Kinder angewiesen. War die Mutter davor ganz für ihre Kinder da, muss sie nun womöglich Vollzeit arbeiten oder sie will ihre berufliche Karriere vorantreiben. Sie hat keinen Partner mehr, der die Kinder morgens in den Kindergarten bringt und dann auch wieder abholt, der ihr im Alltag die Kinder wenigstens stundenweise abnimmt. Früher mag sie seinen Beitrag wenig gewürdigt haben, jetzt wäre sie schon dankbar, wenn da wenigstens zweimal die Woche am Abend jemand zwei Stunden auf die Kinder aufpassen würde, damit sie sich mit einer Freundin treffen kann. Leben die Kinder beim Vater, gibt es ähnliche, meist noch viel dringlichere Betreuungsprobleme. Ein aufmerksamer Vater beziehungsweise eine liebevolle Mutter zu sein, die Verantwortung für alles zu tragen und auch noch beruflich das Beste zu geben, ist eine große Belastung, oft auch eine Überlastung.

Ein Satz ihrer Mutter kam Karin in letzter Zeit oft in den Sinn. »Wenn du es nicht mehr aushältst, komme ich dich holen«, hatte die resolute 50-Jährige schon bald nach der Hochzeit zu ihrer 24-jährigen Tochter gesagt. Sie hatte sich von ihrem Schwiegersohn nie blenden lassen, weder von seiner ansehnlichen beruflichen Position noch von seinem guten Aussehen, seinem für sie, die Mutter, bloß aufgesetzten Charme und seinem weltmännischen Auftreten. Rita hatte ihre Eltern früh verloren, für sich und die Geschwister Geld verdient, war bald auf eigenen Beinen gestanden und hatte sich ein feines Gespür für »Machomänner, die nicht halten, was sie versprechen«, zugelegt. Nur, wieso war Karin auf diesen Blender hereingefallen? Wie hatte es passieren können, dass sie für ihn alles aufgegeben hat? Ihren Job, ihre Freundinnen, ihre Hobbys. Zwei Kinder im Abstand von nur einem Jahr kamen auf die Welt. Karin hatte alle Hände voll zu tun mit den Babys. So war das nun einmal. Klassische Rollenaufteilung. Er verdiente das Geld, und zwar nicht wenig. Sie kümmerte sich um Haus und Kinder. Zuerst merkte Karin gar nicht, wie das Interesse ihres Mannes an seiner »blonden Schönheit« langsam schwand. »Mein Schatz« hatte er sie vor der Hochzeit immer gern genannt. Jetzt sagte er so Sätze wie: »Du bist aber schrecklich angezogen. Hast du nichts Anständiges?« Also zog sie sich extra eine frische Bluse an, wenn er abends zum Essen nach Hause kam. Öfter kam er nicht, hatte noch bis spät in die Nacht zu arbeiten. Sie aß dann die Kalbsschnitzel in Rahmsoße allein. Sie hatte sich das Familienleben viel rosiger vorgestellt. Nun pendelte sie zwischen ersten Gefühlen der Ablehnung und der Angst, ihren Mann zu verlieren, hin und her. Waren seine »beruflich wichtigen Angelegenheiten« in Wirklichkeit Affären? Nein, dachte sie lange, und ihre Freundinnen pflichteten ihr bei. »So darfst du gar nicht zu denken anfangen. Wenn er gelegentlich ... Das hat nix zu sagen.« Als ihr Mann eines Tages jedoch von ihr verlangte, dass sie sein Zweitleben mit einer attraktiven Flugbegleiterin akzeptiere, rief sie heulend bei ihrer Mutter an. Rita kam samt Karins Vater und einem ausgeliehenen VW-Bus, packte die Tochter, die Kinder und die nötigsten Sachen, und weg waren sie. Alle. Es folgte ein erbitterter Scheidungskampf. Karins Mann weigerte sich, für seine Frau Unterhalt zu zahlen, und für die Kinder gab es nur das gesetzliche Minimum. So zog Karin in das Kleinfamilienhäuschen ihrer Eltern, in die zwei Zimmer unter dem Dach, die sie schon als Jugendliche bewohnt hatte.

Großmutter Rita und ihr Mann waren junge Großeltern. Sie freuten sich, dass noch einmal Leben in ihr Haus gekommen war, und halfen, wo sie gebraucht wurden. »Das war mein Glück«, erklärte Karin ihrer Freundin Sonja, die ein Jahr nach Karins Trennung einmal zu Besuch kam und erstaunt darüber war, wie gut sich Karin von allem erholt hatte.

In der Vergangenheit konnte man bei der Kinderbetreuung praktisch immer auf die Verwandten, vor allem die Großeltern, zurückgreifen. Sie sind vertraut mit den Kindern, oft bestehen starke emotionale Bindungen zwischen Enkeln und Großeltern. Bei unvorhergesehenen Ereignissen kann man die Großeltern ohne großen Aufwand und Hemmungen bitten einzuspringen.

Eine Studie in der Schweiz hat festgestellt, dass die »Krippe Großmutter« einen sehr wichtigen Faktor in der Kinderbetreuung darstellt (Eichenberger 2002). 30 Prozent aller Haushalte mit Kindern unter 15 Jahren nehmen haushaltexterne Kinderbetreuung in Anspruch, mehr als die Hälfte greifen dabei auf Verwandte zurück, zu 90 Prozent auf die Großeltern.

Seit 2009 gibt es in Deutschland sogar einen Anspruch auf Großelternzeit, das heißt die Großeltern können bis zu drei Jahren von ihrer Arbeit für die Betreuung der Enkel freigestellt werden, nur bekommen sie kein Großelterngeld dafür. Die Großeltern von heute sind weniger autoritär, jugendlicher und vitaler. Dadurch haben sie mehr Gemeinsamkeiten mit ihren Kindern und Enkelkindern. Den Großvater, der sich vom Enkel den Computer erklären lässt, gibt es nicht nur in der Werbung.

In der Schweizer Studie wurde errechnet, dass Großeltern 100 Millionen Betreuungsstunden pro Jahr leisten. Das liegt deutlich über dem Arbeitsvolumen aller Primarschullehrerinnen und -lehrer in der Schweiz. Bei Betreuungskosten von bescheidenen 7,50 Euro pro Stunde und Kind erbringen die Großeltern eine Betreuungsleistung von 750 Millionen Euro pro Jahr.

Eine Studie in Deutschland ist zu einem ähnlichen Ergebnis gekommen. In Deutschland betreut fast jeder Fünfte zwischen 40 und 85 Jahren regelmäßig seine Enkelkinder (DZA 2002). Und doch: Die Mehrheit der geschiedenen Eltern bekommt von ihren Familien keine ausreichende Hilfe. Immer mehr Großeltern führen selbst noch ein sehr aktives Leben und sind froh, dass die eigenen Kinder groß und aus dem Haus sind. Sie haben andere Verpflichtungen oder sind nicht mehr kräftig und gesund genug, um die Belastungen, die durch Enkelkinder entstehen, tragen zu können. Sie freuen sich zwar auf einen kurzen Besuch, aber eine wirkliche Hilfe sind sie nicht mehr. Das heißt aber auch, dass diese Eltern die Betreuung ihrer Kinder anders organisieren müssen und auf zusätzliche Unterstützung angewiesen sind.

Seraina hatte als alleinerziehende Mutter und Unternehmensberaterin alle Hände voll zu tun. Nach beiden Schwangerschaften war sie schon nach kürzester Zeit wieder im Büro und arbeitete so viel wie davor. In ihrer Branche, das wusste sie, musste man sich entweder 100 Prozent für die Karriere einsetzen oder aufhören. Auch nachdem die Beziehung zu ihrem Mann in die Brüche gegangen war, änderte sich daran nichts. Ebenso wenig am Betreuungssystem der Kinder, das sie kurz nach der Geburt ihrer älteren Tochter eingeführt hatte. Damals schon hatte sie sich nicht auf wechselnde Au-pair-Mädchen eingelassen. Sie hatte das Gefühl, dass das zu viel Unruhe in das Leben ihrer Kinder bringen würde. Sie engagierte eine einheimische, gut bezahlte Erzieherin. Petra war die ganze Woche tagsüber bei den Kindern und übernachtete dort, wenn Seraina nicht da war. Die Kinder liebten ihre Petra, und ihre Mutter akzeptierte, dass nicht sie, sondern die Kinderfrau zur ersten Hauptbezugsperson für die Kinder wurde. Seraina litt manchmal darunter, zum Beispiel wenn die Kinder sich wehtaten und zu Petra anstatt zu ihr liefen. Doch sie wusste, dass eine langjährige Betreuung durch Petra und eine tragfähige Beziehung zwischen Petra und den Kindern der beste Ersatz für ihre fehlende Präsenz zu Hause war. Jahrelang begnügte sie sich damit, mit Petra alles zu besprechen, die Erziehung der Kinder aus der Ferne mitzubestimmen und dafür ausgeglichene, frohe Kinder zu haben. Je älter die beiden Mädchen wurden, desto wichtiger wurde die leibliche Mutter für sie. In dem Maße, in dem sie in der Pubertät emotional selbstständiger wurden und sich von Petra ablösten, wurde die Mutter als Gesprächspartnerin, Vorbild und Freundin zur wichtigsten Bezugsperson.

Ich finde es schon sehr konsequent, im Interesse der Kinder so zu handeln wie Seraina. Auch Ursula von der Leyen, die deutsche Ministerin mit ihren sieben Kindern, hat Beruf und Familie wohl auf eine ähnliche Weise vereinbar gemacht.
Allerdings hatte sie immer einen Ehemann und engagierten Vater zur Seite. Das hat Seraina nicht. Sie hat eingesehen, dass sie zum Wohl der Kinder zurückstecken und für ihre Abwesenheit in der Familie einen Preis bezahlen muss, weil sie mit einer intensiven Stunde Aufmerksamkeit am Abend die Kontinuität in der Betreuung nicht gewährleisten kann, die Kinder nun einmal brauchen. Mit der Quality-Time-Mode »Nicht Quantität, sondern Qualität zählt in der Erziehung« lässt sich eine derart große zeitliche Abwesenheit nicht rechtfertigen. Kinder brauchen immer eine vertraute Person in ihrer Nähe, zu der sie hinlaufen können, wenn sie sich wehgetan haben, wenn sie krank oder unglücklich sind oder wenn etwas ihr Herz berührt.

Ich finde es interessant, dass Seraina als Mutter für die Kinder im Laufe der Zeit immer wichtiger wurde. Sie hatte durch ihre Arbeit also nicht ein für alle Mal ihre Beziehung zu den Kindern verwirkt.
Aber nur, weil sie sich wirklich auf die Kinder eingelassen hat. Auch im Schulalter der Kinder konnte sie noch nicht die wichtigste Bezugsperson sein, weil sie weiter so intensiv arbeitete. Wie bedeutend anwesende Bezugspersonen auch in diesem Alter noch sind, zeigt das Schicksal der sogenannten Schlüsselkinder, die sich verlassen fühlen, weil sie allein zu Hause warten müssen, bis die Eltern von der Arbeit kommen.

Viele Mütter versuchen die Lücke in ihrem Betreuungssystem mit einem Au-pair-Mädchen zu schließen. Unter bestimmten Voraussetzungen kann das durchaus gut gehen. Oft, aber nicht immer, sind diese jungen, in der Kinderbetreuung meist unerfahrenen Mädchen aber überfordert und deshalb auch keine Bezugsper-

sonen, die den Kindern ausreichend emotionale Sicherheit geben können.
Mit einem Au-pair-Mädchen kann eine ganze Reihe von Problemen entstehen. Beispielsweise kann es passieren, dass sich das Kind nie richtig an das Au-pair-Mädchen bindet, weil das Mädchen zu jung und erzieherisch zu unerfahren ist. Wenn ein Au-pair-Mädchen sozial kompetent ist und sich emotional auf das Kind einlässt, wird das Kind nach einigen Wochen Vertrauen schöpfen und sich an das Mädchen binden. Doch dann verlässt das Au-pair-Mädchen die Familie bereits nach einem Jahr wieder. Das ist ein herber Verlust für das Kind. Die meisten Kinder sind innerlich nicht bereit, jedes Jahr eine Beziehung zu einer geliebten Person aufzugeben und eine neue Beziehung zu einer fremden Person einzugehen. Das Konzept funktioniert nur, solange die Eltern nicht erwarten, dass ein Au-pair-Mädchen sie als Bezugspersonen ersetzen soll. Konkret bedeutet das, dass die Betreuung der Kinder nicht überwiegend durch das Mädchen geleistet werden darf. Ein Au-pair-Mädchen darf bei kleinen Kindern nicht als Hauptbezugsperson eingesetzt werden. Als zusätzliche Bezugsperson kann es aber eine Bereicherung sein.

Manche Mütter wollen sogar verhindern, dass andere Personen zu den Kindern eine Bindung eingehen, die enger ist als die ihre. Sie übersehen, dass eine enge Bindung an eine Hauptbezugsperson aber für das psychische Wohlbefinden des Kindes notwendig ist. Solch ein Verhalten, sich auf Kosten des Kindes vor »mütterlicher Konkurrenz« zu schützen, ist unverantwortlich und langfristig für die Kinder nachteilig. Ich kenne Kinder, die im Säuglings- und Kleinkindalter fast ausschließlich von Au-pair-Mädchen betreut wurden. Jetzt, im Schulalter, fallen sie sozial durch Probleme in der Beziehungsregulation auf. Sie finden zwar leicht Kontakt zu Erwachsenen und Kindern, zu dauerhaften Beziehungen sind sie aber unfähig und haben daher auch keine Freundinnen und Freunde.

Tobias war ein zufriedener und aktiver Säugling, der sich überdurchschnittlich gut entwickelte. Als er zwei Jahre alt war, verließ der Vater die Familie. Tobias kam zu seiner Mutter, doch ein halbes Jahr nach der Scheidung erkrankte sie an Brustkrebs und verbrachte wiederholt Wochen und Monate im Krankenhaus. Während der langwierigen Krankheitsperioden hatte Tobias bei diversen Pflegefamilien gelebt und zwischendurch auch noch einige Zeit in einem Heim verbracht. Als der Junge sechs Jahre alt war, starb seine Mutter. Er wirkte sehr traurig und passiv. Seine Entwicklung war deutlich verzögert. Tobias zog sich gern in eine Ecke seines Zimmers zurück. Dort saß er dann unbeteiligt. Er interessierte sich nicht für die ihn umgebenden Spielsachen, nicht einmal für das Fernsehen. Wenn andere Kinder kamen, schien es, als sähe er durch sie hindurch, so wenig nahm er Anteil. Er hatte einen todtraurigen Gesichtsausdruck, und, wenn er weinte, wollte er nicht getröstet werden. Er schien in einer Art tonloser Leere gefangen zu sein.

Tobias kam zu uns ins Kinderspital in Zürich. Wir Kinderärzte und Psychologen waren sehr besorgt wegen seiner depressiven Verfassung und der verzögerten Entwicklung. Zunächst verstanden wir nicht, wie es dazu gekommen war. Sowohl die Pflegeeltern als auch die Heimerzieher waren kompetent und liebevoll. Sie hatten sich große Mühe mit Tobias gegeben. Das Problem bestand darin, dass Tobias alle drei bis sechs Monate den Betreuungsort und damit seine Betreuer wechselte. Er konnte nie beständige Beziehungen zu ihnen aufbauen. Für ihn blieben die Betreuer fremd. Das heißt, er war im Grunde genommen zwischen seinem dritten und siebten Lebensjahr nur von für ihn fremden Menschen umgeben gewesen. Nach dem Tod der Mutter wurde Tobias adoptiert. Sein soziales Umfeld stabilisierte sich, und nach etwa zwei Jahren hatte er sich psychisch weitgehend erholt. In seiner Entwicklung machte er in dieser Zeit einen großen Sprung. Die Erfahrung mit Tobias hat mich gelehrt, wie wichtig die Kontinuität der Betreuungspersonen für Kinder ist. Ob Eltern nach der Trennung eine Kinderfrau engagieren oder ihr Kind einer Tagesmutter anvertrauen, eine Kinderkrippe suchen oder ihr Schulkind in einen Hort geben wollen, immer müssen sie sich fragen, wer sind die Bezugspersonen für mein Kind und wie lange werden sie ihm als Bezugspersonen erhalten bleiben.

Marion stand kurz vor dem Nervenzusammenbruch. Der Vater ihres zweijährigen Sohnes war nach der Trennung auf Nimmerwiedersehen verschwunden. Sie hatte bei ihrem ehemaligen Chef angerufen. Zum Glück konnte er in seinem In-Laden die ausgebildete Friseurin gut gebrauchen. Marion war erleichtert. Sie hätte sonst Sozialhilfe beantragen müssen. Nun musste sie nur noch für Adrian eine ganztägige Betreuung finden. Sie entschloss sich, ihr Kind zu einer Tagesmutter zu geben. Sie hatte mehrere angerufen, alle klangen freundlich, erklärten ihr, dass sie gut kochen könnten und mit den Kindern schon mal in den Innenhof zum Spielen gehen würden. Marion entschied sich dann für die geografisch am günstigsten gelegene Tagesmutter. So würde sie Adrian auf dem Weg zur Arbeit abgeben und auf dem Nachhauseweg wieder abholen können. Die ersten Male weinte Adrian, als Marion weggehen wollte, und war vor Freude kaum zu halten, als sie ihn wieder abholte. »Das braucht Zeit«, sagte Frau Schneider. Einmal kam Marion zwei Stunden früher zum Abholen und bemerkte, dass die Tagesmutter offensichtlich nicht, wie sie anfangs gesagt hatte, vier Kinder zu betreuen hatte, sondern sechs. Es seien eben nun doch mehr geworden, aber das mache ja nichts. Schließlich hätten die Kinder dadurch mehr Spielkameraden, erklärte Frau Schneider voller Ruhe. Marion regte sich nicht weiter auf. Wäre sie nicht so heilfroh gewesen, Adrian überhaupt irgendwo untergebracht zu haben, hätte sie sich vielleicht darüber Gedanken gemacht, wie Frau Schneider sechs ein- bis dreijährige Kinder wickelt, füttert und beruhigt, wenn sie zu schreien beginnen. Außerdem ließ ihr die Arbeit keine Verschnaufpause. Haare schneiden, waschen, legen, ununterbrochen auf den Beinen sein und durch den Edel-Friseurladen hasten, freundlich und gelassen, den Druck des Chefs und die Kritik der pingeligen Kundinnen aushalten. Dennoch machte sie sich zunehmend Sorgen wegen Adrian. Er war immer ein so fröhliches Kind gewesen. Nun wirkte er verstört, weinte viel, wollte sie gar nicht mehr loslassen. »Es ist eben nicht einfach für den Kleinen, dich den ganzen Tag nicht zu sehen«, sagte ihre Freundin, Mutter von zwei Kindern und Hausfrau. »Und dazu noch der fehlende Vater.« Es war schon sehr schwierig, das alles. Aber lag es wirklich an ihrer familiären Situation?

Wie es scheint, lag es wohl eher daran, dass die Tagesmutter nicht ausreichend verfügbar war. Die Mutter wagte nicht, bei der Tagesmutter genauer nachzufragen. Für Mütter ist es schwierig, die Qualität einer Tagesmutter zu beurteilen. Was ist ihre Motivation: Freude an den Kindern, fachliche Berufung, das Geld? Außerdem haben viele Angst, die Tagesmutter mit an sich berechtigten Fragen zu verärgern. Immer wenn man kommt, brauchen alle Kinder gleichzeitig etwas, weinen oder krabbeln davon, und es bleibt keine Zeit für Fragen.

Und doch ist es die Pflicht und auch das Recht der Eltern, sich genau zu informieren, wie ihr Kind von der Tagesmutter betreut wird.

Unter Kinderbetreuung wird leider immer noch häufig Kinderaufbewahrung verstanden. Deshalb ist es wichtig, dass sich Eltern, wenn sie ihr Kind zu einer Tagesmutter oder in eine Kinderkrippe geben, auch sicher sind, dass die Betreuung kindgerecht ist. Die meisten Tagesmütter bringen zwar eine wichtige Voraussetzung, nämlich ihre Erfahrungen mit Kindern, mit. Diese Erfahrung ist sozusagen ihr pädagogisches Kapital. Was ihnen fehlt, ist die soziale Anerkennung ihres Berufs, eine gute Bezahlung und genügende Aus- und Weiterbildung. Das macht den Beruf »Tagesmutter« nicht gerade attraktiv. Eine gute Betreuung von Kindern ist aber überaus anspruchsvoll. Anspruchsvoller als so manch anderer Beruf. Den Kindern zuliebe sollten wir uns deshalb für eine größere gesellschaftliche Anerkennung, adäquate Weiterbildung und ausreichende Vergütung von Tagesmüttern einsetzen.

Wenn Eltern ihr Kind einer Tagesmutter anvertrauen, sollten sie sich nicht scheuen, Fragen an sie zu stellen und sich in den Räumen umzusehen, in denen ihr Kind nun viel Zeit verbringen wird. Was ist sie für eine Frau? Lädt sie die Eltern zum Kaffee ein, setzt sich mit ihnen hin und will wissen, wie die Eltern leben, was sie arbeiten, was für eine Persönlichkeit das Kind ist, worauf sie achten soll und welche Anliegen die Eltern im Umgang mit ihrem Kind haben? Wie begegnet die Tagesmutter dem Kind und wie heißt sie es willkommen? Wie ist die Wohnung eingerichtet, wird sich das Kind hier wohlfühlen? Welche Spielsachen gibt es? Kann das Kind im Freien spielen (siehe Anhang: Fragebogen 4)?

Was Eltern vor allem überprüfen sollten: Wie viele Kinder betreut die Tagesmutter und wie alt sind sie? Grundsätzlich gelten für Tagesmütter die gleichen Anforderungen wie für Tagesstätten. Ob eine Tagesmutter zwei, drei oder gar vier Kinder im Alter von zwei bis fünf Jahren betreuen kann, hängt von ihrer erzieherischen Kompetenz, den räumlichen Bedingungen und davon ab, ob sie die Kinder schon länger kennt. Oft hingegen wird die Anzahl der zu betreuenden Kinder von finanziellen Überlegungen aufseiten der Tagesmutter wie auch der Eltern mitbestimmt. Je mehr Kinder, desto billiger ist der Betreuungsplatz oder desto mehr verdient die Tagesmutter.

Im Gegensatz zu Marion hatten die Eltern von Johann wirklich Glück. Nach der Scheidung musste Inge wieder ganztags arbeiten. Das heißt, sie war heilfroh, dass sie statt ihrer schlecht bezahlten Halbtagsstelle sofort eine Ganztagsstelle bekam, und das im gleichen Unternehmen. Durch den Regierungsumzug waren gute Sekretärinnen in Berlin mehr als gefragt. Inge hatte für den eineinhalbjährigen Johann einen Platz in der Kinderkrippe gefunden, noch dazu in einer geradezu ideal erscheinenden Institution. Klein und überschaubar, in hellen, freundlichen Räumen mit ausgewählten Spielsachen und einem kleinen Garten. Nach kürzester Zeit schon hatte sich Johann dort gut eingelebt. Vor allem zu Susanna hatte er eine innige Beziehung aufgebaut. Sie war Halbitalienerin und in vielem seiner Mutter ähnlich. Herzlich, etwas mollig und ausgeglichen. Bei den anderen beiden Betreuerinnen blieb Johann schüchtern. Weinte er, lief er sofort zu Susanna, und wenn er am Nachmittag ein kleines Schläfchen machen sollte, konnte nur Susanna ihn zum Einschlafen bringen. Inge störte die innige Beziehung zwischen Johann und Susanna nicht. Im Gegenteil. Sie hatte das Gefühl, dass ihr Kind eine starke Bezugsperson brauchte, und freute sich, dass sich Johann ausgerechnet die ausgesucht hatte, die auch ihr am besten gefiel. Inge war dankbar und wirklich entlastet durch die gute Betreuungssituation für Johann. Sie freute sich immer schon mittags auf ihr Kind, ging dann, wenn sie ihn schließlich um fünf Uhr nach-

mittags abholte, oft noch auf den Spielplatz mit ihm, dann kochte sie, manchmal auch noch für eine Freundin und deren gleichaltrige Tochter. Nein, Inge hatte nicht das Gefühl, unter ihrer Lebenssituation zu leiden, und war auch nicht übermäßig gestresst. Doch dann, nach einem halben Jahr, kehrte Susanna nach Turin zurück. Johann litt sehr unter dem Verlust. Er weinte, wirkte verstört, hatte keine Lust zu essen und wachte nachts oft auf. Es dauerte lange, bis er sich in der Kinderkrippe wieder zurechtfand.

Die Qualität dieser Krippe scheint in jeder Beziehung optimal. Das Personal ist gut ausgebildet, die Anzahl der Kinder pro Betreuerin ist nicht zu hoch. Das Problem war offensichtlich, dass Johann durch den Weggang seiner Susanna einen echten Verlust erlitten hat.
Kinder brauchen einfach Kontinuität. Wir Erwachsenen im Übrigen auch. Den Arbeitsplatz zu wechseln oder einen neuen Chef zu bekommen bedeutet Stress und reduziert die Arbeitskraft. Für Kinderbetreuungseinrichtungen ist es in unserer schnelllebigen Zeit immer schwieriger, die nötige Kontinuität zu gewährleisten. Aus unterschiedlichsten Gründen herrscht oft eine hohe Fluktuation.

Man könnte im Interesse der Kinder fordern, dass Tagesstätten ihr Personal nur längerfristig anstellen.
Das wäre wünschenswert und sollte auch dem Berufsethos der Betreuerinnen entsprechen. Auch sie möchten die Kinder ja möglichst gut versorgen. Dazu gehört auch das Gewährleisten von Kontinuität. Und es erhöht die Qualität der Krippe, wenn sie längerfristige Anstellungen in ihren Kriterienkatalog mit aufnimmt.

Es war sicher unglücklich, dass Johann in der Krippe nur eine einzige, wenn auch sehr gute Bezugsperson hatte. Wären es zwei oder drei gewesen, hätte er wahrscheinlich keinen Verlust erlebt.
Es gibt Kinder, die sich schwer tun, zu verschiedenen Betreuerinnen eine Beziehung aufzunehmen. Sie binden sich nur an eine Person, und wenn die weggeht, fühlen sie sich verlassen. Die meisten Kinder sind aber durchaus in der Lage, mehrere Bezugspersonen in einer Kinderkrippe zu akzeptieren.

Wie bei den Tagesmüttern sollten Eltern durchaus kritische Fragen zur Qualität der Krippe stellen. Der wichtigste Faktor ist, wie schon bei der Tagesmutter, das Zahlenverhältnis Kinder pro Betreuerin. Fragen die Eltern danach, wird die Tagesstätte angeben, wie viele Betreuerinnen angestellt sind. Für die Kinder wesentlich aber ist, wie viele Kinder auf eine anwesende Betreuerin kommen. Außerdem muss das Personal gut ausgebildet sein und sich regelmäßig fortbilden. Die Leitung der Krippe muss gut organisiert, die Anstellungsbedingungen und Löhne sollten fair sein. Ist Letzteres nicht der Fall, werden gut qualifizierte Erzieher nicht bereit sein, in dieser Institution zu arbeiten. Im Interesse der Kinder sollte höchstens eine nicht ausgebildete Erzieherin auf eine ausgebildete kommen. Auch die räumlichen Gegebenheiten sollten eine Reihe von Bedingungen erfüllen. Besteht ausreichend Platz, damit sich die Kinder zurückziehen und in kleinen Gruppen beschäftigen können? Gibt es einen Spielplatz? Werden sich die Kinder regelmäßig bewegen, laufen und klettern können (siehe Anhang: Fragebogen 5)?

Da in Deutschland immer noch 150 000 Krippenplätze fehlen (2013), um auf die geforderten 750 000 Plätze zu kommen, ist ein für die Kinder verheerender Vorschlag gemacht worden. Die Anzahl der Kinder pro Erzieherin soll erhöht und auch fachfremdes Personal eingestellt werden können. Das ist ein Signal in die falsche Richtung. Wir dürfen keine nicht kindgerechten Krippen zulassen. Wenn die Qualität nicht mehr stimmt, haben die Gegner der Krippe recht, die in Krippe und Hort Orte für Kindesvernachlässigung sehen.

Die Vor- und Nachteile der außerfamiliären Betreuung werden seit vielen Jahren kontrovers diskutiert (Belsky 1988, Belsky, Steinberg 1978, Scarr 1990, NICHD 2001, NUBBEK 2012, No Child left behind 2011). Die Studien haben vor allem eines deutlich gemacht: Wenn die Qualität der Krippe gut ist, ist die Betreuung dort für die Kinder gut, ja sogar fördernd. Aber eben nur dann. Hinzu kommt, dass die Anzahl Kinder, die eine Erzieherin betreuen kann, wesentlich von ihrer sozialen und fürsorglichen Kompetenz, ihrer Belastbarkeit und ihren bisherigen Erfahrungen mit Kindern abhängt (Scarr, Eisenberg 1993, Burchinal et al. 1996, Lamb, Wessels 1997). Wenn wir von den Grundbedürfnissen der Kinder ausgehen, sind die entscheidenden Faktoren die Verfügbarkeit und Kompetenz der Bezugspersonen.

> Kinder verlangen ja nicht, dass die Erzieherin ständig mit ihnen spielt. In einer Kita beschäftigen sich die Kinder die meiste Zeit miteinander oder allein. Jedes Kind will aber irgendwann die ungeteilte Aufmerksamkeit der Erzieherin, das eine Kind häufiger als das andere. Sind die Kinder zwischen drei und fünf Jahre alt, kann eine Erzieherin je nach ihren Fähigkeiten und Erfahrungen bis zu fünf Kinder während einiger Stunden betreuen. Ist die Gruppe größer, vermag sie dem einzelnen Kind nicht mehr gerecht zu werden. Sie kann die Kinder lediglich beaufsichtigen und mit dem Nötigsten versorgen. Nach dem fünften Lebensjahr verringern sich die Ansprüche, welche die Kinder an eine Erzieherin stellen, weil sie immer fähiger werden, sich gegenseitig emotionale Sicherheit und Zuwendung zu geben. Sie werden selbstständiger.

Das Wichtigste in Kürze

1. Bei einer kindgerechten Betreuung hat jedes Kind jederzeit Zugang zu einer Bezugsperson.

2. Bei familienergänzender Betreuung von Tagesmüttern und Kitas ist zu achten auf:
   - Kompetente Leitung
   - Gute Arbeitsbedingungen
   - Ausreichende Ausbildung der Betreuerinnen
   - Sinnvolle Organisation der Einrichtung
   - Kindgerechte räumliche Gegebenheiten

3. Der Betreuungsschlüssel, das zahlenmäßige Verhältnis Kinder pro Betreuerin, und die fachliche Ausbildung der Erzieherinnen sind die wichtigsten Indikatoren für eine qualitativ gute Kinderbetreuung.

Wie gemeinsame Elternschaft trotz allem gelingen kann

Eines Tages platzte Valerie der Kragen. »So sitz doch gerade, Anna! Wieso musst du beim Essen immer so lümmeln. Nimm die Füße unter die Bank. Stütz dich nicht mit beiden Ellbogen auf und iss endlich anständig.« Anna schaute ihre Mutter mit finsterer Miene an. »Ich möchte aber liegen«, sagte sie bockig. Valerie seufzte. Manchmal wünschte sie sich, Anna würde einfach gerade sitzen, nicht liegen und auch nicht die Beine auf der Bank zum Schneidersitz übereinanderschlagen. Manchmal fand sie Annas Wunsch, nur einmal und ausnahmsweise in Strumpfhosen über den Esstisch laufen zu dürfen, einfach ungezogen. Bei allem Verständnis für die Lebenswelt ihrer Fünfjährigen und der Überzeugung, dass nicht Ge- und Verbotssätze, sondern das eigene Vorbild die einzig wahre Erziehungsmethode sei, war sie dennoch manchmal schlicht genervt. Das hatte sie nun davon. Früher, als Annas Vater noch bei ihnen lebte, hatte sie sich oft über seinen altmodischen Erziehungsstil geärgert, heute griff sie selbst manchmal in die Mottenkiste der autoritären Erziehungsmethoden. Valerie war abgespannt, müde und dünnhäutig. »Bei deinem Vater durftest du auch nie beim Essen herumliegen«, schimpfte sie. Oh wie gern hätte sie diesen Satz wieder zurückgepfiffen. Was für eine hilflose Argumentation.

Das sind beliebte Spielchen. Die kenne ich als Vater auch sehr gut. Kinder spielen sie genauso in intakten Familien. Mit der Scheidung hat Annas Verhalten wenig zu tun. Aber Valerie scheint verunsichert zu sein und sich zu fragen: Kann ich nicht streng mit Anna sein, weil ich Angst habe, ihre Liebe zu verlieren? Hätte ich diese erzieherischen Schwierigkeiten nicht, wenn wir, ihre Eltern, noch zusammenleben würden?

Jedes Kind lümmelt irgendwann mal beim Essen und möchte über den Tisch laufen. Das Problem geschiedener Eltern ist tatsächlich, dass sie dazu neigen, solche erzieherischen Schwierig-

keiten allzu schnell mit der Scheidung in Verbindung zu bringen. Kommen dann noch Schuldgefühle dazu, fällt es ihnen umso schwerer, Grenzen zu setzen, dem Kind nicht nachzugeben und es nicht zu verwöhnen. Das ist, wie wenn die Mutter zu ihrer siebenjährigen Tochter sagt: »Du weißt genau, wie sauer Papa immer war, wenn du dein Zeug in der Wohnung hast herumliegen lassen«, und die Tochter dann später fragt: »Mama, wenn ich den Flur aufräume, kommt Papa dann zurück?"

In diesem Beispiel fühlt sich das Mädchen offenbar – was keineswegs bei allen Kindern der Fall ist – an der Scheidung mitschuldig und glaubt, wenn es brav ist, versöhnen sich die Eltern wieder. Doch selbst wenn das Mädchen Schuldgefühle haben sollte, hilft ihr ein Nachgeben der Mutter in Sachen Aufräumen nicht. Es wird dem Kind deswegen nicht besser gehen. Die Mutter sollte zu ihrer Erziehungshaltung stehen, aber herauszufinden versuchen, weshalb ihre Tochter sich schuldig fühlt. Es gibt auch Kinder, die der Mutter Schuldgefühle machen, um sie zu verunsichern und sich so durchzusetzen.

Anna kommentierte die Zurechtweisungen ihrer Mutter und den etwas hilflosen Satz vom Vater, bei dem sie sich auch nicht so benehmen dürfe, ganz pragmatisch: »Weiß ich«, sagte sie. »Der Papa ist strenger als du. Aber ich will nicht, dass du jetzt auch noch so anfängst.«

Die Kleine bringt das Thema auf den Punkt. Kinder finden sich problemlos zurecht, wenn ihre Bezugspersonen unterschiedliche Erziehungsstile haben. Das erlebe ich sowohl bei geschiedenen als auch bei verheirateten Eltern. Kinder können sich früh auf unterschiedliche Erziehungsstile einstellen, ohne dabei die Eltern gegeneinander auszuspielen. Wenn Eltern dies wissen, können sie mit den anderen Erziehungsvorstellungen des Partners oder Ex-Partners gelassener umgehen. Die meisten Eltern, ob verheiratet oder geschieden, haben nun einmal unterschiedliche Vorstellungen von der Erziehung ihrer Kinder. Sie finden unterschiedliche Dinge wichtig und möchten auf ihre Weise mit ihrem Kind zusammenleben. Wenn Kinder aber ihre Eltern gegeneinander ausspielen, was ist dann schiefgelaufen?

Gründe dafür gibt es viele. So zum Beispiel, wenn Eltern ihre unterschiedlichen Erziehungsvorstellungen zu einem Streitpunkt machen und das Kind ihre Meinungsverschiedenheiten mitbekommt. Oder wenn das Kind in Loyalitätskonflikte hineingezogen wird und die Eltern sich vor dem Kind gegenseitig schlechtmachen. Oder wenn das Kind emotional zu kurz kommt und versucht, auf diese Weise die Aufmerksamkeit der Eltern zu erringen.

Ob verheiratet oder geschieden, Mutter und Vater sollten also ihrem Kind klar machen, dass sie den Erziehungsstil des anderen akzeptieren und vom Kind erwarten, dass es dem anderen Elternteil gehorcht. Eltern sollten sich in der Erziehung loyal zueinander verhalten. Wenn sie erzieherische Meinungsverschiedenheiten haben, können sie diese unter sich bereinigen, sie sollten sie aber nicht vor dem Kind austragen.

Lara war gerade drei geworden. Ein stämmiges, selbstbewusstes kleines Mädchen. Sie sagte nicht mehr nur »Lara nicht müde«, sondern auch schon »Ich will Joghurt. Mit Erdbeeren.« Täglich lernte sie neue Worte und ihre Bedeutungen. Es schien fast so, als hätte sie schon in ihrem zarten Alter Lust an Sprachspielen, an den Reaktionen der Erwachsenen, wenn sie Worte nicht so gebrauchte, wie es für Kinder üblich ist. Ihr Vater hatte für den eigenwilligen Spracherwerb seiner Tochter großes Verständnis. Er war Schauspieler, ein Mann des Wortes also, jemand, der selbst die Wirkung von Sprache erforschte. Lara sagte zu ihm »Hansi« – er hieß Hans –, und noch mehr erfreute sie die Wortkombination »Mein Hansi-Papi« oder »Hanslein-Papilein«, dazu sang sie die Melodie von »Hänschen klein, ging allein...« Ihre Mutter hingegen wurde wütend, wenn Lara »Marianne, Lara hat Hunger« sagte und antwortete der Kleinen jedes Mal entnervt und bestimmt. »Ich bin die Mama, Lara. Nicht die Marianne. Hast du das vergessen?« Zumindest für dich bin ich nicht die Marianne, fügte sie in Gedanken noch hinzu. Wenn das mit drei schon so anfängt, wie wird es später einmal werden, wo wird Laras Respekt vor der Erziehungsautorität ihrer Eltern bleiben? Auf solche Gedanken wäre Hans gar nicht erst gekommen. Er hatte viel zu viel Freude daran, seiner Lara beim Wachsen zuzusehen, dem großen Abenteuer Entwicklung zu folgen und sie in ihrem Streben nicht einzuengen. Als Lara dann bei den Großeltern zu Besuch war und von ihrem Papa abgeholt werden sollte, sagte sie zur Oma: »Der Hansi kommt heute.« »Und wer ist bitte der Hansi?«, fragte die alte Dame leicht irritiert. »Der Papa«, antwortete das Mädchen und lachte, weil die Großmutter ganz offensichtlich den Namen ihres Vaters vergessen hatte. »Und du darfst Hansi zu ihm sagen?« Jetzt musste die Großmutter schmunzeln, so sehr fühlte sie sich plötzlich von diesem Dreikäsehoch an ihren Sohn Hans erinnert und daran, dass auch er die Dinge nie einfach so hingenommen, immer seinen eigenen Kopf behalten hatte. »Ja, der Papa heißt Hansi, und die Mama heißt Marianne. Mama mag nicht, wenn ich Marianne sage. Zur Mama sage ich Mama und zum Papa Hansi.«

Über viele Jahrhunderte hinweg war es in Europa üblich, eine Autoritätsperson als solche anzusprechen. Herr Geheimrat, Herr Lehrer, Herr Pfarrer. So auch die Eltern; Vater und Mutter. Es ist noch gar nicht so lange her, da wurden Eltern von ihren Kindern noch gesiezt. Den Vater beim Vornamen zu rufen bedeutete für die Großeltern- und teilweise auch noch für die Elterngeneration eine Respektlosigkeit, die zu einem Autoritätsverlust führen muss.

Meine beiden Enkelkinder haben vor einiger Zeit herausgefunden, dass ihr Nonno auch Remo heißt. Es bereitet ihnen großes Vergnügen, mich beim Vornamen zu rufen. Für mich hat sich unsere Beziehung durch diese Umbenennung in keiner Weise verändert.

Die Autorität, die erlaubt, lobt, aber auch verbietet und straft, ist in unserer Gesellschaft immer noch verbreitet. Sie hat in der jüdisch-christlichen Kultur eine 2000 Jahre alte Tradition. Noch heute gehen viele Eltern und gelegentlich auch Fachleute davon aus, dass Kinder nur gehorchen, weil sie gelobt werden möchten und sich vor allem vor Strafen fürchten.

Das ist aber eine irrige Annahme. Kinder gehorchen vor allem deshalb, weil sie emotional an ihre Bezugspersonen gebunden sind und ihre Liebe nicht verlieren wollen. Ein Kind braucht nicht zum Gehorsam erzogen zu werden. Es ist durch die Bindung darauf angelegt, von den Eltern geliebt zu werden und zumeist zu gehorchen (Largo 1999). Die Voraussetzung ist allerdings, dass zwischen dem Kind und dem Erwachsenen eine vertrauensvolle Beziehung besteht. Petri (1991a) hat es auf den Punkt gebracht: Beziehung kommt vor Erziehung. Das Kind wird mit der Bereitschaft geboren, sich erziehen zu lassen, aber nicht von irgendjemandem, sondern von Personen, die ihm zugetan sind. Das Kind bindet sich an vertraute Personen, richtet sich nach ihnen, lässt sich von ihnen leiten und orientiert sich an ihrem Verhalten. Wenn sein Bedürfnis nach Geborgenheit und Zuwendung ausreichend befriedigt wird, kann ein Kind – nicht ganz, aber weitgehend – ohne Zwang und Druck erzogen werden. Dies bedeutet aber nicht, dass es beim Essen lümmeln kann, wie es ihm gerade passt, dass es nicht aufräumen oder Bitte und Danke sagen lernen soll. Grenzen zu setzen und ganz bestimmte Dinge zu verlangen bleibt auch den kompetentesten Eltern nicht erspart – und dass sich die Kinder dagegen auflehnen auch nicht. Aber wenn das Kind sich von den Eltern angenommen fühlt und die notwendige emotionale Sicherheit bekommt, wird es – mit einigen Wenns und Abers – den Eltern zumeist gehorchen.

Das können viele Eltern kaum glauben, und auch diverse Erziehungsratgeber gehen immer noch von der Annahme aus, dass sich das Kind sozial wünschenswerte Verhaltensweisen nur aneignet, wenn sie ihm aufgezwungen werden. Auch die Ansicht, dass man Kindern nicht den kleinen Finger reichen dürfe, weil sie sonst die ganze Hand nehmen, ist noch weitverbreitet. Dahinter steckt wiederum eine negative Vorstellung vom Kind. Das Kind wird als ein maßloses Wesen angesehen, das – so wie es in der Bibel steht – ständig in seine Schranken verwiesen werden muss. Kinder, denen es gut geht, sind aber nicht maßlos.
Sozialisiert wird das Kind in erster Linie über das Vorbild der Eltern, anderer Bezugspersonen und anderer Kinder. Das heißt, wie Eltern mit ihrem Kind und miteinander umgehen, hat eine große Wirkung auf das Kind. Und wiederum: Eine gute Eltern-Kind-Beziehung ist die Grundlage, um Nein sagen zu können. Ist die Beziehung schwach oder gar nicht vorhanden, ist es für Erwachsene schwierig oder gar unmöglich, Grenzen zu setzen. Das

ist die eigentliche Ursache, wenn Kinder maßlos reagieren und keine Grenzen akzeptieren. Haben aber beide Eltern nach der Trennung eine tragfähige Beziehung zum Kind, können ihre Erziehungsstile recht verschieden sein und dennoch wird das Kind unterschiedliche Regeln befolgen und die Eltern respektieren. Eltern mit einer schwachen Beziehung zu ihren Kindern sind hingegen erpressbar. Die Neigung, wenn einem das Kind entgleitet, mit Druck zu reagieren, ist verständlich, aber erzieherisch kontraproduktiv. Bei einer nicht gefestigten Beziehung reagiert das Kind auf Druck mit Ablehnung.

Vor allem in Krisenzeiten wie Trennung und Scheidung leiden Kinder, weil ihre Beziehungen in die Brüche zu gehen drohen und ihre Eltern weniger Zeit und Kraft für sie aufbringen können. In dieser Situation erleben Kinder Druck ganz besonders oft als Ablehnung.

Die meisten Eltern sind in Trennungszeiten überfordert, seelisch aus dem Gleichgewicht, von den Meinungsverschiedenheiten zermürbt und von Schuldgefühlen den Kindern gegenüber als Erzieher verunsichert oder gar gelähmt. Und sie haben chronisch zu wenig Zeit für die Kinder. Dass sich ihre Befindlichkeit und ihr Verhalten negativ auf ihre Beziehung zu ihnen auswirken können, ist nicht überraschend, und dass die Kinder darauf mit Verhaltensauffälligkeiten reagieren können, ist nur zu verstehen.

Wenn nach Trennung und Scheidung Erziehungsprobleme auftreten, handelt es sich eher um einen Hilfeschrei. Man sollte sich fragen, ob sich das Kind alleingelassen fühlt, ob ihm die Geborgenheit abhandengekommen ist und seine Bedürfnisse nicht mehr befriedigt werden. Eine der häufigsten Folgen, wenn die Erwachsenen Stress haben, leiden und streiten, ist die Vernachlässigung der Kinder. Darunter leiden Kinder und reagieren ungezogen. Erziehungsschwierigkeiten sind weit weniger Autoritäts- als Beziehungsprobleme.

Grundsätze für eine kindgerechte Erziehung

- Die Grundvoraussetzung jeder Erziehung ist die Beziehung. Kinder gehorchen, weil sie emotional abhängig sind und keinen Liebesverlust erleiden wollen.
- Nur Erwachsenen, mit denen das Kind vertraut ist und von denen es sich angenommen fühlt, wird es auch gehorchen.
- Alle Erziehungsregeln nützen wenig oder gar nichts, wenn die Beziehung nicht tragfähig und vertrauensvoll ist. Deshalb ergreifen Eltern bei ungenügender Beziehung zum Kind repressive Maßnahmen.
- Kinder können, wenn sie eine gute Beziehung zu ihren Eltern haben, problemlos mit unterschiedlichen Erziehungsstilen umgehen.
- Vor allem in Krisenzeiten wie Trennung und Scheidung erleben Kinder erzieherischen Druck leicht als Ablehnung. Bei Erziehungsproblemen sollten sich die Eltern daher immer fragen, wie es um die emotionelle Befindlichkeit ihrer Kinder steht.

(Largo 2007)

Jim wollte nach der Trennung seiner Eltern beim Vater leben. Er war zwölf und ein richtiges Papa-Kind. Der Vater war sportlich, lebensfroh und unkompliziert, die Mutter hingegen hatte eine schwierige Persönlichkeit und eine anspruchsvolle Künstlerin. »Die Mama kümmert sich eh nur um Naomi«, sagte Jim, der schon immer auf seine zwei Jahre jüngere Schwester eifersüchtig gewesen war. Jims Mutter war gegen die Pläne ihres Sohnes und seines Vaters machtlos. Auch vor Gericht hätte sie keine Chance gehabt, Jim zu halten. Nun litt sie schrecklich, glaubte, als Mutter versagt zu haben, und brauchte lange, bis sie sich in ihrem neuen Alltag einigermaßen zurechtfand. Dass ihr Mann wechselnde Freundinnen hatte, verkraftete sie noch halbwegs. Dass aber ihr Sohn dort ein neues Zuhause gefunden hatte, war sehr schwer für sie. Sie weinte viel, zog sich zurück und sprach nur noch von Jim, anstatt sich angemessen um Naomi zu kümmern. Nun fühlte sich auch noch ihre Tochter zurückgestoßen. Sie hatte niemanden, mit dem sie reden konnte. Was war nur in ihre Mutter gefahren, dachte das Mädchen. Früher hatten sie es immer gut miteinander gehabt, jetzt musste sie sich allzu oft am Abend selbst ein Brot schmieren, weil ihre Mutter ausgegangen war. Zu Mittag war sie meist auch nicht da, arbeitete oder besuchte eine Freundin, um sich auszuweinen. Die Besuchswochenenden bei ihrem Vater wurden zu Naomis Lichtblick. Dort gab es alles. Spielzeug, Roller, Fahrräder und einen kleinen Garten. Der Vater las seiner Tochter die Wünsche von den Lippen ab, kaufte ihr Geschenke und war lebensfroh – wie immer. Zu Hause wurde Naomi zusehends schwieriger. Sie bekam schlechte Schulnoten, war leicht reizbar und tat alles, nur nicht das, was die Mutter von ihr verlangte. »*Wieso machst du jetzt auch noch Probleme?*«*, sagte die Mutter vorwurfsvoll.* »*Als ob ich nicht genug davon hätte.*« »*Dann geh ich halt zu Papa*«*, drohte Naomi trotzig, wann immer sie in einen Machtkampf mit ihrer Mutter geriet. Schließlich setzte sie sich durch und zog zum Vater. Dort wurde sie wie Jim nach allen Regeln der Kunst verwöhnt, doch eine innige Beziehung konnte Naomi zu ihrem Vater nicht aufbauen. Dazu war er viel zu beschäftigt. Neben seinem Job als Versicherungsmakler gab es noch die alten Fußballfreunde und die wechselnden Freundinnen. Aber er hatte Geld und ein schlechtes Gewissen. Naomi und Jim brauchten, wenn sie etwas wollten, nur* »*dann ziehen wir wieder zu unserer Mama*« *zu sagen, und schon bekamen sie es.*

Dass Jim und Naomi ihre Eltern gegeneinander ausspielen können, ist nur möglich, weil diese es zulassen. Der Machtkampf und das Verwöhnen der Kinder sind nicht etwa eine Folge davon, dass die Eltern locker sind. Die Kinder nützen vielmehr die Auseinandersetzung der Eltern gnadenlos aus. Erziehungsprobleme hätten diese Eltern auch dann, wenn sie noch zusammenleben würden. Weit schlimmer als der Machtkampf, den sie austragen, ist aber die fehlende emotionale Sicherheit der Kinder. Weder die Mutter noch der Vater verfügen, wie es scheint, über eine wirklich tragfähige Beziehung zu ihnen. Damit ist dem Verwöhnen Tür und Tor geöffnet. Die Eltern können nicht Nein sagen und Grenzen setzen, weil sich ihre Kinder emotional vernachlässigt fühlen. Die Mutter scheint vor allem mit ihren eigenen Problemen beschäftigt zu sein. Der Vater ist nicht verfügbar und versucht sich freizukaufen.

Kann es denn, wenn der eine Elternteil eine gute Beziehung zu seinen Kindern hat, dem anderen Elternteil gelingen, die Kinder durch materielle Versprechungen zu sich hinüberzuziehen?

Das ist eine große, aber unberechtigte Angst vieler Eltern. Kurzfristig mögen sich Kinder materiell verführen lassen. Aber auf die Dauer wollen sie mit dem Elternteil leben, bei dem sie sich geborgen und aufgehoben fühlen. Für Kinder gibt es nichts Kostbareres als Erwachsene, die Zeit für sie haben, auf sie eingehen und ihnen Erfahrungen – gemeinsame und mit anderen Kindern – ermöglichen.

Jürgen, Pauls Vater, war schon vor der Trennung wenig fürsorglich gewesen. Im Grunde interessierten ihn Kinder nicht. Er war »ein Fossil aus den Glanzzeiten des Patriarchats«, gab Ruth ihren Freundinnen gegenüber gern zu. Aber dass sein Interesse an seinem mittlerweile achtjährigen Sohn nach der Trennung vollkommen erlöschen würde, wollte sie lange Zeit dann doch nicht wahrhaben. Es war ihr wichtig, dass ihr Sohn einen Vater hat, eine männliche Bezugsperson, mit der er all die Dinge erleben konnte, die für sie nichts waren. Außerdem wollte sie ihr Kind vor möglichen Trennungsschäden bewahren, es besonders gut machen, fair sein, nie ein schlechtes Wort über den Vater sagen, die Beziehung zwischen ihren beiden Männern fördern. So vereinbarte sie immer wieder Besuchswochenenden bei Jürgen für Paul. Anfangs ging der Junge auch ganz gern zu seinem Vater, wollte wissen, wo er jetzt wohnt und was er so macht. Dass Jürgen nach der Scheidung in eine Art Lethargie verfallen war, dass er die Wochenenden mit Paul vor dem Fernseher verbrachte, ahnte Ruth zunächst nicht. Paul erzählte nicht viel, wenn sie ihn am Sonntagabend dort abholte. Erst nach und nach ließ er durchsickern, dass es beim Papa nur Coca-Cola und Chips gegeben habe. »Und seid ihr beide nicht etwas einkaufen gegangen?«, fragte Ruth. »Nein.« Dann schwieg Paul wieder. Einmal erzählte er, dass zum Fußballschauen irgendwelche Kumpels von Papa vorbeigekommen waren. Allmählich fügte sich für Ruth das Puzzle zusammen. Offenbar waren die gemeinsamen Wochenenden von Paul und Jürgen von »Kommunikationslosigkeit vor der Flimmerkiste« bestimmt. Seit sie wusste, wie wenig sich Jürgen offenbar für seinen Sohn interessierte, musste sie sich zusammenreißen, wenn Jürgen kam, um ihn abzuholen. Er kam ohnehin immer seltener. Wenn er sich aber doch dazu aufraffte, wartete der kleine Paul schon mit seinem Rucksack voller Spielzeug und Matchboxautos auf ihn. »Bestimmt mag er mit Autos spielen, er mag ja auch

Autorennen, oder, Mama?« »Das ist eine gute Idee, wenn du welche mitnimmst«, sagte Ruth aufmunternd. Was sollte sie bloß tun? Immer wieder hatte sie versucht, mit Jürgen zu sprechen, ihm Tipps für das Wochenende zu geben, aber er hörte nicht zu. Wenn Paul am Sonntagnachmittag enttäuscht nach Hause kam und das Polizeiauto, den LKW und den Feuerwehrzug samt abrollbaren Löschschläuchen und Feuerwehrmännern wieder auspackte, ohne dass sein Vater die interessanten Dinge auch nur angeschaut hatte, setzte Ruth sich seufzend auf den Boden und spielte »Autounfall auf der Autobahn«. Trotzdem sagte sie weiterhin nichts Schlechtes über Jürgen vor dem Kind und versuchte die Treffen nicht ganz abreißen zu lassen. Als der Junge zehn war, hatte er jegliches Interesse an seinem Vater verloren.

Manche Mütter fragen sich in solchen Fällen, ob es klug ist, den Kontakt zwischen Vater und Sohn immer wieder zu fördern. Ruth weiß doch schon längst, dass es für Paul dort nicht schön ist?
Den Kontakt zum Vater in jeder Weise zu unterstützen halte ich für wichtig. Ich finde es sehr stark von Ruth, dass sie ihm auch noch Tipps gegeben hat und sich eisern daran hielt, zu Paul nichts Schlechtes über den Vater zu sagen. Oft ist es so, dass Väter mit den Besuchswochenenden zunächst überfordert sind, nicht recht wissen, wie sie diese schwierige Situation meistern können. Dann, nach einiger Zeit, finden sie aber Gefallen an den Vater-Kind-Tagen und können die Chance, zu ihrem Kind eine Beziehung unter neuen Vorzeichen aufzubauen, auch wahrnehmen. Wenn die Mutter also den Kontakt zum Vater in der ersten schwierigen Zeiten fördert, erweist sie ihrem Kind einen wichtigen Dienst. Die Beziehung zum Vater wird erhalten und im besten Fall vertieft. Und sie entlastet sich selbst, wenn der Vater-Kind-Kontakt schließlich funktioniert.

Wenn die Besuchswochenenden aber wie beim kleinen Paul nur traurig und unerfreulich sind und sich daran auch nichts bessert, dann muss man dem Kind die Besuche ersparen.
Die Beziehung zwischen Paul und seinem Vater wird sowieso von selbst einschlafen. Da Jürgen offensichtlich kein Interesse an seinem Sohn hat, erlischt mit der Zeit auch das Interesse von Paul an

seinem Vater. Es ist traurig, aber die Mutter braucht sich keine Vorwürfe zu machen. Sie hat alles unternommen, was in ihrer Macht stand.

Hannes war cholerisch, und er pflegte einen autoritären Erziehungsstil. Er vertrat die Ansicht, dass ein gelegentlicher Klaps auf den Hintern seiner sechsjährigen Tochter Clara nicht schaden würde. Ihn, den Erstgeborenen, habe man noch mit dem Weidenstock gezüchtigt, und aus ihm sei schließlich auch etwas geworden. Hannes hatte sich zum Abteilungsleiter eines mittleren Finanzunternehmens hinaufgearbeitet. Er war stolz, stolz auf sich, stolz auf Ute und auf Clara. Er hatte nicht mitbekommen, dass seine Frau längst eigene Wege ging. Dass sie ihn eines Tages verlassen würde, hielt er für ebenso unwahrscheinlich wie die Vorstellung, dass seine Firma Konkurs anmelden könnte. Er, Hannes, war schließlich ein Glückskind, einer auf der Gewinnerseite, einer, der genau Bescheid wusste. Auch in Erziehungsfragen.

Doch Ute verzieh ihm jenen Gefühlsausbruch nie, als er in einem italienischen Restaurant seine hysterisch schreiende Tochter übers Knie legte, das Sommerkleid hochschob und ihr den Hintern versohlte. Angeblich weil sie nur so zur Vernunft kommen würde. Claras Gebrüll wandelte sich in stilles Weinen, voller Scham und Furcht. Auch Claras Freundin, die alles mitverfolgt hatte, wurde blass und schweigsam. Clara hatte sich geweigert, die Nudeln mit Brokkoli und Schinken aufzuessen.

Eines Tages passierte dann, was passieren musste. Ute nahm Clara und zog aus. Hannes reagierte mit Tobsuchtsanfällen. Er und Ute begannen einen Rosenkrieg, der die beiden voller Misstrauen gegeneinander zurückließ. Immer wenn Clara von den Besuchswochenenden bei ihrem Vater nach Hause kam, war sie wortkarg, weinte rasch und wollte allein sein. Ute mutmaßte, dass Hannes das Mädchen weiterhin schlug, und als sie tatsächlich einmal Fingerabdrücke auf Claras Wangen feststellte, schaltete sie ihren Anwalt ein.

Das ist für eine Mutter eine überaus schwierige Situation. Wenn es in einer intakten Familie zu Gewalt gegen die Kinder und häufig auch gegen die Mutter kommt, ist die Mutter meist außerstande, sich zu wehren. Das kann zu jahrelangem Leiden führen, und in der Regel besteht der einzige Weg, der Gewalt zu entkommen, darin, den Vater zu verlassen. Mütter können mit ihren Kindern schlimmstenfalls in ein Frauenhaus flüchten. In der Schweiz wird der Vater neuerdings von der Polizei aus der Wohnung ausgesperrt und erhält für eine gewisse Zeit Hausverbot. Mutter und Kinder können hingegen in der Wohnung bleiben.

Was aber, wenn die Eltern geschieden oder getrennt sind und Vater oder Mutter Gewalt auf das Kind ausüben?
In einer solchen Situation den richtigen Weg zu finden ist sehr schwierig. Schnell setzt sich die Mutter dem Vorwurf aus, das Kind dem Vater vorenthalten zu wollen, wenn sie es nicht mehr zu ihm lässt oder ihren Anwalt einschaltet und damit einen ganzen Rattenschwanz an Maßnahmen wie psychologische Gutachten, Jugendamt und überwachte Besuche auslöst. Körperliche Züchtigung, wird leider in der Bevölkerung immer noch als probates Erziehungsmittel angesehen. Wenn der Vater das Kind schlägt, muss die Mutter mit dem Vater reden und, falls es nichts hilft, Hilfe bei Fachleuten suchen oder das Jugendamt einschalten.

Das kann dazu führen, dass gerichtlich überprüft wird, ob der Umgang dem Kindeswohl entspricht, und wenn nicht, wird oft ein begleiteter Umgang angeordnet.
Die Chancen, dass durch diesen begleiteten Umgang das Eltern-Kind-Verhältnis wieder besser wird, tendieren gegen null. Sinn macht dieser begleitete Umgang eigentlich nur dort, wo für die beteiligten Helfer nicht klar ersichtlich ist, wie sehr die Beziehung zerrüttet ist und ob hinter den Anschuldigungen nicht eine Mutter steckt, die ihr Kind dem Vater entfremden will.

Es gibt noch ein weiteres Problem, das um sich greift: die Vernachlässigung. Sie geschieht im Verborgenen und ist daher nur schwer nachzuweisen. Wenn nicht Verwandte, Freunde oder Nachbarn aufmerksam sind und vor allem auch aktiv werden, kann die Vernachlässigung jahrelang dauern. Dabei geht es um Eltern, die ihre Kinder stundenlang in ein Zimmer oder gar in einen Schrank einschließen, um Ruhe zu haben. Oder Eltern, die

einen halben oder ganzen Tag in die Stadt gehen, sogar für ein Wochenende verreisen, und die Kinder in der Wohnung sich selbst überlassen, nicht selten sogar ohne ausreichende Nahrung. Das ist schrecklich. Zumeist handeln Mütter oder Väter ja deshalb so, weil sie überfordert, verzweifelt oder selbst unglücklich und einsam sind, an Krankheiten oder an einer Sucht leiden. In einem solchen Betreuungsnotstand brauchen alle Hilfe. Die Eltern müssen im Interesse der Kinder in der Kinderbetreuung durch Verwandte, Freunde, das Jugendamt und ein gutes öffentliches Betreuungssystem unterstützt und entlastet werden, was oftmals nicht einfach zu organisieren ist. Und sie müssen beraten und wenn nötig therapeutisch betreut werden.

Das soziale Netz ist das Entscheidende. Die Erziehung von Kindern einer einzigen Person aufzubürden ist nicht für alle, aber für viele Mütter und Väter eine Überforderung. Darunter zu leiden haben die Kinder. Wie sagt doch ein afrikanisches Sprichwort: Um ein Kind großzuziehen, braucht es ein ganzes Dorf.

Brigitte wusste, dass es zwecklos war, Philipp davon zu überzeugen, dass er strenger mit den Kindern sein sollte, dass es ihnen nicht schaden würde, wenn sie auch einmal aufräumen müssten, dass sie ihre Anziehsachen ordentlich über den Stuhl legen, beim Tischdecken helfen und zu einer ganz bestimmten Uhrzeit im Bett sein sollten. Sie hatte sich während ihrer Ehe schon genug über Philipps chaotische, alle Regeln missachtende Art aufgeregt. Jetzt, nach der Trennung, wollte sie möglichst nicht mehr damit konfrontiert werden. Sie blühte in ihrer ordentlichen, ruhigen Wohnung förmlich auf. Alles hatte seinen Platz. Die beiden Kinder, der sechsjährige Johannes und die achtjährige Sabine, halfen im Haushalt, räumten ihr Zimmer ohne größere Diskussionen auf und hielten sich an die Hausordnung, die Brigitte aufgestellt hatte, damit ihr Zusammenleben möglichst reibungslos verlief. Sie wollte ihrem Job als Homöopathin effizient und halbtags nachgehen können und am Nachmittag auch noch Zeit für Unternehmungen mit den Kindern haben. Johannes und Sabine hatten eine gute Beziehung zu ihrer Mutter, sie fühlten sich geborgen und wussten, dass sie für sie da war.

Waren sie bei ihrem Vater, fiel die »gute Erziehung« wie eine Uniform von ihnen ab, und sie genossen die Chaostage. Bei Papa wäre keiner von ihnen auf die Idee gekommen, seine Anziehsachen vom Boden aufzuheben, schließlich lagen Philipps Unterhemden auch auf dem Boden verstreut. Nur wenn am nächsten Tag Schule war, steckte der Vater die Kinder einigermaßen rechtzeitig ins Bett. Das hatte er Brigitte versprochen. Dass er regelmäßig vergaß, ihnen ein Frühstück mitzugeben, war kein Anlass zu Streitereien mit Brigitte. Sie wusste, dass er sich liebevoll um die Kinder kümmerte. Er war schon immer ein geradezu rührender Vater gewesen. Nie hatte er sich mit der typisch männlichen Rolle des Familienoberhaupts zufriedengegeben. Als die Kinder noch Babys waren, hatte er sie gewickelt, gefüttert und war mit ihnen auf allen vieren durch die Wohnung gekrabbelt. Er arbeitete als Elektriker in einer Firma und war ein leidenschaftlicher Bastler. Nachdem er den Trennungsschmerz – Brigitte war ausgezogen, weil sie es einfach nicht mehr aushielt – einigermaßen überwunden hatte, verwirklichte er in seiner Junggesellenbude seine Vorstellung vom Wohnen mit Kindern. Eine elektrische Eisenbahn fuhr seither vom Flur über das kleine Wohnzimmer in sein Schlafzimmer, Ampeln regelten den Verkehr, sowohl den der Züge als auch den der Menschen, und immer wieder dachte er sich neue Gags aus, um seine Kinder zum Lachen zu bringen.

Chaos und Ordnung können für Kinder durchaus nebeneinander bestehen, wenn ihre Beziehung zu den Eltern stimmig ist und sich die Eltern liebevoll um sie kümmern. Manchmal ist es deutlich besser, wenn sich Eltern trennen und sich nicht mehr auf die Nerven gehen. Dann können sie den Beitrag des anderen zur Erziehung der Kinder wieder schätzen lernen. In den wichtigen Dingen waren sich Brigitte und Philipp einig. Die Kinder waren beiden auf ihre Weise gleich wichtig, und als Eltern wussten sie, wie bedeutend Verfügbarkeit, Geborgenheit und eine enge Beziehung zu ihnen sind.

Das Wichtigste in Kürze

1. Die Grundlage einer gelingenden Erziehung ist eine vertrauensvolle Bindung des Kindes an Mutter und Vater. Ein Kind, das sich emotional aufgehoben fühlt, gehorcht zumeist, weil es die Zuwendung der Eltern nicht gefährden will.

2. Kinder sind durchaus in der Lage, mit unterschiedlichen Erziehungsstilen von Mutter und Vater umzugehen.

3. Ob verheiratet oder geschieden, Mutter und Vater sollten dem Kind zu verstehen geben, dass sie den Erziehungsstil des anderen akzeptieren und vom Kind erwarten, dass es dem anderen Elternteil gehorcht.

4. Wenn Eltern Meinungsverschiedenheiten in Erziehungsfragen haben, sollten sie diese unter sich bereinigen und nicht vor dem Kind austragen.

5. Wenn ein Kind nicht mehr gehorcht, kann dies die Folge eines zu laxen und inkonsequenten Erziehungsstils sein. Häufiger liegt dem fehlenden Gehorsam jedoch eine emotionale Vernachlässigung zugrunde.

6. Erzieherischer Kontrollverlust und Verwöhnen sind zumeist Folge einer unzureichenden Kind-Mutter/Vater-Beziehung und ungenügender Erziehungskompetenz.

7. Wenn es zu Gewalt in der Erziehung der Kinder kommt, muss die Mutter oder der Vater Hilfe bei Fachleuten oder beim Jugendamt holen.

Teil 3
Gefühle und Werte: Das Kind behutsam begleiten

Kann es den Kindern gut gehen, wenn es den Eltern schlecht geht?

Valerie war eine Meisterin zuversichtlicher Phrasen, ein Ausbund an innerer Haltung, ein Zinnsoldat. Schon die Frage, ob sie selbst unter der Trennung von ihrem Mann gelitten habe, erschien ihr angesichts der Aufgaben, die nun anstanden, wenig bedeutsam. Die Ehe war gescheitert. Dafür gab es genügend Gründe, keiner war schuld oder beide oder die Umstände oder die jeweiligen Kindheitserfahrungen. Was nützte es, weiter darüber nachzugrübeln? Sie wusste, dass alles viel schlimmer werden würde, würde sie sich ihrem Seelenschmerz hingeben. »Depressionen und Schuldgefühle«, so hatte ihr eine Freundin gesagt, »diesen Luxus sparst du dir am besten für lange Abende und schlaflose Nächte auf. Tagsüber bist du deiner Tochter eine aufmerksame und fröhliche Mutter.« Diese Worte waren bei Valerie auf fruchtbaren Boden gefallen. Und so sagte sie zu ihrer Tochter weiterhin Sätze wie: »Jetzt wollen wir etwas Schönes zusammen essen und es uns dann besonders gemütlich machen. Wir werden zusammen spielen, dann ein Bad nehmen und im Bett Bücher lesen. Okay?« Sie redete so, obwohl sie an ihrer Einsamkeit zu ersticken drohte und von Existenzängsten geplagt wurde. Oft half ihr der Pragmatismus über die schwarzen Löcher der Seele hinweg, war die selbst auferlegte Verpflichtung, sich auf das kindliche Glück einzulassen, die beste Heilmethode. Dann ließ sie sich vom Lachen ihrer Tochter Anna anstecken, fuhr mit ihr und deren Freundinnen in die Berge, fieberte mit den Mädchen der abenteuerlichen Übernachtung auf der Almhütte entgegen und war nach drei Tagen wirklich wie ausgewechselt. Manchmal jedoch hörte sie sich reden und glaubte ihren wohltemperierten Sätzen nicht. Dem betont fröhlichen Klang mischte sich eine innere Klage bei und machte ihn schrill, falsch, schneidend. Dann gestand sie sich ein, wie traurig sie war, sie heulte sich nachts in den Schlaf und hoffte auf die selbstheilende Wirkung solcher Krisen.

Ist es gut, die starke, ausgeglichene oder sogar fröhliche Mutter zu spielen, wenn einem gar nicht danach ist?
Solange Valerie die psychischen und körperlichen Bedürfnisse ihrer Tochter befriedigen kann, ist ihr Verhalten nicht nachteilig. Valerie ist eine starke Frau. Ich habe viele Frauen erlebt, die sich verlassen fühlten, von Rachegedanken und existenziellen Ängsten geplagt wurden und es dennoch irgendwie schafften, ihrer Mutterrolle gerecht zu werden. Bewundernswert! Andere Mütter konnten vor ihren Kindern nicht mehr verheimlichen, dass es ihnen schlecht geht. Sie hatten oft nicht einmal mehr die Kraft, ihren Kindern zuzuhören und ihre Nöte wahrzunehmen.

Die meisten Eltern erleben während der Trennung und Scheidung eine existenzielle Krise, die sie in vielfältige Schwierigkeiten stürzen aber auch eine Chance sein kann. Doch es gibt auch Mütter und Väter, von denen eine Last abfällt. Sie haben das Gefühl, endlich wieder frei atmen zu können, endlich das leben zu dürfen, was ihnen in der Partnerschaft all die Jahre verwehrt blieb.
Ja, diese Fälle gibt es auch. Frauen, die sich nach zehn Ehejahren scheiden lassen, weil der Mann ihnen und den Kindern das Leben mit seinen Alkoholproblemen zur Hölle gemacht hat, werden die Trennung als große Erleichterung empfinden. Solche Mütter werden die materiellen Einschränkungen, den Umzug und die vermehrte Arbeit gern in Kauf nehmen.

Immer häufiger lassen sich aber auch junge Mütter scheiden, weil sie die physische und psychische Abwesenheit des Partners satthaben. Sie wollten einen Mann, der für sie und die Kinder da ist. Sie hatten sich unter Ehe und Familie etwas anderes vorgestellt. Ein Zusammenleben, das wichtiger ist als die Arbeit und das berufliche Fortkommen des Mannes. Auch bei diesen Frauen wiegt die neu gewonnene Selbstständigkeit den Verlust des Partners und eventuelle Einschränkungen und Belastungen oftmals auf.
Solange sie den Belastungen gewachsen sind. Wir haben ja schon oft betont, dass die Herausforderungen von Trennung und Scheidung unterschätzt werden. Das zeigen auch die Studien über das

Wohlbefinden geschiedener Eltern. In den ersten ein bis zwei Jahren nach der Scheidung besteht in vielen Familien ein hoher Grad an Desorganisation. Die Eltern sind seelisch und körperlich oft stark belastet. Danach fangen sich die meisten Mütter und Väter aber wieder, und ihr jeweiliges Leben stabilisiert sich (Beelmann, Schmidt-Denter 1991, Hetherington 1991, 2003, Schmidt-Denter et al. 1995, Walper 2008). Dass sich die Scheidung auf jeden sehr unterschiedlich auswirkt, wird durch die Ergebnisse der Studien auch bestätigt. Es gibt geschiedene Eltern, die unter einem negativen Selbstbild, Depressionen und psychosomatischen Erkrankungen leiden (Berger-Schmitt 1991, Cramer 1993). Andere hingegen sind zufrieden und fühlen sich durch die Scheidung befreit (Napp-Peters 1985, Sevèr, Pirie 1991). Für die meisten ist die Trennung sowohl Befreiung als auch Belastung. Für Frauen sind vor allem die Zeit vor der Entscheidung und der Trennungsmoment schwierig, Männer hingegen entwickeln direkt nach der Trennung die größten psychischen und körperlichen Probleme (Lutz 2006).

Die Belastungssymptome sind unterschiedlich. Dem einen schlägt es vor allem auf die Psyche, andere reagieren mit ihrem Körper. Häufig geschieht beides. So können Eltern wieder anfangen, an einer lange bewältigt geglaubten Krankheit zu leiden, an Migräneanfällen und anderen psychosomatischen Problemen. Oder sie reagieren auf die Überforderungen des Trennungsalltags mit Depressionen und Essstörungen. Manche entwickeln eine regelrechte Fresssucht, und der Kummerspeck drückt sie dann zusätzlich nieder. Anderen wiederum vergeht die Lust am Essen.

Zusammenfassend kann man sagen, dass es den meisten geschiedenen Eltern zuerst einmal schlecht geht. Die Streitereien und Schwierigkeiten haben sie oft schon vor der Trennung erschöpft. Jetzt fühlen sie sich wie nach einem endlos langen Marathon, aber ohne am Ziel angekommen zu sein. Neue, unvorhergesehene Schwierigkeiten türmen sich vor ihnen auf. Und sie können sie nicht an den Partner delegieren. Sie müssen allein damit fertig werden. Valerie hat Energiereserven und wahrscheinlich auch gute Lebensbedingungen. Sie bleibt psychisch einigermaßen im Gleichgewicht. Der Stress, den die Trennung bei ihr ausgelöst hat, ist für sie verkraftbar. Die meisten Eltern sind in einer weniger komfortablen Situation.

Beschwerden, die auftreten können, wenn es den Eltern schlecht geht

Psychisch
- Verlassenheitsgefühle, Verzweiflung
- Hass, Wut, Rachegefühle
- Existenzielle Ängste
- Lustlosigkeit
- Plötzliche Verstimmungen
- Depression

Körperlich
- Müdigkeit
- Unwohlsein
- Psychosomatische Beschwerden wie Kopfschmerzen, Migräne, Schlafstörungen, Bauchschmerzen, Essstörungen, Verspannungen der Nacken- und Schultermuskulatur

Die Rolle der hingebungsvollen, abenteuerlustigen Mutter fiel Valerie jetzt oft schwer. Früher hatte sie sich die tollsten Dinge für Anna ausgedacht. Wenn die Sorgen nicht allzu groß waren, verausgabte sie sich auch jetzt lieber für ihr Kind, als mit Freundinnen im Café zu sitzen. Sie brachte ihre Abende mit Büchervorlesen zu und schlief dann neben Anna ein. Sie war selbst immer ein Kind geblieben, sie konnte stundenlang Puppenhaus und Bauernhof mit Anna spielen oder aus dem Sofa und den Sesseln des Wohnzimmers verwinkelte Höhlen und Häuser bauen. Immer lagen Decken und Handtücher bereit, um als Dach, Wand oder Boden zu fungieren. Ein ganzes Arsenal von Kuscheltieren, Puppen, aber auch Muscheln und Steinen, die selbst gebastelte Küche, auf die Anna sehr stolz war, Papierschnitzel, Scheren und Stifte warteten auf den Einzug, um alsbald in eine noch schönere Höhle umzuziehen. Kamen Freunde von Anna, gab es eine Verschnaufpause für Valerie, sie verließ das Kinderuniversum und freute sich am ausgelassenen Treiben in der Villa Kunterbunt, zu der ihre Wohnung inzwischen geworden war.

Kinder lieben ihre Eltern bedingungslos und ohne diese Liebe infrage stellen zu können. Das ist ein großes Geschenk für die Eltern, vermitteln es ihnen doch ein tiefes Gefühl, geliebt zu werden. Solange Eltern dabei nicht zu Kindern ihrer Kinder werden, ist die gegenseitige Liebe für beide Teile eine große Quelle der Kraft und des Glücks. Auch in intakten Familien kommt es allerdings vor, dass Kinder in eine emotionale Verantwortlichkeit hineingeraten, die ihrem Alter nicht gerecht wird. Zum Beispiel wenn ein Vater, der berufliche Sorgen hat und in eine Depression gerät, sich von seinem Kind trösten und stützen lässt anstatt ihm Zuwendung und emotionale Sicherheit zu geben. Auch die fehlende Liebe zwischen Ehepartnern kann dazu führen, dass sich ein Elternteil symbiotisch an sein Kind bindet und ihm die Rolle einer Ersatzbeziehung zuweist.

Alleinerziehende Mütter sehen sich oft dem Vorwurf ausgesetzt, ihr Kind zum Ersatzpartner zu machen, auch wenn sie einfach nur gute und glückliche Mütter sind. Wo verläuft die Grenze zwischen innig gelebter Mutter-Kind-Liebe und Parentifizierung, also der Rollenumkehr zwischen Eltern und Kindern?
Oft sind die Beziehungen zwischen Kindern und alleinerziehenden Eltern besonders eng. Viele alleinerziehende Mütter und Väter versuchen ihren Kindern besonders viel Geborgenheit und Sicherheit zu geben. Das ist ein hoher Anspruch, gerade auch bei einem Einzelkind. Und manche haben einfach wie Valerie Freude daran, mit ihren Kindern zu spielen und in ihre Welt einzutauchen. Problematisch wird es erst, wenn sie ihnen Erfahrungen und Beziehungen vorenthalten, um sie an sich zu binden. Zum Beispiel wenn sie den Kontakt zum Vater oder zu anderen Kindern erschweren. Auch darf das Kind nie als Partnerersatz die Sorgen der Erwachsenen teilen müssen. Kinder können weder Schmerzen auffangen oder den Therapeuten spielen noch eine Verantwortung übernehmen, die ihrem Entwicklungsstand nicht entspricht. Dann missbrauchen die Eltern ihre Kinder für ihre eigenen Bedürfnisse, anstatt die Bedürfnisse der Kinder wahrzunehmen und zu erfüllen.

Oft versuchen geschiedene Eltern ihren Schmerz in übertriebenem Aktionismus zu ersticken. Die Angst vor dem Alleinsein und Alleinbleiben treibt sie aus dem Haus und weg von den Kindern. Sie suchen Zuwendung und Bestätigung außerhalb der Familie. Für die Kinder haben sie dann nicht mehr ausreichend Gefühle und Zeit übrig. Es ist schwer, die eigenen Depressionen für einsame Stunden aufzusparen. Es ist noch schwerer, eine starke, positive und empathische Bezugsperson für sein Kind zu sein, wenn man sich gleichzeitig wie ein Häuflein Elend vorkommt.

Eine Scheidung ist für viele Eltern eine große Herausforderung. Dennoch sollten wir nicht vergessen: Kinder brauchen nach der Trennung mehr denn je verlässliche Bezugspersonen! Wenn es den Eltern zu viel wird, müssen andere Erwachsene – Großeltern, Lehrer, Freunde und Freundinnen – vermehrt für die Kinder da sein. Leider geschieht oft genau das Gegenteil: Angehörige und Bekannte ziehen sich zurück und stellen die Schuldfrage. Sie haben selbst Mühe, mit der Situation konstruktiv umzugehen. Dabei ist jetzt nichts so wichtig wie die eigene Familie und Menschen, die schon vor der Trennung eine tragfähige Beziehung zu den Kindern hatten. Gerade sie können eine besonders große Hilfe sein.

Das ist ein ganz wichtiger Punkt. Ich konnte mir vor der Trennung nicht vorstellen, was da alles auf mich zukommt. Es ist wie mit der Ehe, der Schwangerschaft und der Geburt eines Kindes. Im Voraus weiß man nie, was einen erwartet. Bei der Heirat kommen alle zusammen, bei der Geburt bekommen die Eltern Unterstützung, warum nicht auch bei der Scheidung, wenn Eltern und Kinder es am nötigsten hätten?

Man kann gar nicht oft genug betonen, wie wichtig es ist, dass alle, die können, den frisch geschiedenen Eltern und ihren Kindern mit Zeit, emotionaler Wärme und wenn nötig auch mit Geld beistehen.

Grundbedürfnisse und Lebensbedingungen der Eltern nach Trennung und Scheidung (gemäß Fit-Konzept)

	Positiv	Negativ
Geborgenheit	• Neue Partnerschaft • Tragfähige Beziehungen zur eigenen Familie • Ausreichendes Einkommen • Gute Lebensbedingungen	• Sich verlassen fühlen • Fehlende Unterstützung von der eigenen Familie • Parteinahme durch einen Familienteil • Unbefriedigende Lebensbedingungen (z. B. triste Wohnung) • Finanzielle Sorgen
Soziale Akzeptanz	• Beziehungen zu Freunden und Bekannten bleiben erhalten • Gutes soziales Netz durch die Arbeit • Engagement in Vereinen • Freizeitaktivitäten	• Soziale Isolation (z. B. durch Umzug) • Abstieg in der sozialen Stellung • Freunde, die sich wegen Trennung und Scheidung abwenden
Entwicklung, Leistung	• Befriedigung durch eigene Leistung • Entwicklung der Persönlichkeit • Weiterbildung • Interessen haben und ihnen nachgehen • Sich für etwas engagieren	• Keine eigenen Interessen und Tätigkeiten • Arbeitslosigkeit • Unbefriedigende Arbeit

Nach dem Fit-Konzept kann es Kindern längerfristig nur dann gut gehen, wenn es auch ihren Eltern gut geht. Schon deshalb müssen Eltern nach einer Trennung wieder ins Gleichgewicht kommen. Wie kann ihnen das gelingen?

Erwachsene fühlen sich wie ihre Kinder nur dann wohl, wenn ihre drei Grundbedürfnisse befriedigt werden. Das Bedürfnis nach Geborgenheit, das Bedürfnis nach sozialer Akzeptanz und das Bedürfnis, etwas leisten zu können. Wie bei den Kindern haben diese drei Bereiche bei jedem Erwachsenen eine unterschiedlich große Bedeutung. Manche Menschen brauchen viel Geborgenheit, anderen verschafft der berufliche Erfolg am meisten Befriedigung. Es gibt Menschen, die ganz gut einige Zeit alleine leben können, andere wiederum haben das Gefühl, lebendig begraben zu sein, wenn sie nicht ständig von Freunden umgeben sind.

Der größte Einbruch im Wohlbefinden entsteht nach der Trennung im Bereich der Geborgenheit. Vor allem der verlassene Partner leidet oft unter massiven Defizitgefühlen. Sie können so gravierend sein, dass sie ohne therapeutische Hilfe nicht zu bewältigen sind. Verletzter Stolz, ein beschädigtes Selbstbewusstsein und das Gefühl, mutterseelenallein zu sein, können sich zu einer irrationalen Verzweiflung hochschaukeln. »Sie hat mir mein ganzes Leben genommen«, sagte einmal ein Mann zu mir, nachdem ihn seine Frau verlassen hatte. Der erfolgreiche Manager hatte das Gefühl, die Trennung hätte seine Lebensader durchschnitten. Obwohl er häufig auf Reisen war und sein Leben zeitlich gesehen viel mehr aus seinem Beruf als aus dem Familienleben bestanden hatte, meinte er dennoch, nicht ohne jenes Nach-Hause-Kommen zu Frau und Kind leben zu können. So heiratete er bald nach der Trennung erneut. Die zweite Frau ähnelte seiner Ex-Frau, und schon nach kürzester Zeit verlief sein Leben wieder wie davor. Er tankte zu Hause Geborgenheit und Zuwendung auf, um sich anschließend draußen in der Welt den beruflichen Herausforderungen stellen zu können.
Viele Männer reagieren nach der Trennung genau so. Mehr als 50 Prozent von ihnen befinden sich nach einem Jahr wieder in einer festen Partnerbeziehung (Decurtins, Meyer 2001).

Das heißt, es geht ihnen um die Wiederherstellung von Geborgenheit. Oder suchen sie eine Bestätigung dafür, dass sie als Mann weiterhin bei Frauen Erfolg haben?
Um die erotische Ausstrahlung allein kann es dabei nicht gehen. Dafür müssten die Männer keine feste Beziehung suchen. Die

emotionale Sicherheit spielt für ihr Wohlbefinden eine weit größere Rolle als allgemein angenommen wird. Männer können weniger gut allein sein als Frauen. Dabei geht es nicht nur ums Kochen und Hemdenbügeln. Verschiedene Studien haben gezeigt, wie wichtig es für Männer ist, sich aufgehoben und umsorgt zu fühlen. Ihre psychische und körperliche Gesundheit leidet, wenn dem nicht so ist (Rosengren et al. 1993).

Auch für Frauen besteht der größte Verlust, wenn die Beziehung gescheitert ist, oft darin, dass sie sich nicht mehr geborgen fühlen, wobei sie unter Geborgenheit meist etwas anderes verstehen als Männer. Schon während der Ehe haben sie unter mangelnder Zuwendung gelitten und das Gefühl gehabt, allein auf der Welt zu sein. Doch wenn der Partner dann tatsächlich geht, können auch Frauen in einen seelischen Abgrund stürzen. Dabei nimmt die Angst vor einem endgültigen Verlassenwerden bei manchen Frauen mit dem Alter zu. Während ein älterer, grauhaariger Mann für Frauen jeden Alters attraktiv sein kann, gehört immer noch sehr viel mehr Mut dazu, als Frau in mittleren Jahren noch an eine neue Partnerschaft zu glauben. »Ich habe meinen Mann mit Anfang 50 verlassen. Das war gewagt und ich hab auch nicht mehr damit gerechnet, jemals einen neuen Partner zu finden. Doch jetzt bin ich 64 und lebe mit meinem zehn Jahre jüngeren Freund glücklich zusammen.« Wer denkt schon daran, dass eine Krise auch so ausgehen kann, wenn er bis zum Hals darin steckt?

Das Gefühl des Verlassenseins hat für Frauen und Männer oft etwas zutiefst Irrationales und Subjektives. Von Außenstehenden wird die Befindlichkeit eines Menschen, der nur noch schwarz sieht, oftmals als unverständlich und übertrieben empfunden. Gelegentlich kam es mir so vor, als würden diese Erwachsenen reagieren und fühlen wie Kinder. Ein Therapeut oder auch Freunde können versuchen, den Blick des Betroffenen wieder auf das Positive in seinem Leben zu lenken. Am wichtigsten aber sind Menschen, die einfach nur da sind, die den depressiven Menschen bildlich gesprochen an die Hand nehmen und durch die Krise hindurch begleiten. Das ist durchaus anspruchsvoll.

Eine Freundin von mir hat vor Jahren Selbstmord begangen, weil sie sich so einsam und von der ganzen Welt verlassen fühlte. Zu ihrem Begräbnis erschienen 150 Menschen. Die überwiegende Zahl von ihnen bestand aus jahrelangen Freundinnen und Freunden, die von ihrem Tod zutiefst getroffen waren.
Genau das meine ich mit der Einengung der Wahrnehmung und der Gefühle depressiv verstimmter Menschen. So etwas erleben auch Eltern nach der Trennung, wenn auch unterschiedlich stark. Es hängt unter anderem davon ab, wie sehr sie für ihr Wohlbefinden auf emotionale Sicherheit angewiesen sind. Menschen können unterschiedlich gut allein sein und fühlen sich daher auch unterschiedlich stark verlassen. Sie können unterschiedlich viel Leid ertragen und mehr oder weniger gut mit schwierigen Lebenssituationen umgehen. Manche Menschen haben schon Existenzängste, wenn der Chef sie schief ansieht, andere lassen sich nicht einmal durch den Konkurs ihrer Firma aus der Ruhe bringen. Ebenso unterschiedlich gut können sie mit schwierigen familiären Situationen umgehen. Außerdem können sie besser als andere um Hilfe bitten.

Es geht also auch für die Erwachsenen nach der Trennung um die Wiederherstellung von Geborgenheit, und diese suchen sie in einer neuen Partnerschaft

Wir alle wissen aus Erfahrung, dass Geborgenheit sich weder bestellen noch einfordern lässt. Selbst wenn die paartherapeutische Anleitung zur glücklichen Zweierbeziehung hilfreich ist, muss dennoch erst einmal ein Partner oder eine Partnerin für das langfristige und tragfähige Beziehungsprojekt gefunden werden. Er oder sie können ja nicht »herbeitherapiert« werden. Aber: Geborgenheit vermitteln nicht nur eine neue Partnerschaft, sondern auch die eigenen Eltern, Verwandte, Freunde, ein stimulierendes Lebensumfeld. Ich finde, es ist an der Zeit, einem tragfähigen Beziehungsnetz wieder den Platz einzuräumen, den es in der Vergangenheit besaß.

Wir haben uns angewöhnt, zu viel von der Paarbeziehung zu erwarten. Dabei waren es immer schon die guten Freunde, die am besten zuhören konnten, die immer Zeit hatten und wussten, wo Hilfe gefordert ist. Alte Freunde gehen mit einem durch dick und dünn, besonders dann, wenn kein neuer Partner in Sicht ist. Ich selbst habe die Geborgenheit durch Freunde und die größere Familie immer wieder erlebt. Meine Eltern sind nach der Scheidung für mich zu einer wichtigen Lebensstütze geworden. Viele Menschen merken heute, dass sie etwas gegen ihre soziale Isolation tun müssen, dass sie es aber auch tun können. Sie suchen sich ganz bewusst eine Art Lebensgemeinschaft, ob sie nun aus netten Nachbarn besteht, sie sich bei Vereinen und Organisationen engagieren, enge Beziehungen zu Arbeitskollegen knüpfen oder sich über Facebook vernetzen.

Häufig ist aber auch professionelle Hilfe nötig, um zu lernen, die eigenen Bedürfnisse wahrzunehmen, und zu erkennen, wie man ihnen in der neuen Lebenssituation einen Platz einräumen kann. Mediation, Einzel- oder Familientherapie, aber auch gruppentherapeutische Angebote und Selbsthilfegruppen können sinnvoll sein (Hötker-Ponath 2012). Leider werden all diese Hilfestellungen häufig zu spät oder überhaupt nicht in Anspruch genommen. Immer noch wird der Gang zum Therapeuten von vielen als ein Eingeständnis des Scheiterns gesehen und nicht als sinnvolle Begleitung durch eine schwierige Lebensphase. Dabei sollte es weniger um das Aufarbeiten der Vergangenheit gehen als um ein besseres Verständnis der aktuellen Lebenssituation und der zukünftigen Lebensgestaltung aller von der Scheidung Betroffenen. Eine fachliche Unterstützung, die bereits vor der Trennung und Scheidung einsetzt und die Familienmitglieder durch die Trennung hindurch begleitet, kann sehr effektiv sein. Auch sie kann dafür sorgen, dass die auftretenden Probleme handhabbar bleiben und sich die Konflikte nicht verschärfen. Die Krise und ihre Auswirkungen bleiben so unter Kontrolle, und das kommt wiederum den Kindern zugute.

Viktor hatte die Trennung von Beatrice tief getroffen. Nie wäre er auf die Idee gekommen, sich von seiner Frau scheiden zu lassen. Nie hätte er sich von seinen Kindern trennen wollen. Nie auch nur mit dem Gedan-

ken gespielt, wie es wäre, sie nur noch an den Wochenenden zu sehen, mit ihnen nicht täglich – zumindest morgens eine Stunde und, wenn möglich, auch noch am Abend – zusammen zu sein. Seine Ehe mit Beatrice war nicht frei von Problemen. Aber Trennung! Beatrice warf ihm vor, dass er sich in seinem Narzissmus stets nur selbst wahrgenommen und gar nicht bemerkt habe, wie sie sich Stück für Stück aus der Ehe verabschiedete. Nach der Trennung zog sie mit den Kindern in die nächste Stadt. Er nahm sie jedes zweite Wochenende zu sich, mittwochnachmittags holte er sie von der Schule ab und verbrachte den Nachmittag und Abend mit ihnen, bevor er sie zu Beatrice zurückbrachte. Als er eine neue Freundin gefunden hatte, ging es ihm seelisch viel besser. Er gewöhnte sich allmählich an die neuen Lebensumstände, freute sich jedes Mal auf die Kinder und machte die Erfahrung, dass er sie nicht verliert. Nur mit seiner Ex-Frau konnte er kein vernünftiges Wort wechseln. Sie machte ihm weiter Vorwürfe, etwa dass er die Kinder nicht rechtzeitig zurückbringen oder sie zu spät abholen würde. Fast noch schlimmer war, dass ihre gesamte Familie nichts mehr mit ihm zu tun haben wollte. Die Ex-Schwiegereltern und die zahlreichen Schwestern seiner Frau waren an Feindseligkeit gar nicht zu überbieten, und da es immer Beatrice gewesen war, die den großen Freundeskreis während der Ehe gepflegt hatte, nahmen auch die meisten Freunde unverkennbar Abstand von ihm. Viktor interessierte sich, zumindest anfangs, nicht für psychologische Kriegsführung und Machtkämpfe, aber er bekam immer mehr Angst, dass Beatrice ihm auch noch die Kinder wegnehmen würde. Immer öfter reagierte er aggressiv und spielte seinerseits die Machtkarte aus.

Viktor wird in die soziale Isolation getrieben. Er hat das Vertrauen in die Familie seiner Ex-Frau verloren. Anstatt sich darauf zu verlassen, dass sie es mit seinen Kindern nach wie vor gut meint, werden ihn die Feindseligkeiten der Familie immer mehr dazu verleiten, selbst feindlich auf alles zu reagieren, was von der Gegenseite kommt. Damit wird eine Spirale aus Aggressionen, Vorwürfen und Anschuldigungen in Gang gesetzt, die allen, ganz besonders den Kindern schadet (siehe Seite 181 ff.). Es ist verhängnisvoll, wenn sich das soziale Umfeld des Trennungspaares nicht wohlwollend verhält.

Die einseitige Parteinahme der Verwandten und Bekannten bewirkt das Gegenteil dessen, was angezeigt wäre. Anstelle von Solidarität für die betroffenen Erwachsenen und Kinder kommt es zu einer Polarisierung und Zerstörung des Beziehungsnetzes. Die Verwandtschaft rückt zusammen, und der nicht zur Familie gehörende Elternteil wird ausgegrenzt und zum Sündenbock gemacht. Ein kollektiver Racheakt. Er dient letztlich niemandem und schadet den Kindern. Sie vereinsamen und geraten in Loyalitätskonflikte.

Meine Schwiegermutter hat sofort nach der Trennung angerufen und gesagt, dass, was auch immer wir als Paar entscheiden, sie meine Schwiegermutter bleiben und ihr Haus jederzeit auch für mich offenstehen werde. So war es dann auch, und die Familie blieb intakt. Der Segen, den dieses Zusammenstehen aller für uns Eltern, vor allem aber für unsere Tochter war, kann gar nicht ermessen werden.

Auch bei mir war es so. Das Verhältnis zu meinen Ex-Schwiegereltern und dem Rest der Familie wurde durch die Trennung nicht beeinträchtigt. Familienfeste wie Weihnachten oder Geburtstage haben wir auch Jahre nach der Scheidung gemeinsam gefeiert. Für die Kinder ist auf diese Weise die Familie intakt geblieben, auch wenn Mutter und Vater an verschiedenen Orten wohnten. Es waren glückliche Umstände, und ich bin bis heute dankbar dafür.

Ich habe einmal ein extrem zerstrittenes Elternpaar davon überzeugt, gemeinsam die Erstkommunion ihrer Tochter zu feiern – im Kreis der beiden Familien und mit gemeinsamen Freunden. Während die Eltern am Anfang der Zeremonie noch verfeindet nebeneinander standen, löste sich die Spannung während des Festes langsam auf. Sie erlebten gemeinsam einen wichtigen Tag ihrer Tochter und konnten feststellen, dass der jeweils andere Elternteil sich bemüht, dem Kind ein guter Vater, eine gute Mutter zu sein. Das Fest mit seinen Ritualen, seiner feierlichen Stimmung half ihnen, ihre Aufgabe positiv zu meistern, und durch die angereisten Freunde und Verwandten fühlten sie sich unterstützt. So machten sie die wichtige Erfahrung, dass es ihnen besser

geht, wenn sie als Eltern zusammenstehen, was sich wiederum auf ihren zukünftigen Umgang miteinander positiv auswirkt hat. Wenn Eltern und Kinder nach der Trennung in eine soziale Isolation geraten, ist es besonders schlimm. Denn es geschieht zu einer Zeit, in der Einsamkeit ohnehin als besonders groß und unerträglich empfunden wird. Häufig ist der Verlust des sozialen Netzes auch noch mit materiellen Sorgen verbunden. Eine alleinerziehende Mutter mag einfach keine Zeit mehr für ihre Freunde haben. Da sind die Kinder, das Geldverdienen und dann wieder die Kinder. Von früh bis spät. Kein Geld für einen gelegentlichen Babysitter. Vielleicht nicht einmal genug Geld, um ab und zu ins Kino zu gehen. Und wenn die Kinder dann beim Vater sind und somit Zeit wäre, Freunde zu treffen, hat die Mutter das Gefühl, dass keine Freunde mehr da sind. Oder sie schämt sich. In den alten Sachen. Kennt bloß den Weg zum Kindergarten und zum Billigsupermarkt. Und die Wäscheberge, Hausaufgaben, das mühsam zusammengehaltene Bisschen an häuslicher Geborgenheit.

So kann ein Teufelskreis entstehen. Soziale Isolation macht depressiv, und Depressionen verstärken wiederum die soziale Isolation. Depressionen entstehen nicht nur bei einem Mangel an Geborgenheit, sondern auch wenn Menschen nicht ausreichend sozial integriert sind, wenn ihnen ein entsprechendes Lebensumfeld fehlt.

Depressive Mutter und Workaholic-Vater: Wo bleiben die Kinder?

Oder wenn es mit der Arbeit nicht klappt. Der verlassene Mann wird durch die Trennung nicht nur verunsichert, weil er das Gefühl hat, als Familienoberhaupt versagt zu haben. Weil es ihm schlecht geht, ist er auch weniger leistungsfähig und weniger belastbar. Bei der Arbeit ist er mit seinen Gedanken oft nicht so ganz bei der Sache. Trotz aller Akzeptanz, die Geschiedene heutzutage in der Gesellschaft finden, kann eine Trennung und Scheidung die soziale und berufliche Stellung von Mann und Frau erheblich beeinträchtigen.

Manche Männer stürzen sich, um ihr Selbstwertgefühl zu stärken, noch mehr in die Arbeit. Im Beruf können sie jemand sein, die Arbeit bringt ihnen den Erfolg, der ihnen im Privatleben versagt ist. Berufliche Bestätigung gehört zu den häufigsten Mitteln, um gegen die Defizite im Bereich Geborgenheit und soziale Akzeptanz anzukämpfen – nicht nur für Männer.
Ein neues Leben aufzubauen braucht Zeit und Kraft. Darunter sollte die Beziehung zu den Kindern möglichst nicht leiden. Wochenenden und Ferien mit den Kindern dürfen aus Zeitmangel nicht geopfert werden.

Die Väter sollten ihr Herz und ihren Kopf bei der Familie oder zumindest bei den Kindern haben, ohne dort zu leben. Auch wenn sich ihr Lebensmittelpunkt verschiebt, sollten sie emotional präsent bleiben.
Das stimmt. Aber die Väter haben nur dann eine Chance, die Beziehung zu ihren Kindern aufrechtzuerhalten, wenn sie ausreichend Zeit und Gefühle dafür aufwenden.

Die Probleme der Erwachsenen wirken sich also auf ihre Kinder aus, manchmal unbewusst, manchmal ganz direkt. Wenn es den Eltern längere Zeit nicht gut geht, leiden auch die Kindern darunter. Was aber genau tut den Kindern nicht gut?

Sophie hat sich angewöhnt, mucksmäuschenstill zu sein. Zum Beispiel morgens, wenn ihre Mama noch schläft. Dann spielt sie Katze. Weil die keinen Lärm machen. Katzen hört man nicht, nicht mal wenn sie durch die Wohnung flitzen. Und außerdem sind die so kuschelig und lieb. Zu ihrem sechsten Geburtstag hat sich Sophie eine Katze gewünscht. Ein schneeweißes Kätzchen, so wie das von der Tante Burgl auf dem Bauernhof, wo sie und Papa die Ferien verbracht haben. Das war letzten Sommer. Sie und Papa ganz allein. Da durfte sie laut sein. Schon morgens auf sein Bett hüpfen und ihn wachrütteln. Sie gingen zusammen in den Wald und spielten Indianer, bauten Staudämme und halfen bei der Heuernte. Und dann hat die Katze Junge bekommen. Doch Sophie hat kein Kätzchen zu ihrer Mama nach Hause mitnehmen dürfen. Obwohl ihr die Tante Burgl eines geschenkt hat. Die Mama muss dann niesen, haben alle gesagt. Dann war der schöne Papa-Urlaub wieder zu Ende. Jetzt muss sie so lange warten, bis er wiederkommt. Immer zweimal fünf Tage in die Schule gehen und dazwischen ein Wochenende zu Hause bleiben. Mit Papa ist es immer schön. Mit Mama nur manchmal. Sophie kann doch nicht den ganzen Tag »leise wie eine Katze« spielen. Auch am Nachmittag liegt Mama oft im Bett. »Muräne« oder so ähnlich. Das habe sie. Nein, nicht diesen dicken langen Fisch, der wie eine Schlange aussieht und seinen Mund so scheußlich aufreißt. »Muräne« ist was im Kopf. Ob im Kopf der Mutter eine Schlange wohnt? Warum Mama die Schlange dann nicht vertreibt, um endlich mit ihrer Sophie spielen zu können? So gern würde sie mit ihr ein großes Bild malen. Vielleicht eines, wo die Schlange in Mamas Kopf vom guten Ritter mit dem Speer erstochen wird. Sophie hat schon viele Bilder mit Schlangen in Menschenköpfen gemalt. Immer hat sie die Bilder ihrer Mama gezeigt. Aber die Mutter hat sie kaum angeschaut. Die Bilder landeten alle auf einem Stapel im Kinderzimmer. Auch das macht Sophie so »katzentraurig«. Sie sagt »katzentraurig«, weil bestimmt ihr kleines Kätzchen, das sie auf dem Bauernhof zurücklassen musste, auch so traurig war wie sie, weil Mama ihre Bilder nicht gefielen und ihre Spiele und Wünsche auch nicht. Auch dafür, dass sie immer »katzenstill« war, kriegte sie nichts. Manchmal gehen Mama und Sophie ein Eis essen. Meist am Sonntag. Und dann gehen sie zu den Großeltern. Dort gibt es Kuchen, und die Oma steckt Sophie immer ein Geldstück zu. »Zum Sparen«, sagt sie. Sparen ist gut, heißt es. Sophie aber findet noch viel besser, dass sie nach dem Sparen immer nur noch fünf Tage schlafen muss, bis ihr Papa kommt.

Sophies Mutter leidet unter Migräne und scheint auch sonst recht wenig Zeit und Kraft für ihre Tochter aufbringen zu können. Wenn sie mit Migräne den ganzen Nachmittag über im dunklen Zimmer liegt, fühlt Sophie sich verlassen, vielleicht sogar abgelehnt. Sie kann nicht verstehen, was die Mutter plagt. Sie versteht auch nicht, weshalb sich die Mutter so wenig um sie kümmert. Sophie spürt bloß, dass es der Mutter nicht gut geht und sie nicht für sie da ist. Dieses Gefühl versucht sie in ihren Zeichnungen auszudrücken. Eine Schlange hat sich zwischen sie und ihre Mutter gedrängt.

Als meine Tochter zwei Jahre alt war, lag ich einmal zwei Wochen krank im Bett. Sie war sehr beunruhigt und konnte absolut nicht verstehen, dass ihre Mami bloß etwas Ruhe benötigt und erst dann wieder mit ihr spielen kann. So packte sie all ihre Spielsachen in ihren Puppenwagen und übersiedelte in mein Zimmer, genauer gesagt, auf mein – Gott sei Dank – großes Bett. Dadurch hatte sie das Gefühl, nicht ausgeschlossen zu sein. Sie spielte fröhlich mit sich selbst, während ich fiebernd vor mich hin döste, ihr manchmal ein Buch vorlas oder ihr zumindest mit ein paar Worten zu verstehen gab, dass ich – wenn auch überaus eingeschränkt – für sie da bin. Während meiner Krankheit hat mich meine Tochter gelehrt, wie man emotional anwesend sein kann, auch wenn es einem schlecht geht. Das war eine wichtige Erfahrung.

Ihr beide habt in dieser Situation instinktiv genau das Richtige getan, und es hat eure Beziehung gestärkt. Die Bettsituation erinnert mich an die Sitten in arabischen oder afrikanischen Ländern. Dort rücken die Kranken ganz selbstverständlich samt ihren Familien ins Krankenhaus ein. Ein Prinzip, das wir in unserer Kultur wieder viel mehr beherzigen sollten: zusammenrücken, wenn es einem von uns schlecht geht.

Wenn es Eltern schlecht geht, besteht das Hauptproblem darin, dass sie nicht mehr ausreichend für ihre Kinder sorgen können. Kinder haben eine ganze Reihe von Bedürfnissen (siehe Seite 16). Das wichtigste Bedürfnis aber ist, nicht allein zu sein, einen vertrauten Menschen in der Nähe zu haben und Zuwendung zu

bekommen. Diesem Bedürfnis zuverlässig nachzukommen ist selbst für Eltern, denen es gut geht, nicht immer leicht.
Ein Kind kann sogar im Schulalter kaum begreifen, weshalb die Mutter auf den Vater böse ist. Wie also erklärt es sich dann die Trauer seiner Mutter, wenn der Vater die Familie verlassen hat, oder gar die Migräne, die sie in Stresssituationen befällt? Es nimmt an, dass es mit seinem Verhalten dazu beigetragen hat. Jedes Mal, wenn es nicht gehorcht, wird es also das Gefühl haben, der Mutter etwas anzutun, an ihrer Trauer oder eben an dieser komischen Schlange im Kopf, dieser »Muräne«, schuld zu sein. So leidet das Kind gleich mehrfach. Am Verlust des Vaters, an den Schuldgefühlen gegenüber der Mutter und an deren mangelnder Verfügbarkeit.

Wenn Kinder vernachlässigt werden, können sie auch Wut und Hass auf die Eltern entwickeln (Petri 1991b). Weil sie aber von den Eltern geliebt werden wollen, ja auf Gedeih und Verderb auf diese Liebe angewiesen sind, können sie die negativen Gefühle kaum zulassen. Aus dieser emotionalen Abhängigkeit heraus bekommen sie Schuldgefühle. Anstatt aggressiv zu werden, versuchen sie, es den Eltern möglichst recht zu machen, dabei hoffen sie, dass sich die Eltern dann wieder mehr um sie kümmern (Offe 1992, Fincham, Osborne 1993).

Ein Nachmittag im Sommer. Max und seine Geschwister laufen vergnügt durch den Garten. Ihre Mutter hat das aufblasbare Planschbecken mit warmem Wasser gefüllt und sich in eine Wasserschlacht verwickeln lassen. Durch das fröhliche Treiben angelockt, sind auch noch die Nachbarskinder über den Gartenzaun gehüpft, haben Schuhe und Strümpfe ausgezogen und sich unter die Geschwister gemischt. Da klingelt das Telefon. »Max, komm, dein Vater will dich sprechen«, ruft die Mutter. Sie legt den Hörer auf das Telefontischchen und geht in die Küche, um Marmeladebrote zu schmieren. Sie hört, wie ihr neunjähriger Sohn mit nassen Füßen durch den Flur patscht, den Hörer nimmt und »Nein, mir geht es auch nicht gut« sagt. Max wirkt plötzlich ganz verlegen, druckst herum, wirkt weinerlich und legt schließlich betrübt auf. Als die Mutter ihn am Abend ins Bett bringt, fragt sie, warum er gesagt habe, dass es ihm nicht gut ginge? Er habe doch den ganzen Tag gelacht und mit Maria, Mara und den Schneiders von nebenan gespielt? »*Aber der Papa hat gesagt, dass er traurig ist und uns vermisst. Da habe ich besser auch gesagt, dass es mir nicht gut geht.*«

Kinder lassen sich von der Begeisterung wie auch von der Trauer ihrer Eltern anstecken. Selbst Erwachsene, die sich nahe sind, können sich nur schwer abgrenzen. Bei Kindern ist die emotionale Abhängigkeit jedoch noch weit größer. Sie sind bedingungslos an ihre Bezugspersonen gebunden und leben deren Gefühle mit. Im Mittelpunkt ihres Weltbilds stehen sie selbst. Deshalb beziehen sie auch Haltungen und Gefühle ihrer sozialen Umwelt auf sich.

Ist es nicht möglich, einem Kind zu erklären, dass es nicht schuld an der Trauer der Mutter oder des Vaters ist?
Es ist schwierig, bis zu einem gewissen Grad sogar unmöglich. Das Kind versteht nicht, dass diese starken Gefühle nichts mit ihm zu tun haben. Es kann keine »Auszeit« nehmen und seine emotionalen Bedürfnisse für unbestimmte Zeit aufschieben. Von ihm zu verlangen, dass es auch noch Rücksicht auf die schlechte psychische Verfassung der Eltern nehmen soll, ist eine Überforderung.

Ich nahm meine fast sechsjährige Tochter einmal zu einem Begräbnis mit. Den Verstorbenen hatte meine Tochter nicht gekannt. Ich hatte sie darauf vorbereitet, dass die Erwachsenen bei diesem nur für sie traurigen Ereignis sich eigenartig verhalten würden. Auch hatte ihr die Großmutter gesagt, dass sie den Großvater umarmen und trösten solle, weil er so traurig sei. Als dann aber auch ich, ihre Mutter, zu weinen anfing, überhäufte sie mich mit Küssen und auch ihr strömten die Tränen nur so über die Wangen.
Gefühle gehen gewissermaßen ungebremst auf das Kind über, auch auf ältere Kinder und selbst auf Erwachsene. Wenn ein Schulkind oder ein Jugendlicher hört, dass es der Mama und dem Papa nicht so gut geht, kann es oder er sich emotional nur schwer abgrenzen. Deshalb sind andere Bezugspersonen für Kinder so wich-

tig, die helfen, das emotionale Gleichgewicht immer wieder herzustellen. Wir können es nicht oft genug betonen. Eltern in Trennung und Scheidung brauchen Erwachsene, die sie zeitlich entlasten und mithelfen, die emotionalen Bedürfnisse der Kinder zu befriedigen. Dann geht es den Eltern und damit auch den Kindern besser.

Das Wichtigste in Kürze

1. Das elterliche Wohlbefinden, Selbstwertgefühl und Leistungsfähigkeit werden beeinträchtigt, wenn:
   - Geborgenheit und Sicherheit – sowohl emotionell als auch materiell – fehlen (Verlassenheitsgefühle, existenzielle Ängste),
   - die soziale Akzeptanz ab- und die soziale Isolation zunimmt,
   - die Betreuung der Kinder und Belastungen im Beruf sie überfordern.

2. Ist das Wohlbefinden der Eltern beeinträchtigt, so kann sich das äußern in:
   - psychischen Symptomen wie Verstimmungen und Depressionen,
   - körperlichen Symptomen wie Müdigkeit bis hin zu Erschöpfung und psychosomatischen Beschwerden (z. B. Kopfschmerzen, Schlafstörungen, Essstörungen).

3. Wenn es den Eltern schlecht geht, können sie die Bedürfnisse der Kinder nach Geborgenheit und Zuwendung nur noch ungenügend wahrnehmen:
   - Die Kinder fühlen sich dadurch vernachlässigt, vielleicht sogar abgelehnt.
   - Sie bekommen Schuldgefühle, versuchen es den Eltern möglichst recht zu machen.
   - Sie reagieren mit Verstimmungen, Verhaltensauffälligkeiten (z. B. Rückzug, Aggression, Leistungsminderung) oder psychosomatischen Beschwerden (z. B. Bauchschmerzen, Schlafstörungen).

4. Geschiedene Eltern brauchen während und nach der Trennung und Scheidung:
   - die Unterstützung von Verwandten und Bekannten für sich selbst und für die Betreuung der Kinder (Anteilnahme, Zeit und Geld),

- gegebenenfalls professionelle Begleitung wie Mediation, Einzel-, Familien- und Gruppentherapie, um die anstehenden Probleme möglichst gut bewältigen zu können.

5. Eltern, denen es nicht gut geht, müssen darauf achten, dass sie ihre Kinder nicht als Partnerersatz oder Lebensstütze missbrauchen. Sie dürfen ihnen keine Verantwortung aufbürden, die ihrem Alter nicht entspricht.

Warum Kinder unter dem Streit der Eltern leiden

Johanna ließ ihrem Hass auf Richard freien Lauf. Er hatte ihr Leben zerstört, jahrelang hatte sie auf alles verzichtet und ihm den Rücken freigehalten. Wer war es denn, der immerzu verreiste, sich selbst verwirklichte? Während sie zu Hause in Windelbergen, Karottenbrei und Kindergeschrei erstickte, wollte er partout in eine neue Stadt ziehen, redete nur von seinen Erfolgen, dem Aufbau seiner PR-Firma, der großen weiten Welt und seinen kreativen Ambitionen. Ihre Kinder, Maria, Leo und Lola, sahen den Papa kaum, an der Mutter hingen sie dafür umso mehr. Wie kleine Kletten. Drei Kinder im Alter von eins, drei und sechs Jahren sind keine Kleinigkeit. Da hat man für gar nichts mehr Zeit. Er sagte, sie solle doch wieder ein bisschen arbeiten, das würde sie ausgeglichener machen. Er hatte ja keine Ahnung. Sah er nicht, wenn er ausnahmsweise ein Wochenende mit den Kindern allein war, wie viel Arbeit die Kinder machten? Aber nein. Anstatt sich nur einmal in ihre Lage zu versetzen, betrog er sie auch noch. Wie oft und mit wem? Sie wusste es nicht, hatte schon lange vor dem Ende der Ehe jegliches Gefühl dafür verloren. Ihr Vertrauen war längst einem ausgeklügelten Kontrollsystem gewichen. Sie bekämpfte sein Leben, alle Bereiche, die nicht zu ihr und den Kindern gehörten. Seinen Beruf und alle Menschen, die damit verbunden waren. Seine alten Freunde und neue, falls er welche anschleppte. Seine Gedanken, die ständig von ihr wegschweiften. Seine Pläne, hinter denen sie bloß weitere Flucht- und Befreiungsversuche witterte. Sie wusste, dass er die Familie nicht verlassen würde, und sie blieb, bis sie selbst stark und unabhängig genug war, um zu gehen. Als sie einen Halbtagsjob bei der Zeitung bekam, war es endlich so weit.

Doch nach der Trennung begann sie, ihn zu hassen, ihm all die Vorwürfe zu machen, die sie ihm in den Ehejahren um des lieben Familienfriedens willen erspart hatte. Jetzt erpresste sie ihn mit den Kindern. »Komm besser gar nicht mehr, die Kinder leiden dann nur«, hatte sie ihm an einem Besuchswochenende gesagt. Einfach so. Das saß. Die

Kinder, mittlerweile waren sie fünf, sieben und zehn Jahre alt, waren durch die Trennung schwer erschüttert. Auch das lastete sie ihm an. Er sei eben rücksichtslos. Am liebsten hätte sie gehabt, wenn er einfach aus ihrem und der Kinder Leben verschwunden wäre. Zahlen sollte er natürlich schon, wozu machte er schon seit 20 Jahren nichts anderes als Karriere? Wieso sollte sie ausgerechnet jetzt, wo die Kinder sie mehr denn je brauchten, ganztags arbeiten gehen?

Johanna ist voller Hass auf ihren Mann, weil er ihr in der Vergangenheit oft wehgetan und sie nach Strich und Faden ausgenutzt hat. Darüber hinaus steckt sie in einer verzweifelten Lage. Noch vor Kurzem hätte sie sich nicht zugetraut, ihr Leben allein zu meistern. Sie war immer von ihrem Mann abhängig und wurde nach der Trennung deshalb von Existenzängsten geplagt. Vielleicht hat sie auch Freundinnen und Freunde, die sie gegen ihren Ex-Mann aufhetzen, und leidet darunter, noch keinen neuen Partner gefunden zu haben. All das können Gründe sein, warum sie tief in ihrem Hass an ihren Ex-Mann gebunden bleibt. Eine Hassbeziehung kann besser sein als gar keine Beziehung. Würde sie ihr Leben in den Griff bekommen, würde sie hingegen gelassener reagieren.

Man beobachtet immer wieder, dass Menschen, die sozial und emotional isoliert sind, Beziehungen, die für sie selbst destruktiv sind, nicht aufgeben können. Oft lässt der Hass auf den Ex-Partner erst nach, wenn sie eine neue Beziehung gefunden haben, die für Entspannung an der nachehelichen Front sorgt.

Streitereien zwischen Ex-Partnern werden sowohl von aktuellen und zukünftigen Problemen als auch von alten Rechnungen aus der gemeinsamen Vergangenheit bestimmt.
Was die Vergangenheit betrifft, sollte jeder Partner versuchen, mit sich selbst ins Reine zu kommen. Die Scheidung bedeutet für viele einen großen Verlust und das Gefühl, versagt zu haben. Verluste aber verarbeiten wir, wenn wir um das Verlorene trauern. Versagensgefühle überwinden wir, indem wir unseren Anteil an der Trennung akzeptieren lernen und dem Ex-Partner seinen Anteil so weit wie möglich verzeihen. Das ist nicht einfach, und die meisten

Drei Bereiche, welche die Bewältigung von Trennung und Scheidung wesentlich mitbestimmen

Eine zerrüttete Beziehung zwischen den Eltern

	wird besser, wenn	bleibt schlecht oder wird sogar noch schlechter, wenn
Konfliktbewältigung	• Trauerarbeit geleistet wird • Einsicht in das eigene Verschulden besteht • Verzeihen gelingt	• das eigene Scheitern verdrängt wird • die Ich-Bezogenheit besonders groß ist • keine Konfliktbewältigung stattfindet • Profit aus dem schwelenden Konflikt geschlagen wird
Aktuelle Lebenssituation	• eine tragfähige Partnerschaft entsteht • eine gute soziale Integration gewährleistet ist • keine großen finanziellen Sorgen vorhanden sind • Befriedigung im Beruf gefunden wird	• die Vereinsamung zunimmt • das Beziehungsnetz verloren geht • Geldmangel besteht • die Arbeit unbefriedigend ist • Arbeitslosigkeit vorliegt
Familiäres, gesellschaftliches und kulturelles Umfeld	• die Scheidung akzeptiert wird • keine Schuldzuweisungen gemacht werden • Eltern und Kinder durch Familie und Freunde ausreichend unterstützt werden	• die Scheidung als ein Versagen oder etwas Verbotenes bewertet wird • soziale Ausgrenzung betrieben wird • Unterstützung durch Verwandte und Bekannte fehlt

Menschen brauchen jemanden, der ihnen dabei hilft, sei es ein Therapeut, ein Coach oder auch einfach ein guter Freund. Wenn Trauer, Akzeptanz und Verzeihen ausbleiben, geht der Streit meist weiter.

Auch die Probleme in der Gegenwart, die Vereinsamung, Geldnöte, soziale Ausgrenzung und Überforderung erschweren oder verhindern gar die Versöhnung mit der Vergangenheit. Manche Eltern müssen mehr arbeiten, die Mütter den Wiedereinstieg in den Beruf schaffen. Dadurch wird die Zeit für die Kinder knapp. Die materielle Basis beider Elternteile kann sich dramatisch verschlechtern. Das nacheheliche familiäre Netz aus alten, nicht mehr beieinander lebenden Familienteilen und neuen, hinzukommenden Partnern ist ein kompliziertes, krisenanfälliges Gebilde. Da kann es schon passieren, dass die Vergangenheit, also der Ex-Partner, für das gegenwärtige Unglück verantwortlich gemacht wird. Es ist eine große Verführung, weil es viel einfacher ist, dem anderen die Schuld zu geben, als vor der eigenen Tür zu kehren. Und diese Haltung ist zudem eine komfortable Ausrede für Aggressionen, Streitereien und mangelnde Fürsorge für die Kinder.

Es ist aber auch sehr schwer, sich anders zu verhalten, wenn man in einer unglücklichen Lebenssituation steckt. Selbst sehr bewusst handelnde Eltern tappen schnell in die Falle und schieben die Schuld auf den Ex-Partner ab. Es braucht viel Selbstdisziplin und Einsicht in das eigene Verhalten, damit sich die Enttäuschung über die gescheiterte Partnerschaft nicht negativ auf die Elternschaft auswirkt.

Nicht jeder Streit hat negative Folgen für die Kinder. Versöhnen sich die Eltern und machen die Kinder überwiegend positive Erfahrungen mit den Eltern, müssen die Kinder nicht zwingend darunter leiden. Wenn der Streit allerdings verletzend ist und ohne stimmige Lösungen für beide endet, wird er ihnen schaden. Und zwar egal ob sich die Auseinandersetzungen während der Ehe oder nach der Trennung und Scheidung abspielen. Anders ist es, wenn die Eltern »konstruktiv« streiten, wenn sie also Kon-

flikte ohne die unterschwelligen Gefühle der Ablehnung austragen und sich um eine für beide akzeptable Lösung bemühen. Dann können diese Erfahrungen für Kinder sogar positiv sein. Sie lernen, wie man Konflikte bewältigen kann, ohne sich dem beängstigenden Gefühl der Ablehnung aussetzen zu müssen, ohne den anderen abzuwerten, kleinzumachen, zu besiegen. Konstruktives Streiten ist eine hohe Kunst.

Manchen Eltern gelingt es, ihre zerrüttete eheliche Beziehung nach der Scheidung in ausgeglichene oder zumindest neutrale Bahnen zu lenken. Eine Trennung verläuft am ehesten dann einigermaßen »harmonisch«, wenn die Beziehung davor noch halbwegs intakt war und keine großen gegenseitigen Verletzungen vorgekommen sind. Wurden Werte wie Achtung und Respekt voreinander bereits in der Ehe mit Füßen getreten, so kann es auch im Scheidungsprozess und danach zu unverzeihlichen Verletzungen und zu einem Kampf unter der Gürtellinie kommen.

Die amerikanischen Forscherinnen Maccoby und Mnookin (1999) haben die Elternbeziehung in den ersten Jahren nach der Scheidung untersucht und kamen zu dem Ergebnis, dass sich die Konflikte in der Zeit danach nur wenig verändern. Eineinhalb Jahre nach der Scheidung kooperierten knapp ein Drittel der Eltern gut miteinander. Zwei Jahre später waren es nur wenig mehr. Konflikthaft war die Elternbeziehung bei einem weiteren Drittel der Eltern. Dieser Anteil nahm in den folgenden Jahren zwar ab, dafür nahm der Prozentsatz jener Eltern, die nach dreieinhalb Jahren keine Beziehung mehr zu ihren Kindern hatten, deutlich zu, er stieg von 29 auf 41 Prozent. Das heißt: Wer es von Anfang an gut macht, hat auch berechtigte Chancen, dass es so bleibt. Wer sich hingegen einen Rosenkrieg liefert, schafft es nur selten, zu einer harmonischen Scheidungsfamilie zu werden, die Elternbeziehung bleibt entweder konflikthaft oder der Kontakt zwischen Kindern und einem Elternteil bricht gar ab.

Elternbeziehung nach der Scheidung (USA)

Elternbeziehung	1 ½ Jahre nach der Scheidung	3 ½ Jahre nach der Scheidung
kooperativ	26 %	29 %
konflikthaft	34 %	26 %
ohne Kontakt	29 %	41 %
gemischt	11 %	4 %

(Maccoby und Mnookin 1999)

Kinder, die bei den Konflikten der Eltern zwischen die Fronten geraten, können gar nicht anders, als die Gefühle der Erwachsenen, also auch deren Ablehnung und Hass, auf sich selbst zu beziehen. Das ist eine große Schwierigkeit. Kinder können sich vor den negativen Gefühlen, die zwischen den Eltern bestehen, nicht schützen und abgrenzen. Deshalb lautet die entscheidende Frage: Wie können Geschiedene ihre Probleme möglichst rasch lösen? Mithilfe einer Paartherapie? Eines Elterntrainings? Oder durch Mediation? All das kann hilfreich sein (siehe Seite 33; 170).

Beim Streiten leiden alle – aber vor allem das Kind

Eine Grundvoraussetzung, um eine Partnerschaft weitgehend ohne Verlust- und Existenzängste aufzulösen, ist eine gewisse Autonomie der Ehepartner. Das heißt, sie sollten emotional und sozial möglichst unabhängig und in ihrer Lebensgestaltung möglichst selbstbestimmt sein. Über eine solche Autonomie verfügen längst nicht alle Menschen, auch wenn Unabhängigkeit und Selbstbestimmtheit zu den großen Schlagwörtern unserer Zeit gehören und uns ständig eingeredet wird, wir könnten, wenn wir uns nur ausreichend bemühen, autonom und selbstbestimmt leben. Die wenigsten Menschen können für sich allein leben und sich dabei wohl fühlen. Wir sind soziale Wesen und brauchen Beziehungen, die uns emotionale Sicherheit geben. Während der ganzen Menschheitsgeschichte haben wir in Lebensgemeinschaften mit einem dichten sozialen Netz gelebt. Das heißt, die meisten Menschen können sich erst dann aus einer Beziehung lösen, wenn ihnen andere Beziehungen eine neue emotionale und soziale Sicherheit geben und sie in einem einigermaßen stabilen sozialen Umfeld leben. Leider fehlen aber immer häufiger verlässliche Lebensgemeinschaften. Und vor allem die Kinder leiden unter den daraus resultierenden Streitigkeiten.

Da Johanna mit den Unterhaltszahlungen von Richard nicht einverstanden war, er aber behauptete, nicht mehr zahlen zu können, zog er wieder zu Hause ein. Er wolle sich ohnehin nicht von ihr scheiden lassen. Wenn sie auf sein Angebot nicht eingehe, weigere er sich eben, die Scheidung zu akzeptieren, argumentierte er. Die Kinder freuten sich anfangs, doch glich sein Einzug eher der Belagerung einer feindlichen Stadt, die alles Leben erstickte. Die Atmosphäre war eisig. Darunter litten die Kinder nun erst recht. Sie wussten nicht, zu wem sie halten sollten, und fühlten sich hin und her gerissen.

Die arme Mama, dachte die zehnjährige Marie. Immer ist der Papa fortgefahren. Und gemein war er auch. Das habe sie, Marie, genau gespürt. Dann hat die Mama geweint, und Marie hat sie getröstet. Sie soll nicht weinen, bitte, bitte. Sie würde auch dem Papa sagen, dass er nicht so gemein sein soll. Seit der Papa wieder da ist, ist es auch nicht besser. Als ob das Haus gleich zerplatzen würde. So kommt es Marie vor. Zerplatzen vor lauter Weinen, das nicht aus den Augen heraus will. Man muss jetzt ganz brav sein, weiß Marie. Brav seine Hausaufgaben machen, obwohl das mit all den Gedanken im Kopf so schwer ist. Was passiert, wenn der Papa wieder auszieht? Früher ist er auch immer weggefahren. Aber jetzt ist es irgendwie anders. Früher war er immer fröhlich. Jetzt ist er so traurig. Weil er uns dann nicht mehr hat, hat er gesagt. Vielleicht waren wir nicht lieb genug, denkt sie. Aber was sollten sie noch alles tun? Leo macht sogar seine Hausaufgaben allein, obwohl er erst in die zweite Klasse geht. Wenn er es nicht versteht, hilft Marie ihm. Sie hat ihm extra gesagt, dass er nicht zu Mama und Papa laufen soll, damit die einmal sehen, was für tolle Kinder sie haben.

Leo liebt Autos. Er weiß alles, sogar was PS sind. »Pferdestärken«, sagt er und schüttelt geringschätzig den Kopf über die fünfjährige Lola und ihre Freundin. Die lachen immer so blöd und sagen, dass Autos doch keine Pferde sind. Am tollsten findet Leo aber, wenn er mit Papas neuem BMW mitfahren darf. Dann springt er gleich auf seinen Schoß, verwickelt ihn in ein Fachgespräch, etwa über den Airbag – wie hart ist ein Airbag, und bis wohin reicht er mir, wenn er aufgeht –, und weg sind die beiden. Wenn die Mama ihn nicht mit Papa wegfahren lassen will, wird er ganz hysterisch und trotzig. Am Abend aber, nachdem er genug Auto gefahren ist, klebt er dann auf ihrem Schoß und kann gar nicht genug geherzt werden. Und das, obwohl er schon ein so großer Junge ist.

Lola, das Nesthäkchen, hat es gut. Marie hat sie gewissermaßen »adoptiert«, und Leo hat auch immer Zeit für seine kleine Schwester. Marie kann sogar Gutenachtgeschichten erzählen, besser als der Sandmann im Kinderfernsehen. Echt wahr! Und dann darf Lola unter ihre Decke schlüpfen. Marie ist die liebste Schwester auf der ganzen Welt. Fast so lieb wie Lolas Puppe. Die kommt auch immer mit ins Bett. Sie verscheucht die Albträume und die Hexen und die bösen Feen und auch die Angstkobolde. Marie hat einmal eine Geschichte davon erzählt. Echt gruselig war das! Aber Lola hat keine Angst. Lola ist so stark und frech wie der Pumuckl.

Bleiben die Eltern zusammen, aber lösen ihre Probleme nicht, sind die Kinder peinlichst bemüht, mit ihrem Verhalten die Spannungen zwischen den Eltern nicht zusätzlich zu verschärfen. Denn ihre größte Angst ist es, nicht mehr geliebt zu werden. Sie denken, wenn sich Mutter und Vater nicht mehr lieb haben, haben

sie die Kinder auch nicht mehr lieb. Und dann wäre es ja auch kein Wunder, wenn der Papa wieder weggeht. Leo gerät in einen Loyalitätskonflikt. Wenn er Auto fahren möchte, muss er sich mit seinem Vater gut stellen, dann hat er aber am Abend ein schlechtes Gewissen seiner Mutter gegenüber und muss sich bei ihr einschmeicheln. Marie, die Älteste, macht sich am meisten Sorgen. Es kommt zu einer Umkehrung der Verhältnisse: Nicht die Eltern übernehmen die Verantwortung, sondern das Kind sorgt sich um die Eltern. Marie ist den Auseinandersetzungen der Eltern am schutzlosesten ausgeliefert. Leo und Lola hingegen können Marie vorschicken, wenn es unangenehm wird.

Kinder erleben ihre Eltern anders, als die Eltern annehmen. Für die Kinder sind die Eltern dazu da, sich um sie, die Kinder, zu sorgen. Für alles sind die Eltern zuständig, dafür, dass die Kinder nicht allein, nicht traurig, nicht hungrig, nicht verängstigt sind. Dafür, dass sie rechtzeitig von der Schule abgeholt werden und ihr Freund über Nacht bleiben darf. All das versteht sich von selbst. Gehen Mutter und Vater liebevoll miteinander um, spürt das Kind, sie lieben mich, das heißt, eigentlich spürt das Kind nur, dass alles in Ordnung ist, denn kein Kind hinterfragt die Liebe zwischen Mutter und Vater, und dass die Eltern das Kind lieben, hält es für die selbstverständlichste Sache der Welt. Streiten sich die Eltern, wird es verunsichert, vor allem wenn der Streit von destruktiven Gefühlen begleitet wird. Das Kind bezieht diese Gefühle auf sich: Die Eltern lehnen mich ab. Dabei wird es zumeist aus der Sicht der Eltern so sein, dass sie nur einander ablehnen, aber beide doch ihr Kind lieben. Diese Unterscheidung kann das Kind allerdings nicht machen. Es kann die negativen Gefühle nicht ausschließlich den Eltern zuordnen. Ein Kind möchte eine harmonische und Geborgenheit vermittelnde soziale Umgebung. Alles, was dem nicht entspricht, erlebt es als Ablehnung und emotionale Verunsicherung.

Auch Erwachsenen ist dieses Empfinden nicht fremd. Wir fühlen uns unwohl, wenn sich Freunde vor uns streiten. Wir werden selbst ganz glücklich, wenn wir den eigenen, mittlerweile alten Eltern dabei zusehen, wie sie aufmerksam und liebevoll mit-

einander umgehen. Erst den Erwachsenen gelingt es, sich nicht zwangsläufig abgelehnt zu fühlen, wenn sich ihre Eltern streiten. **Kinder sind zu dieser Abgrenzung – wenn überhaupt – frühestens in der Pubertät fähig** (siehe Seite 63 ff.).
Manche Eltern spüren die Verunsicherung bei ihren Kindern und versuchen, sie zu beruhigen. Sie erklären ihnen, dass der Streit eine Sache zwischen Mama und Papa ist, dass sie davon nicht betroffen sind und dass Mama und Papa bald wieder ganz für sie da sein werden. Sie bemühen sich, den Streit nach draußen zu verlegen. Sie können mit viel Disziplin vereinbaren, dass sie in ein Restaurant oder im Park spazieren gehen, wenn Auseinandersetzungen drohen. Sie geben sich große Mühe, konstruktiver zu streiten und weniger verletzend zu sein. Sie suchen einen Paartherapeuten, Beziehungscoach oder einen Kommunikationstrainer auf. Manche Eltern lassen nichts unversucht, um Krisen auf ein für Kinder erträgliches Maß zu reduzieren. Das ist bewundernswert, denn es gibt kaum etwas Schwierigeres, als aus der Konfliktspirale auszusteigen. Gelingt es ihnen aber, auf diese Weise Eltern- und Paarebene auseinanderzuhalten, bewahren sie ihre Kinder vor emotionalen und entwicklungsmäßigen Beeinträchtigungen.

Als Friederike fünf und Konstantin acht Jahre alt war, war die Ehe der Eltern in die erste ernsthafte Krise geraten. Die Streitereien waren verletzender geworden, Herbert hatte eine Geliebte, und Inge schlitterte in eine Depression. Sie musste Psychopharmaka schlucken und war als Mutter psychisch nicht mehr präsent. Sie bemerkte gar nicht, wie schlecht es ihren Kindern damals ging und welch destruktive, grabesmäßige Atmosphäre sich in der Familie ausgebreitet hatte. Auf Freunde machten Konstantin und Friederike einen desorientierten Eindruck. Sie wirkten entfremdet, entwurzelt, waren blass und durchscheinend. Immer wenn sie einen Streit der Eltern mitbekamen, liefen sie aus dem Zimmer und kauerten sich weinend in eine Ecke. »Schau, was du den Kindern antust«, sagte Herbert, wenn er sie entdeckte. Inge versuchte zu trösten. »Es wird schon wieder, wir vertragen uns schon wieder«, flüsterte sie Beschwörungsformeln in die Ohren der Kinder, ohne sie selbst wirklich zu glauben. Als Konstantin noch ein Jahr älter war, begann er zwischen den Eltern zu vermitteln. »Mama, der Papa wollte nur höflich

Wie reagieren Kinder, wenn ihre Eltern sich streiten?

	Säugling und Kleinkind	Schulkind	Jugendlicher
Gefühle	• Fühlt sich verlassen • Ist verängstigt • Ist irritiert durch die Gefühle, die es nicht versteht	• Fühlt sich abgelehnt • Fühlt sich alleingelassen • Entwickelt Schuldgefühle (wenn ich brav gewesen wäre) • Leidet unter diffusen Ängsten	• Versucht sich abzugrenzen • Nimmt den Eltern ihren Streit übel (Eltern sind das Letzte) • Leidet unter vermindertem Selbstwertgefühl
Reaktionen	• Ist weinerlich und verstimmt • Hängt am Rockzipfel • Lehnt einen Elternteil ab • Zeigt Verhaltensauffälligkeiten wie vermehrte Trotzreaktionen	• Versucht zu vermitteln • Fordert Eltern mit negativem Verhalten heraus	• Lehnt die Eltern oder einen Elternteil ab • Zieht zum anderen Elternteil • Zieht verfrüht aus • Geht überstürzt Beziehungen, auch sexuelle, ein

fragen, wer heute die Milch beim Bauern holt«, sagte er, wenn die Mutter zu einem generellen Vorwurf ansetzte, sobald ihr Gatte auch nur die Stimme erhob. Bei jedem Streit ergriffen er und seine jüngere Schwester automatisch für den Teil Partei, der ihnen als der Schwächere, der Verletzte, der Unterlegene erschien. Derjenige Elternteil jedoch, der den schärferen Ton anschlug, womöglich unter der Gürtellinie, wurde geächtet. Dann lagen die Kinder weinend in ihren Betten und schluchzten. »Der Papa ist so böse.« Selbst die beschwichtigenden Worte der Mutter: »Aber nein, er ist nicht böse, wir haben nur eine Meinungsver-

schiedenheit«, halfen nicht mehr. Sie fühlten sich jedes Mal persönlich getroffen, obwohl die Eltern sich beispielsweise bloß darüber gestritten hatten, wer die Reparatur der Küchengeräte zahlen muss, sie von ihrem Haushaltsgeld oder er von seinem Einkommen als Versicherungsmakler. »Beide Eltern sind ja höhere Wesen für das Kind«, erklärte Konstantin rückblickend, viele Jahre nach der Scheidung der Eltern. »Mit höheren Wesen meine ich, dass sie über dem Kind stehen, die Menschen sind, an denen sich die Kinder orientieren. Man kann gar nicht anders, als Partei ergreifen, ob die Eltern einen in den Streit hineinziehen oder nicht. Selbst wenn die Eltern sich sehr bemühen, ihr Kind herauszuhalten, sie schaffen es nicht. Dieses Parteiergreifen ist wie ein Zermalmtwerden für das Kind. Es verliert einen Teil von sich selbst.«

Die Sätze dieser Kinder habe ich oft wiederholt, um sie mir einzuprägen. Sie schildern genau, was mit Kindern passiert, die von ihren Eltern in einen Loyalitätskonflikt gedrängt werden. Und sie zeigen, wie mächtig Eltern sind, »höhere Wesen«, an denen sich das Kind orientiert. Wie schutzlos Kinder ihren Eltern ausgeliefert sind! Und welch große Verantwortung Eltern doch haben, wenn sich ein Kind an sie bindet.

Häufig wird ja so getan, als wäre die Trennung der eigentliche Bruch zwischen den Eheleuten oder Partnern, als wären die negativen Emotionen und ihr Streit wie ein zürnender Schicksalsgott plötzlich über sie hereingebrochen. Dabei ist die Trennung und Scheidung lediglich die Bekanntgabe der inneren Trennung. Wenn es dazu kommt, ist die Beziehung häufig schon eine ganze Weile, wenn nicht mehrere Jahre mit Konflikten belastet, welche auch die Kinder seit Längerem beeinträchtigen. Sie spüren, dass etwas nicht mehr in Ordnung ist, und leiden unter den Gefühlen der Ablehnung zwischen den Eltern, lange bevor es zwischen den Eheleuten zu einer offenen Feindschaft und zur Trennung kommt. So ergeht es auch Kindern in sogenannten »intakten« Familien, wenn sich ihre Eltern nicht mehr verstehen.

Für das Wohlbefinden des Kindes macht es deshalb auch keinen Unterschied, ob sich die Eltern innerhalb der Ehe oder Partnerschaft streiten oder während der Trennung und Scheidung. Streit,

Ablehnung, Respektlosigkeit wirken sich immer auf die gleiche Weise aus.
Das wurde wissenschaftlich wiederholt bestätigt (Paul 2010). In einer Studie wurden Kinder elf Jahre lang untersucht, um die Frage zu beantworten, ob die Persönlichkeitsentwicklung von Kindern durch den elterlichen Konflikt in der zerrütteten, aber noch nicht aufgelösten Familie mehr beeinträchtigt wird als durch die Scheidung (Block et al. 1986). Die Ergebnisse zeigten, dass Kinder, deren Eltern sich schließlich trennen, bereits viele Jahre vor der Scheidung mehr und stärkere Verhaltensauffälligkeiten aufweisen. Sie belegen, dass die konflikthafte Beziehung der Eltern die Kinder belastet und zu Verhaltensauffälligkeiten führt und nicht die Scheidung selbst. Diese Befunde werden von anderen Studien bestätigt (Walper, Gerhard 1999, Amato, Keith 1991, Bodenmann 2013). Dabei haben die Elternkonflikte langfristige Auswirkungen auf die Kinder. Sie können zu einer vorzeitigen Ablösung der Kinder, einer erhöhten emotionalen Unsicherheit und/oder einer verminderten Beziehungsbereitschaft im Erwachsenenalter führen (siehe Seite 269).

Gott sei Dank war da noch Konstantins Grundschullehrerin. Zu ihr hatte der Junge seit Langem Vertrauen gefasst, und die erfahrene Pädagogin hatte ihrerseits das Kind ins Herz geschlossen. Schon länger hatte sie Konstantin voll Sorge beobachtet. Er war ihr bester Schüler, mathematisch hochbegabt und sehr anhänglich. Seit zwei Jahren nahm sie ihn regelmäßig an zwei Nachmittagen pro Woche zu sich nach Hause. Auch ihre Kinder konnten Konstantin gut leiden. Einmal ließ der Junge seiner Mutter durch die Lehrerin Folgendes ausrichten: Sie, die Kinder, seien überfordert. Sie seien kleine Kinder und wollten auch kleine Kinder sein. Sie wollten nicht mehr den Vermittler spielen. Damals hatte Konstantin noch das Gefühl, er könnte mit seiner Mutter nicht reden. Als er ins Gymnasium kam, besserte sich das Verhältnis zu ihr. Auch die Mutter hatte ihr Leben wieder in den Griff bekommen. Sie hatte eine Assistentenstelle an der Universität angenommen und verreiste manchmal zu Vorträgen in eine andere Stadt. Konstantin hing nun sehr an ihr, er liebte diese schöne und intellektuelle Frau und genoss die gemeinsamen Gespräche. Manchmal, wenn Inge nicht da war, wachte er in der Nacht angsterfüllt auf. »Ich habe so Angst, dass du verloren gehst«, gestand er seiner Mutter. Als die Ehekrise erneut aufflammte, sagte er ganz resolut: »Am liebsten wäre es mir, ihr würdet in zwei unterschiedlichen Wohnungen leben, sodass ich jeden von euch haben kann, aber diese Spannungen nicht mehr aushalten muss.« Und als Inge dann tatsächlich eine Wohnung nebenan für sich fand, fragte Konstantin jeden Tag, ob der Vater endlich in das neue Arrangement eingewilligt habe. »Alle glauben, dass die Trennung der Eltern das eigentlich Schlimme für die Kinder ist, aber es ist nicht so. Die ›innere‹ Trennung ist das Schlimmste«, erklärte Konstantin später. »Als ich älter wurde, wurde mir klar, dass es bei uns zu Hause nicht so ist wie bei anderen, wo sich die Eltern wirklich lieben. Da war ich sehr traurig.« Konstantin war 13, als seine Mutter die neue Wohnung bezog. Tagsüber kam sie, um nach den Kindern zu schauen, abends war dann der Vater für sie da. Endlich würden die Spannungen aufhören, das fühlte Konstantin noch mehr als seine kleine Schwester Friederike mit ihren zehn Jahren und ihrer phänomenalen Gabe, stets im Windschatten des älteren Bruders zu segeln. Konstantin war derjenige, der den Auszug der Mutter aktiv anpackte. »Darf ich dich daran erinnern, dass du ausziehen wolltest«, sagte er zu Inge, als er merkte, wie zögerlich seine Mutter an den Aufbau ihres neuen Lebens heranging. »Jeden Tag nach dem Lateinlernen habe ich eine halbe Stunde Zeit. Dann helfe ich dir beim Kistenschleppen. Okay?« Friederike hingegen legte der Mutter ein Herz aus Gummibärchen auf das Kopfkissen, weil sie spürte, dass Inge Liebeskummer hatte.

> **Im Fall von Inge und Herbert scheint sich die Trennung der Eltern positiv auf die Kinder ausgewirkt zu haben. Das entspricht im Übrigen vielen Aussagen von Erwachsenen und Jugendlichen, deren Eltern lange Perioden zermürbender Auseinandersetzungen in Kauf nahmen, weil sie die Ehe retten und ihre Kinder schonen wollten. »Sie haben sich zu spät scheiden lassen.« »Ich wünschte, sie hätten sich scheiden lassen, so wie die miteinander umgegangen sind!« »Die Scheidung war schlimm, aber die Streitereien davor waren noch viel schlimmer.«**

Es kann nicht darum gehen, irgendeinen Lebensstil zu favorisieren oder die bürgerliche Kleinfamilie anzugreifen. Im Zentrum aller Überlegungen sollten immer die Kinder mit ihren Bedürfnissen stehen: Aus der Sicht der Kinder ist es undenkbar, dass die Eltern, ihre Ernährer und Beschützer, auseinander gehen, und manche wollen die Eltern nach der Scheidung auch wieder zusammenbringen, vor allem wenn ein Elternteil die Trennung nicht will oder unter der Trennung leidet. Dennoch kann eine Trennung und Scheidung für die Kinder die beste Lösung sein. Konstantin hat es nachträglich auch so gesehen. Es gibt kein Rezept. Jedes Kind und jede Familie hat ihre eigenen Lebensbedingungen, die bestimmen, was für das Kind und die Eltern am besten ist.

Es war ein unsäglicher Scheidungskrieg. Am Ende von jahrelangen Gerichtsverhandlungen, Vorwürfen wegen sexuellen Missbrauchs, psychiatrischen Gutachten und langen Analysen von Kinderpsychologen waren die Schäden unübersehbar. Die Kinder, die mittlerweile achtjährige Anja und der siebenjährige Stefan, lebten mit ihrer Mutter in einer anderen Stadt. Sie hatte das alleinige Sorgerecht erhalten, und der Vater, der seine Kinder zwei Jahre lang nicht hatte sehen dürfen, weil der Vorwurf des sexuellen Missbrauchs in der Luft lag, war für sie wegen der Entfremdung zu jemandem geworden, vor dem sie tatsächlich Angst hatten. Nachdem alles ausgestanden war, durfte er seine Kinder alle 14 Tage unter Aufsicht des Jugendamts besuchen, mit ihnen in der für ihn fremden Stadt etwas unternehmen. Seine Kontaktversuche verkamen immer mehr zu hilflosen, peinlichen und atmosphärisch gedrückten Besuchen bei McDonald's oder im Kino. Da der Vater es auf diese Weise nicht schaffte, wieder eine echte, tragfähige Beziehung zu seinen Kindern aufzubauen, schränkte er seine Besuche unter der schmerzlichen Einsicht, dass sie ohnehin für alle bloß quälend seien, immer mehr ein. Er zahlte für den Unterhalt seiner Kinder und gründete eine neue Familie.

Die Kinder waren beide jahrelang in psychotherapeutischer Behandlung. Die Mutter war überzeugt, es sei wegen der Traumata, die ihnen der Vater zugefügt habe, jener Mann, vor dem sie ihre Kinder »erfolgreich« hatte schützen können. Sie waren auch tatsächlich in verschiedener Hinsicht auffällig. Die Kinder hatten Schlafstörungen, Stefan hatte zu stottern begonnen, und Anja musste in der Schule zurückgestellt werden, obwohl sie eigentlich ein intelligentes Kind war. Beide weigerten sich, mit anderen Kindern zu spielen, und schlossen in ihrer neuen

Umgebung keine Freundschaften. In der Therapie verarbeiteten sie ihre Ängste, ihre Aggressionen, ihren Schmerz. Nach einiger Zeit hatte die Therapeutin das Gefühl, das »Scheidungssyndrom« dieser Kinder in den Griff bekommen zu haben. Als beide aufs Gymnasium kamen, schienen die vielfältigen Sozialisationsversuche der Mutter und ihres gesellschaftlich wohlsituierten Milieus schließlich zum Erfolg geführt zu haben. Anja und Stefan erlernten gute Berufe und waren für ihre Mutter der lebendige Beweis dafür, dass sie ihr Leben und das ihrer Kinder damals in die richtigen Bahnen gelenkt hatte.

Das ist typisch für diese Art des Scheidungskriegs. Der Vater muss der Mutter als Sündenbock dienen, um ihr Verhalten zu rechtfertigen. Die Mutter beurteilt die Situation der Kinder zudem viel rosiger, als sie in Wahrheit ist. Die Kinder waren extrem belastet und hatten alle möglichen Symptome, die zwar durch therapeutische Maßnahmen und ein materiell sorgloses Leben weitgehend verschwunden sind. Negative Langzeitfolgen sind aber für diese Kinder leider zu befürchten. Zusätzlich tragisch dabei ist, dass derjenige Elternteil, der nicht um die Kinder kämpfen will, weil er sie schonen möchte, rechtlich meist machtlos ist.

Noch etwas Schwerwiegendes steckt in dieser Geschichte, das sich sehr nachteilig auf alle auswirken kann: der von der Mutter gegenüber dem Vater erhobene Vorwurf des sexuellen Missbrauchs. Ihre Anschuldigung kann begründet sein, und wenn dem wirklich so ist, hat sie die Kinder durch die Beanspruchung des alleinigen Sorgerechts, durch den Umzug in eine andere Stadt und den begleiteten Umgang mit dem Vater geschützt. Häufig lässt sich der Missbrauch aber nie beweisen. Er bleibt als drohende Wolke über der Kind-Vater-Beziehung bestehen. Was aber, wenn gar kein Missbrauch stattgefunden hat? Das Kind hat sich beispielsweise auf dem Spielplatz einen blauen Fleck an der Oberschenkelinnenseite geholt, der den Verdacht der Mutter weckt. Die Tragik einer solchen Situation besteht darin, dass der Missbrauchsverdacht die Beziehung zwischen dem Vater und seinen Kindern massiv beschädigt, weil er nie eindeutig ausgeräumt werden kann. Schließlich gibt es leider auch Mütter, die den Vorwurf eines Missbrauchs unbegründet als Waffe gegen den Vater einsetzen, um das Kind so dem Vater zu entfremden. Die Konsequenzen einer solchen Anschuldigung – ob begründet, unbegründet oder erfunden – sind für alle immer gravierend. Das Kind wird oft sehr belastenden Befragungen durch Gutachter und Familienrichter unterzogen, die Mutter muss ihre Anschuldigung immer wieder begründen, und der Vater kann auf Dauer, wie in der Geschichte von Anja und Stefan, nur resignieren. Er verliert die Beziehung zu seinen Kindern, denn solche Anschuldigungen zerstören den letzten Rest gemeinsamen Vertrauens. Dabei kommen weit häufiger als sexueller Missbrauch körperliche und vor allem psychische Gewalt vor. Letztere hat vielgestaltige Formen wie Vernachlässigung und vor allem negative Beeinflussungen des Kindes durch die Eltern.

Negative Beeinflussung der Kinder durch die Eltern

Scheidungseltern, insbesondere wenn sie im Streit sind, neigen dazu, ihre Kinder negativ zu beeinflussen:

- Der andere Elternteil wird schlechtgemacht, kann nichts mehr richtig machen.
- Banalitäten werden zu gravierenden Vorkommnissen aufgebauscht.
- Die Feindseligkeiten werden auf die ganze Familie des anderen Elternteils ausgeweitet.
- Von den Kindern wird erwartet, dass sie bedingungslos die Gedanken und Gefühle des betreuenden Elternteils übernehmen.
- Die Kinder dürfen kein Verständnis und Interesse für den anderen Elternteil zeigen.
- Die Kinder werden dazu gedrängt, die Beziehung zum außen lebenden Elternteil aufzugeben.

Es kommen alle Schweregrade und Erscheinungsformen der Manipulation und Entfremdung von Kindern vor, von gelegentlichen Sticheleien zwischen den Eltern bis zum Vollbild des sogenannten Eltern-Entfremdungs-Syndroms, auch Parental Alienation

Syndrom (PAS) genannt (Gardner 1992). Der betreuende Elternteil entfremdet das Kind, indem er den außen lebenden Elternteil in vielfältiger Weise schlechtmacht. Die Beeinflussungen des Kindes reichen von gelegentlichen negativen Bemerkungen bis zur schwersten Manipulation. Sie können zu »psychiatrisch relevanten kindlichen Störungen« führen (Boch-Galhau 2012).

Ich habe wiederholt Mütter, aber auch Väter erlebt, die auf extreme Weise ihre Kinder manipulieren. Sie versuchen – bewusst oder unbewusst – den anderen Elternteil aus dem Leben der Kinder zu verbannen. Entweder sie schikanieren den nicht mit den Kindern lebenden Elternteil mit rigiden Besuchsregelungen, oder sie unterbinden jeden Telefonkontakt, um den Ex-Partner zu strafen. Oder sie geben ihm keine oder nur ungenügende Informationen über sein Kind. All das, um ihn spüren zu lassen, dass das Kind ihn nicht mehr liebt und braucht. Wenn das Kind nach den Besuchswochenenden erkältet, übermüdet oder verstimmt ist oder wenn es schlechte Schulnoten nach Hause bringt, lasten sie die Probleme dem anderen Elternteil an. Sie ziehen wegen jeder Kleinigkeit vor Gericht und überhäufen ihn mit einstweiligen Verfügungen, etwa dass sich der Vater der Wohnung der Mutter nur bis zu einer Entfernung von fünfzig Metern nähern darf. Darüber hinaus werten sie den anderen Elternteil ständig vor den Kindern ab, reden schlecht über ihn und unterstellen ihm negative Absichten in Bezug auf die Kinder.

Man kann solche Eltern nur bedauern. Erstens weil sie ihrer Verantwortung nicht gerecht werden und zweitens weil die Kinder ihnen irgendwann, spätestens im Erwachsenenalter, Vorhaltungen machen werden.

Was Eltern, die sich so verhalten, nicht in Betracht ziehen, ist, dass sie über ihre Kinder später keine Macht mehr haben. Jedes Kind muss sich in der Pubertät von seinen Eltern emotional ablösen, um selbstständig zu werden und eine eigenständige Partnerschaft eingehen zu können. Eine einseitige Vereinnahmung erschwert oder verhindert die Ablösung und kann die spätere Beziehungsfähigkeit des Kindes einschränken. Deshalb passiert es gar nicht so selten, dass das Kind den Kontakt zur entfremdenden Mutter oder zum entfremdenden Vater plötzlich abbricht, um sich zum einen aus der jahrelangen Abhängigkeit zu befreien und zum anderen um herauszufinden, was damals wirklich geschehen ist, als die Beziehung zum anderen Elternteil abbrach. So bewirkt die Vereinnahmung das Gegenteil dessen, was die Mutter beziehungsweise der Vater ursprünglich angestrebt haben. Sie werden von ihren Kindern verlassen. Ich kann mich an eine Mutter erinnern, welche die Tochter dem Vater völlig entfremdete. Zwölf Jahre lang hatte der Vater überhaupt keinen Kontakt mehr zu seinem Kind. Im Alter von 19 Jahren nahm die Tochter – gegen den Widerstand der Mutter – Kontakt zum Vater auf. Sie wollte herausfinden, weshalb er den Kontakt zu ihr abgebrochen hatte. Beim ersten Treffen stellte der Vater mehrere Ordner vor sie hin und bat sie zu lesen. Die Tochter erfuhr, dass sich der Vater viele Jahre sehr um sie bemüht hatte, die Mutter jedoch alle seine Anstrengungen mithilfe von Behörden und Gerichten torpediert hatte. Die Tochter war so erzürnt über das Verhalten ihrer Mutter, dass sie sofort aus der gemeinsamen Wohnung auszog und den Kontakt zu ihr völlig abbrach.

In den letzten zehn Jahren hat der Europäische Gerichtshof für Menschenrechte mehrere Urteile gegen Eltern erlassen, die ihr Kind einem Elternteil entfremdet haben (Boch-Galhau 2012). Das ist ein deutliches Signal dafür, dass sich die Gesellschaft bewusst darüber wird, dass ein Kind in seinem Wohlbefinden und seiner Entwicklung dauerhaft beeinträchtigt sein kann, wenn ein Elternteil den anderen Elternteil schlechtmacht (Baker 2005). Für mindestens so wichtig wie die extremen Fälle der Entfremdung, halte ich allerdings die leichteren, zumeist unbewusst ablaufenden, schleichenden Entfremdungsprozesse. Sie kommen sehr viel häufiger vor, und fast alle Eltern tappen zumindest zeitweise in diese Falle hinein.

Bei jedem Konflikt und Streit kann es zu einer kleineren oder größeren Entfremdung kommen. Beispielsweise erlebt das Kind, wie der Vater die Mutter anbrüllt. Es kann gar nicht anders, als sich auf die Seite der – vermeintlich schwächeren – Mutter zu schlagen, und beginnt sich aus der Beziehung zum Vater zurückzuziehen. Oftmals entfremdet der eine Elternteil das Kind dem anderen Elternteil unbewusst, einfach weil er oder sie Angst hat, das Kind zu verlieren, oder weil seine Wut auf den Ex-Partner übermächtig ist. Dann sagt die Mutter zum Beispiel: »Wenn du übers Wochenende nicht zu deinem Vater gehen möchtest, musst du nicht. Wir könnten zusammen ins Kino gehen.« Es kommt zu einer Konkurrenzsituation zwischen den Eltern, jeder versucht, das Kind auf seine Seite zu ziehen. Jegliche Art der Entfremdung der Kinder vom anderen Elternteil, jedes Schlechtmachen des anderen hat aber schlimme Folgen für die Kinder. Hält die Feindschaft an, kann es sein, dass die Kinder beginnen, den anderen Elternteil immer stärker als negativ wahrzunehmen und ihn ihrerseits abzuwerten. Sie ergreifen zunehmend Partei und lehnen schließlich auch die

Merkmale einer hochstrittigen Trennung

- Kindzentrierte Rechtsstreitigkeiten über Sorge- und Umgangsrecht, fortgesetzte gerichtliche Verfahren, kein Befolgen von gerichtlichen Anordnungen.
- Keine Bereitschaft der Eltern, auch kleine Konflikte ohne Hilfe des Gerichts zu lösen, außergerichtliche Interventionen wie Mediation bleiben ohne Wirkung.
- Die Kommunikation der Eltern ist belastet mit gegenseitigen verdeckten Feindseligkeiten, Demütigungen und Verleumdungen.
- Ausweitung der Feindseligkeiten auf die gesamte Familie und das Umfeld des anderen Elternteils.
- Andauernde Auseinandersetzungen über Erziehung, konflikthafte Übergaben der Kinder mit verbaler und physischer Gewalt.
- Die Beziehung des Kindes zum anderen Elternteil wird nicht respektiert, schwere, nicht bewiesene Anschuldigungen über Verhalten und Erziehungspraktiken des ehemaligen Partners (Vernachlässigung, Missbrauch, Kindesentführung, häusliche Gewalt, Suchtverhalten etc.).
- Kinder werden in Paarkonflikte miteinbezogen, Loyalitätskonflikte, negative Äußerungen über den anderen Elternteil.
- Kinder werden psychisch und körperlich vernachlässigt.

(Modifiziert nach Johnston 2010)

gesamte Familie und das Umfeld des zum Sündenbock gestempelten Elternteils ab. Die Beziehung zwischen dem Kind und dem abwesenden Elternteil kann in der Folge ganz unterschiedlich stark beeinträchtigt sein. Sie kann nur geringfügig eingeschränkt sein oder bis zur vollständigen Entfremdung mit Beziehungsverlust gehen. Wie man aus der nächsten Tabelle ersehen kann, tragen dazu nicht nur konflikthafte Elternbeziehungen bei, sondern eine Reihe von weiteren Faktoren, die häufig zusammenspielen, sich kumulieren und so die Entfremdung verstärken.

Faktoren, die zur Beeinträchtigung und zum Verlust der Beziehung des Kindes zum abwesenden Elternteil führen können

- Keine tragfähige Beziehung vor der Trennung zwischen Kind und Vater/Mutter
- Unzureichende gemeinsame Erfahrungen von Kind und Vater/Mutter (zu seltene und zu kurze Kontakte)
- Große emotionale, berufliche und soziale Belastung des Vaters/der Mutter
- Fehlende Erziehungs- bzw. Elternkompetenz des Vaters/der Mutter
- Konfliktreiche Beziehung zwischen den Eltern
- Neue Beziehungskonstellationen wie Partnerschaft mit Stiefkindern
- Abwertende Äußerungen und für das Kind offensichtliche Ablehnung des anderen Elternteils

Um sicherzugehen, dass man den anderen Elternteil möglichst nicht schlechtmacht, besteht eine wirkungsvolle Strategie darin, die Beziehung des Kindes zu ihm aktiv zu fördern. Denn wenn man sich nicht ganz bewusst immer wieder sagt, dass es sich um den Vater, die Mutter meines Kindes – neben mir also die wichtigste Bezugsperson – handelt, läuft man immer wieder Gefahr, in eine leichte Form der Abwertung zu geraten, die zur Entfremdung führen kann. Streit, Konflikte und gegenseitiges Abwerten sollte man als Warnsignale wahrnehmen. Ich habe immer wieder erlebt, dass hinter der Art und Weise, wie Konflikte ausgetragen werden, eine diffuse Angst steckt, beispielsweise die Angst, keine Kontrolle über das Kind zu haben, wenn es beim anderen Elternteil ist, oder gar die Angst, es zu verlieren. Ich halte es für eine der wirksamsten Maßnahmen gegen die allgegenwärtigen Gefahren der Entfremdung, dass sich die Eltern regelmäßig gegenseitig über die Kinder informieren, dass sie miteinander über deren Belange, Bedürfnisse, Entwicklungen und Probleme reden – wenn es nicht anders geht mithilfe eines Mediators oder Familientherapeuten. Das schützt vor unbegründeten Verdächtigungen und stärkt das Vertrauen, dass der andere Elternteil es schon gut machen wird mit den Kindern.

Zwei Drittel der Trennungspaare kann erfreulicherweise Umgangs- und Sorgerechtsfragen ohne gerichtliche Hilfe lösen, ein Drittel muss Hilfe in Anspruch nehmen. 20 Prozent der Trennungspaare gelten als sogenannte Hochkonfliktfälle (Fichtner 2007). Vorsichtige Studien gehen für Deutschland davon aus, dass jede fünfzehnte Trennungs- und Scheidungsfamilie einen hochstrittigen Verlauf nimmt. Damit sind jährlich etwa 10 000 Kinder und Jugendliche von einer solchen Konfliktsituation betroffen (Fichtner 2010).

Während früher Streitigkeiten der Eltern durch die langwierigen rechtlichen Auseinandersetzungen und ein veraltetes Familienrecht oft noch geschürt und verlängert wurden, hat die Familienrechtsreform 2009 in Deutschland einige wesentliche Verbesserungen gebracht. Zum einen durch die Verfahrensbeschleunigung, zum anderen durch die Einbeziehung aller Akteure (Familiengerichte, Jugendämter, Beratungsstellen), um passgenaue Hilfen für die betroffenen Eltern, vor allem aber für ihre Kinder zu finden (Cochemer Praxis siehe Glossar). Dabei verstehen sich alle Verfahrensbeteiligten als Lobbyisten der Kinder. In der Praxis heißt das, dass Eltern zu einer Beratung, Mediation und Therapie verpflichtet werden, wenn sie zerstritten sind.

Das ist ein großer Fortschritt und dennoch bleiben Probleme, welche die Kinder betreffen, häufig ungelöst. Wie wir aus verschiedenen Studien wissen, werden durch die zahlreichen Maßnahmen oft nur geringe oder kurzfristige Erfolge erzielt (Fichtner 2010). Denn je stärker der Konflikt der Eltern eskaliert, desto schwieriger und aufwendiger ist es, dem Wohlbefinden und den Bedürfnissen der Kinder gerecht zu werden. Deshalb sollten Gesellschaft und Rechtsstaat – wie in Holland oder in den skandinavischen Ländern üblich – den Eltern frühzeitig die Auflage machen, dass sie sich über die Kinder einigen müssen, bevor das Gericht überhaupt auf den Scheidungsantrag eingeht.

Immer wieder wird die Sichtweise der Kinder vernachlässigt und auf ihre Bedürfnisse keine Rücksicht genommen. Deshalb versucht man jetzt zunehmend, die Kinder in den Trennungs- und Scheidungsprozess mit einzubeziehen. Dabei hat sich vor allem als sinnvoll erwiesen, die Kinder zu stärken, an ihrem Selbstwertgefühl zu arbeiten, mit ihnen zu überlegen, was sie brauchen, und dies den Eltern in einer separaten Sitzung widerzuspiegeln. Kinder und Eltern zusammen zu beraten ist hingegen meist schwierig, weil kaum vermieden werden kann, dass die Konflikte eskalieren und dadurch die Kinder belastet werden und unter Druck geraten.

Manche Eltern finden aus ihrem Streit ein Leben lang nicht heraus. Dann vergehen die Jahre, und die Kinder wachsen unter nachteiligen Bedingungen auf. Dennoch schaffen es Kinder immer wieder, trotz der größten Streitereien und Konflikte gut durch alle Krisen zu kommen. Diese Kinder haben meist ein soziales Umfeld, das ihnen Halt und Schutz bietet. Kinder bewältigen Krisen besser, wenn sie Kontakte zu außen stehenden Menschen haben, die ihnen Geborgenheit vermitteln und Entwicklungsmöglichkeiten eröffnen. Großeltern, Geschwister, Lehrer, Nachbarn, Leiter in Freizeitclubs und Sportvereinen erweisen sich als eigentliche Schutzfaktoren. Ein erweitertes Betreuungssystem und Schulen, die ihre Sozialisierungsaufgabe ernst nehmen, können sehr viel zum Wohl der Kinder beitragen.

Das Wichtigste in Kürze

1. Der Schweregrad des Scheidungskonfliktes ist abhängig von:
   - der Bereitschaft der Eltern zur Konfliktbewältigung (Trauerarbeit, Akzeptanz und Verzeihen),
   - der emotionalen Sicherheit der Eltern (neue Partnerschaft, Familie),
   - der aktuellen Lebenssituation der Eltern (soziale, berufliche, finanzielle Situation),
   - dem familiären, gesellschaftlichen und kulturellen Umfeld (u. a. Wertvorstellungen bezüglich der Scheidung).

2. Die wichtigsten Merkmale hochstrittiger Trennungen sind:
   - fortgesetzte Rechtsstreitigkeiten über Sorge- und Umgangsrecht,
   - Kommunikation der Eltern belastet mit gegenseitigen Feindseligkeiten, Demütigungen und Verleumdungen,
   - andauernde Auseinandersetzungen über Erziehung und konflikthafte Übergaben,
   - Beziehung des Kindes zum anderen Elternteil wird nicht respektiert; ständige Anschuldigungen über Verhalten und Erziehungspraktiken des ehemaligen Partners,
   - psychische und körperliche Vernachlässigung der Kinder.

3. Faktoren, welche die Beziehung des Kindes zum abwesenden Elternteil auf die Dauer beeinträchtigen:
   - keine tragfähige Beziehung vor der Trennung zwischen Kind und Vater/Mutter,
   - unzureichende gemeinsame Erfahrungen von Kind und Vater/Mutter,
   - große emotionale, berufliche und soziale Belastung des Vaters/der Mutter,
   - ungenügende Erziehungskompetenz des Vaters/der Mutter,
   - konflikthafte Elternbeziehung,
   - ungünstige Beziehungskonstellationen,
   - abwertende Äußerungen und Ablehnung des anderen Elternteils.

4. Worunter leiden die Kinder, wenn sich die Eltern streiten?
   - Sie erleben negative Gefühle zwischen den Eltern als Ablehnung.
   - Sie geraten in Loyalitätskonflikte.
   - Sie leiden unter der mangelnden organisatorischen Abstimmung zwischen den Eltern.

5. Streitende Eltern neigen dazu, ihre Kinder negativ zu beeinflussen:
   - Der andere Elternteil wird schlechtgemacht, kann nichts mehr richtig machen.
   - Banalitäten werden zu Missetaten aufgebauscht.
   - Die Feindseligkeiten werden auf die ganze Familie des anderen Elternteils ausgeweitet.
   - Von den Kindern wird erwartet, dass sie bedingungslos die Gedanken und Gefühle des betreuenden Elternteils übernehmen.
   - Die Kinder dürfen kein Verständnis und Interesse für den anderen Elternteil zeigen.
   - Die Kinder werden dazu gedrängt, die Beziehung zum außen lebenden Elternteil aufzugeben.

Was bewirken Familienideale bei Eltern und Kindern?

Zu begreifen, dass ihr Familienmodell gescheitert ist, sei das Schlimmste gewesen, sagte Emma. Die Familie, die ihr die Eltern vorgelebt hatten, in guten wie in schlechten Zeiten. Auch Emma wollte mit ihrem Mann alt werden. Wie ihre Mutter versuchte sie, über die schlechten Zeiten hinwegzukommen, zu warten, bis ein warmer Wind ihrer Ehe wieder ein günstigeres Klima bringen würde. Es gelang ihr nicht. Nach zehn Jahren war Schluss. Nichts mehr zu machen. Man musste nicht einmal streiten. Nur noch auseinandergehen. Die Scheidung einreichen. Dann die Trauer aushalten. Emma erholte sich lange nicht von ihrem Schmerz. Sie hatte das Gefühl, ihr Leben sei gescheitert, sie hätte versagt, alles sei zerbrochen. Wenn sie mittags vom Büro zur Schule von Lore, wie ihre siebenjährige Tochter Eleonore genannt wurde, eilte und anschließend mit ihr nach Hause in das kleine Einfamilienhäuschen, aus dem ihr Mann vor einem halben Jahr ausgezogen war, fühlte sie sich weidwund. Wie in einem zersprungenen Spiegel sah sie ihre Wohnung, ihr Leben, sich selbst. Durch alles gingen die Risse, so viele, dass keine Hoffnung mehr bestand, sie könnten je wieder verschwinden. Nicht einmal die alten Fotorahmen konnte sie wegräumen. Dahinter würde die Leere sie anstarren. Alles, was sie in dieser Wohnung anfasste, tat weh. Als wär's ein Stück ihres alten Lebens, abgebrochen, zerschellt. Dann, nach einigen Monaten und vielen Gesprächen mit Freunden, ihrem Therapeuten und einer Freundin ihrer Mutter, wurde Emmas Blick in den zerbrochenen Spiegel immer seltener. Sie pflanzte Blumen, richtete Lores Kinderzimmer und ihr Schlafzimmer neu ein und ließ immer öfter Lores fröhliches Kinderlachen aus dem Garten an ihr Herz dringen. Hier war Lores Zuhause, ihr Kinderreich, ein Ort voller Geheimnisse, Geschichten und dem Duft der Geborgenheit. Sie, Emma, hatte kein Recht, sich diesem Ort zu entfremden, sich hier nicht zu Hause zu fühlen. Es war unfair von ihr, ständig das Bild von der zerstörten Familie vor Augen zu haben, wo es doch einfach Lores Familie war. Und Lore war ein glückliches Mädchen. Jeder konnte sehen, wie strahlend sie sich in ihrer Welt bewegte, wie gut ihr die geflochtenen Zöpfe standen, der Schulranzen, wie gern sie nach Hause kam, in ihr Zauberreich, zu den Kuscheltieren, dem Puppenhaus, der großen Bastel- und Malkiste.

Es lag wohl nicht an den Lebensumständen, dass es Emma nach der Scheidung schlecht ging. Sie hatte keine offensichtlichen Probleme. Kein Rosenkrieg. Sie musste nicht in eine kleinere Wohnung umziehen, hatte genug Geld, und offenbar hatte sie auch eingesehen, dass die Ehe mit ihrem Mann gescheitert war. Sie litt wohl, weil ihr Traum von einem traditionellen Familienleben zerbrochen war. Vater, Mutter, Kind in einem kleinen Häuschen mit Garten und gemeinsamen Urlauben. Dieses Bild existierte nicht mehr. Doch dann begann sie, ihre Tochter zu beobachten und das Glück wahrzunehmen, das da trotz allem ist.

Und sie macht eine Erfahrung, die ihr neue innere Sicherheit gibt: Ihre Tochter fühlt sich bei ihr zu Hause und geborgen. Emma schafft es, von ihrem kleinen Mädchen zu lernen. Das finde ich wunderbar. Dass sie sich durch ihre Tochter verändern lässt, bringt den zerbrochenen Spiegel zum Verschwinden und setzt die anerzogenen Vorstellungen von der heilen Familie außer Kraft. Familie wird für sie zu etwas Neuem, zu etwas, das sie und ihre Tochter auf ihre eigene Art und Weise leben.

Die Familie ist keine aussterbende Lebensform. Besonders bei jungen Menschen steht sie hoch im Kurs, bei jungen Erwachsenen bis 30 Jahre ist der Wert sogar so hoch wie nie zuvor; 2010 fanden mehr als drei Viertel der jungen Menschen, dass man eine Familie und Kinder zum Glück braucht (Familienreport 2012). Sie lassen sich offensichtlich nicht von der Tatsache abschrecken, dass über 40 Prozent der Ehen wieder auseinandergehen. Spielt also der traditionelle Familienbegriff immer noch eine zentrale Rolle in unserer Gesellschaft?

Ich glaube schon. Die Realität der hohen Scheidungszahlen kommt gegen unsere kulturelle Prägung nicht an. Die Familie als Lebensform wird uns nach wie vor anerzogen. Wir können also gar nicht anders, als uns diese Lebensform zu wünschen, auch wenn sich durch die gesellschaftliche Entwicklung das, was Familie ist und sein sollte, wandelt. Familie ist heute immer weniger deckungsgleich mit Ehe, auch wenn sich die katholische Kirche heftig dagegen wehrt. Die hohen Scheidungsraten machen das immer offensichtlicher.

Was die Sozial- und Familienpolitik betrifft, hat sich in letzter Zeit Einiges getan, um der neuen Wirklichkeit unterschiedlicher Familienformen Rechnung zu tragen. Die Homo-Ehe ist nur die Spitze des Eisbergs. Nicht-eheliche Partnerschaften wurden ehelichen weitgehend gleichgestellt, Trennung und Scheidung als Realität anerkannt, weder Stief- und Patchworkfamilien noch Alleinerziehende sind in unserer Gesellschaft diskriminiert. Und dennoch: Die meisten Kinder wachsen immer noch bei Vater und Mutter auf. 85 Prozent der Familien mit mindestens einem minderjährigen Kind sind Kernfamilien.

Und keine Frage: Wenn sie glückt, ist die bürgerliche Familie – zumindest in unserem Kulturraum – nach wie vor die beste Form, um Kinder glücklich aufwachsen zu lassen. Deshalb ist sie auch das vorherrschende Idealbild, auch wenn das, was die Eltern einem vorgelebt haben, nicht immer diesem Ideal entsprach. Welches Familienbild haben dir deine Eltern vermittelt?

Wie auch immer das Zusammenleben sein wird, das Kind braucht auf seinem Lebensweg beide Eltern

Die Eltern lieben einander. Dieser Zustand wird Ehe genannt. Er dauert unverbrüchlich bis zum Tod und für manche Menschen auch noch darüber hinaus. Für Mädchen ist die Hochzeit das wichtigste Fest des Lebens, weil es das Versprechen birgt, dass sie nun ihr Leben als Mütter und Ehefrauen weiterführen dürfen. Ich bin auch mit sehr hohen Wertvorstellungen über die Ehe und Familie erzogen worden. Für meine Eltern war eine Scheidung während ihrer 35-jährigen Ehe schlicht undenkbar. Außerdem waren sie einander zeitlebens wirklich zugetan. Mein Vater hatte überhöhte Ansprüche an die Ehe und Familie, deren Wurzeln in seine Kindheit zurückreichten. Er wuchs als Vollwaise auf. Er hat seine Eltern nie gekannt und ist von seinen Geschwistern großgezogen worden. Ehe und Familie waren daher ein Ideal für ihn, wurden zu seinem wichtigsten Lebensinhalt. Mein Vater ist ein gutes Beispiel dafür, wie sich auch ohne Vorbild eine überhöhte Erwartung an Ehe und Familie entwickeln kann. Und ich vermute, seine Ansprüche haben zeitweise ihn selbst, ganz sicher aber mich überfordert.

Als sich meine Ehe verschlechterte, war eine Scheidung lange Zeit für mich undenkbar. Ich stand mir dabei selbst mehr im Weg als meine Eltern. Ich hatte die idealistischen Wertvorstellungen meines Vaters so verinnerlicht, dass ich eine Scheidung schon aus Prinzip nicht in Betracht zog. Als es schließlich doch dazu kam, stellte sich heraus, dass meine Eltern für unsere Familiensituation mehr Verständnis zeigten als ich selbst. Sie haben mich weder von der Scheidung abgehalten noch mir vorgeworfen, versagt zu haben. Meine Eltern haben mich, meine Ex-Frau und die Kinder während der Scheidung und noch viele Jahre danach immer liebevoll unterstützt.

Stellen wir uns vor, wir würden in einer Zeit leben, in der alle religiösen und gesellschaftlichen Vorstellungen, die ein traditionelles Familienbild favorisieren, nicht mehr bestehen und die Kinder von alleinstehenden Vätern und Müttern erzogen würden. Hätten junge Erwachsene dann immer noch diese Sehnsucht nach der Familie, in der Mutter, Vater und Kinder zusammenleben?

Ein schönes Gedankenexperiment! Ich vermute, dass angehende Eltern eine biologisch begründete Sehnsucht nach einer familiären Lebensgemeinschaft haben, weil über Jahrtausende hinweg nur die erweiterte Familie, die Sippe das Überleben der Kinder gewährleisten konnte. Kinder wurden während der ganzen Menschheitsgeschichte in Lebensgemeinschaften, wenn auch unterschiedlichster Art, großgezogen. Das bürgerliche Familienideal gibt es indes erst seit dem 19. Jahrhundert. In gewisser Weise ähneln heutige Patchworkfamilien wieder den familiären Lebensgemeinschaften früherer Jahrhunderte, die auch aus leiblichen und Stiefeltern, Halbgeschwistern und eigenen Kindern bestanden.

Das Problem des bürgerlichen Familienideals besteht darin, dass es Versagens- und Schuldgefühle auslösen kann. Wenn es uns nicht gelingt, als vollständige Familie zu leben, haben wir das Gefühl, versagt zu haben. Wenn wir uns scheiden lassen, denken wir, gegen die Sittengesetze dieser Gesellschaft zu verstoßen. Schuldgefühle haben wir den eigenen Eltern, aber vor allem unseren Kindern gegenüber. Trotz aller Akzeptanz von Trennung und Scheidung denkt insgeheim immer noch die Mehrheit der Menschen, dass sich ein Kind nur in einer vollständigen Familie normal entwickeln kann. Eine Trennung und Scheidung müsse den Kindern somit zwangsläufig schaden. Also seien Eltern, die sich trennen, am Unglück ihrer Kinder schuld. Doch dieser Glaube bewirkt, dass getrennte Eltern nur allzu gern denken, wenn es ihren Kindern nicht gut geht, dann sei die Scheidung daran schuld. Und das verhindert, dass sie sich die richtigen Fragen stellen und wirklich Verantwortung dafür übernehmen, dass ihre Kinder trotz Trennung und Scheidung glücklich sind.

Gilberts Tochter litt unter der Trennung seiner Eltern. Das war offensichtlich. Manchmal wollte die Achtjährige ihren Vater gar nicht sehen, manchmal heulte sie sich bei ihm und seiner neuen Freundin über das Leben bei der Mutter aus. Etwa weil sie sich einen kleinen Hund wünschte, »damit ich nicht so allein bin«, aber damit bei ihrer Mama nicht durchkam, oder weil sie auf das neue Baby aus Vaters jetziger Beziehung eifersüchtig war. Bitterlich schluchzend sagte sie dann Sätze wie »Das Baby braucht immer so viel Platz und ist so laut. Das macht mich wütend.« Maries Heulen entsprach in solchen Fällen nicht dem

Anlass. Es war nicht wütend, nicht insistierend, nicht energiegeladen wie bei Kindern, die mit ihrem Weinen einem unmittelbaren Gefühl, einem Schmerz oder einer Aggression Ausdruck verleihen. Diese Kinder wehren sich und signalisieren mit ihrem Tonfall, dass sie erwarten, dass ihr Schreien ihre Situation verbessern möge. Maries Heulen war nicht so, es hatte vielmehr etwas zutiefst Verzweifeltes und Hoffnungsloses, ihr Schluchzen glich einem Wimmern, es war Ausdruck einer tiefen Not. Das fiel auch Gilbert auf. Oft beklagte Marie, dass ihr Vater und ihre Mutter nicht mehr zusammenlebten, dass sie nun keine Familie mehr seien, und schluchzte, weil der Papa die Mama nicht mehr lieb habe. Gilbert konnte seine Marie nur allzu gut verstehen. Die Familie war für ihn stets das Höchste gewesen. Er verband damit ein Bild, in dem Vater und Mutter zusammen mit den Kindern an einem Ort leben. Auch tat er in seiner neuen Familie alles, um dieses Bild, die Sehnsucht und Geborgenheit, die er damit verband, wieder auferstehen zu lassen. Dass Marie unter dem Zusammenbruch der Familie litt, war für ihn die einzig einleuchtende Erklärung für ihre Schwierigkeiten und Verhaltensauffälligkeiten. Und deshalb hatte er auch das Gefühl, nichts dagegen tun zu können. Der Zusammenbruch der Familie war nun einmal ein Faktum und seine Tochter der Beweis dafür, wie schrecklich das ist.

Für Gilbert ist der Fall klar. Für ihn ist die Scheidung am Leid seiner Tochter schuld. Weil er aber so denkt, fragt er sich nicht, was seinem Kind wirklich fehlt und was er ganz konkret tun könnte, damit es ihm wieder besser geht. Das ist ein weitverbreitetes elterliches Verhalten. Manchmal stehen wir uns selbst im Weg, weil wir unsere Glaubenssätze und Vorstellungen haben, die uns blind machen für das, was wirklich ist.

Marie fehlt etwas Wichtiges. Sie vermisst Geborgenheit und leidet nur vordergründig darunter, dass Mama und Papa nicht mehr zusammenleben. Ihr Klagen über die Trennung der Eltern drückt ihr Verlorensein aus. Sie fühlt sich weder von ihrer Mutter noch von ihrem Vater ausreichend geliebt. Deshalb trauert sie dem vergangenen gemeinsamen Leben nach und glaubt, dass es ihr besser gehen würde, wenn die Eltern wieder zusammenkämen. Auch Kinder, denen es gut geht und die sich in ihrer neuen Lebenssituation geborgen fühlen, können dem vergangenen Leben nachtrauern. Für Eltern ist das oft schwer auszuhalten, weil es ihnen Schuldgefühle macht. Den Trauergefühlen der Kinder Raum zu geben, ist aber wichtig, und gerade wenn sich die Kinder im neuen Leben geborgen fühlen, können sie diese Trauer auch ausdrücken. Trauer ist also nichts Negatives.

Hinterfragt man einmal, was man mit dem Begriff Familie verbindet, und prüft, ob diese Qualitäten nicht genauso für andere Formen des Zusammenlebens gelten, so kann das helfen, die anerzogenen Idealbilder zu korrigieren und für die heutige gesellschaftliche Realität zu öffnen. Denn Geborgenheit, emotionale Sicherheit, Zuwendung und eine alltägliche Selbstverständlichkeit des Zusammenlebens, sich Vertrauens und Helfens sind für alle – Alleinerziehende, Patchworkfamilien, Wohngemeinschaften oder soziale Nachbarschaftsnetze – von ein und derselben Bedeutung.

Und das, was das körperliche und psychische Wohlbefinden eines Kindes bestimmt, ist nur sehr bedingt von der Form des Zusammenlebens abhängig.

Und dennoch ist der Begriff »Scheidungskinder« oft negativ besetzt. In Kindergärten, in der Schule oder in anderen Teilen der Gesellschaft hört man immer wieder Sätze wie »Kein Wunder, die Eltern sind geschieden«, »Die Mutter ist eben alleinerziehend«, »Er ist eben ein Scheidungskind«. Dabei steckt wohl kein soziales Stigma mehr hinter solchen Aussagen, würden doch die wenigsten Menschen noch ein moralisch abfälliges Urteil über Geschiedene und ihre Familiensituation fällen. Das wirkt sich positiv auf die Kinder aus. Dennoch hält sich hartnäckig das Vorurteil, dass Kinder aus geschiedenen Ehen oder getrennten Partnerschaften an Verhaltensauffälligkeiten und psychosomatischen Störungen leiden. Dass die Mehrheit der Scheidungskinder nach einer kurzen Zeit der Krise unauffällig ist und dass es auch glückliche Scheidungskinder gibt, wollen viele Erwachsene dann doch nicht glauben.

Vorübergehend zeigen viele Scheidungskinder Verhaltensauffälligkeiten. Deshalb ist es verständlich, dass Kindergärtnerinnen,

Lehrer und Ärzte sofort an eine Palette von Problemen denken, wenn sie es mit einem Scheidungskind zu tun haben.

Dies sollte aber nicht zu vorschnellen Urteilen führen. Eine Freundin erzählte mir einmal, dass sie sich etwas überrumpelt vorkam, als die Kindergärtnerin ihres Sohnes sofort eine ganze Reihe von Schwierigkeiten auflistete, die nach der Trennung bei ihrem Sohn zu erwarten wären. Er würde entweder aggressiv reagieren oder sich zurückziehen, um dann auf irgendeine Weise mit seiner Wut und Trauer über die Trennung fertig zu werden. Oft könnten die Kindergärtnerinnen besser mit den Kindern über ihre Schmerzen sprechen und so weiter. Doch bei diesem Jungen stellten sich auch nach längerer Zeit keine »typischen Scheidungssymptome« ein, und seine Kindergärtnerin war mehr als verwundert.

Erzieher, Lehrer und andere Erwachsene sollten sensibel für die Schwierigkeiten sein, die Trennungs- und Scheidungskinder haben können, andererseits sollen sie keine falschen Zuschreibungen machen. Anstatt ängstlich darauf zu warten, ob die Scheidung zu irgendwelchen Verunsicherungen oder Verhaltensauffälligkeiten bei den Kindern führt, die sie betreuen, sollten sie bei verhaltensauffälligen Kindern, aus welcher familiären Situation sie auch stammen, darauf achten, welche ihrer Bedürfnisse nicht befriedigt werden.

Doch auch die Schuldgefühle, die viele geschiedene Eltern aufgrund ihrer Idealvorstellungen von Familie haben, führen oft dazu, dass Eltern die Bedürfnisse der Kinder nicht richtig wahrnehmen.

Für Valerie war die Suche nach »Scheidungssymptomen« zu einer regelrechten Jagd geworden. Im Gedächtnis hatte sie sich eine Checkliste angelegt, auf der alles, was Anna tat und sagte, vermerkt wurde. Lange Zeit wollte sie den Filter aus Schuldgefühlen gar nicht wahrhaben, der sich vor ihre Augen geschoben hatte und ihre Wahrnehmung entsprechend trübte. Schlimmer noch: Die Schuldgefühle hinderten sie daran, zu handeln, aktiv zu werden und Probleme zu lösen, anstatt sich Asche aufs Haupt zu streuen. Ein Jahr nach der Trennung wurde Anna plötzlich sehr anhänglich. Sie ließ ihre Mutter überhaupt nicht mehr los. Sie war nun bald fünf, ein großes Mädchen eigentlich. Warum wollte sie dann am Morgen nicht im Kindergarten bleiben? Wieso weigerte sie sich plötzlich, mit ihrer Freundin und deren Mutter zum Ballett zu gehen? Etwas, das sie stets gern getan hatte. Warum klebte Anna so an ihr, wie ein Äffchen? Valerie wusste nicht, was sie tun sollte. Sie glaubte, nun doch ein Scheidungssymptom bei ihrer kleinen Tochter festgestellt zu haben, und litt darunter. Die Schuldgefühle paralysierten sie und machten Annas Verhalten zur Mühsal. Anstatt ihr kleines Mädchen, das wahrscheinlich im Kindergarten Probleme hatte, einfach in den Arm zu nehmen, stieß sie es weg. »Sei doch nicht so anhänglich, Anna. Du bist doch ein großes Mädchen«, sagte sie. Sie zwang Anna, zum Ballett zu gehen, und zwar so wie immer, mit ihrer Freundin und deren Mutter. Wenn Anna durch die Scheidung so anhänglich geworden ist, wäre das wie ein schwarzes Loch, dachte Valerie. Da sie sich nicht in der Lage fühlte, die Trennung von ihrem Mann ungeschehen zu machen, also die Ursache für die Anhänglichkeit ihrer Tochter zu beseitigen, würden die Symptome auch nicht verschwinden. Egal wie viel Liebe sie investierte.

Doch dann erinnerte sie sich, dass sie früher viel unbefangener wahrgenommen hatte, was Anna fehlte, und sich stets gefragt hatte, was ihrem Kind ganz konkret abgeht, und dass sie dann danach handelte. Also änderte sie ihre Strategie, sie ließ Anna all die nötige Sicherheit und Geborgenheit auftanken, an der es offenbar mangelte. Sie ging für eine Weile abends nicht weg, holte das kleine Mädchen früher vom Kindergarten ab, verschob die liegen gebliebene Arbeit auf den Abend, wenn Anna bereits schlief. Schon bald ließ Annas Anhänglichkeit nach. Valerie hatte wieder gelernt, ihr Kind »zu lesen«, anstatt misstrauisch nach Scheidungssymptomen zu fahnden.

Auch Valerie tappt in die »Schuldfalle«, obwohl sie eine so starke und bewusste Mutter ist und ihre Lebensumstände außerordentlich günstig sind. Sie beobachtet sich und Anna gut und schafft es dadurch, immer wieder dazuzulernen. Und so kann sie die Erfahrung machen, dass ihre Schuldgefühle wegen der Scheidung unberechtigt waren. Vielen gelingt das nicht. Sie müssen zum Beispiel nach der Scheidung vermehrt arbeiten und haben zu wenig

Zeit für die Kinder. Weil sie mit ihren eigenen Problemen beschäftigt sind, merken sie nicht, wie sehr die Kinder aus vielfältigen Gründen belastet sind und dass sie mit Problemen reagieren. Zu den Schuldgefühlen wegen der Scheidung kommen dann noch die Schuldgefühle, nicht genug Zeit zu haben, die Kinder im Stich zu lassen, mit ihren Problemen nicht fertig zu werden.

Hier, meine ich, liegt die Verantwortung der Verwandten und Bekannten der Familie, aber auch der Gesellschaft und ihrer sozialen Institutionen. Denn die meisten Eltern brauchen Hilfe, viele sind zu überfordert, um angemessen mit ihren Kindern umgehen zu können. Sind sie hingegen entlastet, weil sie sich auf eine gute außerfamiliäre Betreuung ihrer Kinder verlassen können, da sie von ihrem sozialen Umfeld unterstützt werden. Dann erst können sie einen Schritt zurücktreten und wahrnehmen, was wirklich vorgeht und was die Kinder brauchen.
Die Bilder, die wir von der Familie im Kopf haben, aber auch die Vorstellung davon, wie eine Trennung und Scheidung vonstattengehen und sich auf alle auswirken, beeinflussen unser Verhalten im Alltag als getrennte Eltern durchaus. Oftmals verengen sie den Blick auf die Möglichkeiten der neuen familiären Situation.

Oh ja, das kenne ich gut. Ich bin ein Freund unkonventioneller Lösungen. Als meine Tochter kurz nach der Trennung nicht alleine mit ihrem Vater das Wochenende bei der Schwiegermutter oder bei seiner Schwester zubringen wollte, bin ich kurzerhand mitgefahren, damit das Wochenende gelingt. Wenn ich Eltern davon erzähle, sind sie erstaunt, sie glauben, so darf man sich als getrennte Eltern nicht verhalten. In Gesellschaft passiert es mir immer noch, dass mein Gegenüber herumdruckst, weil er nicht weiß, wie er mich auf die Frau meines Ex-Mannes ansprechen soll. Und oft habe ich erlebt, dass Eltern verunsichert waren, ob sie gemeinsam den Kindergeburtstag oder Weihnachten feiern sollen oder ob das ein falsches Signal an die Kinder sei.
Solche Überlegungen sind meist hinderlich. Viele Eltern glauben, dass sie nach der Trennung nichts mehr gemeinsam unternehmen sollten, damit die Kinder nicht auf Versöhnungsgedanken

kommen. Das empfehlen auch Ratgeber immer wieder. Ich glaube nicht, dass dies zutrifft. In erster Linie wollen Kinder, dass ihre Bedürfnisse so gut wie nur irgend möglich befriedigt werden. Oft kann der Vater etwas besser und die Mutter etwas anderes. Wenn die Eltern gemeinsam verfügbar sind, kann das Kind von beiden profitieren. Und wenn sie nicht mehr zusammenleben, ist es vollkommen in Ordnung, um nicht zu sagen wunderbar, wenn sie manche Bedürfnisse der Kinder weiterhin gemeinsam als Eltern erfüllen.

Es gibt allerdings Kinder, die jede Gelegenheit nützen, um ihre Eltern wieder zusammenzubringen, die wie kleine Paartherapeuten die Eltern immer wieder zusammenführen oder ihnen zum Beispiel Fotos der Familie zeigen und dazu Sätze sagen wie: »Weißt du noch, als wir damals alle zusammen in den Urlaub gefahren sind?« Solch ein Verhalten ist jedoch oft Ausdruck davon, dass den Kindern etwas fehlt, dass sie ein Geborgenheitsdefizit im Hier und Jetzt haben. Sie erinnern sich daran, wie es früher einmal war, und vergleichen es mit ihrer heutigen Situation. Das Bedürfnis nach emotionaler Sicherheit und Zuwendung kann aber auch befriedigt werden, ohne dass die Eltern wieder zusammenfinden. Dazu ist es wichtig, dass sie, anstatt ihre Schuldgefühle zu pflegen, ihre Verantwortung als Eltern ernstnehmen.

Oftmals hegt der verlassene Elternteil nach der Trennung noch Hoffnungen auf eine Versöhnung, was sich schnell auf die Kinder übertragen kann. Klare Strukturen helfen den Kindern und Eltern, sich an den getrennten Alltag zu gewöhnen. Trotz aller Trauer sollten sich die Eltern darum bemühen, den neuen Familienalltag schön zu gestalten. Sie sollten neue Rituale finden, die sich von den Ritualen des alten Familienalltags durchaus unterscheiden können. Etwa eine besonders gemütliche Form des Zubettbringens, gemeinsames Kochen, Frühstück im Schlafanzug. Sie sollten das neue Kinderzimmer gemeinsam mit den Kindern einrichten und Aktivitäten, die man am besten mit Mama oder Papa machen kann, ganz bewusst gestalten und pflegen. Dann können die alten und bewährten Rituale, wie gemeinsam Weihnachten oder Geburtstage feiern, gelingen und eine Bereicherung für alle sein.

Als Mutter nicht zu genügen, auch das kannte Valerie. In einer Mischung aus Melancholie und Sehnsucht blickte sie auf Annas Puppenhaus, das Regal mit den bunten Kinderbüchern, Annas Kinderzeichnungen. Überall in der Wohnung hatte sie die Kunstwerke ihrer Tochter aufgehängt. Sie waren wie Annas Geschichten mit den vielen »Und-dann-Sätzen«. Ganz atemlos und aufgeregt, weil Kindergeschichten eine ganz eigene Dringlichkeit haben und nie aufgeschoben werden können. Sie müssen dem Gegenüber direkt ins Gesicht gesprochen werden. Die Augen müssen sich ineinander versenken. Ausschließlich muss die Aufmerksamkeit für solche Geschichten sein. Auch gemeinsames Spielen duldet kein Wegdriften, weder in Gedanken noch Taten. »Mama, was machst du schon wieder?« »Du kochst ja gar nicht richtig für die Puppen.« »Du hast aber gesagt, du spielst mit mir.« Wie lange hatte sie schon keines von Annas Spielzeugen mehr in der Hand gehabt? Nicht einmal ein Vorlesebuch. Ausziehen, Zähneputzen, ein Gutenachtkuss und den Kassettenrekorder anstellen. Das war's. Gehetzt, ohne viel Worte, ein paar Ermahnungen. Am Nachmittag musste Anna oft viel zu lang im Kindergarten bleiben, ja sogar am Wochenende war Valerie häufig angespannt. Sie wäre so gern mehr Mutter gewesen. Manchmal, wenn Anna bei ihrem Vater war, ertappte sie sich dabei, wie sie die Puppen ihrer Tochter liebevoll in ihre Bettchen steckte. Dann nahm sie sich vor, sich bei aller Belastung trotzdem mehr Zeit für Anna zu nehmen.

In diesem Zwiespalt stecken sehr viele Frauen. Sie möchten sowohl eine gute Mutter sein als auch in ihrem Beruf vorankommen (Beck-Gernsheim 1989, DJI 2009). Häufig müssen sie auch aus finanziellen Gründen arbeiten. Die Befriedigung, welche einem die Fürsorge um Kinder geben kann, ist allerdings von Frau zu Frau sehr unterschiedlich ausgeprägt. Es gibt Frauen, für die die Betreuung der Kinder so wichtig und befriedigend ist, dass sie zu ihrem eigentlichen Lebensinhalt wird. Wenn diese Frauen ihrem Bedürfnis nach Fürsorglichkeit nicht ausreichend nachkommen, fühlen sie sich unglücklich und bekommen Schuldgefühle. Anderen Frauen bedeutet die Vorstellung, sich um Kinder kümmern zu müssen, so wenig, dass sie von vornherein aufs Kinderkriegen verzichten. Zwischen diesen beiden Extremhaltungen gibt es sämtliche Abstufungen an mütterlicher Fürsorglichkeit. Genauso hat die berufliche Anerkennung eine unterschiedlich große Bedeutung für die einzelne Frau. Es gibt Frauen, die die eigene Leistung und die soziale Anerkennung für ihr Selbstwertgefühl unbedingt brauchen. Für andere ist die Arbeit nichts weiter als ein notwendiger Beitrag zum Lebensunterhalt, und wenn sie es sich leisten können, verzichten sie darauf zu arbeiten. Diese Unterschiede bezüglich Fürsorglichkeit und beruflicher Erfüllung findet man genauso bei den Männern, wenn auch in einer anderen Verteilung.

Die meisten Frauen möchten heute wohl am liebsten beides unter einen Hut bekommen, Kinder und Beruf. Dabei die richtige Balance zu finden ist eine tagtägliche Herausforderung. Nicht nur für geschiedene, sondern auch für Eltern in vollständigen Familien. Ein allgemeingültiges Rezept gibt es dafür nicht. Jedes Elternpaar muss versuchen, diejenige Form des Zusammenlebens zu finden, die den Erwachsenen, aber auch den Kindern möglichst gerecht wird.

Das Wichtigste in Kürze

1. Das Ideal der vollständigen Familie wird vermittelt durch:
   - Religion (Moral, Sittenlehre),
   - Gesellschaft (Gesetze, Sozialpolitik),
   - Vorbild der Eltern.

2. Idealvorstellungen können bewirken, dass sich getrennt lebende Eltern:
   - als Versager fühlen,
   - Schuldgefühle haben,
   - unter dem Eindruck stehen, dass die Scheidung den Kindern in jedem Fall Schaden zufügt.

3. Die Versagensgefühle, Schuldgefühle und Vorstellungen über die vermeintlich negativen Auswirkungen der Scheidung auf ihre Kinder können Eltern daran hindern, die Bedürfnisse der Kinder wahrzunehmen.

4. Wenn es den Kindern schlecht geht, ist daran nicht die Scheidung »an sich« schuld, sondern die unzureichende Befriedigung ihrer emotionalen und sozialen Grundbedürfnisse.

Teil 4
Patchwork und Co.: Leben in verschiedenen Familienformen

Was geschieht mit den Kindern, wenn sich die Eltern neu verlieben?

Sie hatte sich immer so eine Familie wie die ihrer Freundin Melanie gewünscht, sieben Kinder, wie die Geißlein aus Grimms Märchen, ein fröhliches Familienchaos, einen humorvollen Mann dazu, und schon wäre das Leben perfekt. Wurde es dann aber nicht. Sie hatte Hans kennengelernt, einen Sohn mit ihm bekommen, aber keine Kinderschar, stattdessen Trennung und Alleinerzieher-Schrumpffamilie. Für sie war es eine Schrumpffamilie. Als sie, die Lehrerin an einer Montessorischule, dann auf einem Elternabend Jan kennenlernte, erschrak sie darum auch kein bisschen wegen seiner vier Kinder und dass sie obendrein auch noch bei ihm lebten. Unterbewusst verliebte sie sich augenblicklich mindestens ebenso in die Kinder wie in deren Vater, der alsbald zu ihrer großen Liebe werden sollte. Sie zogen zusammen, in Jans kleines Haus mit Garten. Hanna arbeitete nur noch zwei Vormittage und kümmerte sich um die fünf Kinder, vor allem aber darum, dass aus der vom Schicksal zusammengewürfelten Schar eine sich liebende Großfamilie würde. Kein leichter Job – und auch keiner für Leute ohne Talent. Hanna hatte Talent, das sagten auch ihre Eltern, schon als Kind klebten die kleinen Kinder aus dem Dorf wie Kletten an der Großen, sie war der Flötenspieler von Hameln, sie dirigierte alle und sorgte für sie. Hannas Eltern blieben darum auch angesichts der neuen Patchworkfamilie gelassen. »Sie schafft das schon, aber ohne Überforderung wird es nicht gehen.« Sie behielten recht. Das war Großfamilienmanagement und Gruppentherapie in einem. Schulbrote dutzendweise schmieren, von Hausaufgabentisch zu Hausaufgabentisch eilen, mit dem einen Flöte üben, dem nächsten gut zureden, dass er den Besuchstermin mit der Mama einhalten müsse. Die Kinder von Jan hatten nämlich kein gutes Verhältnis zu ihrer eigenen Mutter und sahen sie nur unter Aufsicht des Jugendamts. Auch diese Baustelle war nun zu der ihren geworden. Und natürlich war da auch noch Jakob, ihr Sohn, gleichaltrig mit Jans Jüngstem, aber viel sensibler, ein Junge, der bis vor Kurzem noch Einzelkind war und der seine Mama nun durch fünf teilen musste, nein durch sechs, wenn man Jan dazuzählte. Das war so wie eine große Schultüte mit Gummibärchen und einer großen Spinne drin. Jakob fürchtete sich vor Spinnen. Manchmal ging er also in der großen Geschwisterschar auf, dann aber wollte er wieder von niemandem aus dem Bett geholt werden, nicht von Jan und nicht von den älteren Stiefgeschwistern, nur von Mama. Gott sei Dank verstand Mama das, sie wusste, dass es auch für ihn nicht leicht war. Am liebsten hätte Jakob gehabt, dass auch noch sein Vater bei Jan einzieht, mit dem verstand er sich nämlich gut, und dann wäre er in der großen Jan-Familie nicht so allein gewesen. Jan und Mama sagten, dass sie Jakobs Papa zur Hochzeit einladen würden. Gott sei Dank mochten beide seinen Papa, so gesehen ging es Jakob besser als den anderen, die nur Streit mit ihrer Mutter hatten.

Und dann kündigte sich, kurz nach der Hochzeit, so als wäre dies alles nicht schon jetzt ein Balanceakt für einen Zirkusjongleur, auch noch ein weiteres Familienmitglied an. Hanna und Jan hatten sich, verrückt wie sie nun mal waren, sehnlich ein gemeinsames Kind gewünscht. Nun dachten sie manchmal, wenn sie total erschöpft am Abend nebeneinander lagen und nur noch Kraft hatten, die Hände ineinander zu legen, dass das mit den Wünschen so eine Sache ist – sie werden wahr. Und dann schliefen sie mit einem lachenden und einem weinenden Auge ein.

Familie ist eben ein Abenteuer. Meine Schwester hat sieben Kinder, und ihr Leben ist mit jedem Kind chaotischer, aber auch glücklicher geworden. Als sich das letzte Kind ankündigte, war es den großen Geschwistern schon peinlich. So eine Familie hat einfach niemand. Als das kleine Mädchen dann auf der Welt war, zerschmolzen alle vor Glück und überboten sich darin, das Baby zu bemuttern. Ist die Familie aber eine Patchworkfamilie, dann ist sie zwar vielleicht ebenso glücklich, aber oftmals ist das Leben noch schwieriger zu meistern.

Familie ist nicht nur eine Sehnsucht, Familie ist auch eine große Herausforderung, und wenn die Familie aus verschiedentlich getrennten Familienteilen plus Kindern besteht, ist es eine doppelte und dreifache Herausforderung, manchmal auch eine Überforderung. Können die Eltern die Herausforderung dann nicht mehr bewältigen, leiden die Kinder – und natürlich auch die Eltern selbst.

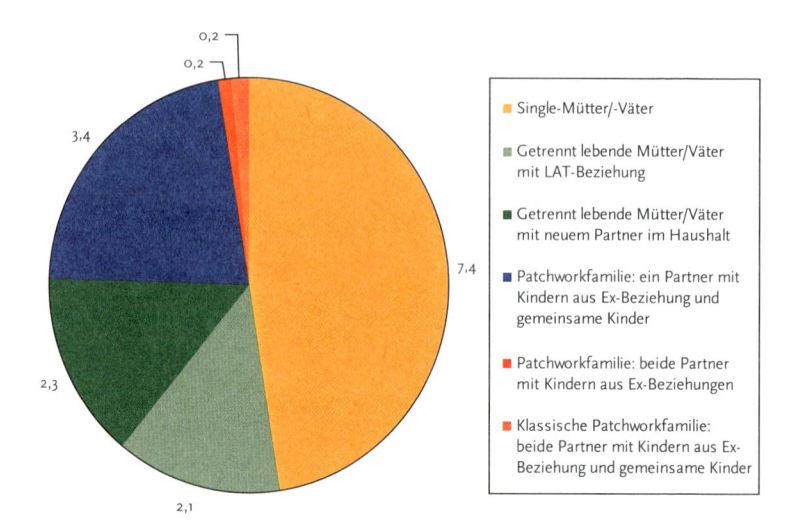

Patchwork und Co.: Leben in verschiedenen Familienformen

Pie chart values: 0,2 – 0,2 – 3,4 – 7,4 – 2,3 – 2,1

Legend:
- Single-Mütter/-Väter
- Getrennt lebende Mütter/Väter mit LAT-Beziehung
- Getrennt lebende Mütter/Väter mit neuem Partner im Haushalt
- Patchworkfamilie: ein Partner mit Kindern aus Ex-Beziehung und gemeinsame Kinder
- Patchworkfamilie: beide Partner mit Kindern aus Ex-Beziehungen
- Klassische Patchworkfamilie: beide Partner mit Kindern aus Ex-Beziehung und gemeinsame Kinder

Die sechs häufigsten Formen von Nachtrennungsfamilien. Diese machen insgesamt 15,6 Prozent aller Familien aus (aus DJI-2012).

Fast die Hälfte aller getrennten Eltern mit Kindern ist alleinerziehend und lebt ohne neuen Partner. Dann gibt es noch getrennt lebende Mütter und Väter mit einer LAT(living apart together)-Beziehung, Mütter und Väter mit einem neuen Partner im Haushalt, entweder mit Kindern aus einer Ex-Beziehung und/oder gemeinsamen Kindern oder nur Kindern aus einer Ex-Beziehung. In einer dieser Familienformen lebt die zweite Hälfte der getrennten Eltern. Die Grafik vereinfacht insofern, als es sich oft um vorübergehende Familienformen handelt. Aus einer Alleinerzieher-Familie kann eine LAT-Beziehung werden, dann eine einfache Patchworkfamilie und schließlich, wenn sie ein gemeinsames Kind bekommen, eine erweiterte Patchworkfamilie.
Ich würde vorschlagen, dass auch wir keine enge Definition verwenden. Im Grunde geht es um die Nachtrennungsfamilien und was mit ihnen passiert, wenn neue Partner, neue Kinder und neue Verwandte dazukommen. Du bezeichnest deine Familie ja auch als Patchworkfamilie.

Ja, mir gefällt die Idee der aus unterschiedlichen Teilen zusammengesetzten Familie. Nach wissenschaftlicher Terminologie wäre ich wohl eine LAT-Familie, und mein Ex-Mann wäre eine Patchworkfamilie, zumindest dann, wenn unsere Tochter bei ihm, seiner Frau und deren Kindern ist. Wenn wir aber alle gemeinsam Weihnachten feiern oder seine Familie bei uns Urlaub macht, addiert sich das Ganze zu einer Patchworkfamilie. Wenn wir dann in dieser Konstellation irgendwo auftreten, entsteht für unsere Gegenüber das verwirrende Ratespiel, wer ist die Frau von wem und welche Kinder gehören wohin. Dann lachen wir meist, weil den anderen diese Fragen peinlich, uns aber alles andere als das sind. Ich glaube, wir sind alle, und zwar ausnahmslos alle, stolz auf unsere Patchworkfamilie. Es ist ein ganz besonders Abenteuer, nicht weniger schön – also voller Glück und Tränen – als eine moderne Art von Großfamilie.

Glückliche Patchworkfamilie: Wer gehört zu wem?

Dabei hilft wohl ein Familienbegriff, der über die bürgerliche Kleinfamilie hinausgeht. Und damit das Gefühl, dass nicht alles zerbricht, wenn die klassische Kleinfamilie auseinandergeht. Eine solche Haltung erleichtert es auch, hinzukommende Menschen in den Familienbegriff einzugemeinden – ein ursprünglich räumlicher Begriff für das, was in der Patchworkfamilie passiert.

Wenn man Scheidungskinder danach fragt, wer zu ihrer Familie gehört, erhält man meist die Antwort, dass alle, Vater, Mutter, Geschwister, Großeltern und oft auch Halb-, Stiefgeschwister und Stiefeltern dazugehören (Zartler 2009). Die getrennten Eltern hingegen zählen meist den Ex-Partner und in der Folge dessen Familie nicht zu ihrer Familie. Aus der Sicht der Erwachsenen mag das zwar verständlich sein, insbesondere wenn es im Zuge von Trennung und Scheidung zu gegenseitigen Verletzungen und Konflikten gekommen ist. Aus der Sicht der Kinder ist das Familienbild der Erwachsenen hingegen einfach unstimmig.

Aber wenn Trennungs- und Scheidungskinder glücklich aufwachsen sollen, dann müssen wir uns das Familienbild der Kinder vor Augen halten und in all unsere Überlegungen und Handlungen einbeziehen. Vom Kind aus gesehen gehören alle, Vater und Mutter mit Anhang, zur Familie – die neue Großfamilie.

In der sogenannten zweiten Runde herrschen andere Vorzeichen als bei der ersten Eheschließung. Schon die Liebesgeschichten verlaufen anders. Mit einer ersten Familie im Rücken nämlich. Wenn dann die neuen Partner auch noch zusammenziehen und eine sogenannte Patchworkfamilie herauskommt, entstehen komplexe Gebilde aus unterschiedlichen Beziehungskonstellationen. Diese machen das Leben der Kinder nicht unbedingt einfacher – auch wenn sie oftmals durchaus fruchtbar sind. Im Idealfall bekommen die Kinder größere Beziehungsnetze, sie werden dadurch sozial kompetenter und wachsen an den Herausforderungen.

Stieffamilien hat es schon immer gegeben. Bis vor 100 Jahren sind viele Mütter im Kindbett oder an einer Krankheit gestorben, allein konnten die Väter die Kinder nicht großziehen, also haben sie wieder geheiratet, und die Kinder hatten gar keine andere Wahl, als sich den neuen Gegebenheiten zu fügen.

Auch heute haben Kinder aus getrennten Partnerschaften meist nicht die Wahl. Viele Eltern hoffen zwar, dass der neue Partner zu den Kindern passt, und geben sich Mühe, damit die neue Familien- oder Lebensgemeinschaftsgründung auch für die Kinder gelingt. Aber die Kinder entscheiden ja nicht, ob sich die Eltern neu verlieben dürfen, und wenn sie sich mit der Stiefmutter nicht verstehen, wird ihr Vater seine Freundin trotzdem kaum verlassen.

In den Augen des Kindes gibt es ohnehin nur Mutter und Vater, Großmutter und Großvater und dann Erwachsene wie Thomas, Eva oder Jan. Für das Kind gibt es keine Stief-, Zweit- oder Halbgeschwister, sondern den Karl und die Trine. Wie viel all diese Menschen dem Kind bedeuten, wird nicht durch irgendeine Terminologie oder sozial vorgegebene Rangordnung bestimmt, sondern durch die Art der Beziehung, die das Kind mit diesen Menschen eingehen kann.

Was aber bedeutet es für das Kind, wenn seine Mutter einen neuen Partner findet?

Bettina hatte sich verliebt. Seit zwei Monaten war sie geschieden und glaubte, nun reif für eine neue Beziehung zu sein. Die Trennung war schon eineinhalb Jahre her. Sie sei, wie Bettina zu betonen nicht müde wurde, »gesittet, wie es sich für erwachsene Menschen gehört«, über die Bühne gegangen. Sie und ihr Ex-Mann hatten sich auf ein gemeinsames Sorgerecht für den vierjährigen Max geeinigt. Bettina hatte wieder zu arbeiten angefangen und dort Otto kennengelernt. Sie war überglücklich. Auch Otto war geschieden, schon seit drei Jahren. Er hatte zwei Mädchen im Alter von zehn und zwölf Jahren. Auch das freute Bettina, sie schätzte väterliche Qualitäten an Männern. Bettina schwebte im berühmten siebten Himmel, hatte strahlende Augen und war auf ihrem Alles-wird-gut-Trip. Auch Otto, der Schwierige, wandelte auf rosa Wolken. Er sah Bettina häufig, sie gingen essen oder ins Kino, und Bettina kam meist erst in den frühen Morgenstunden nach Hause.

Sie war am Rande ihrer Kräfte, schließlich war sie nicht mehr 20. Die Arbeit, Max, der Haushalt. Schon das Leben ohne Otto war überaus anstrengend. Es war also an der Zeit, zu einem geregelten Leben zurückzukehren, dachte Bettina und lud Otto zum Abendessen nach Hause ein. Max und er hatten sich ja schon ein paar Mal gesehen. »Was für ein süßes Kind«, hatte Otto damals gesagt.

Nun aber war der kleine Max alarmiert. Er wusste genau, dass dieser Otto nicht so jemand wie der Oliver war, Mamas Bruder. Oder so jemand wie der Untermieter, der manchmal auch etwas von Max' Lieblingsspeisen essen durfte. Nein, nein! Dieser Otto hatte irgendetwas mit der Mama vor. So viel war sicher. Vielleicht wollte er die Mama wegholen, sie in eine Höhle einsperren, wie die Hexe Verstexe den Ritter Rost. Also beschloss Max, mutig und selbstsicher, wie er nun einmal war, um seine Mama zu kämpfen. Anfänglich war Otto ganz nett. Er hatte ihm ein Spielzeugauto mitgebracht. Doch dann, als sie bei Tisch saßen, war er einfach nur noch blöd, dieser Otto. Echt. Er redete nur mit der Mama, schaute nur sie an, als ob er, Max, gar nicht da sei. Deshalb hüpfte Max auf den Schoß seiner Mutter, unterbrach die Erwachsenen und lenkte die Aufmerksamkeit auf sich, indem er das Salzfass über den Nudeln von Mama auskippte, den Orangensaft nicht trank, sondern Blubbergeräusche machte und für seine Kunst auch noch gelobt werden wollte. Otto war genervt. Wenn Bettina Max nicht in seine Schranken verweise, würde das Kind seiner Mutter ewig auf der Nase herumtanzen. (Und auch ihm, was er natürlich verschwieg.)

Bei einer Freundin von mir hat das zweieinhalbjährige Mädchen einmal aus Protest gegen den neuen Freund der Mutter die volle Windel ausgezogen und damit den Flurboden angemalt.
Vielleicht war das gar keine Protestaktion, sondern ein für das Alter höchst interessantes Experiment? Bestimmt kann sich jede Mutter, ob geschieden oder glücklich verheiratet, an den einen oder anderen Wutausbruch ihres Kindes, an eine Protestaktion oder etwas Ähnliches erinnern. Kinder, die um Aufmerksamkeit ringen, sollten jedoch nicht durch »Grenzensetzen« oder »In-die-Schranken-Verweisen« beruhigt werden. Das funktioniert, wenn überhaupt, nur um den Preis der Demütigung.

Dieser autoritäre Erziehungsstil war in der Vergangenheit aber gang und gäbe. Kinder durften bei Tisch nicht reden, es sei denn, sie wurden dazu aufgefordert, hatten mit geradem Rücken dazusitzen und die Ellbogen beim Essen nicht aufzustützen. Aber was ist denn nun eine sinnvolle elterliche Reaktion, wenn das Kind ausflippt und um Aufmerksamkeit buhlt?
Es funkt zwischen der Mutter und Otto, das spürt Max und wird eifersüchtig, weil er befürchtet, dass Otto ihm die Mama wegnimmt. Nur deswegen benimmt sich Max unflätig, wofür er aber nichts kann. Er soll am Tisch sitzen und sich möglichst ruhig verhalten, während die Erwachsenen verliebt nur für einander Augen haben. Warum wird das Kind nicht in das Gespräch mit einbezogen, gleichberechtigt mit den Erwachsenen? Weil es jünger ist? Weil es bei Tisch diszipliniert werden soll? Weil die Erwachsenen in ihrer Verliebtheit nur an sich denken?

In dem Fall sollten sie besser auswärts essen gehen. Sie sollten Max nur dann mit am Tisch sitzen lassen, wenn sie auch bereit sind, auf ihn einzugehen. Wenn sie sich bewusst wären, was diese Situation für Max bedeutet, würden sie ihn in den Mittelpunkt stellen und sich selbst zurücknehmen. Sie würden zuerst einmal dafür sorgen, dass es Max mit ihnen beiden gut geht, und sich erst dann wieder auf ihre Beziehung konzentrieren.

Otto ignorierte Max. Er erzählte Bettina mit angespannter Miene von den Problemen mit seinen Arbeitskollegen und erwartete ihre volle Aufmerksamkeit. Bettina verstand nicht, warum Otto ausgerechnet bei diesem ersten gemeinsamen Essen ein so kompliziertes Gespräch anfangen und Max damit ausschließen musste. Sie versuchte, ihm zuzuhören und gleichzeitig Max zu beruhigen. Schließlich brachte sie ihr Kind zu Bett, las ihm noch eine lange Geschichte vor und nützte die Gelegenheit, ihm zu versichern, dass zwischen ihr und ihm alles in Ordnung sei. Doch als sie ins Wohnzimmer zurückkam, war Otto nach Hause gegangen.

Bettina vermittelt zwischen Otto und ihrem Sohn, so wie sie womöglich schon in ihrer Ehe zwischen Max und seinem Vater

Verständnisbrücken zu bauen versucht hat. Sie ist bemüht, es allen recht zu machen.

Bettina hätte Otto vorher klarmachen können, dass er sich auf ihr Kind einstellen müsse, wenn er bei ihnen zu Abend isst. Aber wahrscheinlich hat sie das getan. Ich glaube, in diesem Fall laufen die Dinge auf zwei Ebenen schief. Erstens haben Bettina und Otto unterschiedliche Vorstellungen von Erziehung. Zweitens scheint beiden nicht klar zu sein, worauf es ankommt, damit Mamas neuer Partner für Max keine Bedrohung, sondern ein zusätzlicher Pluspunkt im Leben werden kann.

Otto geht davon aus, dass man Kindern nicht den kleinen Finger reichen dürfe, sonst nehmen sie die ganze Hand. Er glaubt, nur die traditionelle Erziehungsstrategie mache aus zur Anarchie neigenden Kindern schön angepasste Menschen. Wer also Grenzen setzt, streng führt, motiviert und lenkt – also kompetent erzieht –, bekommt das richtige Ergebnis.

Ein problemloses, die Partnerschaft nicht störendes Kind. Viele alleinerziehende Mütter lernen Männer kennen, die sich nicht auf ihr Kind einstellen wollen. Das kommunizieren sie aber nicht klar und deutlich, sondern schlucken »die Kröte«, solange das Kind nicht allzu sehr stört.

Langfristig funktionieren kann eine Partnerschaft in der zweiten Runde aber nur, wenn das Kind keine »Kröte«, sondern eine Bereicherung ist. Das braucht Zeit. Vielleicht hat der Abend Otto tatsächlich nur verunsichert. Bettina, das hat er gleich gemerkt, hat eine andere Vorstellung von Erziehung, und schon rutschen die beiden in einen für Zweitbeziehungen typischen Streit hinein. Dabei geht es zuerst einmal nicht um Erziehung, sondern um etwas anderes: Otto ist Max fremd, und es ist immer schwierig, wenn eine dem Kind fremde Person zur Familie stößt. Für ihn ist Otto wie der Räuber Hotzenplotz, der kommt, um die Mama zu entführen.

Und Bettina erwartet, dass Max und Otto gut miteinander auskommen. Sie sucht keinen Ersatz für Max' Vater und auch keine Unterstützung bei der Erziehung. Damit Otto und Max miteinan-

der auskommen, braucht es aber ein Minimum an Beziehung. Max sollte zuerst die Erfahrung machen, dass er mit Otto zum Beispiel wunderbar Fußball spielen oder Autorennen veranstalten kann, dass er von ihm ernst genommen und willkommen geheißen wird. Dann wird Max den neuen Partner seiner Mutter nicht als Konkurrenz, sondern als eine Bereicherung empfinden. Wenn Otto sich aber nicht auf Bettinas Sohn einlassen will, sollte Bettina ihn und die Beziehung möglichst aus ihrer Familie heraushalten.

Martin hatte der Tochter von Stefanie den Spitznamen »Petersilie« gegeben. Er hatte vom ersten Besuch bei seiner neuen Liebe an gewusst, was auf ihn zukam; eine Zweierbeziehung, ein Liebesleben, aber überall würde, einem ehernen Gesetz zufolge, Petersilie drauf sein, so wie auf der berühmten Suppe. Und zwar nicht zu sparsam. Schließlich hatten Stefanie und ihre Tochter ein Leben lang allein gelebt, die Elfjährige war, um es neutral zu sagen, ein durchaus anspruchsvolles Mädchen. Um ihre Gunst zu erwerben – und Martin wusste, dass ohne die Gunst von »Petersilie« seine Beziehung zu Stefanie wie ein Samenkorn in der Wüste zugrunde gehen würde –, putzte er ihr Pferd, besorgte einen Motorradhelm, damit sie mit ihm morgens zur Schule rasen konnte, er nahm sie mit zum Drachenfliegen und war beim Kindergeburtstag »Übernachten auf der Almhütte ohne Klo und Wasser« der Spiritus Rector. Aber Martin tat dies alles nicht nur wegen Stefanie. »Petersilie« war ihm von Anfang an willkommen gewesen, und so konnte auch sie nicht umhin zu bemerken, dass der neue Freund ihrer Mutter – in puncto Hässlichkeit stand er seinen Vorgängern in nichts nach – einige Qualitäten besaß. Er hatte nach ihrer ersten Begegnung sogar gemeint, dass sie etwas ganz Besonderes sei. War es da ein Wunder, dass sie sich bald fast ebenso gut mit ihm verstand wie die Mama? Und nachdem diese Sache einmal geklärt war, musste sie gar nicht mehr dauernd im Mittelpunkt stehen und schon gar nicht beim Essen über Gebühr lange dabeisitzen, schließlich quatschten die Erwachsenen oft über gänzlich uninteressantes Zeugs, über Angela Merkel oder Charles Darwin, den Sinn des Lebens und die grüne Revolution, was auch immer das sein sollte. Nein danke, da las sie lieber den neue Teil der »Tribute von Panem«, da gab's das alles auch, aber spannend erzählt und mit einer richtigen Liebesgeschichte obendrein.

In diesem Fall gibt es bestimmt keine sogenannten »Erziehungsprobleme« für den neuen Partner, denn er hat offenbar das Grundprinzip jeder Erziehung verstanden: Kinder folgen nicht, weil wir Meister darin sind, Grenzen zu setzen. Sie binden sich an ihre Bezugspersonen und werden emotional von ihnen abhängig. Deshalb sind sie bereit, sich nach ihnen zu richten und von ihnen zu lernen. Sie gehorchen, weil sie eine Beziehung zu ihnen haben und sie nicht enttäuschen wollen. Erziehungsprobleme entstehen folglich dann, wenn die Grundbedürfnisse der Kinder nicht ausreichend befriedigt werden oder wenn Personen, zu denen sie keine Beziehung haben, glauben, sie erziehen zu können.

Diese pädagogischen Grundsätze kennen viele nicht. Erwachsene gehen viel zu selten von den Kindern aus. Wenn man aber weiß, warum Kinder sich erziehen lassen, dann ist es auch einleuchtend, dass der neue Partner sich erzieherisch zurückhalten muss, bis seine Beziehung zu dem Kind der Partnerin ausreichend gefestigt ist. Und meist auch noch darüber hinaus.

Die Schlüsselbegriffe der sogenannten zweiten Runde sind deshalb Zurückhaltung und Sich-Zeit-lassen, auch wenn das den meisten naturgemäß schwerfällt. Das neue Paar sollte sich zuerst auf die partnerschaftliche Beziehung beschränken, sich in verschiedenen Situationen kennenlernen und über das Verliebtsein hinaus herausfinden, wo Gemeinsamkeiten, aber auch Verschiedenheiten sind – ohne die Kinder mit einzubeziehen. Oft wird der Partner oder die Partnerin zu früh mit den Kindern zusammengebracht – manchmal mit dem Hintergedanken, dass die Kinder als zusätzliches Bindemittel wirken könnten.

Manchmal aber auch einfach nur aus praktischen Überlegungen oder weil die alleinerziehende Mutter kaum Freiräume hat, um eine neue Partnerschaft einfach mal so auszuprobieren. Und wenn die Kinder im Schulalter sind, sind sie meist ohnehin darüber im Bilde, mit wem sich ihre Mutter oder ihr Vater wann und aus welchem Grund trifft.

Der Druck und damit die Versuchung, rasch zu handeln, ist groß, und doch sollte man den Partner erst dann in die Familie einführen, wenn die Beziehung tragfähig ist. So lange kann man die Kinder ruhig neugierig sein lassen. Erstens um die neue Partnerschaft nicht zu überfordern. Zweitens – und noch viel wichtiger – um die Kinder zu schonen. Für die Kinder ist das Kennenlernen eines neuen Partners eine Herausforderung und Verunsicherung – auch im besten Fall. Das sollte man ihnen nicht allzu oft zumuten. Geht die Partnerschaft doch wieder auseinander und die Kinder haben sich schon mit dem neuen Freund oder der neuen

Zusammenwachsen in der Patchworkfamilie

Partnerschaft

- Sich gegenseitig kennenlernen
- Rendezvous, Wochenenden ohne Kinder miteinander verbringen

Die partnerschaftliche Beziehung festigt sich.

Kinder

- Zeit mit den Kindern verbringen, stundenweise, Besuche im Zuhause der Kinder
- Wochenenden, Ferien gemeinsam verbringen
- Partnerin/Partner kann mit den Kindern auch ohne Mutter/Vater zusammen sein.

Der Partner/die Partnerin und die Kinder bauen eine tragfähige Beziehung auf.

Soziales Netz

- Verwandte und Bekannte kennenlernen

Erwachsene und Kinder werden miteinander vertraut.

Familie

- Zusammenziehen
- Heiraten

Wenn sich Erwachsene und Kinder in der neuen Gemeinschaft eingelebt haben, kann – falls der Wunsch besteht – geheiratet werden.

Freundin angefreundet, leiden sie. Wenn einem wirklich etwas an einem langfristigen Gelingen des Zusammenlebens liegt, sollte man deshalb geduldig sein und zumindest so lange warten, bis der Partner oder die Partnerin dazu bereit ist, die Kinder wirklich kennenzulernen und sich emotional auf sie einzulassen.

Max spürte, wie wichtig Otto für seine Mutter geworden war. Einmal sah er sogar, wie sich die beiden küssten. Hatte Mama etwa Otto lieber als ihn, ihren kleinen Max? Wenn Mama mit Otto telefonierte oder er zu Besuch kam, war sie für Max nicht mehr zu erreichen. Wie weg war sie. Max war plötzlich Luft. Nicht mehr wichtig. So fühlte er sich zumindest. Max wurde sehr anhänglich, er bewachte seine Mama, weinte, wenn sie ausgehen wollte, kroch um vier Uhr morgens in ihr Bett. »Mama, ich hab dich am liebsten auf der ganzen Welt«, schmeichelte er, gab ihr die schönsten Kinderküsse und »Eieis«, kritzelte Männchen für sie auf kleine Papiere und schenkte ihr immer einen Teil von seiner Kinderschokolade. Nach einiger Zeit verstand Bettina, was Max ihr sagen wollte, und sie bemühte sich nach allen Kräften, wieder mehr für ihn da zu sein. Sie riss sich zusammen und verbannte alle Gedanken an Otto aus ihrem Kopf, wenn sie mit Max spielte oder ihn ins Bett brachte. Sie telefonierte mit Otto nur, wenn Max im Kindergarten war oder schon schlief, und sie verbrachte nur dann mit ihm das Wochenende, wenn ihr Sohn seinen Vater besuchte.

Max könnte Otto durchaus mögen. Er reagiert abwehrend, weil er spürt, dass die Mutter weniger für ihn da ist. Das ist seine Antwort auf den Liebesentzug.
Je abhängiger Bettina von Otto ist und sich in der Beziehung zu ihm verliert, desto weniger sieht sie die Bedürfnisse von Max und desto mehr fürchtet Max, sie zu verlieren.

Wenn sich Menschen verlieben, ist ihre Abhängigkeit vom Geliebten besonders groß. Nicht nur die Kinder, auch die Erwachsenen sehnen sich nach emotionaler Sicherheit. Wir alle brauchen die Zuwendung anderer Menschen. Unabhängig in Liebesdingen zu sein ist den meisten Erwachsenen kaum möglich. Es setzt voraus, dass man sehr gut mit den eigenen Bedürfnissen um-

gehen kann, dass man um seine Sehnsüchte, Wünsche und Hoffnungen weiß und einen Großteil davon auch selbst abzudecken in der Lage ist.
Oft haben Geschiedene oder Getrennte zwar das Gefühl, ihre Trennung bewältigt zu haben. Sie glauben, mit ihrer neuen Lebenssituation zufrieden zu sein. In Wirklichkeit klafft aber eine Wunde, die noch nicht verheilt ist. Sie vermissen Geborgenheit und Sicherheit in ihrem Leben und wollen nichts sehnlicher, als wieder eine Partnerschaft eingehen. Bei vielen klappt das ja auch. Zwischen 50 und 70 Prozent aller Geschiedenen heiraten wieder. Doch es bleiben deutlich mehr Frauen, vor allem solche mit Kindern, nach einer Scheidung allein.

Nach einer Studie zur Familiensituation geschiedener Eltern in Deutschland haben zwölf Jahre nach der Scheidung nur 37 Prozent der alleinerziehenden Mütter wieder einen festen Partner oder sind gar wieder verheiratet. Auch von den wenigen alleinerziehenden Vätern bleibt mehr als die Hälfte allein. Im Gegensatz dazu gehen die meisten Väter und die wenigen Mütter, die nach der Scheidung nicht mit ihren Kindern zusammenleben, fast alle wieder langfristige Partnerschaften ein (Napp-Peters 1995). Dies ist ein deutlicher Hinweis darauf, wie schwierig es für Alleinerziehende sein kann, noch einmal einen Partner für ein gemeinsames Leben zu finden. Viele Frauen sind vorsichtig, haben »schlechte Erfahrungen mit Männern« gemacht, nie mehr einen Partner fürs Leben gefunden. Oft waren auch die ersten Jahre nach der Scheidung äußerst schwierig. Da war keine Zeit, kein Platz für Männerbekanntschaften. Das Leben bestand aus Nachtarbeit, um tagsüber die Kinder betreuen zu können, aus Sozialhilfe plus Nebenjob und Haushalt. Wenn diese Frauen dann wieder Zeit zum Durchatmen haben, weil die Kinder größer und vielleicht ein bescheidener beruflicher Wiedereinstieg geschafft ist, sind sie Ende 40 und haben oft nicht mehr den Mut oder auch nicht mehr das Glück, einen Lebenspartner zu finden.

Hedwig hatte von Anfang an für klare Verhältnisse gesorgt. Zwei Kinder waren genug, ihr Freundeskreis groß und ihre Arbeit als Kinder-

ärztin spannend. Die zehnjährige Ehe mit Klaus war längst bewältigt. Sie verspürte kein Bedauern mehr und keine Sehnsucht nach einer weiteren Familie. Hedwig genoss ihr Singledasein. Nicht einmal vor dem Alleinsein im Alter hatte sie Angst. Ihr Leben war viel zu erfüllt. Neben ihrer Arztpraxis engagierte sie sich in diversen Kinder- und Jugendinitiativen und kümmerte sich ausgiebig um ihre beiden jugendlichen Töchter, die seit der Scheidung vor acht Jahren bei ihr lebten. Weder die 16-jährige Sabina noch die 15-jährige Carolina dachten daran, bald von zu Hause auszuziehen. Ihre Mutter empfanden sie als unersetzliche Freundin. Sie war immer für sie da, nie aber hat sie ihre Mädchen dominiert, festgehalten oder mit ihrer Liebe unterdrückt. Hedwig hatte mehrere Liebesbeziehungen gehabt, die wichtigeren Männer waren sogar zu Hause aus- und eingegangen. Sabina und Carolina hatten den einen netter, den anderen weniger sympathisch gefunden. Je nachdem, wie verspielt und kindernärrisch sie eben waren. Manche nahmen sich sogar extra Zeit für die beiden, spielten den Chauffeur, wenn Hedwig keine Zeit hatte, oder halfen bei den Mathematikaufgaben. Hedwigs Partnerschaften waren für ihre Kinder nie bedrohlich. Mit manchen blieb die Familie befreundet, andere verschwanden wieder aus dem Leben der drei Frauen, ohne je gravierende Lücken bei Kindern und Mutter hinterlassen zu haben.

Hedwig ist wirklich eine sehr unabhängige Frau. Deshalb werden ihre Lebenspartner für die Kinder nie zur Bedrohung. Denn Hedwigs Lebensstil und ihre Verfügbarkeit ändern sich durch ihre Beziehungen kaum. Dabei geht es nicht nur um die äußere Verfügbarkeit. Hedwig bleibt vor allem mit Herz und Kopf jederzeit präsent. Bei allem Auf und Ab des Lebens geht es ihr konstant gut. Und – das ist das Entscheidende – sie hat sehr bewusst ihre Kinder in den Mittelpunkt ihres Lebens gestellt.

Eine Frau, die sehr unabhängig ist, ist gut für die Kinder, aber sie kann Männern Angst machen. Außerdem ist die Fähigkeit, ein derart unabhängiges Leben wie Hedwig zu führen, von Mensch zu Mensch unterschiedlich stark ausgeprägt. Es hängt von der Persönlichkeit, aber auch von der materiellen Situation ab. Nur die wenigsten sind wirklich so beziehungsunabhängig, wie es ein

Leben nach dem oben beschriebenen Muster verlangt. Ich habe den Eindruck, viele machen sich da etwas vor. Sie muten sich zu viel innere Freiheit, Ungebundensein und auch zu viele Wahlmöglichkeiten zu. Und dann werden sie plötzlich von Existenzängsten, Verunsicherungen und ihrer Einsamkeit eingeholt.

Robin lebte bei seinem Vater. Er war 13 Jahre alt, als die Freundin seines Vaters mit ihrem sechsjährigen Kind bei ihnen einzog. Robins Vater war berufstätig und viel unterwegs. Seine Freundin hingegen wollte erst einmal zu Hause bleiben. Endlich würde Robin wieder eine richtige Familie haben, dachte sein Vater. Doch so schön Robins Vater sich die ganze Sache vorgestellt hatte, so kläglich scheiterte sie auch. Robin stritt sich mit der Freundin, fühlte sich ständig benachteiligt, war auf ihr Kind eifersüchtig. Weder seinem Vater noch ihr gelang es, die Situation in den Griff zu bekommen. Als dann die Beziehung der Erwachsenen scheiterte und Vaters Freundin wieder auszog, war es Robin nur allzu recht.

Die meisten geschiedenen Väter hoffen, wenn die Freundin bei ihnen einzieht, wird sie einen Teil der Betreuung der Kinder übernehmen. Für die Männer ist es trotz allem Wandel des väterlichen Rollenbilds meist ungewohnt, am Wochenende rund um die Uhr für die Kinder da zu sein, vor allem wenn die Kinder noch klein sind. Sie sind dann oft sehr froh, durch die neue Partnerin entlastet zu werden. Die Freundin übernimmt anfänglich Stück für Stück die Aufgaben im Haushalt, wird mit den Kindern immer vertrauter – will das meist auch – und kümmert sich schließlich immer mehr um die Kinder und immer weniger um die Beziehung zu ihrem Partner.

Bei Robin war es offensichtlich nicht so. Gründe für das Scheitern dieser Familiengründung mag es zahlreiche gegeben haben. Vielleicht war die Freundin des Vaters mit sich, ihrem eigenen Kind und der Partnerschaft so beschäftigt, dass sie weder die Zeit noch die Kraft hatte, sich auf Robin einzulassen. Vielleicht hat sie auch gespürt, dass der Vater ihr die Verantwortung für Robin möglichst rasch abtreten wollte, und fühlte sich missbraucht. Vielleicht hat sich der Vater bei Meinungsverschiedenheiten regelmäßig auf die

Seite von Robin geschlagen und die Freundin dadurch ausgegrenzt. Vielleicht spürte sie auch, dass Robins Vater überhaupt nicht an ihrem Kind interessiert war, wieso sollte sie sich dann um Robin kümmern?

Ist es für Kinder denn leichter, die Freundin ihres Wochenendvaters zu akzeptieren als den Freund der Mutter, der permanent bei ihnen lebt?
Normalerweise schon. Weil meist auch die Beziehung zu diesem Elternteil weniger eng und die Bedrohung durch eine neue Person deshalb kleiner ist. In jedem Fall muss sich der oder die Neue mit viel Gespür auf das Kind einlassen. Es geht darum, eine Beziehung herzustellen, aber in der Erziehung sollten sie sich zurückhalten.

Worauf kommt es also an, wenn sich geschiedene und getrennte Eltern wieder verlieben?
Auf Behutsamkeit und ein langsames Integrieren des Partners. Dadurch können Eltern vermeiden, dass ihre Verfügbarkeit für die Kinder unter ihrer neuen Beziehung leidet, dass sie durch eine zu schnelle Abhängigkeit vom neuen Partner ihrem Kind Zuwendung entziehen und dass sie es mit einer Trennung belasten, wenn aus der Partnerschaft doch kein neuer Lebensentwurf wird. Und wichtig ist auch, dass es den Erwachsenen selbst gut geht, dass sie in der Lage sind, für sich und die Kinder eine neue befriedigende Lebensgemeinschaft aufzubauen.

Erst als erwachsener junger Mann dachte Robin manchmal an die Frau von damals zurück. Er hatte das Gefühl, selbstsüchtig und kurzsichtig gehandelt zu haben. Wäre er damals nur klüger gewesen, dann wäre die Beziehung seines Vaters vielleicht nicht gescheitert. Er liebte ihn sehr und litt darunter, dass er nun alt und allein war. Er wusste, wie schwierig es für ihn als alleinerziehender Vater gewesen war – die Doppelbelastung, die ihm anfänglich gänzlich fremde Rolle als einzig vorhandener Elternteil –, und so hatte Robin nun Schuldgefühle. Hätte sich damals eine dauerhafte Beziehung ergeben, wäre sein Vater heute untergebracht, dachte er häufig. Das hätte ihm vielleicht ein Umfeld verschafft, das nicht so vom Alleinsein geprägt gewesen wäre wie das jetzige. Und dann wagte Robin wieder nicht auszuziehen und blieb bei seinem Vater.

Wahrscheinlich hätte Robin damals nicht anders handeln können, denn für ein Kind, noch dazu in der Pubertät, ist es eben nicht leicht, einen neuen Elternteil oder auch nur einen Freund der Mutter oder eine Freundin des Vaters zu akzeptieren. Was für den Vater wie eine glückliche Fügung wirkte, erlebte das Kind als Bedrohung seiner Position innerhalb der Familie. In der schwierigen Phase der Pubertät stürzte es ihn in zusätzliche Loyalitätskonflikte.

Reaktionen von Kindern auf den neuen Partner und wie der Partner damit umgehen kann

Verhalten der Kinder	Vorschulkind	Schulkind	Jugendlicher
Negativ	• Verlustangst • Klammern • Weinerlichkeit	• Eifersucht • Erziehungsprobleme • Ablehnung	• Ablehnung • Auszug • Vorzeitige Ablösung
Positiv	• Wohlbefinden • Beziehungsbereitschaft • Spielfreude	• Beziehung wie zu einem Freund/einer Freundin	• Beziehung auf Augenhöhe
Beitrag von Partner/Partnerin	• Geduld üben • Verfügbar sein • Kleine Betreuungsaufgaben übernehmen	• Beziehungsangebote (Sport, Hobbys) • Zurückhaltung bei Erziehung • Betreuungsaufgaben übernehmen	• Sparringspartner • Gesprächsbereitschaft • Vorbild sein

> Wenn der Elternteil, bei dem die Kinder leben, schlussendlich allein bleibt, ist das oft auch schwer für die Kinder. Einsamkeit kann sich auf die psychische Gesundheit der Betroffenen äußerst negativ auswirken. Sie werden beispielsweise depressiv, hängen allzu sehr an ihren Kindern und wollen diese nicht in ein selbstständiges Leben entlassen. Als Erwachsene fühlen sich die Kinder dann mitverantwortlich für das Schicksal und die Probleme ihrer Eltern. Die einen kümmern sich um diesen Elternteil, besuchen ihn, andere brechen den Kontakt ab.

Man sollte sich stärker bewusst machen, wie viele Alleinerziehende nach der Trennung vereinsamen. Wie viele es nicht schaffen, sich ein befriedigendes soziales Umfeld aufzubauen, eine Aufgabe in der Gemeinschaft zu finden, um ihr Bedürfnis nach familiärer Geborgenheit zu kompensieren. Es kann tragische Auswirkungen haben, wenn sich nach dem Auszug der Kinder ein soziales Vakuum einstellt.

> **Dabei trifft diese Vereinsamung vor allem die Männer. Das wird auch für Robin zum Problem. Dass er sich nicht von seinem Vater lösen kann, erschwert oder verbaut es ihm ganz, ein eigenständiges Leben zu führen.**

Vanessa war vier, als ihr Vater auszog. Florian war Tischler und hatte sich immer viel um seine Tochter gekümmert, und auch jetzt verbrachte sie die Nachmittage bei ihm in der Werkstatt, wenn ihre Mutter Marisa noch bei der Arbeit war. Florian war ein verspielter, sonniger Vater, aber etwas unstet. Wenn er keine Lust oder Zeit hatte, sagte er die Papa-Nachmittage kurzerhand ab, und Vanessa musste mit den Nachbarskindern spielen, bis ihre Mama nach Hause kam. Als Florian wieder eine Freundin hatte, durfte Vanessa nach wie vor zu Besuch kommen. Fleur war eine sehr mütterliche Frau, sie arbeitete unregelmäßig und hatte oft Zeit für Vanessa. Bald schon heiratete Florian seine Fleur und zog zu ihr in ihre kleine Wohnung. Marisa arbeitete viel und verdiente wenig. Deshalb war ihr jede Hilfe bei der Betreuung von Vanessa recht und willkommen. Mit der Zeit wurde Fleur eine echte Zweitmutter für Vanessa. Sie war warmherzig und konnte, wie das kleine Mädchen bemerkte, manche Sachen sogar besser als die Mama. »Kochen zum

Beispiel. Das kann Mama gar nicht. Oder Zöpfe flechten und lustige Kleider nähen.« Mit Fleur konnte man viel Spaß haben. »Sogar mehr als mit Papa.« Marisa war nur sehr selten auf Fleur eifersüchtig und wenn, dann sagte sie sich, dass es für Vanessa nur gut sei, zwei so unterschiedliche Mütter mit so unterschiedlichen Vorstellungen vom Leben und der Welt zu haben. Doch dann ging die Ehe von Florian und Fleur in die Brüche. Florian zog zurück in sein Atelier und war als Vater für Vanessa wieder nur bedingt verfügbar. Marisa wusste, wie sehr Vanessa an Fleur hing, und so kümmerte sie sich darum, dass der Kontakt zu ihr auch nach der Scheidung von Florian nicht abriss. Vanessa durfte Fleur besuchen, ja sogar bei ihr übernachten, und einmal die Woche kam sie zu Marisa und Vanessa nach Hause. Spielen, Hausaufgaben machen und gemeinsam zu Abend essen.

Geschiedene Väter mit einer neuen Partnerin glauben oft, sie hätten ein inniges Verhältnis zu ihren Kindern, weil die Kinder gern zu Besuch kommen und das Familienleben wieder reibungslos verläuft. Dabei gibt es dieses Familienleben wegen der Freundin, zu der die Kinder eine enge Beziehung aufgebaut haben. Wenn dann die Beziehung der Erwachsenen zerbricht, verliert das Kind eine wichtig gewordene Bezugsperson. Wenn sie dem Kind nach der Trennung erhalten bleibt, wie im Fall von Fleur, ist es eine glückliche Fügung.

Ein Kind kann sich stark an einen neuen Partner binden. Ich kenne auch so einen Fall. Da blieb der Freund der Mutter für das Kind auch nach dem Ende der Partnerschaft erhalten, sie fuhren sogar weiter zusammen in die Ferien, nun eben zu zweit. Und dabei hatte der Junge ein ebenso gutes Verhältnis zu seinem leiblichen Vater und zu seiner Mutter. Der Partner der Mutter war nur einfach ein sehr kompetenter väterlicher Freund, und die Mutter klug genug, ihn, nachdem die Beziehung zu Ende war, nicht aus dem Leben des Jungen zu verbannen. In diesem Fall hatte der Junge einen Freund fürs Leben gewonnen – unabhängig vom Liebesleben seiner Eltern.

So sehr sich ein neues Paar prüfen sollte, ob seine Beziehung stabil genug ist, um die Kinder einzubeziehen, so sehr sollte es sich auch bewusst machen, dass es im Fall einer Trennung die Bedürfnisse der Kinder beachten muss. Wenn die Beziehung zum Lebenspartner der Mutter dem Kind nicht erhalten bleibt, kann das ein herber Verlust für das Kind sein.

Beatrix hatte seit zwei Jahren einen Freund. Zu Beginn kam und ging Andreas, wenn Peter und Christine schon im Bett, bei ihrem Vater oder bei Freunden waren. Früher hatte Beatrix schon einmal einen Partner in ihre Familie zu integrieren versucht. Ein chaotisches Unterfangen, das letztlich alle unglücklich gemacht hatte. Bei Andreas, einem sehr einfühlsamen und verständnisvollen Mann, den sie auf der Weihnachtsfeier ihrer Firma kennengelernt hatte, wollte sie nun nichts mehr überstürzen. Ihr Leben mit den Kindern hatte sich nach einem mehr oder weniger turbulenten Trennungsjahr gut eingespielt, und die neunjährige Christine und der elfjährige Peter verbrachten mindestens jedes zweite Wochenende bei ihrem Vater, der gleich um die Ecke wohnte. Wenn sie einmal verreisen musste, passte er auf die Kinder auf, manchmal zog er für die paar Tage sogar bei Beatrix ein, weil die Kinder am liebsten zu Hause bei ihren Spielsachen blieben. Beatrix war eine bewusste Mutter, verfügbar und von natürlicher Heiterkeit. Die Beziehung zu Andreas gab ihr zusätzliche Kraft, denn er konnte sich in das komplexe Leben seiner alleinerziehenden Freundin einfügen, ohne Probleme mit seinem Selbstbewusstsein zu bekommen. Allmählich lockerten sich die strengen Regeln etwas. Hin und wieder tauchte Andreas am Nachmittag oder Abend auf. Die Kinder nahmen den neuen Mann im Leben ihrer Mutter einfach zur Kenntnis. Da sie nicht das Gefühl hatten, Andreas würde die Verfügbarkeit ihrer Mutter einschränken, machten sie sich keine weiteren Gedanken über ihn. Auch nicht, als er anfing, auch morgens noch da zu sein und mit den Kindern und ihrer Mutter zu frühstücken. »Die Mama hat einen Freund. Der ist ziemlich okay«, war alles, was sie zu dem Thema zu sagen hatten. Ein halbes Jahr nachdem Andreas quasi halb offiziell bei Beatrix und den Kindern eingezogen war, fragte Christine einmal ihre Mutter, wen sie nun lieber hätte, den Papa oder den Andreas. Beatrix erklärte, dass sie sich mit beiden gut vertrage, den Andreas aber lieber habe. Christine war ganz verblüfft und sagte beim nächsten Besuch zu ihrem Vater: »Stell dir vor, ich bin erst jetzt draufgekommen, dass die Mama den Andreas lieber hat als dich.«

Wenn es den Kindern gut geht und ihre Bedürfnisse ausreichend abgedeckt werden, erleben sie die partnerschaftlichen Beziehungen ihrer Eltern nicht als Bedrohung. Oder im Fall von Christine und Peter: Sie interessieren sich nicht besonders für das Liebesleben ihrer Eltern. Ob Eltern und Partner zusammenleben oder nicht, ob sie heiraten oder nicht, das sind wichtige Entscheidungen für die Erwachsenen. Für die Kinder ist nicht die Form des Zusammenlebens wesentlich, für sie zählt in erster Linie die Qualität der Beziehung.

Das Wichtigste in Kürze

1. Partnerschaft und Elternschaft dürfen nicht miteinander vermengt werden. Der Partner sollte sich nicht in Erziehungsfragen einmischen. Wenn die Partnerschaft zerbricht, sollte ein Kontakt, den das Kind wünscht, bestehen bleiben.

2. Stabile Beziehungen zwischen den Erwachsenen, aber auch zwischen Erwachsenen und Kindern beruhen immer auf gemeinsamen Erfahrungen und brauchen daher Geduld und Zeit.

3. Die folgenden drei Beziehungsbereiche sollten nicht gleichzeitig, sondern nach und nach aufgebaut werden:
   - Partnerschaft zwischen Mutter/Vater und Freund/Freundin
   - Beziehung zwischen Kindern und Freund/Freundin
   - Beziehung zwischen Verwandtschaft und Freund/Freundin.

4. Wenn es den Kindern gut geht und ihre Bedürfnisse ausreichend befriedigt werden, erleben sie die Partnerbeziehungen ihrer Eltern nicht als Bedrohung.

5. Kinder fühlen sich in der entstehenden Patchworkfamilie dann sicher, wenn:
   - sie sich bei der Mutter/dem Vater und im besten Fall beim Freund/ der Freundin geborgen und gut aufgehoben fühlen,
   - der Freund/die Freundin eine vertrauensvolle Beziehung zu ihnen eingegangen ist.

Wie fühlen sich die Kinder und was erwarten die Eltern von ihrer neuen Familie?

Sabines Vater wollte kurz nach der Scheidung zum zweiten Mal heiraten. Sabine freute sich. Sie war gerade fünf geworden. Heiraten war schon an und für sich etwas Aufregendes. Leo, ihr Lieblingsfreund aus dem Kindergarten, hatte erst unlängst gesagt, dass er sie heiraten werde. Sie war geschmeichelt, aber eigentlich wollte sie lieber ihre beste Freundin Elena heiraten oder die Mama oder den Papa. Ihren Papa hatte sie besonders lieb, obwohl sie ihn nur jedes zweite Wochenende sah. Aber Papa war einfach der Größte. Nun würde sie also zu Papas Hochzeit gehen. Was sollte sie anziehen? Das Samtkleid oder das mit den Kirschen drauf? Sabine war aufgeregt. Sie würde mit der Mama hingehen, dachte sie sich, und war dann ganz erstaunt, als ihre Mutter sagte, dass sie wahrscheinlich nicht eingeladen sei. »Weißt du, ich bin nicht sicher, ob dein Vater mich dabeihaben will«, sagte die Mutter. Wieso sollte er das nicht wollen? Aber gut, wenn die Mama nicht mitgehen wollte, würde sie eben gleich an der Hand ihres Papas in die Kirche einziehen, dachte Sabine. Doch je näher das Datum der Trauung heranrückte, desto weniger wurde über die bevorstehende Hochzeit gesprochen. Astrid versuchte etwas über den Ablauf der Feierlichkeiten in Erfahrung zu bringen. Während sie und Gert nur standesamtlich geheiratet hatten, gab es auf Wunsch von Gerts zweiter Frau Petra nun eine kirchliche Trauung. Anschließend wollten die neuen Schwiegereltern das Hochzeitspaar im elegantesten Restaurant ihrer Kleinstadt hochleben lassen. Nur von Sabine wollte keiner etwas wissen. Dass der neue Schwiegersohn eine Tochter aus erster Ehe mit in die Familie brachte, müsste man ja nicht gleich bei der Hochzeit hervorkehren. Sabine hätte das perfekte Bild vom jungen Glück gestört, alle Gäste daran erinnert, dass Petras Mann eine bewegte Vergangenheit hinter sich hatte. Man argumentierte einhellig, dass es bestimmt auch für Sabine leichter wäre, der Hochzeit fernzubleiben.

Sabine war sehr traurig und verunsichert. Hätte die Fünfjährige die Gästeliste erstellen dürfen, hätte sie ganz einfach alle genannt, die sie lieb hat. Die Mama, den Papa, Petra, Oma und Opa, Tante Gerda mit ihrem Dackel, beide Kindergärtnerinnen, aber nicht den doofen David, ihre beste Freundin Elena, die Katze Mia und womöglich noch eine stattliche Anzahl von Puppen. Nach der Hochzeit wollte Sabine über mehrere Monate am Wochenende nicht mehr zu ihrem Papa gehen, und einmal fragte sie beim Zubettgehen ihre Mutter: »Darf ich dabei sein, wenn du wieder heiratest?«

Arme kleine Sabine. Ich kann mir sehr gut vorstellen, wie ihr zumute war. Auch wir Erwachsenen würden uns ausgeschlossen fühlen. Wie können Eltern nur so unachtsam sein!
Für das Kind ist das mehr als nur eine Unachtsamkeit. Erwachsenen ist oft nicht hinreichend klar, wie Kinder empfinden und worauf es ankommt, wenn die Eltern eine neue Familie gründen. Sie haben mehr als genug Probleme mit ihrem neuen Leben. Die neue Partnerin, die zukünftige Schwiegerfamilie, deren und die eigenen Ansprüche. Da stört das Kind aus einer früheren Verbindung oftmals den Traum vom glücklichen Neuanfang ohne Vorbelastungen. Das Kind ist ein lebendiger Beweis für die Zerbrechlichkeit der Liebe unter Erwachsenen. Gert versucht noch ein zweites Mal das Ideal der bürgerliche Kleinfamilie in Szene zu setzen, und dafür muss er seine Vergangenheit und sein Kind unter den Teppich kehren.

Sabine hingegen verbindet mit der Hochzeit ihres Vaters etwas ganz anderes. Sie weiß noch nichts über die Liebeskonzepte der Erwachsenen und ihre Beziehungsängste. Sie kann einfach nicht verstehen, dass sie an diesem aufregenden Ereignis nicht teilnehmen darf. Sie fühlt sich vom Vater zutiefst abgelehnt.
Und aus dieser Ablehnung heraus macht sie sich so ihre Gedanken. Sie hat den Vater doch mindestens ebenso lieb wie Petra, und sie ist ebenso stolz auf ihn wie Vaters neue Frau. Warum also darf sie nicht dabei sein? Hat sie der Papa vielleicht nicht mehr so lieb? Und warum ist die Mama nicht eingeladen? Auch das kann Sabine nicht verstehen.

Früher war es wohl üblich, dass Kinder nicht einbezogen wurden, wenn der Vater, etwa weil die Mutter im Kindbett gestorben war, wieder heiratete. Da wurden die Kinder vor vollendete Tatsachen gestellt. So nach dem Motto: »Das hier ist deine Stiefmutter, du musst ihr genauso folgen, wie du deiner leiblichen Mutter gehorcht hast.« Oder: »Du hast einen neuen Vater. Sieh zu, dass du ihm wohlgefällst.« Daher kommt das schlechte Image von Stiefeltern. Ob sich eine Stiefmutter auf die Kinder eingelassen hat, hing vor allem von ihrer Persönlichkeit ab. Etwas von dieser Einstellung samt Vorbehalten spukt immer noch in unseren Köpfen herum.

Florentine war eine besonders selbstbewusste Achtjährige – und sie war ein glückliches Mädchen. Sie lebte mit ihrer Mutter in einem kleinen Häuschen mit Garten und besuchte ihren Vater und dessen neue Freundin oft. Als Peter und Carolin heirateten, durfte Florentine zum ersten Mal allein fliegen – zur Hochzeit nach Venedig. Das steigerte ihr Selbstbewusstsein und ihren Stolz ins schier Unermessliche. Sie hatte ein wunderschönes Kleid bekommen und würde einen farblich darauf abgestimmten Blumenkranz im Haar tragen. Sie würde zwischen Peter und Caroline dahinschreiten wie eine Königin, so ganz sie selbst und ebenso bewundert und geliebt wie das Brautpaar. Anschließend, das hatte Papa ihr versprochen, würden sie auf den Markusplatz gehen und Tauben füttern. Tauben gäbe es in Venedig nämlich so viele wie Sand am Spielplatz, sagte Peter und verschwieg seiner kleinen Tochter, dass er kein Herz für dieses Wahrzeichen der Lagunenstadt hatte, schließlich verdreckten sie jeden Winkel und übertrugen Krankheiten. Aber er wusste, wie sehr Florentine Tiere mochte, und er stellte sie sich in ihrem rosafarbenen Kleid vor, wie sie sich im Kreis drehen und glücklich sein würde.

Florentines Mutter brachte die Kleine an den Flughafen. Die meisten Hochzeitsgäste, darunter die neuen Schwiegereltern und Geschwister der Braut, waren bereits nach Venedig vorgefahren. Sie freute sich für ihr kleines Mädchen. So ein Abenteuer! Allein nach Venedig fliegen! Und auf ein wunderschönes Fest gehen! Sie hasteten – wie immer in letzter Minute – zum Schalter für allein reisende Kinder. Florentine schaute zur Flugbegleiterin hoch und sagte laut und deutlich: »Ich fahre nach Venedig!« »Das ist ja toll. Und warum fährst du nach Venedig?«, wollte die schmunzelnde Dame wissen? »Weil mein Vater eine andere Frau heiratet«, sagte Florentine glückstrahlend, was die Frau am Schalter einigermaßen irritierte, erkannte sie in der Dame neben Florentine doch unschwer die Mutter dieses übermütigen Dreikäsehochs. Wieso war hier niemand traurig oder wenigstens angespannt, schien ihr Gesicht zu fragen. Doch so viel sie auch in den Gesichtern forschte, sie entdeckte keinerlei Missmut. Stattdessen zogen die beiden lachend und plaudernd davon.

Eine Heirat bedeutet eine Zäsur im Leben von Erwachsenen. Das Paar geht eine Bindung ein, von der die meisten Erwachsenen immer noch erwarten, dass sie ein Leben lang hält. Die Heirat bringt nicht nur zwei Menschen, sondern auch die Familien zusammen. Sie verändert den Rechtsstatus der Erwachsenen, neue Rechte, aber auch neue Pflichten stellen sich ein. Und nicht zuletzt ist es ein sehr emotionaler Tag. Welche Bedeutung hat aber die Wiederheirat von Vater oder Mutter für das Kind?

Hochzeiten kennen Kinder heutzutage weniger aus eigener Erfahrung als aus Märchen und immer mehr Medien. Dort heiraten Prinzessinnen und Prinzen, Stars und Fußballgrößen. Es sind herrliche Feste, feierliche Anlässe, an denen alle aufgeregt und fröhlich sind. Die Frauen tragen wunderschöne Kleider und Frisuren, Männer schwarze Anzüge, und es gibt eine festliche Zeremonie in der Kirche. Für das Kind ist Heiraten etwas Aufregendes, nicht jedoch etwas, was sein Leben verändert. Entscheidend für das Wohlbefinden des Kindes ist darum, dass es neben dem Brautpaar als wichtigstes Familienmitglied dabei sein darf und das Fest als glückliches Ereignis in Erinnerung behält.

Die eigentliche Zäsur erlebt das Kind, wenn der Partner oder die Partnerin mit der Mutter oder dem Vater zusammenzieht und damit in sein Leben eindringt. Und wenn das Kind die Verwandten und Bekannten des neuen Stiefelternteils kennenlernen darf oder muss. Ob sich das Kind geborgen und aufgehoben fühlt, hängt also nicht davon ab, ob die Eltern und Stiefeltern verheiratet sind oder nicht. Die Beziehungen sind das Wesentliche. Genauso wie die Partnerschaft stabil und zukunftsträchtig sein sollte, bevor man sich für ein Zusammenziehen oder gar Heiraten entschließt, sollte auch die Beziehung zu den Kindern so tragfähig sein, dass ein harmonisches Zusammenleben gewährleistet ist. Eltern sollten die Veränderungen ansprechen, die auf das Kind zukommen, und sich zunächst einmal selbst fragen, was in seinem Leben alles anders wird. Wird die Verfügbarkeit der Mutter durch den neuen Partner, seine Kinder, den Aufbau des neuen Familiennests eingeschränkt? Oder wird die Mutter vielleicht sogar wieder besser auf ihr Kind eingehen können, weil sich ihre Lebenssituation stabilisiert, sie von ihrem neuen Partner unterstützt wird und ihre Belastungen und Sorgen dadurch abnehmen? Welche Rolle wird und kann der neu hinzukommende Partner im Leben des Kindes spielen? Wird er in erster Linie der Ehegatte der Mutter sein, oder wird eine zusätzliche tragfähige Beziehung entstehen, die dem Kind Nutzen bringt? Und ganz wichtig: Wie kann die Beziehung des Kindes zum anderen Elternteil erhalten bleiben? Dies setzt voraus, dass die Eltern sich über ihre partnerschaftlichen Pläne, soweit sie das Kind betreffen, austauschen. Schließlich sollten sie die Kinder, je nach Alter, einbeziehen und mit ihnen besprechen, was sich in ihrem Leben nun alles ändern wird.

Der Erziehungsexperte Jesper Juul empfiehlt Patchworkfamilien regelmäßige »Familientreffen«, also Gesprächsrunden, wo sich alle Familienmitglieder an einen Tisch setzen und offen darüber reden, wie es ihnen derzeit innerhalb der Familie geht (Juul 2010). Es gibt so viele unterschiedliche Interessen und Bedürfnisse in einer Patchworkfamilie, und diesen Bedürfnissen liegen so unterschiedliche Beziehungen zugrunde, dass es sehr hilfreich sein kann, wenn man ein Ritual, eine Praxis hat, um Schwieriges, aber auch Positives zur Sprache zu bringen.

Ein größeres Problem ist ja folgendes: Der neue Partner kommt in eine Familie, in der es bereits feste Regeln gibt. Wenn der werdende Zweitelternteil ebenfalls eigene Kinder hat, die am Wochenende oder in den Ferien zu ihm kommen, muss auch noch seine Art des Familienlebens integriert werden. Dass sich für das dabei entstehende Familiengebilde der Begriff Patchwork eingebürgert hat, ist nur allzu folgerichtig. Das neue Paar braucht in jedem Fall Zeit, eigene Regeln und Gebräuche im Umgang miteinander zu entwickeln. Nimmt es sich diese Zeit vor dem Zusammenziehen nicht, wird es danach umso mehr Zeit und Emotionen brauchen, um Missverständnisse auszuräumen und Konflikte zu lösen.

Was Partner beachten müssen, wenn sie eine Patchworkfamilie gründen

Der Alltag
- Werden die Kinder umziehen müssen? Wie können alle ihren Platz im neuen Zuhause finden?
- Was wird sich an der Betreuungssituation der Kinder ändern?
- Schule, Schulweg, Nachmittagsaktivitäten: Was verändert sich?
- Aufgabenverteilung im Haushalt: Was bleibt, was wird anders?

Die Beziehungen
- Welche neuen Bezugspersonen bekommen die Kinder (Stiefeltern, Stiefgeschwister, Halbgeschwister) und wie kann das Vertrauen zueinander gestärkt werden?
- Wie wird sich die Beziehung der Kinder zum anderen, außerhalb lebenden Elternteil gestalten?
- Welche Verwandten kommen dazu? Welche Rolle werden sie spielen?

Die Lebensbedingungen
- Welche Veränderungen beruflicher Art kommen auf das Paar zu? Wo wird es entlastet, wo zusätzlich belastet?
- Wie wirkt sich die neue Familiensituation finanziell aus?
- Wie wird sich das soziale Netz verändern?

Eine Patchworkfamilie kann eine große Chance für Erwachsene und Kinder sein, denn die Erwachsenen bringen Erfahrung und Wissen mit Partnerschaften und Kindern in die Beziehung mit ein. Aber sie ist auch eine Herausforderung, die zusätzliche Belastungen nach sich zieht, wie einige Studien belegen. Bei Zweitehen liegt die Scheidungsquote noch höher als bei Partnern, die sich zum ersten Mal das Jawort geben (Benedeck und Brown 1997).

Valerie und ihr neuer Partner Christopher hatten recht unterschiedliche Erziehungsvorstellungen. Er war viel strenger mit seinen beiden Töchtern. Er betonte Begriffe wie Konsequenz und Regeln und konnte keine weinerlichen, quengelnden Kinder ertragen. Einerseits schätzte Valerie seinen Pragmatismus, andererseits hatte sie eine ganz andere Grundphilosophie über das Aufwachsen von Kindern. Sie nahm die gelegentlichen Verhaltensauffälligkeiten ihrer Anna als Störung ihres inneren Gleichgewichts wahr und versuchte stets zu verstehen, warum ihre Tochter nicht in sich ruht. Dann versuchte sie die Situation, so gut es eben ging, zu verbessern. Christopher fand sie zu zimperlich und sagte, dass gewisse Frustrationen gut für die Entwicklung eines Kindes seien. Das Leben später wäre auch manchmal hart. Als Valerie und er zum ersten Mal gemeinsam mit allen Kindern Skifahren gingen, kam es zu einem heftigen Streit. Christopher wollte, dass seine großen Kinder so schnell wie möglich auf die Piste kommen. Wenn sie bei ihm waren, versuchte er sich ganz auf ihre Bedürfnisse einzustellen. Valerie fand das gut und richtig. Sie bemühte sich deshalb, Christopher und die Großen nicht aufzuhalten, und trieb die sechsjährige Anna zur Eile an. Anna jammerte, sie friere. Auf der Piste angekommen, wollte sie partout nicht mehr fahren. Zuerst wurde Valerie nervös. Sie sagte, Anna solle kein Theater machen, beim Skifahren sei es nun einmal kalt. Anna heulte. Langsam verstand Valerie, dass es keinen Sinn hatte, weiter an dem Kind zu zerren, sondern dass sie sich auf sein Tempo einstellen musste. Anna war überfordert. Schließlich war sie nur halb so alt wie die beiden anderen Mädchen. Sie hatte ihre Stiefgeschwister beeindrucken wollen, aber die waren ihr schon am ersten Hang davongefahren. Außerdem war es ihr erster Skitag im Jahr. Nachdem sich Valerie auf Anna eingestellt, ihr die kalten Füßchen massiert und zum tausendsten Mal die

Mütze neu aufgesetzt hatte, begann ihr Mädchen allmählich wieder Freude am Skifahren zu empfinden. Christopher jedoch, der mit seinen Töchtern vorbeigerast kam, war wütend auf Valerie. Wieso sie nicht strenger zu Anna sei? Sie solle sich nicht so von Annas Launen regieren lassen, sondern sie für eine halbe Stunde in der Hütte zurücklassen und selbst Skifahren gehen. Valerie versicherte Christopher, dass sie schon wüsste, wie sie mit ihrer Tochter umzugehen habe, dass sie keine Hilfe benötige, er sich ja um seine Kinder kümmern könnte. Er, so fuhr er fort, habe seine Kinder nie wie kleine Prinzessinnen behandelt, sich nicht um jedes Wehwehchen gekümmert. Wo wäre er denn da hingekommen, noch dazu bei zwei relativ gleichaltrigen Kindern. Es sei ihr völlig gleichgültig, antwortete Valerie immer gereizter, wie er mit seinen Töchtern umgegangen sei, als sie noch klein waren. Sie würde sich Anna gegenüber so verhalten, wie sie es für richtig empfinde. Anna sei ein Einzelkind und sie, Valerie, eben kein solches Raubein wie er. Hätten die beiden großen Mädchen Christopher nicht gedrängt, mit ihnen den nächsten Sessellift zu nehmen, er und Valerie hätten sich womöglich noch stundenlang weitergestritten.

Diese Art der Auseinandersetzung gibt es häufig, wenn eine Patchworkfamilie zusammenwächst. Einerseits kommen sich die Erwachsenen wegen ihrer unterschiedlichen Erziehungsvorstellungen in die Quere, andererseits gibt es handfeste Probleme bei der Organisation des Alltags von unterschiedlich alten Kindern. Solche Situationen zu meistern ist nicht leicht und braucht Zeit. Beide Partner müssen die Bereitschaft aufbringen, aufeinander einzugehen, um Gemeinsamkeiten entstehen zu lassen. Aber sie sollten auch selbstständig etwas mit ihren eigenen Kindern unternehmen, ihnen das Gefühl geben, ganz und nur für sie da zu sein. Dazu muss es Toleranz und Flexibilität auf beiden Seiten geben.

Man ahnt ja gar nicht, wie schwierig so etwas sein kann. Welche Komplikationen durch dieses »meine Kinder«, »deine Kinder« entstehen können. Da kommen oft auch alte Verletzungen an die Oberfläche, beispielsweise eine alte Wut, ursprünglich auf den Ex-Partner gemünzt. Man ist viel empfindlicher und vorsichtiger als beim ersten Mal.

Damit Erwachsene und Kinder zu einer gut funktionierenden Patchworkfamilie zusammenwachsen, sind vor allem gemeinsame Erfahrungen wichtig. Sie sind der Kitt, der die Familie zusammenbringt. Erlebnisse erzeugen Bindung zwischen Kindern und Zweiteltern und den Kindern untereinander. Kinder sind dabei meist erfrischend direkt und pragmatisch. Sind die Erfahrungen, die sie mit dem neuen Partner der Eltern machen, positiv, so wird je nach Alter eine vertrauensvolle Beziehung zu ihm entstehen, wie auch immer die Erwachsenen das dann definieren und benennen.

Ein Baby wird einen Erwachsenen, der neu in die Familie kommt, nicht von vornherein als Bedrohung erleben. Ein Baby verbindet noch alles, was ihm widerfährt, mit seiner Hauptbezugsperson, im Regelfall also mit der Mutter. Wenn sie zum Beispiel wegen ihrer neuen Beziehung weniger für das Baby da ist, wird das Baby weinerlich sein, nachts aufwachen oder am Rockzipfel der Mutter hängen. Sein Wohlbefinden hängt ausschließlich von seinen Hauptbezugspersonen ab.

Die Chance für den Partner, eine intensive Beziehung mit einem Kind aufzubauen, ist nie so groß, wie wenn es noch im Säuglingsalter ist. Der Partner hat fast die gleichen Voraussetzungen wie der leibliche Elternteil. Es hängt allein davon ab, wie sehr er sich auf das Kind einlässt. Wenn er das Baby wickelt, ihm zu essen und zu trinken gibt, mit ihm spielt, es tröstet, wenn es weint, und es zu Bett bringt, kann daraus eine sehr innige Beziehung entstehen.

Im Gegensatz zum Säugling reagiert das Kleinkind wie ein eifersüchtiger Liebhaber, der den neuen Mann zunächst als »Eindringling« empfindet. Es wird dem Fremden vielleicht unverblümt sagen, dass er »doof, hässlich und grässlich« sei, so wie die Monster in der Geschichte von den wilden Kerlen. Um an das Kind überhaupt heranzukommen, ist der werdende Zweitvater auf die Hilfe der Mutter angewiesen. Die Mutter sollte sich so verhalten, dass das Kind spürt, der ist nett. Sie darf ihre Zuneigung zum Partner aber auch nicht allzu stark zeigen, weil das Kind sonst eifersüchtig wird und den Partner der Mutter nicht mehr

sympathisch findet. Die Mutter muss ihrem Partner zudem helfen, seine Rolle im Leben ihres Kindes zu finden, sonst ist er von Anfang an auf verlorenem Posten. Der Partner sollte versuchen, sich auf die Bedürfnisse eines Kleinkindes einzustellen, mit Legos und Puppen spielen und – mit Taten statt Worten – deutlich machen, dass er nicht den Platz des Kindes im Leben seiner Mutter einnehmen will. Überdies sollte er sich als Erzieher zurückhalten oder dieselben Erziehungsprinzipien wie die Mutter des Kindes verfolgen, sich über erzieherische Meinungsverschiedenheiten aussprechen können und zu Kompromissen fähig sein.

Die Aufgabe des Zweitvaters ist anstrengend, aber, wenn es ihm gelingt, überaus lohnend. Kleinkinder können sehr unterhaltsam und anhänglich sein. Sie lieben Erwachsene, die mit ihnen gemeinsame Sache machen. Andererseits ist es zeitaufwendig, Kleinkinder zu betreuen. Sie verlangen, dass man ständig verfügbar ist.

Sind die Kinder im Schulalter, wird das Zusammenleben für werdende Zweiteltern gleichzeitig leichter und schwieriger. Schulkinder sind für eine Beziehung zu einem Erwachsenen offener als Kleinkinder. Schließlich sind sie ja auch bereit, eine Beziehung zu ihrem Lehrer oder ihrer Lehrerin einzugehen. Ein neuer Mann im Haus hat deshalb eine ganze Reihe von Beziehungschancen. Möglicherweise kann er manche Fragen besser beantworten als die Mutter, er kann das Kind bei den Schulaufgaben unterstützen oder zum Sport mitnehmen. Er kann auf verschiedenen Ebenen eine eigenständige Beziehung zu ihm aufbauen und ist nicht so sehr auf den Umweg über die Mutter angewiesen. Schulkinder sind andererseits – je älter sie werden – immer weniger bereit, sich emotional noch stark zu binden. Ein echte Bezugsperson zu werden ist immer noch möglich, kann aber anspruchsvoll sein.

Wenn die Kinder des Partners in der Pubertät sind, ist es für den werdenden Zweitelternteil oft schwierig, eine Beziehung zu ihnen aufzubauen. Jugendliche identifizieren sich in hohem Maß einmal mit dem, dann wieder mit dem anderen Elternteil, gleichzeitig beginnen sie Eltern und Erwachsene generell infrage zu stellen. Sie sind in einer permanenten Oppositionshaltung zur Erwachsenenwelt. Wenn nun ein potenzieller Zweitelternteil auftaucht, ist das meist ungefähr das Letzte, was der Jugendliche braucht. Oder aber er macht den neuen Partner zu einer Schachfigur im Loyalitätskonflikt mit den Eltern. Entweder er schlägt sich auf die Seite des Stiefvaters gegen den eigenen Vater oder auf die Seite der Mutter gegen die beiden Männer, oder der Stiefvater wird zugunsten des leiblichen Vaters abgelehnt. Gelingt es dem Zweitelternteil, eine Rolle als väterlicher oder mütterlicher Freund einzunehmen, ohne in Loyalitätsprobleme verwickelt zu werden, hat er Großes geschafft, und alle haben gewonnen.

Max war mit seinen 16 Jahren mitten in der Pubertät und der zwei Jahre jüngere Moritz ebenfalls, als die 22-jährige Caroline in ihr Leben trat. Sie war damit um einiges jünger als der 44-jährige Vater, eine erfolgreiche und zurückhaltende junge Frau. Max und Moritz mochten ihre »neue Maman«, wie sie scherzhaft und ironisch auf Französisch manchmal zu ihr sagten. Die Jungen lachten dabei so, dass sofort klar wurde, welche Rolle Caroline in ihrem Leben spielen durfte und welche nicht. Als nette Freundin, als Kumpel, als eine der Ihren war sie den beiden Jugendlichen willkommen, als Mutter oder mütterliche Autoritätsperson brauchte sie sich erst gar nicht anzustrengen. Sie erzählten ihr Dinge, die sie ihrem Vater nie anvertraut hätten, sprachen mit ihr über die Scheidung der Eltern, damals, als die beiden noch ganz klein waren, über die Wut auf den Vater, der immer so viel hatte arbeiten müssen, sie fragten sie über die Marotten von Mädchen aus und waren stolz, wenn sie mit ihnen ins Kino ging. In die Erziehung hingegen durfte Caroline sich nicht einmischen. Sie hatte überhaupt keine Chance, auch nur zu erwähnen, was ihr an der Art, wie Vater und Söhne miteinander umgingen, missfiel. Wieso logen Max und Moritz, wie sie es gerade brauchten? Wieso nahmen sie Bücher von Carolines Nachttisch und verschenkten sie? Warum ließen sie überall ihre Anziehsachen fallen und nahmen wie selbstverständlich an, dass sie den Butler spielen würde? Wollte Caroline die beiden etwa wegen des fehlenden Geldes in der Haushaltskasse zur Rede stellen, nahmen sie sie einfach nicht ernst. Sie sagten in einem amüsierten Tonfall: »Ach, sei doch nicht so. Lass uns lieber was zusammen kochen und Videos anschauen.« Sie wollten einen heiteren Abend mit ihr verbringen und wussten, dass sie mit der nachlässigen Haltung ihres Vaters rechnen konnten, der fast alles, was die Jungen anstellten, kommentarlos zur Kenntnis nahm. Er war der liebenswürdigste und inkonsequenteste Mensch auf Erden, und weil ihn immer Schuldgefühle plagten, sagte er zu allem Ja und Amen. Wenn Caroline ihre Meinung vorbrachte, hielt er sie entweder für spießbürgerlich oder warf ihr vor, sie würde seine Kinder ablehnen.

Man sieht, welche Schwierigkeiten eine hinzukommende Partnerin haben kann, wenn sie bei den Kindern nur die Rolle einer Freundin zu spielen versucht. Partnerin und Partner können leicht in Loyalitätskonflikte geraten. Weil sie die Sorgen und Nöte der Mutter oder, wie hier, des Vaters teilen, aber auch die Probleme der Jugendlichen mitbekommen.

So schlimm hätte es nicht kommen müssen, wenn der Vater gegenüber seinen Söhnen eine klare Position bezogen hätte. Er hätte sich dem Konflikt mit Max und Moritz stellen müssen, sonst hat Caroline keine Chance, sich einen Platz in dieser Familie zu verschaffen.

Auch den Bücherdiebstahl darf sich Caroline nicht gefallen lassen, sonst verlieren die beiden Jungen jegliche Achtung vor ihr. Wenn es um ihre Person geht, darf Caroline keine Kompromisse machen und muss mit Max und Moritz Klartext reden. Tut sie es nicht, verlieren die Jungen jeden Respekt, und Caroline wird unglaubwürdig, Wenn die Jugendlichen wie Erwachsene behandelt werden wollen, müssen sie mit Caroline auch so umgehen. Dazu braucht sie aber die Unterstützung des Vaters. Dass er nicht eingeschritten ist, ist nicht nur erzieherisch ein völlig falsches Signal, es ist auch für die Partnerschaft verheerend.

Konflikte gehören zur Pubertät. Sie lassen sich nicht vermeiden. Man sollte sie als Eltern und Zweiteltern fest einkalkulieren, sich dadurch nicht auseinanderdividieren lassen und nicht bei jedem Knatsch mit den Jugendlichen Partnerschaft und Zusammenleben infrage stellen.

> Jugendliche brauchen neben den Eltern andere erwachsene Bezugspersonen. Auch wenn sie zu den Erwachsenen ein distanziertes Verhältnis haben, halten sie doch nach Vorbildern Ausschau, an denen sie sich orientieren können. Das ist die Chance der Zweitmutter oder des Zweitvaters. Wenn sie nicht als Autoritätsperson auftreten, sondern den Jugendlichen als gleichwertigen Partner behandeln, wird er bei ihnen sogar Dinge ansprechen, die er mit den eigenen Eltern nicht bespricht. Das sollten die leiblichen Eltern als Hilfe und Entlastung und nicht als Bedrohung ansehen.

Annas Vater hatte wieder geheiratet. Schon vor der Hochzeit hatte sich seine Partnerin Ursula sehr um Anna gekümmert, anfänglich hatte sie kleine Geschenke für sie vorbereitet, um die Sympathie der Fünfjährigen zu gewinnen. Wann immer Annas Vater sie als Unterstützung an den Besuchswochenenden brauchte, war sie zugegen, kochte oder beschäftigte sich mit seiner Tochter. Bald schon unternahmen die drei regelmäßig etwas zusammen und fuhren sogar miteinander in Urlaub. »Die Ursula ist auch ein bisschen Mama«, erzählte Anna ihrer Mutter. Valerie hatte Ursula kennengelernt, die beiden Frauen mochten einander und versprachen, dass sie miteinander reden würden, bevor Missstimmungen zu ernsthaften Konflikten anwachsen würden. Anna war selbstverständlich zur Hochzeit ihres Vaters eingeladen. Sie durfte Blumen streuen. Manchmal, wenn Anna ihre Mutter verletzen wollte, wenn es zu einem Machtspiel zwischen ihr und Valerie kam, sagte Anna, dann ginge sie eben zu ihrem Papa. Das kränkte Valerie. Diesem Machtspiel fühlte sie sich nicht gewachsen. Manchmal hatte sie das Gefühl, die neue Familie von Annas Vater sei spannender. Während sie bis zum Umfallen arbeiten musste, um Anna und sich über die Runden zu bringen, hatte Ursula immer Zeit, wenn die Kleine zu ihr kam. Andererseits wollte sie auch keine strikten Besuchszeiten einführen. Sie und Annas Vater hatten all das bisher flexibel gehandhabt, und so sollte es auch bleiben. Anna sollte ihn sehen dürfen, wann immer sie wollte und er Zeit hatte. Wie konnte Valerie jedoch verhindern, dass Anna diese Flexibilität ausnutzte, um zu bekommen, was sie wollte? Das eine Mal würde sie sich vielleicht ein Spielzeug erpressen, das andere Mal damit verhindern, dass Valerie ausgeht. Und was sollte sie tun, wenn Anna eines Tages von ihr weg zu ihrem Papa würde ziehen wollen, weil es ihr dort besser gefällt?

Es ist schon eine verzwickte Sache. Eine Mutter wünscht sich keine böse Stiefmutter für ihr Kind, aber allzu mütterlich darf die Zweitmutter auch nicht sein. Das Gleiche gilt für die Väter. Es kann eigentlich nur dann gut gehen, wenn die »Mütter« miteinander sprechen, sich kennen- und schätzen lernen. Genauso die »Väter«. Und wenn alle mit den eigenen und den Bedürfnissen der anderen achtsam umgehen, wenn sich etwa die Zweitmutter zurückhält und bewusst die Rolle einer zusätzlichen mütterlichen Bezugsperson einnimmt.

Kommunizieren und Regeln aushandeln kann eine aufwendige Sache sein. Wenn man es aber versäumt, bezahlt man unter Umständen mit gegenseitigem Misstrauen und immer neuen Missverständnissen dafür.

Viele solcher Konflikte finden sich auch bei sogenannten »normalen« Familien. Auch dort gibt es Machtkämpfe und kindliche Formen von Erpressung. Wenn Valerie am Abend ausgeht, fehlt sie ihrer Anna. Also versucht Anna das zu verhindern und wendet schlau, wie sie ist, die schlagkräftigste Methode an. Das bedeutet aber nicht, dass Anna die Beziehung zu Valerie grundsätzlich infrage stellt. Andererseits können Machtkämpfe auch auf einen Mangel an Geborgenheit hindeuten. Wenn es dem Kind hingegen gut geht, wird es seine Eltern nicht ernsthaft gegeneinander ausspielen.

Valerie sollte sich eine andere Alltagssituation vor Augen halten. Anna bekommt auch nicht jedes Mal eine Schokolade, wenn Valerie mit ihr in den Supermarkt geht. Ein Hin- und Herziehen zwischen Vater und Mutter, je nachdem, wo man gerade mehr zu bekommen scheint, ist der Entwicklung des Kindes nicht förderlich. Daran sieht man, wie wichtig es ist, dass die getrennten Eltern miteinander kommunizieren, auch wenn aus der Trennungsfamilie ein oder auch zwei Pachworkfamilien entstanden sind. Sie sollten weiterhin gemeinsam überlegen, was für ihr Kind

> gut ist, sie sollten sich die Erziehungsprobleme, Schulfortschritte, seelischen Verstimmungen ihrer Kinder gegenseitig mitteilen und, wo es nötig ist, Abmachungen treffen. Das Gleiche gilt auch für die neu hinzukommenden Partner. Sie sollten in den Kommunikationsfluss eingebunden werden. Nur so sind sie bereit, für die Kinder Verantwortung zu tragen.

Besonders in der Pubertät wechseln Kinder oftmals zum anderen Elternteil, weil sie dort für sich das bessere Lebensumfeld vermuten, mehr Freunde haben oder mehr Freiheiten bekommen. Manchmal auch weil die neu entstandene Patchworkfamilie mit den kleineren Kindern sie nervt. Das muss nichts mit einer schlechten Beziehung zum jeweiligen Elternteil zu tun haben.

> Wir können es nicht oft genug betonen: Erwachsene und Kinder vertragen sich nicht einfach, weil man zusammenlebt oder geheiratet hat. Es braucht dazu tragfähige Beziehungen. Beziehungen aber brauchen Zeit, und davon haben die meisten Erwachsenen zu wenig. Keine Zeit haben, um die Beziehungen zu pflegen, ist die größte Gefahr für die Patchworkfamilie. Zeitmangel kann die Familie auf die Dauer auseinanderbringen.

Wenn dann zu den Kindern aus den Erstfamilien ein gemeinsames Kind »hinzugeboren« wird, entsteht wieder eine neue Beziehungsdynamik. Wie sehr auch immer sich die jeweiligen Partner um ihre Stiefkinder bemühen und ein noch so gutes Verhältnis zu ihnen haben, ein eigenes, gemeinsames Kind ist etwas anderes. Es setzt bei seinen Eltern ein enormes Maß an Selbstlosigkeit frei.

> Das ist ähnlich wie bei Adoptivkindern. Auch da müssen sich Eltern, wenn noch ein eigenes Kind dazukommt, ganz bewusst immer wieder vornehmen, keines der Kinder zu bevorzugen.

Damit alle Kinder – »deine, meine und unsere« – in einer Patchworkfamilie glücklich aufwachsen können, braucht man kompetente Eltern, Eltern, die sich ihrer eigenen Gefühle bewusst sind, die gut miteinander kommunizieren und Konflikte konstruktiv lösen können.

Patchworkfamilien sind schon aufgrund ihrer Zusammensetzung konfliktanfällig. Eine Mutter hat mir einmal auf die Frage, was Erwachsene können müssen, damit es funktioniert, gesagt: »Ach, man darf sich eben nicht so wichtig nehmen.« Das scheint mir neben aller Konflikt- und Kommunikationsfähigkeit hilfreich zu sein. Wenn die Erwachsenen nicht sich, sondern die Kinder, deren Bedürfnisse und deren Unterschiede wichtig nehmen, dann kann die Patchworkfamilie gelingen.

Das heißt, von sich absehen und sich den Kindern zuwenden, so wie das Mütter, die viele Kinder haben, auch tun müssen. Da will ja immer irgendwer etwas, Streitigkeiten sind zu schlichten, die einen wollen Nudeln und die anderen Hühnchen zum Essen, Anziehsachen werden »durchgetragen« und das Taschengeld durch vier oder sechs Kinder geteilt. Das erzieht zwangsläufig zu einem bescheideneren Lebensstil.

In vielen Bereichen treffen wir heute auf das Problem, dass die Erwachsenen immer mehr ihre Bedürfnisse – den Job, die Hobbys, das Freizeitprogramm – in den Mittelpunkt stellen und immer weniger die Bedürfnisse der Kinder. Bei einem oder zwei leiblichen Kindern mag das noch bis zu einem gewissen Grad funktionieren. Je mehr Kinder in einer Familie aufwachsen und je komplexer die Familiendynamik ist, desto schwieriger wird es, wenn die Erwachsenen nicht zurückstecken. Da es immer weniger die Frauen und Mütter sind, die ihren Beruf für die Familie an den Nagel hängen und auf ihre eigenen Bedürfnisse angesichts einer großen Kinderschar verzichten, müssen ihre Partner ihre Verantwortung für die Familie vermehrt wahrnehmen.

Eine Patchworkfamilie ist etwas für richtige Familienfans. Es ist ein Projekt. Die große Chance liegt darin, dass Kinder auf dem Umweg über die Patchworkfamilie wieder zu mehr Geschwistern und Bezugspersonen kommen (Familienreport 2012). Dass sie mit anderen Kindern aufwachsen und die Geborgenheit einer Großfamilie erleben können.

Das Wichtigste in Kürze

1. Bevor Erwachsene und Kinder zusammenziehen, sollten die Beziehungen untereinander gefestigt und tragfähig sein.

2. Sind sie es nicht, besteht die Gefahr, dass Meinungsverschiedenheiten in Beziehungs- und Erziehungsfragen die Partner auseinandertreiben.

3. Die Kinder sollen nicht dazu benutzt werden, den Partner zu binden. Ein solches Bemühen wirkt sich negativ auf die Partnerschaft aus.

4. Der Partner kann auf Dauer nur dann mit den Kindern der neuen Partnerin zusammenleben, wenn er eine vertrauensvolle Beziehung zu ihnen eingeht; nur den Partner zu lieben und das Kind nicht, erlebt das Kind als Ablehnung.

5. Kinder sollten auf das Zusammenleben und die Heirat vorbereitet werden. Sonst fühlen sie sich ausgeschlossen und werden misstrauisch, was sich wiederum nachteilig auf die Beziehungen auswirkt.

6. Der neue Partner sollte sich in der Erziehung zurückhalten. Wenn es ihn selbst betrifft und die Kinder ihm auf der Nase herumtanzen oder mit verletzenden Äußerungen kränken, muss er sich abgrenzen.

Wie wachsen Kinder in einer Patchworkfamilie zusammen?

»Am Anfang haben wir uns nur gestritten.« Heute schüttelt Katharina den Kopf. Sie ist die Ältere der beiden Huber-Kinder, und damals, als ihr Vater noch einmal geheiratet hat, war sie gerade zehn. Sie und ihre zwei Jahre jüngere Schwester Melanie waren durch die Scheidung der Eltern unzertrennlich geworden. Instinktiv waren sie näher zusammengerückt. Sie stritten nur noch ganz selten. Jeden Tag aufs Neue tauchten sie in ihr kindliches Zauberreich ab. Sie bauten versteckte Waldlager, dachten sich Geheimsprachen aus und ließen niemanden in ihre Phantasiewelt eindringen. Doch dann kamen die ersten Sommerferien mit Franziska, der Tochter von Vaters neuer Frau. Franziska war acht, etwas pummelig und schüchtern. Melanie und Katharina hatten überhaupt keine Lust, sich ihre Ferien von der Neuen verderben zu lassen. Sie ignorierten oder hänselten sie, wozu sie eben gerade aufgelegt waren. Vater Huber hatte Mitleid mit Franziska, die überdies ein Einzelkind war, und redete deshalb mit seinen Töchtern – mit jeder einzeln und ungewöhnlich streng. »Du bist die Älteste und verantwortlich dafür, dass sich Franziska wohlfühlt«, sagte er zu Katharina. Und um Melanies Interesse an Franziska zu wecken, meinte er zur Kleineren: »Franziska ist so alt wie du. Wenn du lieb zu ihr bist, könnt ihr gute Freundinnen werden.« Vater Lorenz hatte es wirklich gut gemeint. Er wollte einfach nur, dass sich alle Kinder gut verstehen. Doch nun stritten sich auch noch seine beiden Mädchen, so heftig und erbittert, wie er es noch nie erlebt hatte.

Eine schwierige, aber recht häufige Situation. Im Kindergarten zum Beispiel gibt es immer wieder Beziehungsprobleme zwischen den Kindern. Ein Mädchen, das zu zwei eingeschworenen Freundinnen stößt, hat es schwer. Wenn es sich aber um Kinder handelt, die in das Familiensystem integriert werden sollen, wird es noch schwieriger.

Zu den ganz normalen Problemen, die Kinder miteinander haben können, kommt in der Patchworkfamilie hinzu, dass sie Stiefgeschwister sind. Für Melanie und Katharina ist Franziska nicht irgendein Mädchen, sondern eben auch das Kind von Vaters neuer Frau. Das kann die beiden schon eifersüchtig machen. Misstrauisch fragen sie sich, ob ihr Vater diese Franziska lieber hat als sie. Es ist nur zu verstehen, dass sie die Zweitschwester zuerst einmal ablehnen. Sie brauchen sie ja auch nicht, genügen einander.

Ich habe das auch bei meinen Kindern erlebt. In schwierigen Zeiten rücken die Geschwister zusammen. Sie holen sich einen Teil der Geborgenheit, die normalerweise von den Erwachsenen kommt, von den Geschwistern. Häufig stehen sie sich auch als Erwachsene noch sehr nah.

Woher aber rührt dann der Streit zwischen Katharina und Melanie?

Der Vater hat vielleicht durch seine gut gemeinte Intervention seine eigenen Kinder aufeinander eifersüchtig gemacht. Da er mit jeder von ihnen einzeln gesprochen hat, wussten sie nicht, warum die jeweils andere plötzlich bemüht war, zu Franziska nett zu sein. Das löste wahrscheinlich die Eifersucht unter den beiden Schwestern aus.

Kinder müssen sich ihren Platz in der Gemeinschaft der Kinder immer wieder aufs Neue erobern. Sie müssen die ihnen gemäße Stellung innerhalb der Gruppe erst finden und sich dann behaupten. Bei Geschwistern ist das anders, da sie von Anfang an zusammenleben und die gleichen Eltern haben. Durch den Altersunterschied entsteht eine natürliche Rangordnung. Dennoch kann es bekanntermaßen auch unter Geschwistern zu Streitigkeiten kommen.

Ein gewisses Maß an Streit und Eifersucht gehört zum ganz normalen kindlichen Verhalten und besteht unter allen Geschwistern, wenn auch unterschiedlich heftig. Wie ausgeprägt die Eifersucht ist, hängt von verschiedenen Faktoren ab, unter anderem vom Alter der Kinder. Sind sie zwischen zweieinhalb und fünf Jahren, ist die Eifersucht besonders groß. Aber auch ein zehnjähriges Kind kann noch eifersüchtig auf ein Neugeborenes reagieren. Ebenso ist die Persönlichkeit des Kindes von Bedeutung. So wie das Bindungsverhalten von Kind zu Kind unterschiedlich ausgeprägt ist, so ist auch die Verunsicherung, ausgelöst durch die Ankunft eines Geschwisterchens, unterschiedlich groß.

Eine wichtige Rolle spielt dabei das Verhalten der Erwachsenen, denn das Kind ist ja vor allem wegen der Zuwendung, die das Baby von den Eltern erhält, eifersüchtig. Die Eifersucht zielt nicht eigentlich auf das Baby, sondern auf die Eltern.
Auch bei Patchworkfamilien kommt es sehr darauf an, wie die Erwachsenen mit der Aggression und Eifersucht der Kinder umgehen. Dabei spielen der Altersunterschied und die Persönlichkeit von Halbgeschwistern und Stiefgeschwistern eine große Rolle. Und die Stellung innerhalb der Patchworkfamilie. Halbgeschwister haben dabei einen ähnlichen Status wie Geschwister in der Kernfamilie. Stiefgeschwister hingegen wurden nicht in die Patchworkfamilie hineingeboren, sie werden mitgebracht. Sie sind also so etwas Ähnliches wie die Kinder im Kindergarten oder in der Schule, mit denen man auskommen muss.

Für Katharina, Melanie und Franziska gingen die Sommerferien langsam zu Ende. Sie hatten sich noch viel gestritten. Vater Lorenz hatte aufgehört, sich einzumischen, und begonnen, alles mit seinen beiden Mädchen gemeinsam oder mit allen dreien zu besprechen. Die beiden Erwachsenen, Lorenz Huber und seine neue Frau, die Mutter von Franziska, nahmen sich besonders viel Zeit für die Kinder, gaben ihnen das Gefühl, von beiden angenommen und bei ihnen geborgen zu sein. Das motivierte die Kinder, ihr Beziehungschaos selbstständig zu klären. Melanie und Katharina wollten ein neues Baumhaus bauen. Ihr Vater half ihnen, während Franziska und ihre Mutter einige Tage zu den Großeltern gefahren waren. Die Schwestern schleppten Äste herbei und banden sie mit Stricken aneinander, sie pflückten riesige Blätter, um die Wände damit zu tapezieren, und verstauten Proviant im großen Hohlraum, den der Blitz vor vielen Jahren in den Baumstamm geschlagen hatte. Unversehens waren sie wieder in ihr Zauberreich zurückgekehrt, und das alte Vertrauen zueinander war wieder da. Sie versicherten einander, dass sie die besten Freundinnen seien und dass nichts auf der ganzen Welt sie trennen könne. Und weil das so war, beschlossen sie, lieb zu Franziska zu sein. Eigentlich, so gestanden sie einander, mochten sie ihre Stiefschwester. Sie hatten sie nicht so lieb, wie sie einander lieb hatten, aber sie war ganz okay und könnte nun in den Status einer guten Freundin erhoben werden.

Wie die Beziehungen unter Geschwistern, Halb- und Stiefgeschwistern gefördert werden können

- Beziehung zu den eigenen Kindern nicht vernachlässigen und ihnen keinen Grund zur Eifersucht geben.
- Gute Beziehung zu den Kindern des Partners unterhalten; hat Vorbildcharakter für die eigenen Kinder.
- Den Kindern ausreichend Gelegenheit geben, sich kennen- und schätzen zu lernen sowie gemeinsame Erfahrungen zu machen.
- Als Erwachsene sich möglichst nicht in die Beziehungen der Kinder einmischen.

Von anderen Kindern akzeptiert zu werden ist für alle Kinder, unabhängig davon, ob sie Geschwister, Halb- oder Stiefgeschwister oder einfach Freunde sind, von zentraler Bedeutung für ihr Wohlbefinden und ihr Selbstwertgefühl. Die soziale Akzeptanz gehört neben der Geborgenheit und der Leistung zu den drei Lebensbedürfnissen jedes Kindes – und ebenso – jedes erwachsenen Menschen. Das Wichtigste dabei ist, dass jedes Kind den Platz in der sozialen Gemeinschaft findet, der ihm entspricht. Nicht jedes Kind – auch nicht jeder Erwachsene – will Anführer sein. Wenn man Kindern beim Spielen zusieht, kann man das gut beobachten.

Jedes Kind hat seine eigene Strategie, seine Stellung innerhalb der Gruppe zu finden. Manche sind sehr kompetent und werden von den anderen ohne Weiteres als Anführer akzeptiert. Sie sind mit vielen Kindern befreundet und müssen ihre soziale Stellung, wenn es zu Konflikten kommt, nicht mit Ausgrenzungs- und Unterdrückungsmechanismen verteidigen. Andere sind mit einem Platz im Mittelfeld oder am unteren Rand der Hierarchie durchaus zufrieden. Für sie ist es am wichtigsten, Teil der Gruppe zu sein.

Auf diese Gruppendynamik können Erwachsene kaum Einfluss nehmen und sollten es auch nicht tun. Versuchen sie es trotzdem, stören sie die Etablierung natürlicher Hierarchien, und es dauert umso länger, bis sich ein soziales Gleichgewicht einstellt. Wenn sich die Erwachsenen einmischen, werden sie schnell von den Kindern instrumentalisiert. So schreit ein Kind los, wenn es sich bei den anderen Kindern nicht durchsetzen kann. Es rechnet fest damit, dass die Erwachsenen ihm zu Hilfe eilen.
Andererseits spielen die Erwachsenen indirekt für das Beziehungsverhalten des Kindes eine wichtige Rolle. Ein Kind, das zu Hause genug Geborgenheit und Zuwendung bekommt, wird meist nicht auf Biegen und Brechen um die Gunst seiner Freunde kämpfen. Hingegen wird für ein Kind, das unter einer mangelnden Beziehung zu seinen Hauptbezugspersonen leidet, eine Welt zusammenbrechen, wenn seine beste Freundin lieber mit einem anderen Mädchen spielt. Jungen, die vom besten Freund »verlassen« werden, neigen zu aggressivem Verhalten, sie toben umso heftiger, um ja im Mittelpunkt der Aufmerksamkeit zu bleiben.

Zusammengefasst kann man sagen: Kinder in einer Patchworkfamilie kommen nur dann gut miteinander aus, wenn sie ausreichend Geborgenheit und Zuwendung von ihren Hauptbezugspersonen erhalten. Ist das nicht der Fall, reagieren sie mit Eifersucht. Die Eifersucht zielt vordergründig auf die anderen Kinder, die Auslöser aber sind die Hauptbezugspersonen.

Es war, als hätten sich böse Hexen zwischen sie und ihren Vater geschoben. Nachts träumte sie sogar von ihnen. Wie sie sie anschrien und mit ihren langen, schwarzen Fingernägeln zu kratzen versuchten. Amelie war sechs, und ihr Vater Robert war gerade mit seiner Freundin und deren fünfjähriger Tochter zusammengezogen. Immer wenn sie ihn am

Wochenende besuchen kam, war da dieses andere Mädchen. Steffi hatte ein Zimmer neben dem Schlafzimmer ihres Vaters und seiner Freundin bekommen. Amelie hingegen musste im Wohnzimmer auf der ausziehbaren Couch schlafen. Oder bei Steffi, dieser Hexe. Das wollte sie meist nicht. Steffi war schrecklich. Sie erzählte, was sie mit Amelies Vater alles unternommen hatte, und fragte Amelie ganz unschuldig, ob ihre Mama auch wieder einen Freund habe. Nein, hatte sie nicht! Und das sollte auch so bleiben!, dachte Amelie. Sie wollte ihren Papa wieder an der Seite ihrer Mutter sehen. Dann hätte sie ihn wieder für sich gehabt und müsste ihn nicht mehr mit Steffi teilen. An manchen Wochenenden wollte Amelie gar nicht kommen. Sie sei viel zu traurig, ließ sie durch ihre Mutter ausrichten. An anderen Wochenenden vertrug sie sich plötzlich gut mit der fast gleichaltrigen Stiefschwester. Zum Beispiel, wenn sie alle zusammen einen Waldspaziergang machten und Amelie völlig vergaß, dass sie Steffi eigentlich hasste. Das führte dann meist dazu, dass sie hinterher grundlos gemein zu ihr war. Dann lief Steffi heulend zu ihrer Mutter und zu Robert. Wenn das geschah, wenn auch ihr Papa Steffi tröstete, war für Amelie alles aus. Sie schrie, dass sie endlich zu ihrer Mutter nach Hause wolle, dass sie keine Sekunde länger hier bleiben würde. Einmal rannte sie sogar aus dem Haus und auf die Straße hinaus. Sie wollte einfach nur noch weg von hier. Robert und seine Freundin versuchten die beiden Mädchen immer wieder miteinander zu versöhnen. Sie glaubten, dass sie sich schon aneinander gewöhnen würden, und versuchten beide gleich zu behandeln, so als wären sie richtige Schwestern. Doch die Situation änderte sich nicht. Amelies Eifersucht auf Steffi blieb bestehen, einmal heftiger und destruktiver, dann wieder schwelte sie bloß im Verborgenen.

Die Erwartungen des Vaters und seiner Freundin sind verständlich. Sie glauben, die Kinder würden sich schon zusammenraufen. Aber in diesem Fall scheint das Problem woanders zu liegen. Es geht wohl weniger um die beiden Mädchen und die Konkurrenzkämpfe zwischen ihnen, als vielmehr um die Beziehung zu den Erwachsenen.

Amelie ist eifersüchtig auf Steffi, weil sie Angst hat, nicht mehr an ihren Papa heranzukommen. Die beiden Kinder aneinander zu gewöhnen ist daher nicht unbedingt die richtige Strategie.

Der Vater scheint sich nicht bewusst zu sein, wie viel er zu Amelies Eifersucht beiträgt. Wenn er ihr die Möglichkeit geben würde, für sie erreichbar zu sein, wenn er die Beziehung zwischen ihr und sich verbesserte, würde Amelies Eifersucht auf Steffi verschwinden und die beiden würden vielleicht sogar gute Freundinnen werden. Der Vater sollte also mehr Zeit mit Amelie verbringen, mit seiner Tochter auch einmal etwas allein unternehmen. Es sieht ganz so aus, als sei er zu wenig für sie da. Wäre er ihr primärer Ansprechpartner in der Patchworkfamilie, würde er ihr das Gefühl geben, in der neuen Familie einen wichtigen Platz zu haben, dann könnte sie auf Steffi freundlicher reagieren.

Da gibt es aber noch eine weitere Person, die möglicherweise auch einen Beitrag zu dieser schwierigen Situation leistet: die Zweitmutter. Wir wissen überhaupt nicht, wie ihre Beziehung zu Amelie ist. Gibt sie Amelie das Gefühl, in der Familie willkommen zu sein? Wie weit geht sie auf ihre Bedürfnisse ein?

Und dann gibt es da noch eine dritte Person: Amelies Mutter. Wenn sie immer noch der Beziehung mit dem Vater nachtrauert oder gar Amelies Vater und seine neue Familie vor der Tochter schlechtmacht, wird es für Amelie sehr schwierig, sich in der neuen Familie wohlzufühlen.

Amelie kann rasch und wirksam geholfen werden, wenn sich die Erwachsenen zusammensetzen, sich über ihre Beziehungen und Aufgaben aussprechen und dann dem Mädchen gemeinsam versichern, dass es in der erweiterten Familie willkommen ist.

Die Zwillinge Jossi und Johanna kamen sehr bald nach der Hochzeit ihrer Eltern zur Welt. Dort warteten bereits ihre beiden Halbgeschwister, der zwölfjährige Georg und die 15-jährige Olivia, auf sie. Sie stammten aus Mutters erster Ehe, die nach zehn Jahren in die Brüche gegangen war. Georg und Olivia waren für die Zwillinge schon immer da gewesen, sie waren ihre älteren Geschwister und dass die Verwandtschaft nur über die Mutter bestand und die beiden Großen in regelmäßigen Abständen ihren eigenen Vater besuchten, irritierte die Zwillinge nicht im Geringsten. Obwohl Olivia in eine eigene Wohnung zog, als die Zwillinge gerade vier Jahre alt geworden waren, war und blieb sie die geliebte ältere Schwester, eine Art Zweitmutter. Olivia verbrachte viel Zeit mit ihnen, sie hütete ihre Babys, wie sie zu sagen pflegte, wenn die Eltern am Abend unterwegs waren, und verdiente sich dadurch zusätzlich ein wenig Geld. Später wurde sie vor allem für Johanna ein wichtiges Vorbild, sie nahm die kleine Schwester sogar mit in die Ferien und wählte sie zur Patentante ihrer eigenen Tochter. Georg war anfangs noch etwas eifersüchtig auf die Zwillinge. Immer quengelten sie, wenn er Hausaufgaben machen wollte, und seine Mutter hatte nun noch weniger Zeit für ihn. Doch er gewöhnte sich an die beiden. Schließlich hatte er so gut wie nichts mit ihnen zu tun. Erst viel, viel später, als Jossi bereits studierte und Georg in einer Bank arbeitete, entdeckten die Halbbrüder ihre gemeinsamen Interessen. Sie trafen sich häufig, gingen miteinander zum Fußball und halfen sich gegenseitig. Georg unterstützte Jossi finanziell, und Jossi wartete dafür Georgs Computer.

Hier zeigt sich, dass eine glückliche Patchworkfamilie für Kinder eine große Bereicherung sein kann. Geschwisterbeziehungen gehören zu den wichtigsten und längsten Beziehungen, die Menschen haben. Während die Bedeutung der Eltern für die Kinder nach der Pubertät abnimmt und sie irgendwann aus ihrem Leben verschwinden, bleiben Geschwister sich meist ein Leben lang erhalten. Eltern, in welcher Familienkonstellation sie mit ihren Kindern auch immer leben mögen, erweisen ihren Kindern darum den größten Gefallen, wenn sie die Beziehung zu Geschwistern – auch zu Halb- und Stiefgeschwistern – fördern (siehe Anhang: Fragebogen 7).

Das Wichtigste in Kürze

1. Wenn Halb- und Stiefgeschwister miteinander auskommen sollen, müssen sich die Eltern aktiv um ihre Beziehung zu ihnen bemühen.

2. Eltern und Zweiteltern sollten ein gutes Verhältnis untereinander haben, damit sie den Kindern als Vorbild dienen und sie in ihrer Beziehungsfähigkeit bestärken.

3. Eltern und Zweiteltern sollten sich regelmäßig über die Kinder und den erzieherischen Umgang mit ihnen austauschen, damit alle gleichermaßen informiert sind und Missverständnisse, die immer wieder auftreten, rasch ausgeräumt werden können.

4. Fühlen sich die Kinder von den Bezugspersonen angenommen, sind sie auch bereit, Beziehungen zu Halb- und Stiefgeschwistern einzugehen.

5. Die Kinder sollten ausreichend Gelegenheit bekommen, sich gegenseitig kennen- und schätzen zu lernen.

6. Geschwisterbeziehungen – auch unter Halb- und Stiefgeschwistern – gehören zu den wichtigsten und langlebigsten Beziehungen. Sie sollten daher in der Kindheit besonders gepflegt werden.

Teil 5
Erwachsene Scheidungskinder: Licht und Schatten

Welche Auswirkungen haben Konflikte und Trennung auf das spätere Leben der Kinder?

Valerie setzte sich eines Abends an den Schreibtisch. Die Trennung von ihrem Mann lag nun schon einige Jahre zurück. Die entscheidende Aussprache hatte ebenfalls an einem Abend stattgefunden. Anna hatte bereits geschlafen. Das Gespräch war freundschaftlich gewesen. Nicht mehr und nicht weniger als das Eingeständnis, so nicht mehr weiter zu können, und der feste und beiderseitige Entschluss, bei allem, was kommen sollte, immer zuerst an Anna zu denken. Es folgten turbulente Zeiten. Einige Hochs und viele Tiefs. Das Abschiednehmen und langsame Auseinanderdriften. Wie zwei Züge, die in entgegengesetzter Richtung davonfuhren. Erst zügig und voller Tatendrang. Wie gut es tat, nicht mehr zu streiten. Sich nicht einmal mehr misszuverstehen. Wieder nur das eigene Leben vor sich, ein weites Land mit vielen Möglichkeiten. Dann die Rückschläge. Hatte es wirklich sein müssen? Die asynchronen, zögerlichen Versuche, es doch noch einmal miteinander zu versuchen, und die Einsicht, dass es kein Zurück gab. Die vielen Tränen über die Verletzungen in der Vergangenheit, das schwierige Leben in der Gegenwart und die Zukunftsangst. Wird es je wieder werden? Aber was eigentlich? Einfach das Leben, der Beruf, die Liebe, vielleicht noch ein zweiter Versuch, sie in eine dauerhafte Form zu gießen. Und Anna? Das war Valeries größte Sorge. Wie würde sie groß werden unter diesen Umständen? Wie sehr würde sie leiden, wie sehr zu einem dieser problematischen Kinder heranreifen, die die Schulen füllen? Wie würde sie ihrer Tochter bei all der Arbeit, die nun nötig war, den großen Umstellungen und den seelischen Turbulenzen gerecht werden können? Wie kam Anna eigentlich dazu, auf einer Achterbahn des Lebens gelandet zu sein? War sie mit all ihren Talenten, ihren lebensvertrauenden Eigenschaften, ihrem reichen Potenzial an Entfaltungsmöglichkeiten ihrer Mutter Valerie anvertraut worden, damit nach einer Kindheit voller Verletzungen nur noch eine Karikatur dieser Möglichkeiten übrig blieb? Valerie stand auf. Ob ihr Mädchen gut zugedeckt war? Sie zog die Decke ein wenig höher, betrachtete Anna, und wie jeden Abend nahm sie etwas von dem Frieden mit, der das schlafende achtjährige Mädchen umgab. So war nun alles gekommen, dachte sie und war unschlüssig, was nun dieses »alles« für Annas Zukunft bedeuten würde.

Jedes Kind bringt eine Fülle an Entwicklungsmöglichkeiten mit auf die Welt, und wir als Eltern tragen die Verantwortung dafür, dass davon nicht, wie es Valerie ausdrückt, »bloß eine Karikatur dieser Möglichkeiten« übrig bleibt. Wie ein Kind sein Entwicklungspotenzial verwirklicht, ist jedoch bis heute ein großes Geheimnis. Dafür sind die Eltern, die Kindheitserfahrungen und mögliche psychische Traumata nicht allein verantwortlich, sondern mindestens im gleichen Maß die vererbten Anlagen. Trotzdem ist es eine Frage, die alle geschiedenen Eltern beschäftigt: Was wird aus meinem Kind, wenn es erwachsen ist? Wird es mehr Probleme haben als Kinder aus nicht geschiedenen Ehen? Der weitverbreitete Eindruck, dass Scheidungskinder häufiger Schwierigkeiten haben als Kinder aus intakten Familien, ist zutreffend. Wenn man aber genauer hinsieht, stellt sich heraus, dass nur ein kleiner Prozentsatz dieser Kinder Probleme hat, während die Mehrheit sich nicht anders entwickelt als Kinder aus sogenannten Kernfamilien. Das bestätigt unsere Sicht: Nicht die Trennung oder Scheidung an sich ist das Problem, es kommt vielmehr darauf an, wie die Herausforderungen von allen Beteiligten gemeistert werden. Die amerikanischen Autoren Amato und Keith (1991) haben sich die Mühe gemacht, die Auswirkungen von Scheidung und Trennung umfassend zu untersuchen. Sie haben die Resultate aus 92 Studien mit insgesamt 13 000 Kindern zusammengetragen. Im Vergleich mit Kindern aus intakten Familien zeigten Scheidungskinder häufiger Schulschwierigkeiten, Verhaltensauffälligkeiten, ein niedriges Selbstwertgefühl sowie Konflikte mit Eltern und Freunden. Dabei stellte sich heraus, dass die Scheidungskinder und die Kinder aus intakten Familien weit mehr Gemeinsamkeiten als Verschiedenheiten aufwiesen. Eine andere Studie: Die Psychologin Mavis Hetherington fand heraus (1993), dass in intakten Familien 90 Prozent der Jugendlichen unauffällig waren und 10 Prozent Verhaltensauffälligkeiten aufwiesen. Bei den Scheidungskindern waren 74 Prozent der Jungen und 66 Prozent der Mädchen unauffällig, 26 Prozent der Jungen und 34 Prozent der Mädchen hatten Probleme. Die Mehrheit der Scheidungskinder wies also keine Verhaltensstörungen auf. Es stimmt aber auch, dass ein größerer Prozentsatz von ihnen als bei Kindern aus intakten Familien auffällig ist. Die Schlussfolgerung von Amato und Keith war: Die Mehrheit der Scheidungskinder entwickelt sich unauffällig. Die Gruppe von Kindern, die auffällig werden, ist aber unter Scheidungskindern größer als bei Kindern aus intakten Familien.

Wie aber geht es den Scheidungskindern, wenn sie erwachsen sind? Lassen sie sich häufiger scheiden? Brauchen sie vermehrt psychologische Betreuung, um mit ihrer Vergangenheit fertig zu werden? Wie denken sie über ihre Kindheit, ihre Eltern und deren zerrüttete Ehe?
Viele Erwachsene werden von Problemen geplagt, von denen sie annehmen, dass sie aus der Kindheit stammen. Erwachsene Scheidungskinder ebenso wie erwachsene Kinder aus intakten Familien. Bis zu einem gewissen Grad können wir nicht anders. Wir wollen unser Verhalten verstehen, und seit Sigmund Freud suchen wir die Gründe vor allem in unserer Kindheit, ob unsere Erklärungsversuche nun immer schlüssig sind oder nicht. Dass ein junger Erwachsener, der seine Eltern, geschieden oder nicht, über viele Jahre hinweg streitend erlebt hat, nur zögerlich eine Partnerschaft eingeht, ist verständlich.

Mit Männern hatte Flavia lange Zeit ihre liebe Not. Nicht, dass es ihr an Verehrern gefehlt hätte oder dass sie etwa keine wunderbare Frau gewesen wäre. Im Gegenteil. Sie hatte die großen dunklen Augen und das rabenschwarze Haar ihrer italienischen Mutter geerbt. Vom Vater hatte sie das Gefühl für Zahlen, Fakten und die eiserne Disziplin. Sie war Anwältin geworden. Der Beruf war ihr wichtig, um nicht zu sagen, alles. Was Beziehungen betraf, war Flavia einigermaßen ratlos. Sie wollte nicht so enden wie ihre Mutter. Depressiv, nicht wahrgenommen, geschieden. Sie konnte sich gar nicht vorstellen, dass Mann und Frau sich über Jahre schätzen und achten können. Ein bisschen Augenauskratzen, ein wenig Hackordnung, eine leichte Missachtung des anderen würden sich nach einigen Jahren in jeder Beziehung bemerkbar machen. So zumindest hatte sie die Ehe ihrer Eltern erlebt und immer gefunden, dass sie sich früher hätten scheiden lassen sollen. Sie jedenfalls machte da schon lieber Karriere, als eine eigene Familie zu gründen.

Wie wird man beziehungsfähig oder auch, wie in Flavias Fall, beziehungsunfähig? Ist die Erfahrung, dass sich die eigenen Eltern immer gestritten und schließlich haben scheiden lassen, von Bedeutung? Mit solchen Fragen schlagen sich Betroffene wie Therapeuten immer wieder herum. Denn Eltern beeinflussen durch ihr Beispiel das Beziehungsverhalten ihrer Kinder. Die Art und Weise, wie sie miteinander und mit den Kindern umgehen, wird verinnerlicht. Wenn die Kinder erwachsen sind, verhalten sie sich oft genauso wie ihre Eltern.
Aber es gibt auch Erwachsene, die sich dezidiert von ihren Eltern absetzen. Sie missbilligen die Art, wie die Eltern miteinander umgegangen sind, und nehmen sich vor, sich anders zu verhalten. Kein leichtes Unterfangen, aber wir sollten uns hüten zu glauben, dass die jeweiligen Kindheitserfahrungen immer zwangsläufig wiederholt werden müssen. Das ist eine zwar immer noch populäre, aber doch eben unzulässige psychologische Sichtweise.

Als erwachsenes Scheidungskind lernte Flavia ein älteres Ehepaar kennen. Wie anders die miteinander umgingen, als sie es aus ihrer Kindheit kannte. »Hast du mit deiner Frau eigentlich immer gut reden können?«, fragte sie eines Tages den Ehemann. Reden? Wieso nicht? Kommunikationsprobleme gab es für ihn nicht. Flavia versuchte ihm zu erklären, was sie darunter verstehe. »Ach so«, sagte er ziemlich befremdet. »Nein, nein.« Missachtung schien für ihn ein Fremdwort zu sein. Eher befielen ihn Zweifel, ob er seiner Frau, ihrem Talent, ihrem klaren Verstand, ihrer Ernsthaftigkeit denn je hatte gerecht werden können. Wie er sie anblickte beim Mittagessen, wenn sie sich über die aktuelle Politik oder ein Buch äußerte oder wenn sie eine ihrer scharfsinnigen Beobachtungen zum Besten gab. Immer war da ein aufrichtiges Interesse für den anderen, eine nicht nachlassende Anteilnahme. So zumin-

dest empfand es Flavia. Nicht dieser genervte oder leidende, den anderen gerade noch ertragende Blick. Nicht, dass es keine Auseinandersetzungen zwischen diesen beiden sich nahestehenden Menschen gegeben hätte. Im Gegenteil. Sie konnten geradezu leidenschaftlich und mit Hingabe streiten. Aber nie gehässig, abwertend. Streit war nicht ein Ausdruck der Ablehnung des anderen, sondern der Auseinandersetzung mit der Welt des geliebten Menschen und damit manchmal auch Anlass zum Widerspruch. Alles in allem schien die Partnerschaft dieser beiden ganz anders zu sein, als sie Flavia bei den eigenen Eltern kennengelernt hatte, sodass sie sich vornahm, ohne dass sie nun deren Ehe zum Maß aller Dinge erhob, sich dieses Paar zum Vorbild zu nehmen. Von nun an ging ihr das Bild dieser selbstbewussten Frau nicht mehr aus dem Kopf, sie versuchte Gesprächssituationen zu rekapitulieren, sich daran zu erinnern, wie sie und ihr Mann miteinander umgegangen waren, sie bemühte sich, Nähe und Distanzen zwischen ihnen abzumessen und dann ein Barometer für gegenseitige Achtsamkeit zu erstellen, das ihr bei ihren eigenen Beziehungen helfen sollte.

Schon Kleinkinder nehmen sich nicht allein die Eltern zum Vorbild, sondern orientieren sich auch an anderen Menschen und lernen von ihnen. Und doch spielen die Eltern die wichtigste Rolle. Dabei macht es in Bezug auf ihre Vorbildfunktion keinen Unterschied, ob sie sich als Eheleute zanken, ablehnen und hassen oder sich als Geschiedene einen Rosenkrieg liefern. Ob zusammen oder getrennt, das elterliche Verhalten allein ist als Vorbild entscheidend. So können Eltern, die als Geschiedene achtsam miteinander umgehen, durchaus ein positives Beispiel für ihre Kinder sein.
Für die Langzeitfolgen ist entscheidend, ob die Kinder mit zerstrittenen Eltern aufwachsen. Wenn die Eltern die Scheidung konstruktiv bewältigen, kann eine Trennung für die Kinder daher besser sein.

Wie immer gibt es auch Studien, die auf andere Resultate verweisen, wie eine der bekanntesten amerikanischen Untersuchungen über Scheidungskinder und die Langzeitfolgen, die eine Trennung der Eltern für die Kinder mit sich bringt (Wallerstein und

Lewis 2002). 93 Kinder, deren Eltern sich in den Siebzigerjahren hatten scheiden lassen, wurden über mehr als 25 Jahre begleitet. Es handelte sich ausschließlich um Mittelstandsfamilien, und die Kinder waren zu Beginn der Studie zwischen 13 und 18 Jahre alt. Ihre Entwicklung wurde mit der von Kindern verglichen, deren Eltern in belasteten partnerschaftlichen Beziehungen lebten. Man kam zu dem Ergebnis, dass für Kinder aus Scheidungsfamilien die langfristige Prognose im Erwachsenenalter weniger günstig war als für jene aus zerrütteten, aber vollständigen Familien. Die ehemaligen Scheidungskinder hatten mehr Angst, verlassen zu werden. Sie glaubten weniger an stabile Beziehungen. Weil sie ein großes, ungesättigtes Bedürfnis nach Geborgenheit hatten, flüchteten sich manche überstürzt in Partnerschaften, die in der Folge wiederum auseinanderbrachen. Die Scheidungsrate war bei den erwachsenen Kindern aus geschiedenen Ehen höher als bei den erwachsenen Kindern aus der Kontrollgruppe. Außerdem hatten sie weniger Kinder. Es gab aber nicht nur Negatives, sondern auch Positives zu berichten. Die ehemaligen Scheidungskinder wurden früh selbstständig, hatten ein großes Verantwortungsgefühl für sich selbst, die Geschwister und für andere Menschen. Sie waren stolz auf ihre Autonomie und ihren beruflichen Erfolg. Und doch bleibt festzuhalten, dass langfristig die Gemeinsamkeiten zwischen Scheidungskindern und Kindern aus intakten Familien viel größer sind als die Unterschiede. Der Anteil Erwachsener, der Schwierigkeiten hat, ist bei den Scheidungskindern etwas höher. Aber die Mehrheit ehemaliger Scheidungskinder unterscheidet sich nicht von den Erwachsenen aus intakten Familien. Die Frage, die wir uns stellen sollten, ist daher nicht »Scheiden oder nicht scheiden?«, sondern: »Welches sind die negativen Auswirkungen, die eine Scheidung hervorrufen kann, wenn Eltern die Bedürfnisse ihrer Kinder nicht ernst nehmen?«

Da ist als Erstes der Beziehungsverlust. Zu häufig bricht die Beziehung zum abwesenden Elternteil, meist zum Vater, ab. Wenn die Beziehung vom Vater zu den Kindern in der intakten Familie tragfähig war, geschieht dies nicht. Ein wichtiger Unterschied zwischen Scheidungskindern und solchen aus intakten Familien

Appell eines erwachsenen Scheidungskindes

Liebe Eltern, liebe Erwachsene, wenn ihr negative Langzeitfolgen von Trennung und Scheidung vermeiden wollt, dann bedenkt bitte:
- Wir Kinder – egal in welchem Alter – können nicht allein sein und wollen auch nicht allein sein. Selbst als Jugendliche brauchen wir eure Liebe, euer Interesse an uns und Gespräche auf Augenhöhe mit euch.
- Wir lieben beide Eltern. Auch wenn ihr getrennt seid, brauchen wir eure Ermutigung, dass wir dies dürfen. Also schlagt keinen Graben durch unsere Welt. Selbst wenn wir mal Probleme mit einem Elternteil haben, werdet nicht zu Lästerkomplizen, sondern versucht, uns zu verstehen und zu vermitteln.
- Kleine Gesten kosten nicht die Welt und sind doch so wirksam. Wenn uns der eine Elternteil überraschend von der Schule abholt und beim anderen Elternteil abliefert, gebt ihr uns das Gefühl, dass ihr beide für uns da seid und uns liebt.
- Es bedeutet uns viel, mit euch beiden und der ganzen Familie die Geburtstage und Weihnachten zu feiern. Das schenkt uns Geborgenheit.
- Wir sind nicht doof und müssen auch nicht geschont werden. Also bezieht uns bitte in eure Entscheidungen (Umzug, neuer Partner, neue Geschwister) mit ein – natürlich so, dass wir es, je nach unserem Alter, auch verstehen können. Ausreden verwirren uns, vor vollendete Tatsachen gestellt zu werden macht uns bockig, und unterschwellige Aggressionen bleiben uns nicht verborgen.
- Es ist uns wichtig, dass wir zu allen Familienangehörigen beider Elternteile – Großeltern, Tanten, Onkeln, Cousinen und Cousins – gute und unbeschwerte Beziehungen haben dürfen.
- Wenn die Familie größer wird, ist das meistens schön für uns. Aber sagt euren neuen Partnern, welche Rolle wir in eurem Leben spielen und dass sie unsere Zuneigung erst gewinnen müssen. Und wenn wir Stiefgeschwister bekommen, dann gebt uns Zeit, damit wir Freunde werden können.
- Wenn wir Probleme haben (in der Schule, mit den Freunden, mit der Pubertät oder unserer Berufswahl), dann brauchen wir eure Aufmerksamkeit, eure Unterstützung und eure Zeit.
- Verhelft uns zu einem positiven Bild unserer Kindheit. Denn bei allen Schwierigkeiten und Problemen sind es doch die glücklichen Erinnerungen, die uns als Erwachsenen Mut machen, die Herausforderungen unseres Lebens zu meistern.

besteht darin, dass sich die Lebensbedingungen nach der Scheidung häufig zum Nachteil verändern. Die Kinder verlieren ihre vertraute Umgebung, die Freunde, die Schule. Die Wohnsituation verschlechtert sich. Schließlich haben Mutter und Vater weniger Zeit für sie, weil die Mutter mehr arbeiten muss und der Vater kaum oder überhaupt nicht mehr verfügbar ist.

Zu diesem Schluss kommen auch die meisten Studien: Ob Scheidungskinder nach der Scheidung leiden, hängt von den Folgen ab, die sich für das Kind aus der Scheidung ergeben (Amato 1993, 1994, Amato et al. 2009). Es gibt vier Hauptfaktoren, die dabei eine Rolle spielen. Sie können sich gegenseitig verstärken, aber auch neutralisieren oder gar schwächen.

Ein einzelner Faktor wirkt sich zumeist nicht negativ auf die Entwicklung eines Kindes aus. Es ist vor allem die Kumulation von Risikofaktoren, die ein Kind gefährden. Beispielsweise wenn der Vater die Familie verlässt, die Mutter wegen der Trennung depressiv wird, keine andere Bezugsperson für das Kind zur Verfügung steht und das Kind aufgrund eines Umzugs auch noch seine vertraute Umgebung verliert.

Ganz wichtig scheint mir zum einen die Beobachtung zu sein, dass es Scheidungskindern, deren Eltern sich verstehen, besser geht als Kindern aus intakten Familien, deren Eltern sich streiten. Für Kinder ist es also längerfristig nicht unbedingt besser, wenn ihre sich zankenden Eltern weiter zusammenbleiben. Zum anderen ist die Einsicht hilfreich, dass Beziehungen und Lebensbedingungen sich verändern lassen. Wir sind ihnen nicht hilflos ausgeliefert. Sie werden von unserer Grundhaltung dem Leben gegenüber bestimmt wie auch den Rahmenbedingungen der Arbeitswelt und der Gesellschaft. Besonders bedeutsam aber erscheint mir der Stellenwert, den wir den Kindern in unserem Leben geben. Wie wichtig sind uns Kinder? Worauf sind wir bereit, im Interesse unserer Kinder zu verzichten? Welche Priorität haben sie in unserem Leben?

Wer für Kinder wirklich da sein will, braucht Zeit. Die Zeit, die wir mit unseren Kindern verbringen, ist daher der beste Gradmesser für die Bedeutung, die wir dem Elternsein zumessen. Sie gehört

Die vier wichtigsten Faktoren, welche die Entwicklung eines Kindes bestimmen

1. Individuelle Persönlichkeit des Kindes

Je nach seiner Persönlichkeit kann das Kind mit den Folgen der Scheidung unterschiedlich gut umgehen.

2. Familie

Eingeschränkte Beziehung oder Verlust eines Elternteils
Dem Kind gehen Geborgenheit und Zuwendung, gemeinsame Erfahrungen und ein Vorbild verloren.

Wohlbefinden der Eltern
Wie es dem Kind geht, hängt wesentlich vom Wohlbefinden der Eltern ab, insbesondere davon, wie die Eltern die Scheidung psychisch verarbeitet haben.

Beziehung zwischen den Eltern
Das Kind ist in seinem Wohlbefinden beeinträchtigt, wenn der elterliche Konflikt nach der Scheidung weitergeht oder sich gar noch verschlimmert.

Einkommen
Ein geringes Einkommen wirkt sich auf die Lebensbedingungen des Kindes aus, muss aber nicht zwangsläufig negative Folgen für sein Wohlbefinden und seine Entwicklung haben.

3. Lebensbedingungen

Soziales Netz
Bezugspersonen wie Verwandte, Bekannte, Lehrer können ganz wesentlich zum Wohlbefinden des Kindes beitragen.

Stress durch veränderte Umwelt
Die Lebensbedingungen können sich für das Kind durch die Scheidung tief greifend verändern: Umzug, Verlust von Verwandten und Bekannten, Wechsel der Schule, Verlust von Freunden. Diese Veränderungen können, müssen sich aber nicht negativ auf das Wohlbefinden des Kindes auswirken.

4. Gesellschaftliche Rahmenbedingungen

Bildungs-, Gesundheits-, Sozial- und Wirtschaftssystem sowie kulturelle und religiöse Wertvorstellungen können einen großen Einfluss auf die Familie und damit auch auf das Kind ausüben.

(Modifiziert nach Bronfenbrenner 1976)

zum Wichtigsten, das Eltern ihren Kindern geben können, Zeit für eine individuelle Betreuung, Zeit für gemeinsame Erfahrungen und Zeit, wenn die Kinder die Eltern brauchen.

Aber gerade diese Zeit haben geschiedene Eltern oft nicht.
Aus diesem Grund und weil Kinder gerade nach einer Trennung besonders viel Zuwendung brauchen, benötigen die Eltern für die Betreuung der Kinder die Unterstützung von Freunden, Verwandten und nicht zuletzt den gesellschaftlichen Institutionen. Geschiedene Eltern brauchen ein stabiles und qualitativ gutes soziales Netz. Entscheidend für das Kind ist, dass seine Bedürfnisse weiterhin ausreichend befriedigt werden.

Damit uns ein neuer Umgang mit der Scheidungsproblematik gelingt, ist eine Veränderung unserer Grundhaltung notwendig. Wir sollten uns, damit meine ich nicht nur die geschiedenen Eltern, sondern die ganze Gesellschaft, endlich auf die veränderten Lebensbedingungen einstellen (Beck-Gernsheim 1989). Wir hegen immer noch traditionelle Vorstellungen von Familie und Ehe, leben aber ein ganz anderes Leben als frühere Generationen. Je rascher wir die Lebenssituation heute akzeptieren, desto besser ist es für die Kinder. Dazu gehört, dass wir Scheidungen und die verschiedenen Formen des Zusammenlebens als einen Bestandteil unseres Lebensstils akzeptieren.
Wenn es den Eltern gelingt, das Zusammenleben so zu gestalten, dass die kindlichen Bedürfnisse ausreichend befriedigt werden, wird sich das Kind unabhängig von der Form des Zusammenlebens wohlfühlen, sich seinen Möglichkeiten entsprechend entwickeln und zu einem guten Selbstwertgefühl gelangen.

Anna war mittlerweile 16, ein junges Mädchen. Valerie kam sie bisweilen vor wie eine Hummel, die sich drei Außenbordmotoren angesteckt hatte und nun – Richtung egal – durch die Gegend schoss. Sie war ein waschechter Teenager und pubertierte streng nach Lehrbuch. Chaotisches Zimmer, in den Tag hinein leben, als gäbe es jeweils nur den einen, himmelhoch jauchzend und dann wieder in Tränen. Sie war auf der Achterbahn der Gefühle ebenso intensiv unterwegs wie im Nachtleben ihrer Heimatstadt. Und – ach ja – ohne Smartphone und Facebook war sie schlicht und ergreifend handlungsunfähig. Und trotzdem war sie immer noch die gleiche Anna, dieser strahlende Sonnenschein, der schon als Baby alle Blicke auf sich gezogen hatte.

Und so fragte sich Valerie wieder einmal, was es denn gewesen war, das diesem Kind, ungeachtet aller Schwierigkeiten, die das Aufwachsen mit sich brachte, Halt gegeben hatte. Und sie kam zu immer wieder der gleichen Antwort, einer Antwort, die vor Kurzem symbolhaft in einem Ereignis kulminiert war. Es war Großvaters achtzigster Geburtstag. Annas ausdrücklicher Wunsch war es gewesen, mit ihrer gesamten Patchworkfamilie bei ihm aufzukreuzen, mit ihre Mutter Valerie und deren Lebenspartner, ihrem Vater, dem Ex-Mann von Valerie, samt seiner zweiten Frau und den beiden Halbgeschwistern Sophie und Marie-Christine. Schließlich zählte sie all diese Personen zu ihrer unmittelbaren Familie, und auch den Erwachsenen dieses zusammengewürfelten Familiensystems war es gelungen, immer als Familie zusammenzustehen. Der Großvater war der Patriarch einer katholisch konservativen Großfamilie, in der niemand außer Valerie geschieden war und niemand außer Anna eine bunte Patchworkfamilie hatte. Doch während sich die Erwachsenen noch fragten, ob ihr Auftritt von den anderen gutgeheißen würde, handelte Anna ganz einfach nach ihrem Herzen. »Seht her, das ist meine coole Familie«, schienen ihre Augen zu sagen. Valerie, Annas Vater und dessen Frau waren gerührt. Das also hatten sie alles in den vielen Jahren geschafft. Sie schauten ihren gemeinsamen drei Mädchen nach, der jugendlichen Anna, die die beiden Kleinen an die Hand nahm und ihnen voller Umsicht den Rest der Verwandtschaft vorstellte, um mit ihnen alsbald in den Trubel der Großfamilie einzutauchen wie in den glitzernden Ozean ihres glücklichen Lebens.

Eltern haben viele Wünsche für ihre Kinder und müssen dennoch, auch wenn sie selbst ihr Bestes gegeben haben, oft zusehen, wie sich ihre Kinder ganz anders als erwartet entwickeln, wie sie von Problemen und inneren Konflikten heimgesucht werden, mit denen die Eltern nie gerechnet haben. Für Anna sind die Voraussetzungen gut. Selbst wenn sie sich in manchen Dingen anders entwickelt, als Valerie es sich vorstellt, wird das kaum die Folge der

Scheidung ihrer Eltern sein. Wir müssen aufhören, die Scheidung immer wieder zum Sündenbock zu machen.

Es gibt sie also, die glücklichen Scheidungskinder, und jeder kennt sie. Scheidungskinder können eine ebenso glückliche Kindheit und Jugend verleben wie Kinder, deren Eltern sich nicht scheiden lassen. Wir Erwachsene haben es in der Hand, dass Scheidungskinder als ganz normale Kinder aufwachsen können – nicht anders als andere Kinder.

Kinder sind etwas Wunderbares, und alle Eltern sollten diese Erfahrungen machen dürfen Und die Kinder rechnen nicht mit perfekten Eltern, aber mit Eltern, die sich um sie kümmern, und mit einer Gemeinschaft, die den Eltern dabei hilft.

Das Wichtigste in Kürze

1. Etwa dreimal so viele Scheidungskinder als Kinder aus sogenannten intakten Familien haben als Erwachsene Probleme. Die große Mehrheit der Scheidungskinder (etwa 70 Prozent) entwickelt sich aber nicht anders als Kinder aus Kernfamilien.

2. Zu den negativen Langzeitfolgen von Trennung und Scheidung bei Kindern gehören: Schulschwierigkeiten, Verhaltensauffälligkeiten, niedriges Selbstwertgefühl, Konflikte mit den Eltern und Freunden, Beziehungsverlust gegenüber dem abwesenden Elternteil sowie Partnerschaftsprobleme.

3. Ob verheiratet oder geschieden, das Beziehungsverhalten der Eltern hat einen Vorbildcharakter für die Kinder. Allerdings lernen Kinder und Jugendliche auch von anderen Erwachsenen.

4. Scheidungskindern, deren Eltern sich verstehen, geht es besser als Kindern aus Kernfamilien, deren Eltern streiten.

5. Wenn es den Eltern gelingt, die kindlichen Bedürfnisse ausreichend zu befriedigen, fühlen sich die Kinder unabhängig von der Form des Zusammenlebens wohl, entwickeln sich gut und verfügen über ein positives Selbstwertgefühl.

Teil 6
Familie und Gesellschaft: Zusammenleben heute

Wie sich die Lebensformen verändert haben

Obwohl Anne und Georg nicht verheiratet waren und auch nicht zusammenlebten, freuten sie sich sehr, als Anne schwanger wurde. Anne erinnerte sich noch genau, wie Georg ihre Sorgen vertrieb. »Ein Kind ist doch ein großes Geschenk«, hatte er gesagt. Dann, schon während der Schwangerschaft, entwickelten sich die Dinge aber zunehmend in eine andere Richtung. Zuerst nahm Anne den Wandel bei Georg gar nicht wahr. Sie war es gewohnt, für alles selbst verantwortlich zu sein, sie war einer jener Menschen, die keine Hilfe brauchen. Doch als Maja zwei Monate zu früh auf die Welt kam und Anne selbst an einem Virus erkrankte, merkte sie langsam, dass Georg keine Stütze war. Während der Schwangerschaft benahm er sich so, als würde er an einer für Embryos ansteckenden Krankheit leiden, nach der Geburt war er bis auf ein paar Wochen einfach abwesend – in jeglicher Hinsicht. Anne konnte ihn nicht erreichen, weder per SMS noch am Telefon. Manchmal schickte er eine SMS-Botschaft, »Hoffe es geht euch gut«, »Wünsche euch eine gute Nacht«. Nur, sich selbst vom Wohlbefinden seiner kleinen Tochter überzeugen oder das Seine dazu beitragen, das tat er nicht. Allmählich schwanden Annes Hoffnungen, und ihr Traum von einer glücklichen Familie wich der Bewältigung ihres schwierigen Alltags – allein mit einem Frühchen und ohne ausreichende finanzielle Mittel. Dabei hatten sie und Georg sich damals für das gemeinsame Sorgerecht entschieden. Anne hätte so gern so vieles mit ihm besprochen. Ob Maja nicht ein wenig spät dran war mit dem Gehen, ab wann Maja andere Kinder zum Spielen brauchte, wie er zu Waldkindergärten stünde und so weiter. So hatte sie sich das gemeinsame Kindergroßziehen vorgestellt – damals, als Georg ihre Schwangerschaft willkommen geheißen hatte. Nun hatte sie nur noch das gemeinsame Sorgerecht – und das half ihr nicht weiter.

Es war schon immer so, dass Frauen in Zwickmühlen geraten können, wenn sie ein Kind bekommen. Anne steckt in einer Lebenssituation, die vor zwei bis drei Generationen außergewöhnlich und kaum zu bewältigen gewesen war. Sie wäre sozial ausgegrenzt worden und hätte mit schier unüberwindbaren existenziellen Schwierigkeiten zu kämpfen gehabt. Im 19. Jahrhundert hätte sie wahrscheinlich ein Schicksal wie Fantine in Victor Hugos »Les Misérables« erlitten, die ihr unehelich geborenes Kind abgeben muss und selbst auf der Straße landet. **Und doch: Auch heute haben es Mütter oft nicht leicht.**

Die Lebenssituation, in der sich Anne wiederfindet, können wir nur verstehen, wenn wir uns bewusst machen, wie sehr sich unsere Lebensbedingungen verändert haben und wie stark sich das – positiv und negativ – auf das Zusammenleben und das Wohlbefinden von uns allen auswirkt. Was ist geschehen? Bis vor etwa drei Generationen – und in manchen Kreisen bis heute – war unsere Gesellschaft von einem traditionellen Familienbild geprägt, das tief in der Bevölkerung verankert war und im weitesten Sinn mit Geborgenheit gleichgesetzt wurde. Ein Eckpfeiler dieses Familienbilds war: Die Eltern bleiben ein Leben lang zusammen.

Bis dass der Tod euch scheidet, hieß es dann auch am Traualtar. Nur dauerte das Leben und damit auch die Ehe für gewöhnlich viel kürzer als heute. Bis weit ins 19. Jahrhundert betrug die durchschnittliche Lebenserwartung lediglich 45 Jahre und manche Mütter starben bereits im Wochenbett. Da fehlte oft schlicht die Zeit, um sich auseinanderzuleben.

Hinzu kam, dass die vielen Kinder nicht allein von den Eltern betreut wurden. In der Schweiz brachten die Mütter im Mittel fünf Kinder zur Welt. Die Familien waren in Lebensgemeinschaften aus Verwandten und Nachbarn eingebettet, die ihnen ein Netz gegenseitiger Unterstützung, aber auch gegenseitiger Abhängigkeit und hoher sozialer Kontrolle bescherten. In den Dörfern und städtischen Wohnquartieren lebten die Menschen über Generationen hinweg zusammen. Die Kinder hatten während ihrer Kindheit verlässliche Beziehungen zu verschiedenen Erwachsenen, die ihnen Bezugsperson und Vorbild waren. Sie bekamen den Arbeitsalltag der Eltern und anderer Erwachsener mit und wurden häufig in deren Tätigkeiten miteinbezogen. Außerdem wuchsen die Kinder mit Geschwistern und anderen Kindern unterschiedlichen Alters auf. Sie erlebten die Erziehung und den Umgang mit Kindern hautnah in der eigenen und in anderen Familien. Sie wurden von älteren Geschwistern beaufsichtigt und übernahmen Verantwortung für jüngere Kinder. Durch all diese vielfältigen Beziehungserfahrungen wurden sie sozialisiert und erwarben sich soziale Kompetenzen und Wertvorstellungen. Wir wollen die damaligen Verhältnisse nicht schönreden. Die materielle Armut und die soziale Not waren groß, aber die Form des Zusammenlebens war weitaus beziehungsintensiver. Die Anonymität der modernen Massengesellschaft mit all ihren Freiheiten, aber auch ihrer sozialen Kälte ist historisch gesehen ein junges Phänomen. Die Lebensweisen unserer Vorfahren in den vergangenen 50 000 Jahren prägen nicht nur unser traditionelles Familienbild, sondern vor allem auch unser Bindungs- und Beziehungsverhalten.

Also ticken wir einerseits verhaltensbiologisch noch so wie unsere Vorfahren. Andererseits haben sich die Sozialstrukturen sehr gewandelt. Wir sitzen also gewissermaßen zwischen den Stühlen? Wir haben immer noch unsere emotionalen und sozialen Bedürfnisse aus früheren Zeiten, traditionelle Lebensgemeinschaften aber gibt es immer weniger. In den letzten Jahrzehnten sind die ursprünglichen Großfamilien auf Kleinfamilien zusammengeschrumpft: Eltern, immer häufiger sogar nur noch ein alleinerziehender Elternteil, mit zumeist ein bis zwei Kindern. Die verwandtschaftlichen Beziehungen sind schwach geworden; eine Ausnahme bilden Großeltern, welche – die einen jung geblieben und mit ausreichend freier Zeit versehen, andere alt und müde geworden – die Kinderbetreuung übernehmen.

Wenn sie dazu in der Lage sind, ist das natürlich ein Glück. Das Fehlen der Großfamilie und der dörflichen Lebensgemeinschaften bedeutet, dass Bezugspersonen außerhalb der Kleinfamilie weitgehend fehlen. Eltern und bestenfalls Großeltern sind für viele Kinder die Hauptbezugspersonen. Ein weiterer Aspekt der Isolierung ist die heutige Arbeitswelt, die zumeist streng vom Familienleben getrennt ist. Die Kinder bekommen kaum mehr mit, was, wofür und wo die Eltern arbeiten. Wie soll ein Vater seinem Sohn erklären, welcher Tätigkeit er in der Bank nachgeht und welchen Beitrag er für Familie und Gesellschaft leistet? Da hatten es Bauern und Handwerker in früheren Zeiten wesentlich leichter. Ihre Kinder schauten ihnen bei der Arbeit zu und lernten viel dabei. Und schlussendlich fehlen heute vielen Kindern im Vorschulalter Geschwister und andere Kinder zum Spielen, wenn sie nicht eine Spielgruppe oder einen Kindergarten besuchen.

Aber neben der sozialen Isolation als einem der Hauptprobleme unserer Zeit hat Kindheit heute doch auch viele positive Aspekte, nicht nur den, dass Kinder im Vergleich zu früher in guter Gesundheit und Sicherheit aufwachsen. Auch Eltern-Kind-Beziehungen wurden nie so bewusst gelebt wie heute, da die meisten Kinder Wunschkinder sind. Aber was hat die einschneidenden Veränderungen in Familie und Gesellschaft bewirkt?
Da sind zahlreiche Faktoren zu nennen. Bis ins 18. Jahrhundert waren die gesellschaftlichen und wirtschaftlichen Strukturen ziemlich stabil. Etwa 60 Prozent der Bevölkerung waren in der Landwirtschaft tätig, etwa 30 Prozent in Gewerbe und Handel und die restlichen etwa 10 Prozent sorgten, zum Beispiel als Lehrer oder Priester, für das Gemeinwohl. Mit dem Einsetzen der Industrialisierung arbeiteten immer mehr Menschen in den Fabriken, häufig weit entfernt von ihrem Wohnort. Die Lebensbedingungen waren hart, oft noch härter als vor der Industrialisierung, aber durchaus vergleichbar mit den Lebensbedingungen, wie wir sie leider in vielen Entwicklungsländern noch heute vorfinden. Mit der Industrialisierung begann ein Prozess, in dem die Familie und die Lebensgemeinschaft als Keimzelle der Gesellschaft immer mehr an Bedeutung verloren. Aufgaben, die bisher von der Lebensgemeinschaft geleistet wurden, musste nach und nach der Staat übernehmen. Bildungs-, Gesundheits- und Sozialwesen wurden als entscheidende Faktoren für wirtschaftlichen Fortschritt erkannt und wirkungsvoll ausgebaut. Ein weiterer großer Schub an Veränderungen kam dann nach dem Zweiten Weltkrieg.

Die 68er-Bewegung hat die alten Autoritäten – als Folge der moralischen Katastrophe des Nationalsozialismus und der beschleunigten gesellschaftlichen und wirtschaftlichen Entwicklung nach dem Krieg – auf allen Hierarchiestufen der Gesellschaft demontiert. So auch in der Familie. Davor verfügte der Ehemann allein über Einkommen und Eigentum und bestimmte über Wohnsitz und Schulausbildung der Kinder. Wenn die Frau ein Bankkonto eröffnen wollte, war dies nur mit seiner Zustimmung möglich. Er bestimmte noch in den 1970er-Jahren, ob seine Frau eine Arbeitsstelle annehmen durfte oder nicht. Heute kann kein Vater ernsthaft behaupten, er sei das Oberhaupt der Familie, ohne sich lächerlich zu machen. Das heißt aber auch, dass noch bis in die 1970er-Jahre die meisten Frauen weitgehend von ihrem Ehemann abhängig waren, spätestens wenn sie das zweite oder dritte Kind erwarteten. Eine Scheidung hätte sie wirtschaftlich an den Rand des Ruins getrieben und sozial stigmatisiert.

Nicht zu vergessen das Bildungswesen. Auch dort führte die Emanzipation der Frau zu tief greifenden sozialen und gesellschaftlichen Veränderungen. In der Vergangenheit wurden die meisten Mädchen dazu erzogen, später als Mutter und Hausfrau der Familie zu dienen. Ihre schulische und berufliche Ausbildung stand nicht im Vordergrund. Das hat sich gründlich geändert. Erstmals in der Menschheitsgeschichte verfügt das weibliche Geschlecht über einen gleichberechtigten, zunehmend sogar bevorzugten Zugang zur schulischen und beruflichen Ausbildung. Etwa 60 Prozent der Abiturienten sind Mädchen und lediglich 40 Prozent Jungen. Frauen haben ihren traditionellen Bildungsrückstand gegenüber Männern nicht nur wettgemacht, sondern die Männer teilweise überholt, was auch in ihrem verbesserten Selbstbewusstsein zum Ausdruck kommt. 70 Prozent der 16- bis 29-Jährigen schätzen Frauen als genauso selbstbewusst ein wie Männer, bei den über 60-Jährigen sind es lediglich 29 Prozent (Institut für Demoskopie Allensbach 2006).

Außerdem wurde die Stellung der Frau zusätzlich durch den Wandel in der Wirtschaft gestärkt. Der Anteil der produktiven Wirtschaft – die klassische Fabrikarbeit etwa – ging immer mehr zurück, und der Dienstleistungssektor legte zu. 70 Prozent der Menschen arbeiten heute in Dienstleistungsbetrieben, in denen die Frauen mit ihren kommunikativen und sozialen Kompetenzen gegenüber den Männern im Vorteil sind. Und schließlich leistete die Pille einen entscheidenden Beitrag zur Emanzipation der Frau. Simone de Beauvoir bezeichnete Mutterschaft in den 50er-Jahren als Fessel der Frau (Beauvoir 2000). Durch die Einführung der Pille in den 70er-Jahren wurden die Frauen von dieser Fessel befreit. Das erste Mal in der Menschheitsgeschichte konnten Frauen allein darüber bestimmen, ob sie Kinder haben wollen oder nicht. Die Bedeutung dieser Entwicklung kann gar nicht überschätzt werden.

Während wir Frauen eine enorme Entwicklung durchgemacht haben, scheinen die Männer die Emanzipation zu einem zeitgemäßen Rollenbild offenbar noch weitgehend vor sich zu haben (Hollstein 2012). Auch wenn ich rundherum immer wieder sogenannte neue Männer kennenlerne – vor allem solche unter 35 Jahren –, so kommt es mir doch vor, als ob die meisten auf der Mitte des Weges stecken geblieben wären. Georg ist ein typisches Beispiel, er ist für mich nicht fassbar. Weiß er, was er will und macht? Wie wichtig ist ihm sein Kind? Will er sich aus der Verantwortung stehlen? Fühlt er sich unter Druck gesetzt? Fragen dieser Art treiben viele Frauen um, wenn sie sich über die Männer und Väter ihrer Kinder den Kopf zerbrechen. In den Frauenjournalen können wir es dann nachlesen: Männer wollten keine feste Beziehung mehr eingehen, geschweige denn eine Familie gründen und Kinder haben. Frauen hingegen seien mutiger. Sie wünschten sich weit öfter Kinder und würden Risiken eher in Kauf nehmen. Bei einer Scheidungsrate von 50 Prozent kann ich das Zögern der Männer durchaus verstehen. Diese Zurückhaltung wirkt sich unter anderem so aus, dass in Deutschland die Quote der Single-Frauen seit 1991 lediglich um 16 Prozent angestiegen ist, während die der Single-Männer sich um 81 Prozent erhöht hat. 27 Prozent der 18- bis 34-jährigen Männer leben heute allein (Bundesamt für Statistik Deutschland). Im Jahr 2000 wohnten 8,4 Prozent der Männer in der Schweiz allein, 2010 waren es mit 18,2 Prozent bereits mehr als doppelt so viele (Bundesamt für Statistik Schweiz).

Um 1900 lag die Scheidungshäufigkeit in Deutschland, Österreich und der Schweiz noch unter 5 Prozent. Bis 1960 stieg sie langsam auf 15 Prozent an und liegt nun je nach Bundesland zwischen 40 und 50 Prozent. In den Großstädten wird jede zweite Ehe geschieden (Hötker-Ponath 2009). In Österreich und der Schweiz sind die Scheidungsraten vergleichbar hoch. Die Scheidungshäufigkeit, ausgedrückt als Quotient aus Eheschließungen und Ehescheidungen (siehe linke Grafik) ist ein sehr häufig verwende-

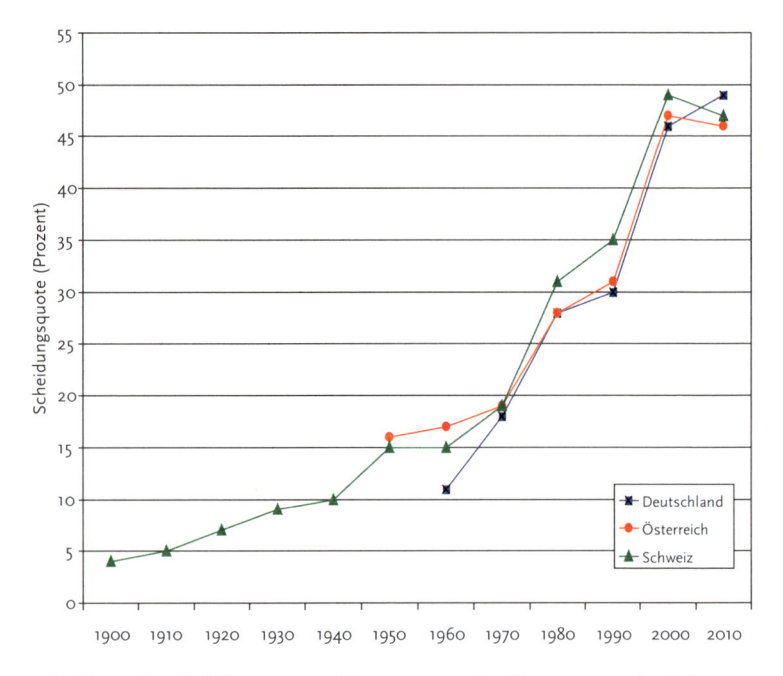

Scheidungshäufigkeit von 1900 bis 2010. Die Grafik zeigt, wie die Scheidungshäufigkeit in den letzten 100 Jahren in Deutschland, Österreich und der Schweiz zugenommen hat. Die Prozentzahlen beinhalten alle Ehepaare mit und ohne Kinder sowie Ehepaare, deren Kinder zum Zeitpunkt der Scheidung bereits selbstständig waren (Bundesämter für Statistik der entsprechenden Länder).

tes, aber ungenaues Maß. Einen weit besseren Anhaltspunkt gibt die Grafik rechts. Sie setzt die Scheidungshäufigkeit in Beziehung zum Heiratsjahrgang. In den vergangenen 60 Jahren nahm die Scheidungshäufigkeit bei einer Ehedauer von 20 Jahren von 12 auf 34 Prozent zu. In jedem Jahrgang nahm die Scheidungshäufigkeit bis zum sechsten Ehejahr zu, um anschließend wieder abzunehmen. Es ist also etwas dran am verflixten siebten Ehejahr.

Aber wäre uns denn damit gedient, wenn wir die Emanzipation rückgängig machten und die Kinder wieder in den stabilen Verhältnissen aufwüchsen, vielleicht nicht in vorindustrialisierten

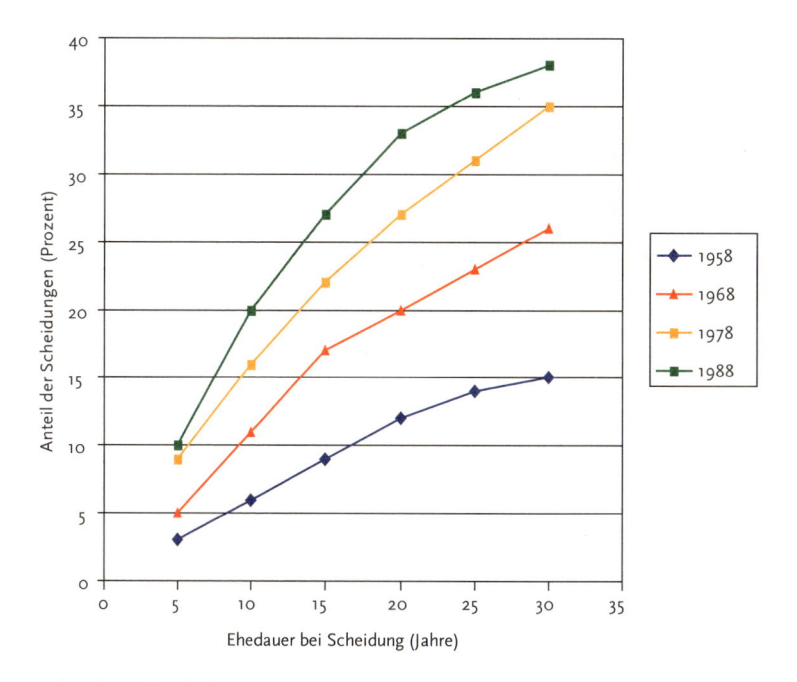

Scheidungshäufigkeit in Abhängigkeit vom Heiratsjahrgang. Die Grafik dokumentiert, wie der Anteil Scheidungen mit der Ehedauer im Verlauf der letzten 60 Jahre immer mehr zugenommen hat (Bundesamt für Statistik Schweiz). So haben sich nach 20 Ehejahren 12 Prozent der Paare, die 1958 heirateten, scheiden lassen; bei Paaren, die 1988 heirateten, waren es bereits 34 Prozent.

> Dorfgemeinschaften, aber doch in Familien, die durch traditionelle Mütter zusammengehalten würden?

Das Problem liegt woanders. Was wir noch nicht geschafft haben, ist, die sozialen Realitäten von heute anzuerkennen und uns positiv darauf einzustellen. Und dazu gehört eben auch, dass ein wachsender Teil der Kinder heute als Scheidungskinder groß wird.

> Etwas mehr als 150 000 Kinder in Deutschland und etwa 12 000 bis 15 000 Kinder in Österreich und der Schweiz erleben jährlich die Scheidung ihrer Eltern, das heißt etwa jedes fünfte Kind. Berücksichtigt man auch noch die Kinder aus getrennten nichtehelichen Partnerschaften, so wachsen 25 Prozent aller Kinder in unvollständigen Familien auf. 1999 lebten in Deutschland etwa 850 000 von insgesamt 15,3 Millionen Kindern in Stieffamilien, das ist jedes fünfte Kind (DJI Bulletin 2010). Auch die Statistiken werden durch die Vielfalt der Familienformen immer unübersichtlicher.

Neben der Zunahme an Scheidungskindern und den vermehrten Ein- oder Zweikindfamilien kommt es immer häufiger vor, dass Frauen später Kinder bekommen. Früher wurden Kinder schicksalhaft geboren, oftmals zu viele und unerwünscht. Sie waren für ihre Mütter eine große Belastung, uneheliche Kinder wurden den Frauen häufig weggenommen. Heute haben Frauen die Wahl. Schätzungsweise 80 Prozent aller Kinder sind Wunschkinder, vorausgegangen ist also die bewusste Entscheidung für ein Kind. Einerseits ist das ein großes Glück, denn die meisten Kinder sind heute willkommen und werden als Lebensbereicherung empfunden. Andererseits bringt diese Wahlfreiheit viele junge Frauen in ein Dilemma. Wofür sollen sie sich entscheiden: Ausbildung und Karriere, Familie und Kinder oder beides? Eine verständliche Auswirkung davon ist, dass viele Frauen eine Schwangerschaft immer weiter hinausschieben. Die Hälfte der Mütter ist bei der Geburt ihres ersten Kindes über 30 Jahre alt. 40 Prozent der Akademikerinnen und 80 Prozent der Frauen in Toppositionen haben gar keine Kinder – ihre männlichen Kollegen dagegen schon.

Ist das Kind endlich geboren, wird es leider nicht einfacher. Die Mehrheit der Mütter leidet unter der Doppelbelastung von Familie und Berufsleben. Und die Männer sind verunsichert – in der Familie und zunehmend auch in der Arbeitswelt. Die Problempalette beider Geschlechter erschwert die Familiengründung und das Zusammenleben in der Kleinfamilie. Nach einer Trennung und Scheidung wird sie zu einer zusätzlichen Belastung für beide Elternteile. Denn wie Mutter und Vater ihre Prioritäten setzen, wirkt sich unmittelbar auf die Kinder aus. Wie geht die Mutter mit der erhöhten Doppelbelastung nach der Trennung um, ohne dass die Kinder darunter leiden? Ist der Vater bereit, beruflich zurückzustecken, um die Beziehung zu seinen Kindern zu erhalten, oder sind ihm seine Karriere und eine neue Partnerschaft wichtiger?

Der gesellschaftliche Wandel ist dramatisch, und die Anforderungen an die Eltern sind groß. Wir sollten die neuen Lebensbedingungen als eine Herausforderung annehmen, neue, erstrebenswerte Formen des Zusammenlebens zu finden. Anlass zu Hoffnungen gibt: Nie in der Geschichte gab es für Familien eine ähnlich große gesellschaftliche Unterstützung, nie wurden Kinder so ernst genommen wie heute, nie wurde derart viel in die Erziehung und die Bildung von Kindern investiert. Wir haben die traditionellen Familienstrukturen verlassen, doch trotz der Vielfalt moderner Lebensformen fehlt es oft noch an einem stabilen familiären Miteinander für Kinder. Menschen sind zutiefst soziale Wesen. Ohne verlässliche soziale Beziehungen ist unser psychisches Wohlbefinden in Gefahr. Dazu gehört unverzichtbar, dass wir als Eltern den Kindern die emotionale Sicherheit bieten, auf die sie in ihrer Entwicklung angewiesen sind. Die Elternschaft muss – unabhängig davon, wie das partnerschaftliche Zusammenleben gestaltet wird – immer gewährleistet sein. Die Überzeugung muss sich durchsetzen: Eine Partnerschaft kann aufgelöst werden, die Elternschaft hingegen nie.

Das Wichtigste in Kürze

1. In den vergangenen 150 Jahren sind Großfamilien und Lebensgemeinschaften mit zahlreichen Bezugspersonen und Kindern zu Kleinfamilien zusammengeschrumpft mit oft nur noch einem erziehenden Elternteil und ein bis zwei Kindern.

2. Eine Reihe von Faktoren hat zu dieser Entwicklung beigetragen: Industrialisierung und darauf folgende Dienstleistungsgesellschaft, Emanzipation der Frau zu existenzieller und sozialer Unabhängigkeit, Familienplanung durch die Pille, Abbau von Hierarchien in Familie und Gesellschaft, Umschichtung der Geschlechterrollen.

3. Die Scheidungshäufigkeit nahm in den vergangenen 60 Jahren von 15 Prozent auf bis zu 50 Prozent zu. Die Scheidungsrate nahm bei einer Ehedauer von 20 Jahren von 12 auf 34 Prozent zu.

4. Etwa 150000 Kinder pro Jahr sind in Deutschland von der Scheidung ihrer Eltern betroffen (Österreich und Schweiz: 12000 bis 15000 Kinder pro Jahr).

5. Viele Frauen bekommen immer später Kinder. Zudem macht den Müttern die Doppelbelastung von Familie und Beruf zu schaffen.

Wie können Gesetzgeber und Gerichte helfen?

Miriam hatte ihren Job als Kindergärtnerin an den Nagel gehängt, als ihre zweite Tochter Alma auf die Welt kam. Die Betreuung und Erziehung ihrer Kinder war ihr wichtiger als der Beruf, und ihr Mann Robert verdiente als Unternehmensberater mehr als genug Geld für die ganze Familie. Dann, als ihre Ehe nach vier Jahren scheiterte, Robert auszog und die Scheidung einreichte, merkte Miriam, dass sie sich nur allzu bedenkenlos auf die traditionelle Rollenverteilung in der Familie eingelassen hatte. Robert wollte zwar für die Kinder zahlen, aber einem Ehegattenunterhalt, der ihr ermöglicht hätte, sich weiter als »Nur«-Mutter um die Kinder zu kümmern, wollte er nicht zustimmen. Und seine Karten waren gut. Nach dem neuen Unterhaltsgesetz würde Miriam bald Vollzeit arbeiten müssen, schließlich hatte sie früher einmal eine Arbeit, und so war es ihr laut Gesetzgeber zuzumuten, nach einer Übergangsfrist von drei Jahren wieder selbst für ihren Lebensunterhalt aufzukommen. Alma war gerade erst zwei und Nora nur ein Jahr älter. Wie sollte sie sich da um den Wiedereinstieg in den Beruf kümmern, zumal die beiden Mädchen unter den Zankereien der letzten Zeit gelitten hatten und erst einmal ihre volle Aufmerksamkeit brauchten? Robert sah die Kinder jedes Wochenende, aber sein Beruf ging wie immer vor, und ob Miriam gute Kita- und einen Ganztagskindergartenplatz für die Töchter finden würde, war mehr als ungewiss. Das Schwierigste aber war, sich von ihrem alten Rollenbild zu verabschieden und zu einem neuen Selbstbild – als vollbeschäftigte, alleinerziehende Mutter – zu finden.

Es entsteht der Eindruck, dass ein neuer Geschlechterkampf auf dem Boden des Familienrechts ausgefochten wird, denn viele der eingeführten Regelungen wie das Unterhaltsrecht (siehe Glossar) gehen zulasten der Frauen, wie auch eine Reihe von Familienanwälten meint. Wie soll eine Frau, alleinerziehend und mit kleinen Kindern, nach drei Jahren wieder voll arbeiten? Und vor allem, was passiert dann mit den Kindern? Wer heute eine Familie grün-

det, sollte sich im Voraus gut überlegen, wer wie lange aus dem Beruf aussteigt und die Kinder betreut. Keine einfache Aufgabe. Die unterschiedlichen Formen des Zusammenlebens schaffen für alle neue Probleme: für die Gesetzgeber, Gerichte, Fürsorgestellen und für die Eltern. Die Leidtragenden sind, wenn wir ihre Bedürfnisse nicht in den Mittelpunkt stellen, die Kinder. Leistungen, die in der Vergangenheit die Familie und die Lebensgemeinschaften erbracht haben, muss nun der Staat mit großen zusätzlichen finanziellen Belastungen übernehmen. Dazu gehören unter anderem die Existenzsicherung der Familie und ein nicht unwesentlicher finanzieller Beitrag zur Kinderbetreuung. Fortschritte in der rechtlichen Ausgestaltung des Zusammenlebens von Eltern und Kindern sind aber durchaus zu verzeichnen.

Im Guten wie im Schlechten. Bei einer Vielzahl der Gesetzesänderungen gehen die Meinungen weit auseinander. Die Einführung des gemeinsamen Sorgerechts wird als großer Fortschritt erachtet, doch damit allein ist das Wohlbefinden der Kinder noch nicht gewährleistet. »In Hinblick auf die Verhaltensweisen des Kindes ist zu konstatieren, dass sich das Sorgerecht der Eltern als unbedeutend erweist. Wesentlich enger sind die Zusammenhänge zwischen kindlicher Entwicklung (als Indikator des Kindeswohls) und dem Erziehungsverhalten der Eltern, vor allem deren Zusammenarbeit in Betreuung und Erziehung.« (Walper 2010)
Die Erlangung des gemeinsamen Sorgerechts nach der Trennung von nicht-ehelichen Partnerschaften wurde erleichtert. Nach einer Klage vor dem Europäischen Gerichtshof für Menschenrechte im Dezember 2009 musste Deutschland das gemeinsame Sorgerecht für ledige Väter ändern. Heute können auch Väter, die nicht mit der Mutter ihres Kindes zusammengelebt haben, gegen deren Willen die gemeinsame Sorge beantragen. Für die Väterorganisationen stellt diese gesetzliche Anpassung eine Verbesserung dar. Für die Mütter können dadurch neue Konfliktfelder entstehen.

Die Mehrheit der Eltern trennt sich nach einigen Schwierigkeiten Gott sei Dank einvernehmlich. 15 Prozent der Trennungen – interessanterweise kommen amerikanische Studien zu ähnlichen Ergebnissen – werden zu sogenannten Hochkonfliktscheidungen, die zu einer regelrechten Eskalation rechtlicher Bestimmungen geführt haben. Es folgen daraus jahrelange Auseinandersetzungen vor Gericht, und ein ganzes Arsenal an Beratern, Mediatoren und Therapeuten bemüht sich um diese Eltern und ihre leidtragenden Kinder. Eine besondere Kampfzone ist dabei der sogenannte Kindesumgang. Die nachfolgende Aufstellung zeigt, welche Odyssee durch die Instanzen Eltern in Deutschland zu absolvieren bereit sind, um dem anderen Elternteil den Umgang mit dem Kind zu verweigern – aus berechtigter Sorge oder böser Absicht.

Solche gerichtlichen Auseinandersetzungen, da sind sich die meisten Fachleute einig, bringen den Kindern nichts: Ein kindgerechter Umgang kann durch kein Gericht der Welt erzwungen werden. Es sind die Eltern, die in der Pflicht stehen, sie tragen die Verantwortung für ihre Kinder. Die oftmals langwierigen Auseinandersetzungen werden meist nicht im Interesse des Kindes geführt. Sehr oft entstehen sie und werden unterhalten, weil zumindest ein Elternteil seine eigenen Interessen über das Wohl des Kindes stellt. Was die Eltern dabei nicht bedenken, sind die langfristig nachteiligen Auswirkungen, unter denen nicht nur das Kind, sondern auch sie selbst zu leiden haben.

Um den Schaden für die Kinder nach Hochkonfliktscheidungen möglichst klein zu halten, entstand in Deutschland die sogenannte Cochemer Praxis. Der Familienrichter aus Cochem Jürgen Rudolph hat ein Vorgehen entwickelt, das erstens sämtliche juristische Verfahren im Zusammenhang mit Trennung und Scheidung beschleunigt und zweitens eng mit Beratungsstellen und Mediatoren verknüpft ist (Rudolph 2007). Dieses Modell (siehe Glossar) wurde in abgewandelter Form an verschiedenen anderen Familiengerichten ebenfalls eingerichtet. Ich halte diese neue Form der familienrechtlichen Praxis für sinnvoll, denn alles, was den Eltern hilft, ihre Lebenssituation schnell in den Griff zu bekommen und ihren Streit zu minimieren, hilft auch den Kindern. Im norwegischen Familienrecht müssen sich alle Eltern von Kindern unter 16 Jahren, verheiratet oder nicht, beraten lassen, wenn

Reihenfolge der gesetzgeberischen Vorgaben beim Umgangsrechtsfall

(1) Verpflichtung der Eltern, sich zu einigen (§ 1627 Satz 2 BGB)

(2) Einschaltung des Familiengerichts und Förderung des Einvernehmens (§ 156 FamFG)

(3) Zustandekommen eines gerichtlich gebilligten Vergleichs (§ 156 Abs. 2 FamFG)

(4) Gerichtliche Regelung des Umgangs durch Umgangsanordnung (§ 1684 Abs. 1 BGB)

(5) Durchführung eines Vermittlungsverfahrens (§ 165 FamFG)

(6) Befristete Anordnung einer Umgangspflegschaft im Sinne von § 1684 Abs. 3 BGB

(7) Gerichtlich angeordneter begleiteter Umgang (§ 1684 Abs. 4 Satz 3 BGB)

(8) Teilweiser Sorgerechtsentzug und Anordnung einer Ergänzungspflegschaft mit dem Aufgabenkreis Regelung des Umgangs durch das Familiengericht (§§ 1666 Abs. 3 Nr. 6, 1632 Abs. 2, 1909 BGB = Umgangspfleger nach einer Kindeswohlgefährdung)

(9) Teilweiser Entzug des Aufenthaltsbestimmungsrechts durch das Familiengericht (§§ 1666 Abs. 3 Nr. 6, 1631 Abs. 1, 1909 BGB)

(10) Kurzer Umgangsausschluss durch das Familiengericht (§ 1684 Abs. 4 Satz 1 – z. B. einige Wochen oder Monate)

(11) Umgangsausschluss für längere Zeit oder auf Dauer durch das Familiengericht (§ 1684 Abs. 4 Satz 2 BGB – Jahre oder dauerhaft)

Mit jeder der elf Stufen erhöht sich die Eingriffsintensität der Gerichte (Balloff 2013).

sie sich trennen wollen. Erst nach erfolgter Familienmediation wird der Scheidungsantrag weiter bearbeitet (DJI 2012). Das finde ich konsequent. Immer mehr Eltern, die sich von den anstehenden Problemen überfordert fühlen, suchen freiwillig und präventiv, das heißt vor der Trennung, bereits einen Familiencoach oder Mediator auf. Ein solches Vorgehen müsste so normal werden wie der Gang zum Vermögensberater oder zum Anwalt wegen der

materiellen Folgen einer Trennung und Scheidung. Doch dazu muss es eine Sensibilisierung für die Bedürfnisse und Anliegen der Kinder geben. Unser Buch hat genau das zum Ziel.
Auch das internationale Recht ist in Scheidungsangelegenheiten immer häufiger gefragt. Durch die Mobilität, die auf der ganzen Welt stark zugenommen hat, gibt es immer mehr Ehen von Menschen aus unterschiedlichen Nationen und Kulturkreisen. 15 Prozent aller in Deutschland geschlossenen Ehen sind binational (Walter 2004). Solche Verbindungen können durchaus gelingen, aber manche scheitern auch nach einigen Jahren, weil die kulturellen, sozialen und oftmals auch religiösen Vorstellungen der Ehepartner und ihrer Verwandten zu unterschiedlich sind. Was geschieht nun mit den Kindern? Oft wollen die Mutter oder der Vater in ihr Herkunftsland zurückkehren und die Kinder mitnehmen. Kindsentführungen häufen sich. Mit dem sogenannten Haager Abkommen über die zivilrechtlichen Aspekte internationaler Kindesentführung soll sichergestellt werden, dass solche Situationen rasch bereinigt und die Kinder innerhalb weniger Monate zurückgeführt werden, damit es nicht zu einer Entfremdung von dem einen Elternteil kommt. Dies setzt aber die Kooperation der lokalen und nationalen Behörden beider Staaten voraus, was leider nicht immer in ausreichendem Maß gelingt.

Kommen wir noch einmal auf Miriam zurück. Warum ist sie mit ihren zwei Kindern in eine solch missliche Situation geraten? In der Vergangenheit musste der Mann für die existenzielle Sicherheit seiner Frau bis zu ihrem Tod Sorge tragen, auch nach einer Trennung. Der Gesetzgeber hat auf die veränderten gesellschaftlichen Verhältnisse und die Rolle, welche die Frauen heute in der Arbeitswelt einnehmen, reagiert. Die Frau soll nun aufgrund ihrer schulischen und beruflichen Ausbildung für ihren Lebensunterhalt selbst aufkommen. Das ist die Grundlage für das veränderte Unterhaltsrecht. Häufig müssen die Frauen ohnehin arbeiten, weil nach der Trennung zwei Einkommen für die Existenz der Familie notwendig sind. In Deutschland und in der Schweiz betrifft dies 60 bis 90 Prozent aller Mütter, die meisten arbeiten Teilzeit, vor allem wenn die Kinder noch klein sind. Bei alleinerzie-

henden und geschiedenen Müttern ist der Prozentsatz noch höher, und sie arbeiten öfter Vollzeit. 40 Prozent dieser alleinerziehenden Mütter mit Kindern waren 2008 armutsgefährdet. War das jüngste Kind jünger als drei Jahre, waren sogar mehr als die Hälfte der alleinerziehenden Elternteile von Armut betroffen (DJI Bulletin 2010). Das ist die Realität. Das große Problem dabei ist die Vereinbarkeit von Arbeit und Familie, die aufgrund fehlender Betreuungsplätze und familienfreundlicher Arbeitsbedingungen nicht realisiert werden kann. Das wirkt sich dann wiederum nachteilig auf die Betreuung, Erziehung und Ausbildung der Kinder aus.

Wie sie das alles nur überstanden hatte, fragte sich Maria oft, und manchmal konnte sie gar nicht glauben, dass sie, sie allein es gewesen war, die die vergangenen 20 Jahre für alles geradegestanden hatte. Für alles. Das Geld, die Kindererziehung, den Haushalt und die Stimmung zu Hause. Wie oft war sie depressiv, ohne Hoffnung, nervlich am Ende gewesen. Zufrieden, wie sie sich heute fühlte, sah sie das ganz klar. Deshalb hatte sie sich auch diese simplen Sprüche mit Plastikmagneten an die Tür des Kühlschranks geheftet. »Wenn das Leben schwer ist, kann man nicht auch noch griesgrämig sein.« »Ein Lächeln am Tag vertreibt Kummer und Sorgen.« »Wehwehchen sind was für reiche Leute.« Maria war nicht zimperlich. Sie hatte nur ihr Lachen für einige Jahre verloren. Sie, das fröhliche, bodenständige und zuversichtliche Mädchen. Doch hätte sie ihren Mann nicht verlassen, wären sie wohl alle vier draufgegangen. Alkoholexzesse, Funkstreife, Frauenhaus. Er war kein schlechter Vater, nur krank. Einmal hat er sogar den Kleineren aus dem Kinderwagen gekippt, so betrunken war er. Dann verkroch sie sich mit den beiden Kleinkindern in einer Ecke des Zimmers, versuchte unsichtbar zu werden. Ob er sie geschlagen hat? Sie weiß es nicht mehr, weiß nur, dass ihr der Ältere mit einem Fleischklopfer zu Hilfe gekommen war. Gegen manches sperrt sich die Erinnerung.

Nachdem er auf Nimmerwiedersehen davongegangen war, gab es seine Schulden und ihre Existenzängste. Jeden Tag den sozialen Abstieg vor Augen, arbeitete sie bis zum Umfallen. Mittags kellnerte sie in der Gaststätte »Zum Löwen«, davor und danach putzte sie und führte anderer Leute Haushalt. Und die Kinder? Sie holte sie um vier Uhr nachmittags vom Kindergarten und später aus dem Hort ab, um sie anschließend für drei Stunden allein zu lassen. Noch ein Kunde, 150 Quadratmeter Staub saugen, acht Fenster putzen und zwei Bäder schrubben. Dann die beiden Jungen ins Bett legen und ein Buch vorlesen. Die Abende mit ihnen ließ sie sich nicht nehmen. Und ebenso wenig die Verantwortung, auch nicht vom Jugendamt. Ihre Kinder besuchten gute Schulen, bekamen den Nachhilfeunterricht bezahlt und schließlich die Universität.

Gott sei Dank sind Schulen in Deutschland kostenlos, dachte sie und wählte stets die SPD. Der Sozialstaat hat etwas für die unteren Schichten der Gesellschaft übrig. Alle haben die gleichen Bildungschancen. Nur die alleinerziehenden Mütter, die eine gute ganztägige Betreuung für ihre Kinder brauchen, fallen irgendwie durch den Rost. Doch das ist eben so. Immer musste sie um Hortplätze und Öffnungszeiten kämpfen, immer wieder bekam sie für eines der beiden Kinder keinen Betreuungsplatz, und oft ließ sie das Gefühl nicht los, dass die beiden bloß verwahrt werden, aber nicht gut betreut sind.

Es ist für eine Mutter ausgesprochen belastend, wenn sie jahrelang unter einem mangelhaften Betreuungssystem für ihre Kinder zu leiden hat. Immer zu wissen, dass man als alleinstehende, berufstätige Frau zwar bei Weitem nicht die Einzige ist, aber doch nicht ausreichend unterstützt wird, macht das Leben zu einem Hindernisrennen. Wenn es ein ganztägiges, qualitativ gutes Betreuungssystem für Kinder gäbe, könnte man Leben und Beruf ganz anders planen. Maria war bestimmt auch deshalb immer chronisch übermüdet, weil es in Deutschland ein durchgängiges Betreuungssystem für Kinder wie etwa in Frankreich leider nicht gibt.

In Deutschland fehlen immer noch Krippenplätze, obwohl seit August 2013 die Eltern für jedes Kind ein Recht auf einen Krippenplatz geltend machen können. Genau genommen fehlten Anfang 2013 noch 150 000 zusätzliche Betreuungsplätze für Kinder unter drei Jahren, um, wie von der Politik angestrebt, bundesweit auf etwa 40 Prozent der Kinder in dieser Altersgruppe zu kommen (von Borstel, 2013). Dabei gibt es große regionale Unterschiede. In Berlin und Sachsen-Anhalt kann jedes zweite Kind eine Krippe

besuchen, in Bayern und Baden-Württemberg jedoch nur jedes fünfzigste. Würden wir die Kinderbetreuung in Deutschland wie in Frankreich oder Skandinavien ausbauen, müssten wir 19 Milliarden Euro im Jahr zusätzlich aufwenden (Kreyenfeld et al. 2001). Hemmend wirkt sich sicherlich die immer noch weitverbreitete große Skepsis gegenüber der Krippenbetreuung aus. Viele Eltern haben Scheu, ihre Kinder so früh von zu Hause weg in eine Betreuungseinrichtung zu geben. Bei Kinderkrippe hören sie das Wort Rabenmutter gleich mit und denken eher an traurige Verwahreinrichtungen für Kinder als an anregende, freundliche, auf die Bedürfnisse von Kleinkindern zugeschnittene Orte, wo Kinder wichtige soziale Erfahrungen machen und vieles lernen können. Die Schweiz ist in Bezug auf die familienergänzende Kinderbetreuung ein Entwicklungsland. In der Schweiz geht man von 50 000 fehlenden Krippenplätzen aus. In Österreich besteht kein Rechtsanspruch auf einen Krippen- und Kindergartenplatz, lediglich der Besuch des Kindergartens für die Fünf- bis Sechsjährigen ist verpflichtend. 8,9 Prozent der unter Dreijährigen werden in einer Kinderkrippe betreut (Häupl 2006). Ein Großteil des Widerstands gegen Krippen ist finanziell bedingt. Krippen sind teuer.

Wenn sich die Gesellschaft eine gute familienergänzende Kinderbetreuung leistet, wird sie nicht verarmen, ganz im Gegenteil. In der Schweizer Studie von Müller-Kucera und Bauer (2001) stellte sich heraus, dass für jeden Franken, der für die Kinderbetreuung eingesetzt wird, drei bis vier Franken an die Gesellschaft zurückfließen. Diese Kosten-Nutzen-Rechnung geht jedoch nur auf, wenn alle mitziehen. So müssen die Arbeitgeber umdenken, in ihren Betrieben gut geführte Krippen eröffnen, auf die Bedürfnisse der Eltern Rücksicht nehmen (Schicht- und Nachtarbeit sind eine große Belastung) und vermehrt Teilzeitarbeitsstellen für Mütter und Väter zur Verfügung stellen. Schließlich spielt auch der Beschäftigungsgrad in der Gesellschaft eine wesentliche Rolle. Verbesserte gesellschaftliche und ökonomische Rahmenbedingungen für Familie und Kind bilden nun einmal die Grundvoraussetzung, damit Eltern überhaupt in der Lage sind, ihre Kinder umfassend zu betreuen und einer Erwerbsarbeit nachzugehen. Wichtig ist ferner eine Bewusstseinsänderung in Gesellschaft und Wirtschaft. Eltern dürfen, wenn sie ihre Elternpflichten wahrnehmen, am Arbeitsplatz und in ihrer beruflichen Karriere nicht mehr benachteiligt werden. Es wird zwar immer wieder betont, das Bewusstsein für das Wohl der Kinder sei gestiegen – aber nur solange es nichts kostet und die Prioritäten und Hierarchien in Gesellschaft und Wirtschaft nicht angetastet werden.

Dabei sind immer mehr Familien auf eine finanzielle Unterstützung angewiesen. Was nicht erstaunt, wenn man sich die Auslagen, die Eltern viele Jahre lang für ein Kind aufbringen müssen,

Finanzielle Aufwendungen für ein Kind

- Kinder kosten je nach Alter unterschiedlich viel Geld. Die gesamten Auslagen für ein Kind, von seiner Geburt bis zum zwanzigsten Lebensjahr, belaufen sich in einem Haushalt mit durchschnittlichem Einkommen auf rund 200 000 Euro. Für jedes weitere Kind müssen zwischen 100 000 und 120 000 Euro aufgewendet werden.
- Kinder kosten Zeit, Zeit, die vor allem von den Müttern aufgewendet wird. Diese reduzieren ihre Erwerbstätigkeit zugunsten der Familienarbeit und verlieren damit einen Großteil ihres Einkommens. Durch die zusätzlichen Kosten und die Einbußen reduziert sich das verfügbare Einkommen eines durchschnittlichen Paarhaushalts bei der Geburt des ersten Kindes auf etwa die Hälfte und steigt dann bis zu seinem Auszug nicht wesentlich an.
- Ein Teil der Zeitkosten von Kindern fällt bereits an, bevor sie da sind – manche Frauen reduzieren bereits vor der Heirat ihre Erwerbstätigkeit und vor allem noch weit über die Kinderphase hinaus. Die Frauen bleiben weiterhin teilzeitlich erwerbstätig, ihre Aufstiegs- und Lohnchancen sind wegen der Unterbrechung reduziert.
- Vor allem die umfangreichen indirekten Kosten – Einkommenseinbußen und Altersvorsorge der Mütter – bleiben zu etwa 95 Prozent ungedeckt.
- In den 1960er-Jahren lebte jedes fünfundsiebzigste Kind unter der Armutsgrenze. Heute ist es jedes siebte Kind.

(Müller-Kucera et al. 2001)

bewusst macht. In der Schweiz wurde berechnet, wie viel es kostet, ein Kind großzuziehen. Angefangen bei der Flaschennahrung und den Wegwerfwindeln bis zu der Unterstützung während der beruflichen Ausbildung. Die Zahlen sind von ihrer Größenordnung her wohl auch für andere mitteleuropäische Länder gültig.

Maria hat es keinen Tag bereut, dass sie zwei Kinder großgezogen hat. Auch wenn ihr Leben ohne die beiden viel, viel einfacher gewesen wäre. Im Gegensatz zu anderen Frauen ihres Alters verstand sie jedoch sehr gut, dass sich heute viele junge Frauen davor scheuen, schwanger zu werden. Auch die Freundinnen ihrer beiden Söhne wollten nicht ohne Weiteres Kinder bekommen. Zuerst alles andere und dann, wenn es nicht zu spät ist, vielleicht noch ein Kind. Als i-Tüpfelchen auf einem gelungenen Leben. Als Luxusdraufgabe nach Reihenhaus, Auto und Urlaub. So ungefähr waren deren Lebenspläne, und Maria empfand sie nicht als egozentrische Hedonisten, wie das die anderen Frauen ihrer Generation gern taten. Manchmal verteidigte sie ihre Schwiegertöchter in spe sogar vor diesen Leuten. Sie hatten doch recht. Kinder sind ein großes Risiko. Wer wusste das besser als sie. Und dann erzählte sie ein bisschen aus ihrem eigenen Leben und warum sie bei allem Unglück doch immer auch Glück gehabt hatte. Aber die Zeiten würden nicht einfacher werden. Der Sozialstaat bräche zusammen, die Arbeitslosigkeit wachse. Wer denke da schon an die Familien, geschweige denn an die Alleinerziehenden. Nein, Maria verstand die jungen Frauen.

Dabei ist es ja keineswegs so, dass die jungen Menschen nicht mehr an Familie interessiert wären. Über 80 Prozent der Jugendlichen wollen später einmal eine Familie gründen und mindestens zwei Kinder haben. 2010 finden mehr als drei Viertel der jungen Erwachsenen, dass eine Familie zum Glücklichsein dazugehört (BmfSFJ 2012). Familie und Kinder haben bei den jungen Menschen also einen sehr hohen Stellenwert. Viele werden aber durch die zahlreichen Hindernisse, die ihnen von der Gesellschaft und Wirtschaft bei der Umsetzung ihrer Vorstellungen in den Weg gelegt werden, entmutigt.

Verbesserte Rahmenbedingungen sind nicht nur für diese jungen Menschen wichtig, sondern auch im ureigenen Interesse des Staates. Die Bevölkerung ist sich noch zu wenig bewusst, welche Auswirkungen schlechte Bedingungen für die Familien haben. Immer weniger junge Menschen heiraten, und immer weniger Kinder werden geboren. Wir erleben seit einiger Zeit einen stillen Gebärstreik. In den skandinavischen Ländern sind die Geburtenraten viel höher als in Deutschland, Österreich und der Schweiz. Der Hauptgrund: Die Eltern werden dort weit besser unterstützt als bei uns.

Eine Gesellschaft ohne Kinder ist etwas zutiefst Trauriges. Sie hat ihre Existenzberechtigung verloren. Unsere Gesellschaft muss sich über ihre gegenwärtige und zukünftige Situation klar werden. Tut sie das nicht, wird die demografische Entwicklung ihr Schicksal besiegeln. Wenn die Gesellschaft eine Zukunft haben will, muss sie für die Familie, für die Eltern und vor allem für die Kinder einstehen.

Wir sollten, 40 Jahre nach der Einführung der Pille, endlich einsehen: Die meisten Kinder kommen nicht mehr schicksalhaft auf die Welt. Kinder zu haben – in welcher Familienform auch immer – ist heute eine bewusste Entscheidung. Eine Familie zu gründen und Kinder großzuziehen muss Freude machen und darf nicht mit übermäßigen Belastungen verbunden sein, sonst gibt es immer weniger Nachwuchs.

Das Wichtigste in Kürze

1. Der Staat hat erhebliche Anstrengungen unternommen wie zum Beispiel die Einführung des gemeinsamen Sorgerechts, um die rechtlichen Gegebenheiten an die heutigen Formen des Zusammenlebens anzupassen.

2. Trotz aller rechtlichen Verbesserungen: Das Kindeswohl und ein kindgerechter Umgang mit Kindern nach Trennung und Scheidung kann durch kein Gericht der Welt erzwungen werden. Beides liegt letztlich in der Verantwortung der Eltern.

3. Die Cochemer Praxis hat in Deutschland wesentlich zur Beschleunigung und Vereinfachung gerichtlicher Verfahren von Ehescheidungen und Trennungen beigetragen. Entsprechende Modelle fehlen in Österreich und in der Schweiz.

4. Im Interesse des Kindes sollte bereits vor der Scheidung, zum Beispiel mithilfe einer Familienmediation, eine detaillierte Vereinbarung über die zukünftige Betreuung des Kindes getroffen werden.

5. Die große Mehrheit der Mütter arbeitet heute mindestens Teilzeit. Die Vereinbarkeit von Beruf und Familie überfordert viele Mütter, insbesondere wenn sie alleinerziehend sind.

6. Das Armutsrisiko für Alleinerziehende ist in Deutschland und der Schweiz hoch. Etwa 40 Prozent der alleinerziehenden Mütter mit Kindern in Deutschland sind armutsgefährdet.

7. Gute gesellschaftliche und ökonomische Rahmenbedingungen für Familie und Kind bilden die Grundvoraussetzungen, damit Eltern überhaupt in der Lage sind, eine gute Betreuung für ihr Kind zu gewährleisten.

8. Damit Trennungseltern ausreichend für ihre Kinder sorgen können und nicht ständig überfordert sind, muss die Gesellschaft die folgenden Rahmenbedingungen erfüllen:
   - Elternurlaub,
   - ausreichende Anzahl qualitativ guter familienergänzender Betreuungsplätze (Kinderkrippe, Ganztagsschule),
   - familienfreundliche Arbeitsbedingungen (Teilzeitarbeit),
   - familienfreundliches Wohnen,
   - Unterhalt- beziehungsweise Alimentenbevorschussung durch den Staat,
   - finanzielle Unterstützung der Familien,
   - Anrechnung der Erziehungstätigkeit als Berufstätigkeit.

Warum wir einen neuen Begriff von Elternschaft brauchen

Maja war zu einer hinreißenden Dreijährigen herangewachsen. Sie war der glückliche Mittelpunkt in Annes Leben, ein aufmerksames und an allem interessiertes Kleinkind, das seine Mutter jeden Tag in Staunen versetzte, sei es, weil es plötzlich ganze Sätze sagte oder sich für Zahlen interessierte, sei es, weil jeder Tag mit ihm ein Abenteuer und Geschenk war. Die Enttäuschung über Georgs Fortgang und den geplatzten Traum von der klassischen Familie war verschwunden, Anne hatte sich ganz einfach ein Familienleben nach ihren und Majas Bedürfnissen zusammengestellt. Sie hatte eine Arbeit als freie Buchhalterin gefunden, das ermöglichte ihr, den Großteil ihrer Zeit von zu Hause aus zu arbeiten. Ihre Mutter, seit einigen Jahren verwitwet, kam nun oft für längere Zeit und wurde zu einer wichtigen Bezugsperson für Maja und zu einer unersetzlichen Hilfe für Anne. Und dann waren da noch die Nachbarn, die einen richtigen Bauernhof hatten und sich über Majas Kinderlachen freuten. Und Onkel Bernie, Annes bester Freund, der sich in der kleinen Familie wohlfühlte und eine väterliche Bezugsperson für Maja wurde. Anne hatte sich dazu entschieden, Maja in den Waldkindergarten zu geben, der erzieherische Ansatz war genau das Richtige für ihr naturverliebtes, aber durch die Frühgeburt immer noch anfälliges Mädchen. Wie gut, dachte sie, dass es dieses Angebot in ihrer Gemeinde gab. Mit dem Kindergeld und Georgs gelegentlichen Unterhaltszahlungen, dem Zuschuss für die Kita und ihrem eigenen Einkommen konnte sich Anne sogar im Sommer den Urlaub am Meer leisten. Sie war stolz, wie gut sie alles geschafft hatte, und dankbar für jeden Tag mit ihrer Tochter.

Trotz aller Schwierigkeiten gibt es viele Mütter – und natürlich auch Väter – wie Anne. Sie meistern die Herausforderungen ihres Lebens und ermöglichen ihren Kindern auf diese Weise eine glückliche Kindheit, und zwar in unterschiedlichen familiären Konstellationen. Familie hört ja durch Trennung und Scheidung –

oder, wie in Annes Fall, durch den abwesenden Vater – nicht einfach auf. Sie wandelt sich vielmehr. Irgendwie ähnelt Annes Familie wieder mehr den Lebensgemeinschaften früherer Zeiten, die ja auch höchst zusammengewürfelt waren und aus Stiefeltern, Onkeln, Großmüttern, Nachbarn und sonstigen Bezugspersonen bestanden. Es bleibt zu hoffen, dass Familienformen entstehen, die den individuellen Lebensentwürfen entsprechen – nicht nur für die Eltern, sondern auch für die Kinder. Denn es gibt keinen Weg zurück, und wahrscheinlich ist das auch gut so.

Zu groß und zu einschneidend, aber durchaus auch positiv sind die zahlreichen Veränderungen in Gesellschaft, Wirtschaft und Kultur, als dass sich das Rad zurückdrehen ließe. Kaum jemand möchte die Fortschritte im Bildungswesen oder die Chancengleichheit der Geschlechter rückgängig machen. Und niemand möchte auf das Sozialsystem moderner Staaten – so reformbedürftig es auch immer ist – verzichten. Und doch: Das Problem ist, dass wir uns noch nicht ausreichend den veränderten Lebensbedingungen angepasst haben. Wir trauern immer noch der traditionellen Familie und dem früheren Lebensstil nach und überlegen uns zu wenig, wie wir das Leben für Familie und Kinder im Hier und Jetzt besser gestalten können.

Dabei sind es keine zu hoch gegriffenen Vorstellungen, die zu verwirklichen wären. Die skandinavischen Länder haben entsprechende Lebensmodelle vor mehr als zwei Generationen eingeführt.
Entscheidend ist ein grundsätzliches Umdenken, das auch mit größeren Kosten verbunden ist. Die skandinavischen Länder wenden dreimal so viel ihres Bruttoinlandproduktes (BIP) für Familie und Kinder auf als die Schweiz (3 bis 4,5 Prozent gegenüber 1,3 Prozent des BIP), und das seit 40 Jahren! Deutschland mit 3,4 Prozent steht seit einigen Jahren besser da; positive Auswirkungen sind jedoch erst ansatzweise erkennbar. Nur so können Rahmenbedingungen geschaffen werden, welche die Vielfalt der heutigen Familienformen ausreichend berücksichtigen. Wir können das Rad der Zeit nicht mehr zurückdrehen, und der Ruf, sich nicht so schnell scheiden zu lassen, wird ohne materielle Not wohl kaum erhört werden.

Zumal die meisten Familienforscher zu der Überzeugung gekommen sind, dass sich die Broken-Home-Sicht bei Scheidungskindern nicht aufrechterhalten lässt, also die Befürchtung, dass das traumatische Zerbrechen der Herkunftsfamilie zwangsläufig mit langfristigen nachteiligen Folgen für das Wohlbefinden der Kinder verbunden ist. Vielmehr belegen die meisten Studien, dass – abgesehen von einer vorübergehenden Krise – die Trennung der Eltern für die Entwicklung der Kinder keine schlimmen Nachteile bringt und es kein einheitliches Muster von Scheidungsfolgen gibt (Walper 2003, Lehmkuhl 1991, Schmidt-Denter 2001).

Aber das kann nur gelingen, wenn die Herausforderungen, die eine Trennung und Scheidung an alle, vor allem aber an die Eltern, stellen, gemeistert werden. Teil des allgemeinen Wertewandels ist auch die Tatsache, dass in der Vergangenheit praktisch immer die Männer den Scheidungsantrag stellten. 2010 beantragten hingegen in Deutschland in 53 Prozent der Fälle die Frauen, in 39 Prozent der Fälle die Männer und in 8 Prozent der Fälle beide Eheleute die Scheidung (Bundeszentrale für politische Bildung 2012). Das zeigt einmal mehr, wie selbstständig die Frauen geworden sind. Dabei gibt es eine irritierende Prioritätenordnung bei beiden Geschlechtern, wenn sie sich für Trennung und Scheidung entscheiden. Die Frauen führen zwei Hauptgründe an: Die Partnerschaft ist nicht mehr befriedigend, und der Ehepartner nimmt seine Aufgabe als Vater überhaupt nicht oder nur ungenügend wahr. Bei den Männern ist die unbefriedigende Partnerschaft der Hauptgrund. Der wichtigste Grund bei beiden ist also nach wie vor: Wir mögen uns nicht mehr, unsere Liebe ist erloschen. Lassen wir uns scheiden, und jeder sucht sein Glück anderswo. Das heißt wir suchen einen Zustand der Verliebtheit, der gefälligst ein Leben lang andauern soll. Das ist aber eine mehr als unrealistische Erwartung, die – wie wir alle wissen – wohl kaum je in Erfüllung gehen wird. Lieber sollten wir uns fragen, wie aus anfänglicher Verliebtheit eine tragfähige Partnerschaft werden kann, eine, die nicht an falschen und zu hohen Erwartungen, an fehlender Kommunikation und einem schlechten Konfliktmanagement zerbricht? Das ist ein hoher Anspruch. Zumindest aber geht es um

Romantisches Liebesideal ...

die Frage: Welche Beziehungsqualität und welche Wertvorstellungen müssen Paare mitbringen, damit sie über die zeitlich begrenzten romantischen Gefühle oder gar das Ende der Partnerschaft hinaus, eine verlässliche Betreuung der Kinder als Eltern sicherstellen?

> In der Vergangenheit haben sich die Menschen verliebt und sind dann zusammengeblieben, weil es ihnen aus existenziellen, sozialen und religiösen Gründen schlicht nicht möglich war, sich allein durchs Leben zu schlagen. Glücklicher als heutige Ehepaare waren sie wohl kaum (Amato et al. 2009). Doch die meisten Zwänge, die früher die Familie und die Lebensgemeinschaften zusammengehalten haben, gibt es heute in dieser Form nicht mehr. Geblieben ist so etwas Unberechenbares und Vergängliches wie die reine, romantische Liebesbeziehung als Klammer, um Elternschaft und Partnerschaft zusammenzuhalten. Die Elternschaft braucht jedoch ein weit stärkeres Fundament. Das Wohl des Kindes sollte den Eltern so wichtig sein, dass sie sich bereits bei der Zeugung einig sind: Ihre Elternschaft ist – wie

... verantwortliche Elternschaft

auch immer sich die Partnerschaft entwickeln mag – eine gemeinsame, unkündbare Verpflichtung.

Das Wichtigste in Kürze

1. Damit sich Kinder geborgen fühlen und sich gut entwickeln können, müssen die gesellschaftlichen Rahmenbedingungen für die heute vielfältigen Familienformen verbessert werden. Familie und Kind sollten eine größere Wertschätzung erhalten.

2. Partnerschaft und Elternschaft sind bezüglich Beziehungsqualität und Wertvorstellungen zu überdenken. Wie auch immer sich eine Partnerschaft entwickeln mag, die Elternschaft bleibt eine gemeinsame, unkündbare Verpflichtung. Diese Sichtweise sollte zu einem festen Wert in der Gesellschaft werden.

Nachwort

Die meisten Bücher haben etwas mit der Lebensgeschichte ihrer Autoren und Autorinnen zu tun. Dies gilt ganz besonders für ein Buch über Scheidungskinder. Es dürfte den Leser und die Leserin daher interessieren, welche Erfahrungen wir mit unseren Familien, Partnern und Kindern gemacht haben. Dazu möchten wir nachstehend einige biografische Details und persönliche Gedanken zur Thematik dieses Buches ergänzen.

Meine Trennungs- und Scheidungsgeschichte entwickelte sich parallel zur Entstehung des Buches und den Coachings, die ich, Monika Czernin, in Anlehnung an das Buch entwickelt habe. Heute bin ich Mediatorin und versuche Eltern, möglichst noch bevor sie sich trennen, zu beraten und durch den Prozess der Scheidung zu begleiten. Denn eine Trennung oder Scheidung ist immer ein einschneidendes Ereignis für die Familie und die damit verbundenen Herausforderungen – insbesondere wenn man die Kinder dabei im Blick behalten möchte – sind groß, oft zu groß, um sie allein meistern zu können.

Anfangs plagten mich oft Schuldgefühle. Ich wartete ängstlich darauf, dass sich bei meiner Tochter Trennungssymptome einstellen würden, anstatt auf ihre ganz normalen Bedürfnisse zu achten. War sie aggressiver als sonst? Zeigte sie Anzeichen von Hyperaktivität oder wirkte sie depressiv? Ging sie deshalb so ungern in die Schule, weil sie, durch die Trennung verunsichert, Probleme hatte, sich in der Gruppe der Gleichaltrigen zu integrieren? War da nicht ein tragischer Zug in ihr sonst so strahlendes Gesicht geraten? Dann wieder ließ ich mir nichts anmerken, vor allem vor jenen Leuten, die meinten, uns bedauern zu müssen.

Meiner Tochter, ihrem Vater und mir standen bei der Restrukturierung unserer Familie viele Menschen bei: Freunde, die sich nie auf eine Seite schlugen; eine Schwiegermutter, die kurzerhand erklärte, sie würde – Trennung hin oder her – meine Schwiegermutter bleiben; Großeltern, die stets zu Hilfe eilten, und viele andere mehr. Vor allem aber beschlossen wir Eltern, dass wir uns durch die Trennung und Scheidung nicht auseinanderdividieren und auf Streitereien einlassen würden. Die Liebe zu unserer Tochter diktierte uns diesen eisernen Pakt. Und wie das so ist mit der Liebe – über die Jahre haben alle davon profitiert. Frei nach meiner Schwiegermutter: Familie bleibt Familie, sie wandelt sich nur. Und so gehören heute zu dem, was damals seinen Anfang nahm, noch einige Familienmitglieder mehr: Halbgeschwister, neue Partner und deren Familien. Unsere Tochter wächst in einer soliden Groß- oder Patchworkfamilie auf.

Nicht dass wir allein schon wegen des Freundschaftspakts alles richtig gemacht hätten. Natürlich gab es Schwierigkeiten, auch Tränen und manchmal große Sorgen. Was hätten wir nicht alles besser oder anders machen können. Gott sei Dank weiß ich, dass Kinder keine perfekten Eltern erwarten, sondern welche, die sich um sie kümmern. Und Gott sei Dank hatte ich Remo Largo als Diskussionspartner zur Seite.

Unsere Tochter ist heute ein junges Mädchen, ihr sonniges Wesen, dieses Was-kostet-die-Welt-Auftreten ist ihr geblieben. Sie sagt von sich, dass sie ein »glückliches Scheidungskind« ist, und natürlich ist in diesem Glück auch das wenige Unglück enthalten, das ihr das Leben bisher zugemutet hat. Ein Kind großzuziehen ist stets ein großes Abenteuer, welche Schwierigkeiten auch immer damit verbunden sind. Eltern zu helfen, ihre ganz persönliche Situation als dieses Abenteuer anzunehmen und zu gestalten, ist darum mein großes Anliegen.

Auch für mich, Remo Largo, war es am Anfang alles andere als leicht. Genaugenommen war vieles sogar ziemlich schwierig in der Zeit nach der Trennung und Scheidung von meiner ersten Frau. Die Wochenenden und Ferien allein mit meinen drei Töchtern im Alter von sieben, zehn und zwölf Jahren haben mich, so sehr ich das Zusammensein genossen habe, permanent überfordert. Eine große Erleichterung war, dass ich, im Gegensatz zu meinen Arztkollegen, in meiner Arbeit am Spital privilegiert war. Ich musste keine Nacht- und Wochenenddienste leisten, konnte mir die Arbeitszeiten selbst einteilen, wenn nötig auch zu Hause arbeiten und war so für die Kinder mehr verfügbar. Einige Jahre später dann, als sich die Kinder entschlossen, ganz zu mir zu ziehen, war mir meine zweite Ehefrau eine sehr große Hilfe. Ohne ihre Unterstützung hätte ich es schlicht nicht geschafft, den Kindern ein gutes Zuhause zu geben.

Heute sind die drei Töchter längst erwachsen. Die Älteste wurde Gärtnerin mit einem eigenen Betrieb. Sie hat früh geheiratet und zwei Kinder bekommen. Sie trennte sich vor einigen Jahren von ihrem Mann. Die Kinder leben seither bei ihr, verbringen aber viel Zeit mit ihrem Vater. Dann hat sie ihren jetzigen Partner kennengelernt und ist mit ihm zusammengezogen. Er brachte drei Kinder in die Beziehung, deren Mutter vor einigen Jahren gestorben ist. So entstand eine Patchworkfamilie mit fünf Kindern im Alter von fünf, sieben, zwölf, dreizehn und sechzehn Jahren. Meine mittlere Tochter ist ebenfalls Mutter von zwei Kindern. Nach zwölf Jahren Ehe trennte sie sich einvernehmlich von ihrem Partner. Die beiden Jungen leben bei ihr, verbringen aber mindestens die Wochenenden mit ihrem Vater, der mit seiner Partnerin und ihrem Kind auch in einer Patchworkfamilie lebt. Die jüngste Tochter ist als Psychiaterin beruflich sehr engagiert und lebt in einer Partnerschaft ohne Kinder.

Seit meiner ersten Heirat sind nun mehr als 40 Jahre vergangen. Wenn ich zurückblicke, bin ich erstaunt, wie sehr sich die Formen des Zusammenlebens seither verändert haben – und erfreut darüber, in welchem Ausmaß Ängste, rigide Moralvorstellungen und Vorurteile in der Gesellschaft abgebaut wurden. Unverändert geblieben sind jedoch die Verpflichtungen, welche Eltern gegenüber ihren Kindern erfüllen müssen. Die Erwachsenen haben sich von vielen traditionellen Fesseln befreit – gelegentlich, so mein Eindruck, auf Kosten der Kinder. Wenn die sozial vereinbarten Regeln in der Gesellschaft schwächer werden, steigt die Eigenverantwortung der Eltern. Kinder können sich nicht wehren. Sie sind darauf angewiesen, dass wir uns als Eltern, erweiterte Familien und Gesellschaft so ihrer annehmen, dass sie in Geborgenheit aufwachsen und sich bestmöglich entwickeln können. Ohne ein gründliches Umdenken darüber, wie wir in Zukunft unser Zusammenleben gestalten wollen, welchen Stellenwert Kinder und Familie für uns haben und welche Werte wir leben wollen, wird es nicht gehen.

Dank

Am Zustandekommen dieser vollständigen Neuausgabe unseres Buches *Glückliche Scheidungskinder* waren zahlreiche Menschen beteiligt. Leider können nicht alle hier namentlich erwähnt werden. Dennoch möchten wir zumindest die wichtigsten nennen.

Zunächst schulden wir wie schon bei der Erstausgabe all jenen Eltern unseren Dank, die uns ihre persönlichen Erlebnisse mit ihren Kindern während und nach der Trennung und Scheidung anvertraut haben. Sie alle haben uns erneut in der Überzeugung bestärkt, dass die meisten Eltern sich sehr um ihre Kinder bemühen und dass ein Buch über »glückliche Scheidungskinder« eine sinnvolle Hilfestellung sein kann. Ihre Erfahrungen haben auch unseren Blick dafür geschärft, was sich in den Jahren seit der Erstausgabe dieses Buches verändert hat und wo heute angesetzt werden muss, damit es Kindern nach der Trennung der Eltern gut geht.

Im Weiteren danken wir einer ganzen Reihe von Fachleuten, Kinderärzten, Juristen, Mediatoren und Therapeuten, die uns im Laufe der Jahre mit ihrem Wissen und ihren Erfahrungen zum Umgang mit Scheidungskindern bereichert haben. Ganz besonders danken wir folgenden Lesern und Leserinnen des Manuskripts: Maria Theresia Diez, Kathrin Largo, Gisela Hötker-Ponath, Herbert Renz-Polster, Sabine Schlippe-Weinberger und Birgit Schoeller. Sie haben uns viele wertvolle Anregungen gegeben und uns in unserem Grundanliegen bestärkt, die Kinder im Trennungs- und Scheidungsprozess konsequent und präventiv in den Mittelpunkt aller Überlegungen zu stellen.

Auch unserem Verlag und den Lektoren Margret Trebbe-Plath und Ulrich Wank sowie Nele Mengler schulden wir erneut großen Dank. Sie haben uns von Anfang an mit Enthusiasmus und Sachkenntnis begleitet.

Einmal mehr hätten wir ohne die liebevolle Unterstützung unserer Familien nicht so konzentriert arbeiten können. Sie haben sehr viel Verständnis dafür gezeigt, dass wir so manchen Abend und diverse Wochenenden für das Buch opfern mussten. Insbesondere sind uns aber die vielen guten Gespräche mit unseren nunmehr erwachsenen Scheidungskindern eine große Hilfe gewesen.

Remo H. Largo • Monika Czernin

Anhang

Glossar

Familienformen

- **Alleinerziehende/r** ist eine Mutter oder ein Vater dann, wenn sie/er ledig, verwitwet, dauernd getrennt lebend oder geschieden ein oder mehrere Kinder allein oder vorwiegend allein großzieht und betreut. Man nennt diese Familienform auch Ein-Eltern-Familien.
- **Großfamilie:** Unter einer Großfamilie versteht man die um Ur- und Großeltern, Tanten, Onkel, Cousins und Cousinen erweiterte und durch angeheiratete Mitglieder ergänzte Kernfamilie.
- **Kernfamilie:** Dieser Begriff beschreibt die ursprüngliche Familie, bestehend aus Vater, Mutter und den leiblichen Kindern. Jeder Mensch ist dauerhaft Teil dieses Familiensystems, auch wenn die Familie nicht oder nicht mehr zusammenlebt. Die Kernfamilie ist die weitest verbreitete Lebensform in der westlichen Welt.
- **LAT-Beziehung:** Living-apart-together-Beziehung ist eine Partnerschaft mit oder ohne Kinder, in der die beiden Partner nicht oder nur teilweise an ein- und demselben Ort wohnen.
- **Nachtrennungsfamilien** (auch **Zweitfamilien**) sind alle jene Formen familiären Zusammenlebens, die nach Trennung und Scheidung entstehen. Dazu gehören Alleinerzieher(innen)familien, LAT (Living-apart-together)-Beziehungen, Patchworkfamilien und Stieffamilien.
- **Patchworkfamilie:** Um eine Patchworkfamilie handelt es sich dann, wenn ein Elternteil mit oder ohne Kind(er) und ein Partner mit oder ohne Kind(er) zusammenziehen, zumindest aber einer der Partner ein Kind aus einer anderen Verbindung in die neue Familie mitbringt. Wenn die beiden dann auch noch ein oder mehrere leibliche Kinder bekommen, entstehen komplexe Verwandtschafts- und Beziehungsgeflechte – eine moderne Form der Großfamilie.

- **Regenbogenfamilie** ist eine Familie aus einem gleichgeschlechtlichen Paar und einem oder mehreren Kindern. Die beiden Partner können – sofern dies gesetzlich zulässig ist – eine gleichgeschlechtliche Ehe eingehen oder alternative Formen des Zusammenlebens, etwa eine eingetragene Partnerschaft begründen. Die meisten Kinder in Regenbogenfamilien stammen aus einer früheren heterosexuellen Beziehung eines Elternteils, nur ein geringer Prozentsatz aus künstlicher Befruchtung, durch Aufnahme von Pflegekindern oder durch Adoption. In Deutschland, Österreich und der Schweiz sind bisher jedoch nur sogenannte Stiefkindadoptionen leiblicher Kinder erlaubt. Die gemeinsame Adoption eines fremden Kindes ist bislang untersagt. Allerdings kann einer der Partner ein fremdes Kind adoptieren und der andere Partner das eingeschränkte Sorgerecht für dieses Kind beantragen. Da Regenbogenfamilien eine neue Familienform darstellen, müssen die gesetzlichen Regelungen in den kommenden Jahren noch angepasst werden.
- **Stieffamilie** ist eine alternative Bezeichnung für den aus dem Englischen übernommenen Begriff der Patchworkfamilie. Die Stief- oder Patchworkfamilie ist der dritthäufigste Familientyp nach der Kernfamilie und der Ein-Eltern-Familie bzw. der Alleinerzieher-Familie. Neben Stiefeltern gibt es in diesen Familien Stief- und Halbgeschwister sowie zusätzliche nicht leiblich Verwandte wie Großeltern, Tanten, Onkel.

Beziehungen unter Kindern

- **Halbgeschwister** sind Geschwister, die nur über einen Elternteil miteinander verwandt sind.
- **Stiefgeschwister** sind nicht miteinander verwandt. Sie haben unterschiedliche Eltern, die eine Ehe oder Partnerschaft eingegangen sind. Stiefgeschwister können dauerhaft in einer Stief- oder Patchworkfamilie zusammenleben oder auch nur teilweise, wenn sie zudem bei ihrem anderen Elternteil wohnen.

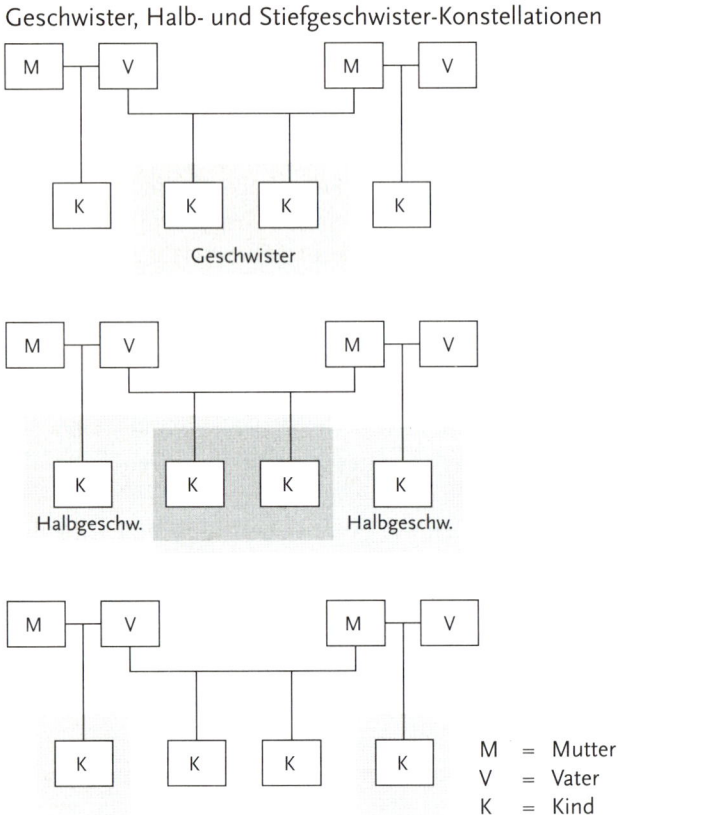

Geschwister, Halb- und Stiefgeschwister-Konstellationen

Geschwister

Halbgeschw. — Halbgeschw.

Stiefgeschwister

M = Mutter
V = Vater
K = Kind
G = Geschwister
SG = Stiefgeschwister

Formen des Zusammenlebens

- Beim **Nestmodell** pendeln nicht die Kinder zwischen den Eltern hin und her, sondern die Eltern ziehen in einem bestimmten Rhythmus in die gemeinsame Familienwohnung ein und wieder aus. Die Kinder haben dadurch nur ein Zuhause – allerdings mit wechselnden elterlichen Zuständigkeiten.
- Das **Residenzmodell** bezeichnet jene Umgangsregelung nach Trennung und Scheidung, in der das (die) Kind(er) mehrheitlich bei einem Elternteil leben und den anderen Elternteil in einem

bestimmten Rhythmus – jedes Wochenende, 14-tägig, an bestimmten Wochentagen usw. – besuchen und dort wohnen.
- Beim **Wechselmodell** pendeln die Kinder zwischen den Eltern hin und her. Jeder Elternteil erbringt die gleiche oder eine annähernd gleiche Betreuungsleistung. Die Grenzen zwischen dem Wechsel- und dem Residenzmodell sind fließend und verändern sich häufig im Laufe der Jahre.

Rechtliche Aspekte

- Das **Aufenthaltsbestimmungsrecht** haben beide Elternteile. Es ist Teil des Sorgerechts. Das Recht, in Angelegenheiten des täglichen Lebens allein zu entscheiden, hat jeweils der Elternteil, bei dem das Kind wohnt. Dazu gehören beispielsweise Fragen des Schulalltags, Anmeldung zum Nachhilfeunterricht oder im Sportverein, der Fernsehkonsum, die Kleidung, der Umgang mit Freunden, der Besuch von Sport- oder Kulturveranstaltungen, die gewöhnliche medizinische Versorgung usw. Das gemeinsame Sorgerecht regelt indes Angelegenheiten, die für das Kind von großer Bedeutung sind. Dazu gehören: Schulwechsel, Umschulung, Berufswahl, Wechsel des Kindes in ein Heim oder Internat, Taufe, schwere medizinische Eingriffe und Fernreisen.
- Ein **begleiteter Umgang** entspricht einem eingeschränkten Umgang, bei dem, zum Wohle des Kindes, ein mitwirkungsbereiter »Dritter« (Mitarbeiter des Jugendamts, oder einer anderen betreuenden Institution) am elterlichen Umgang teilnimmt. Oft wird diese Form des Umgangs auch bei Säuglingen und Kleinkindern verordnet, die mit einem (noch) unbekannten Vater Umgang pflegen sollen.
- Die **Cochemer Praxis (Cochemer Modell)** wurde von dem Cochemer Familienrichter Jürgen Rudolph initiiert, um Familienrechtsstreitigkeiten schneller und für die beteiligten Kinder besser lösen zu können. Dazu wurde eine interdisziplinäre Zusammenarbeit von allen am familiengerichtlichen Verfahren Beteiligten etabliert und eine Beschleunigung familienrechtlicher

Verfahren (frühe Terminierung) beschlossen. Im Interesse der Kinder sollen die Eltern trotz Trennung und Scheidung in die Lage versetzt werden, wieder miteinander zu sprechen und zu kooperieren (angeordnete Beratung oder Mediation). Das Cochemer Modell genießt inzwischen bundesweit Anerkennung und fand verschiedene Nachahmer (Warndorfer Praxis, Münchner Modell etc.).

- Als **Elternzeit** wird in Deutschland jener Zeitraum bezeichnet, in dem Eltern eine unbezahlte Freistellung von der Arbeit nach der Geburt eines Kindes genießen. Der Rechtsanspruch besteht nur für abhängig beschäftigte Eltern. Während der Elternzeit besteht Kündigungsschutz, außerdem erhalten Vater oder Mutter ein über die Zeit des Mutterschutzes hinausgehendes Elterngeld vom Staat. Der Mutterschutz beginnt sechs Wochen vor der Geburt und endet acht Wochen nach der Geburt bei gleichbleibendem Nettogehalt.
- Seit 2009 gibt es unter bestimmten Bedingungen auch einen Rechtsanspruch auf **Großelternzeit.** Dabei handelt es sich um eine Arbeitsfreistellung zur Betreuung der Enkel bis zu drei Jahren, wenn ein Elternteil minderjährig ist und die Schule besucht oder eine Ausbildung macht, sofern der Enkel im Haushalt der Großeltern lebt. Die Großeltern erhalten jedoch keinen finanziellen Ausgleich für ihren Verdienstausfall.
- Das **Haager Übereinkommen über die zivilrechtlichen Aspekte internationaler Kindesentführung** ist ein multilaterales Abkommen und hat zum Ziel, Kinder, die von einer Kindesentführung durch einen Elternteil betroffen sind, schnell zurückzuführen. Es wurde von über 100 Ländern ratifiziert, nicht jedoch von den meisten afrikanischen, südasiatischen und arabischen Ländern.
- Unter **Hochkonfliktscheidungen** versteht man stark eskalierende Elternkonflikte nach Trennung und Scheidung, die jahrelange rechtliche Auseinandersetzungen nach sich ziehen und den beteiligten Kindern großen Schaden zufügen können.
- **Kindeswille:** Noch bis vor wenigen Jahren hat die Rechtsprechung dem Kindeswillen wenig Bedeutung beigemessen. Von Familiengerichten wurden Willensäußerungen überhaupt erst

ab einem Alter von 14 Jahren erfragt. Das hat sich inzwischen geändert und verschiedene Formen der Kindesbefragung in familienrechtlichen Belangen haben sich auch bei viel jüngeren Kindern etabliert, ob durch Richter, Mediatoren, Kinder- und Jugendtherapeuten oder andere Fachleute.
- **Kindeswohl:** Ein am Wohl des Kindes ausgerichtetes Handeln achtet die Grundbedürfnisse und Grundrechte von Kindern und wählt bei mehreren Möglichkeiten diejenige Alternative, die dem Kind am wenigsten schadet. Zum Kindeswohl gehört in der Regel der Umgang mit beiden Elternteilen, aber auch eine Umgangsregelung, die den Kindern eine sozial, zeitlich und örtlich möglichst große Stabilität ermöglicht. Außerdem zählt zum Kindeswohl auch eine ausreichend gute Betreuung, Versorgung und materielle Absicherung der Kinder sowie der Zugang zu Schule und Ausbildung.
- Anspruch auf einen **Krippenplatz:** Seit August 2013 haben Eltern in Deutschland einen Anspruch auf einen Betreuungsplatz für Ein- und Zweijährige. Wer keinen Platz bekommt, kann diesen nun einklagen. In Österreich und der Schweiz besteht ein solcher Anspruch noch nicht.
- **Mediation** ist ein freiwilliges Verfahren zur konstruktiven Beilegung von Konflikten. Die Konfliktparteien versuchen dabei im Beisein eines allparteilichen Mediators zu einer Vereinbarung zu kommen, die ihren Bedürfnissen und Interessen entspricht.
- **Sorgerecht:** Wenn die Eltern verheiratet waren oder jeweils Sorgeerklärungen für ihr Kind abgegeben haben, haben sie auch nach der Trennung oder Scheidung die gemeinsame elterliche Sorge. Nur zum Schutz des Kindeswohls wird das Sorgerecht einem Elternteil abgesprochen bzw. dem Antrag auf alleinige Sorge eines Elternteils stattgegeben. Mit der Entscheidung des deutschen Bundesverfassungsgerichts vom 21. Juli 2010 wurde die rechtliche Stellung von Vätern, die mit der Mutter des Kindes nicht verheiratet waren, wesentlich gestärkt. Seither kann auch ein Vater aus einer nichtehelichen Verbindung ohne Einwilligung der Mutter die gemeinsame Sorge beantragen.
- **Umgangsrecht:** Das Kind hat einen eigenen Anspruch auf Umgang mit beiden Elternteilen, unabhängig von der Art des Sorge-

rechts. Eltern werden bei der Ausübung des Umgangsrechts dazu verpflichtet, »alles zu unterlassen, was das Verhältnis des Kindes zum jeweils anderen Elternteil beeinträchtigt oder die Erziehung erschwert« (Wohlverhaltensklausel). Umgangsberechtigte Personen sind aber auch Großeltern, Geschwister, Stiefeltern, frühere Pflegeeltern und andere enge Bezugspersonen, sofern der Umgang dem Wohl des Kindes dient. Wenn das Wohl des Kindes gefährdet ist, kann der Umgang vom Gericht eingeschränkt oder ausgeschlossen werden.

- **Unterhalt:** Man unterscheidet zwischen Kindes- und Ehegattenunterhalt. Kinder erhalten, wenn sie mehrheitlich bei einem Elternteil leben, bis zur Volljährigkeit Unterhaltszahlungen vom anderen Elternteil, die sich am Einkommen des Unterhaltspflichtigen orientieren (Düsseldorfer Tabelle).
- **Unterhaltsvorschuss (D)/Alimentenbevorschussung (CH):** Anspruch auf staatliche Unterhaltszahlungen haben Kinder bis zu zwölf Jahren von alleinerziehenden Müttern oder Vätern, wenn der andere Elternteil keinen oder einen unterhalb des Unterhaltsvorschusssatzes liegenden Unterhaltsbeitrag leistet und nach Einberechnung des Kindergelds der Mindestunterhalt nicht gesichert ist.
- Jedes Kind erhält automatisch bei Gericht einen **Verfahrensbeistand**, der als Anwalt des Kindes fungiert.
- **Verpflichtende Beratung und Mediation** kann vom Familiengericht bei Umgangs- und Sorgerechtsstreitigkeiten angeordnet werden.

Eltern sollten sich über folgende Aspekte klar werden, bevor sie mit dem Kind/den Kindern über die Trennung sprechen:

1. Wie war es bis jetzt?
- Wer hat die Kinder bislang ins Bett gebracht?
- Wer kann sie beruhigen, wenn sie Angst haben, nicht einschlafen können, verzweifelt sind, weil etwas nicht stimmt?
- Bei wem holen sie sich Trost, wenn sie sich wehgetan haben?
- Wer hat sie bisher versorgt (vom Kindergarten/der Schule abgeholt, gekocht, die Hausaufgaben begleitet …)?
- Mit wem haben die Kinder Sport gemacht, ihre Freizeit verbracht, gespielt?
- Zu wem kommen sie, wenn sie Schwierigkeiten mit den Hausaufgaben/in der Schule/mit den Freunden haben?

2. Was wird sich ändern?
- Werden die Kinder umziehen müssen?
- Wie werden sich die Schule, der Schulweg und die Nachbarschaft verändern und was kann gleich bleiben?
- Können die Kinder ihre Spielkameraden weiterhin sehen?
- Was wird sich an der Betreuungssituation ändern?
- Wer bringt sie ab jetzt zum Sport? Wer verbringt mit ihnen die Freizeit? Wer spielt mit ihnen?
- Werden die Eltern mehr arbeiten müssen und weniger Zeit für die Kinder haben?
- Wie oft und wie lange werden die Kinder den/die von ihnen getrennt lebende/n Vater/Mutter sehen? Wie groß und umständlich ist der Reiseweg?

3. Wer wird für die Kinder da sein?
- Wie viel Zeit wird der jeweilige Elternteil für die Betreuung und das Leben mit den Kindern haben?
- Wie wird der Vater/die Mutter diese Zeit gestalten?
- Wer wird welche Ferien mit den Kindern verbringen?
- Wer kümmert sich wie um die Schule?
- Wer wird bei der Betreuung der Kinder mithelfen?

Wie geht es meinem Kind/meinen Kindern in den drei wichtigen Bereichen (Fit-Konzept)?

1. Geborgenheit
Jedes Kind will sich geborgen fühlen. Kinder können nicht allein sein. Scheidungskinder noch viel weniger. Was braucht mein Kind, um sich geborgen zu fühlen?

_____
_____
_____
_____
_____

2. Soziale Integration
Jedes Kind braucht Freunde. Es will aus eigener Kraft seinen Platz in der Gruppe finden und sich soziale Anerkennung verschaffen. Hat mein Kind gute Freunde, eine Clique, fühlt es sich in der Schule wohl?

_____
_____
_____
_____
_____

3. Selbstständigkeit
Jedes Kind will seine Fähigkeiten möglichst gut ausbilden und braucht dafür ein Umfeld, das ihm Lernerfahrungen ermöglicht. Ist es interessiert, aktiv, neugierig? Wie geht es meinem Kind in der Schule? Wie verbringt es seine Freizeit?

_____
_____
_____
_____
_____

Welche Form des Umgangs ist für unser Kind/unsere Kinder die beste?

Pendeln
- Wie weit ist der Weg zwischen den beiden Wohnorten?
- Wie kommt das Kind von A nach B?
- Wer holt das Kind ab?
- Wie weit ist der Schulweg vom jeweiligen Zuhause und wie wird er bewältigt?
- Wo leben die Freunde des Kindes?

Zwei Zuhause
- Ist das Kind im Leben der neuen Familie/dem Zuhause des jeweiligen Elternteils willkommen?
- Hat das Kind an beiden Orten ein Kinderzimmer?
- Wer sorgt für das Kind, wenn es da ist?
- Wie ist das Wohn- und Lebensumfeld an beiden Orten?

Wie viel Stabilität braucht mein Kind?
- Welcher Pendelrhythmus ist für mein Kind gut? Ist es zufrieden oder gestresst durch das Herumreisen?
- Wo lernt mein Kind am besten?
- Wo hat es Freude und Spaß?
- Wo schläft es gut?

Fragen an die Tagesmutter

Zur Person
- Ausbildung, Erfahrung mit Kindern?
- Frühere Tätigkeiten?
- Eigene Kinder: Wie alt sind sie, was machen sie?
- Wie sind die Lebensbedingungen der Tagesmutter?
- Was macht ihr Lebenspartner?

Als Tagesmutter
- Welche Motivation hat sie, Kinder in Betreuung zu nehmen?
- Welche Vorstellungen bezüglich kindlicher Entwicklung und Erziehung hat sie?
- Was will sie über das Kind wissen?
- Wie interessiert ist sie, Eltern und Familie kennenzulernen?
- Bildet sie sich weiter?
- Hat sie eine Pflegeerlaubnis?
- Ist sie Mitglied in einem Verein für Tagesmütter?

Betreuung
- Wie viele Kinder betreut sie? Wie alt sind die Kinder?
- Wie viele Tage pro Woche und wie viele Stunden pro Tag betreut sie Kinder?
- Was bekommen die Kinder zu essen?
- Welche Spielsachen stehen den Kindern zur Verfügung?
- Welche Möglichkeiten haben die Kinder, im Freien zu spielen?

Räumlichkeiten
- Wie viel Raum steht den Kindern zur Verfügung?
- Wie sehen Küche und Toilette aus?
- Wie ist die nähere Umgebung?

Fragen an eine Kindertagesstätte

Grundhaltung
- Wie motiviert und interessiert sind die Betreuerinnen?
- Besteht ein kindorientiertes Konzept bezüglich Betreuung und Entwicklungsförderung?
- Wie groß ist die Bereitschaft, mit der Familie der Kinder zu kooperieren?

Personal
- Ist die Leitung pädagogisch qualifiziert?
- Haben die Betreuerinnen eine gute Ausbildung?
- Besteht eine klare und sinnvolle Verteilung von Aufgaben und Verantwortung?
- Werden die Betreuerinnen fachlich unterstützt?
  - ☐ Durch Weiter- und Fortbildung
  - ☐ Fachberatung
  - ☐ Supervision
- Ist die finanzielle Grundlage der Tagesstätte gesichert?
- Bestehen faire Arbeitsbedingungen und Löhne?

Räumliche Gegebenheiten
- Gibt es mehrere Spielzonen?
- Ist eine freie Gruppenbildung möglich?
- Wie anregend ist die Ausstattung?
- Ist das Spiel- und Lernmaterial für die Kinder leicht/gut zugänglich und anregend?
- Bestehen ausreichende Bewegungs- und Rückzugsmöglichkeiten?
- Wie sind die sanitären Einrichtungen?

Kriterien, die die Kindertagesstätte möglichst erfüllen sollte

Altersgemischte Gruppen
- Mindestens 3 Jahrgänge

Gruppengröße
- 8 Plätze für eine Gruppe mit einem Säugling und 7 Kleinkindern
- 10 Plätze für eine Gruppe mit 2- bis 6-jährigen Kindern

Kinder-Betreuer-Verhältnis
- Kinder jünger als 18 Monate: eine anwesende Betreuerin für 2 bis 3 Kinder
- Kinder 18 bis 36 Monate alt: eine anwesende Betreuerin für 4 Kinder
- Kinder 37 bis 60 Monate alt: eine anwesende Betreuerin für 5 Kinder
- Kinder älter als 60 Monate: eine anwesende Betreuerin für 6 bis 8 Kinder

Kinder-Betreuer-Beziehung
- Kontinuität in der Betreuung
- Mehr als eine Bezugsperson für ein Kind
- Jedes Kind hat jederzeit Zugang zu einer vertrauten Betreuerin
- Eine ausgebildete Betreuerin für eine nicht ausgebildete Betreuerin

Gruppenstabilität
- Mehrheitlich dieselbe Wochengruppe/Halbtagsgruppe/Tagesgruppe

Verpflegung
- kindgerecht

(Modifiziert nach Hellmann, Marie Meierhofer Institut www.mmizuerich.ch)

Eltern: Wie geht es mir? Was kann ich zur Verbesserung meiner Situation tun (nach Fit-Konzept)?

Bedürfnisse	Wie geht es mir?	Was kann ich für mich tun?
Geborgenheit	• Mit/ohne Partnerschaft • Beziehungen zur eigenen Familie • Freunde • Sicherheit	• Ausgehen, Partnerschaftsbörse • Beziehungen pflegen • Das eigene Zuhause wohnlich gestalten • Katze/Hund kaufen
Soziale Anerkennung	• Beziehungen zu Freunden • Soziales Netz durch die Arbeit • Engagement in der Freizeit	• Kontakt mit Freunden suchen • Enger Kreis von guten Freunden, die auch in der Not da sind • In einem Verein engagieren (Kirche, Sport, Hilfsverein …)
Entwicklung und Leistung	• Befriedigung durch eigene Arbeit/ehrenamtliche Tätigkeit/ Haushalt/ Betreuung der Kinder • Weiterbildung • Persönlichkeitsentwicklung • Hobbys und Freizeit	• Berufliche Situation verbessern • Fortbildung besuchen • Etwas für mich tun (Yoga, Meditation, Buchclub) • Reiten lernen

Wie werden die Grundbedürfnisse des Kindes in der Patchworkfamilie befriedigt (Fit-Konzept)?

1. Geborgenheit
In der Patchworkfamilie gibt es viele neue Beziehungen (zu Stiefeltern, Stief- und Halbgeschwistern, neuen Verwandten), die gemeistert werden müssen. Was braucht mein Kind, um sich im neuen Beziehungsgeflecht geborgen und aufgehoben zu fühlen?

_____
_____
_____
_____

2. Soziale Integration
Auch in der Patchworkfamilie brauchen Kinder Freunde und eine Clique außerhalb der Familie. Hat mein Kind in der neuen Familie gute Freunde, eine Clique, fühlt es sich in der Schule wohl?

_____
_____
_____
_____

3. Selbstständigkeit
Wie kommt das Kind im neuen Umfeld der Patchworkfamilie zu den Lernerfahrungen, die es braucht? Wie geht es meinem Kind in der Schule? Hat es Hobbys? Bekommt es die nötige familiäre Unterstützung, um seine Fähigkeiten entwickeln zu können?

_____
_____
_____
_____

Mutter/Vater: Wie viel Zeit verbringe ich mit meinem Kind?

Schätzen Sie für eine durchschnittliche Woche inklusive Wochenende die mit Ihrem/Ihren Kind(ern) verbrachte Zeit für die folgenden Aktivitäten ein.

Aktivität	Stunden/Minuten	Ausreichend? Kommentar
Gemeinsam verbrachte Zeit (Stunden)		
Wochentage		
Wochenende		
Gemeinsame Mahlzeiten (Anzahl)		
Frühstück		
Mittagessen		
Abendessen		
Gemeinsam Hausaufgaben machen (Stunden/Minuten)		
Gemeinsame Freizeit (Stunden/Minuten)		
Geschichten erzählen		
Fernsehen		
Natur erleben		
Sport machen		
Theater, Kino, Konzert		
Anderes		
Autofahren (Stunden/Minuten)		

Ich habe genug Zeit für mein/e Kind/er. (Bitte geben Sie an, wie sehr Sie dem zustimmen können)

| 100% | 50% | 0% |

Begründung: _____

Literatur

AID: A. *Aufwachsen in Deutschland: Alltagswelten,* DJI-Survey 2009
Amato, P. R.: *Children's Adjustment to Divorce: Theories, Hypotheses, and Empirical Support,* Journal of Marriage and the Family, 55/1993, S. 23–38
Amato, P. R.: *Life-span Adjustment of Children to their Parent's Divorce,* The Future of Children, 4/1994, S. 143–164
Amato, P. R., Keith, B.: *Parental Divorce and the Well-Being of Children: A Meta-Analysis,* Psychological Bulletin, 110/1991, S. 26–46
Amato, P. R. et al.: *Alone Together: How Marriage in America is Changing,* Cambridge 2009
Baker, A. J. L.: »The Long-Term Effects of Parental Alienation on Adult Children: A Qualitative Research Study«, in: Boch-Galhau, W.: *Parental Alienation und Parental Alienation Syndrome/Disorder. Eine ernstzunehmende Form der Kindesmisshandlung,* Berlin 2012
Balloff, R.: *Umgang des Kindes mit den Eltern und allen anderen bedeutsamen Bezugspersonen, zu denen das Kind »Bindungen« hat,* Frühe Kindheit 2/2013
Bauer, T.: *Kinder, Zeit und Geld,* Forschungsbericht. Schweizer Bundesamt für Sozialversicherungen 1998
Bauer, T., Strub, S.: *Ohne »Krippe Grosi« stünde Vieles still,* Büro BASS, Bern 2002
Beauvoir, S.: *Das andere Geschlecht. Sexus und Sitte der Frau,* Reinbek 2000
Beck, L.: *Eltern bleiben trotz Scheidung: Ein Krisenbewältigungsprogramm.* Weinheim, Basel, Berlin 2003
Beck-Gernsheim, E.: *Die Kinderfragen. Frauen zwischen Kinderwunsch und Unabhängigkeit,* München 1989
Beelmann, W., Schmidt-Denter, U.: *Kindliches Erleben sozial-emotionaler Beziehungen und Unterstützungssysteme in Ein-Elternteil-Familien,* Psychologie in Erziehung und Unterricht, 38/1991, S. 180–189

Belsky, J.: *The »Effects« of Day Care Reconsidered.* Early Childhood Research Quarterly, 3/1988, S. 235–272

Belsky, J., Steinberg, L.: *The Effects of Day Care: A Critical Review.* Child Development 49/1978, S. 929–949

Benedeck, E., Brown, C.: *Scheidung: Wie helfe ich unserem Kind?* Stuttgart 1997

Berger-Schmitt, R. K.: *Die Lebenssituation alleinstehender Frauen,* Schriftenreihe des Bundesministers für Frauen und Jugend, Band 1/1991, Stuttgart

Block, J. H. et al.: *The Personality of Children Prior to Divorce: A Prospective Study,* Child Development, 57/1986, S. 827–840

Bodenmann, G.: *Partnerschaftsstörungen und kindliche Auffälligkeiten,* Zürich 2013

Bowlby, J.: »Bindung: Historische Wurzeln, theoretische Konzepte und klinische Relevanz«, in: Spangler, G., Zimmermann, P. (Hg.): *Die Bindungstheorie: Grundlagen, Forschung und Anwendung,* Stuttgart 1995

Bronfenbrenner, U.: »Ökologische Sozialisationsforschung – ein Bezugsrahmen«, in: Bronfenbrenner, U., Lüscher, K. (Hg.): *Ökologische Sozialisationsforschung,* Stuttgart 1976, S. 199–220

Bundesamt für Statistik: *Bevölkerung und Erwerbstätigkeit,* Fachserie 1, Reihe 3: *Haushalte und Familien,* Stuttgart 1999

Bundesamt für Statistik: *Eidgenössische Volkszählung,* Neuchâtel 1998

Bundesamt für Statistik Deutschland: https://www.destatis.de/DE/Startseite.html

Bundesamt für Statistik Österreich: http://www.statistik.at/

Bundesamt für Statistik Schweiz: http://www.bfs.admin.ch/

Bundesministerium für Familie, Senioren, Frauen und Jugend (Hg.): *Familienreport. Leistungen, Wirkungen, Trends,* Berlin 2012

Bundeszentrale für politische Bildung: *Geschiedene Ehen nach Ehedauer.* www.bpb.de 2012

Burchinal, M. R., et al.: *Quality of Center Child Care and Infant Cognitive and Language Development,* Child Development 67/1996, S. 606–620

Cramer, D.: *Personality and Marital Dissolution.* Personality and Individual Differences, 14/1993, S. 605–607

Decurtins, L., Meyer, P. C. (Hg.): *Entschieden – Geschieden. Was Trennung und Scheidung für Väter bedeuten*, Zürich 2001

Dolto, F.: *Von den Schwierigkeiten, erwachsen zu werden*, Stuttgart 1995

DJI-Kinderpanel: *Wie wachsen Kinder in Deutschland auf?*, München 2002–2008

DJI-Studie, Schier, M., Bathmann, N., Hubert, S., Nimmo, D., Proske, A.: *Wenn Eltern sich trennen: Familienleben an mehreren Orten*, München 2011

DJI-Thema Bulletin: *Geteilte Sorge. Wie sich die Trennung der Eltern auf Kinder auswirkt – und die Familien einen Neuanfang meistern können*, Heft 89, München, 1/2010

DJI-Thema 2011/12, Dr. Gry Mette, D. Haugen: »Wenn Eltern sich trennen: Familienleben an mehreren Orten«, in: *Blick von außen I*, München 2012

DZA (Deutsches Zentrum für Altersfragen): *Freiwilligensurvey 2002*. www.dza.de

Eichenberger, U.: *Ohne »Krippe Grosi« geht nichts*, Tagesanzeiger, 6.9.2002, S. 9

Emery, R. E. et al.: »Assessment of Child and Marital Problems«, in: O'Leary, K. D. (Hg.): *Assessment of Marital Discord. An Integration of Research and Clinical Practice* 1987, S. 223–261

Erath, P.: *Argumente für Gemeinschaftserziehung kleiner und großer Kinder*, Theorie und Praxis der Sozialpädagogik, 3/1983, S. 137–141

Fichtner, J. et al.: *Kinderschutz bei hochstrittiger Elternschaft. Abschlussbericht*, München 2010

Fincham, F. D., Osborne, L. N.: *Marital Conflict and Children. Retrospect and Prospect*, Clinical Psychology Review, 13/1993, S. 75–88

Fthenakis, W. E., Minsel, B.: *Die Rolle des Vaters in der Familie*. Frühe Kindheit, 5/3/2002, S. 23–25

Fthenakis, W. E. et al.: »Scheidung als Reorganisationsprozess. Interventionsansätze für Eltern und Kinder«, in: Menne, K. et al. (Hg.): *Kinder im Scheidungskonflikt*, Weinheim 1993, S. 261–289

Gardner, R. A.: *The Parental Alienation Syndrome: A Guide for Mental Health and Legal Professionals*, New Jersey 1992

Gfk-Studie: *Qualitative Wirkungsanalyse zur Marke Rotbäckchen*, Nürnberg 2010

Gödde, M.: *Wenn Väter zu Fremden werden*. Familienhandbuch 2002 https://www.familienhandbuch.de/
Goleman, D.: *Emotionale Intelligenz*, München 1996
Grossmann, K. E. et al.: »Die Bindungstheorie«, in: Keller, H. (Hg.): *Handbuch der Kleinkindforschung*, Bern 1997
Haager Übereinkommen über elterliche Verantwortung und den Schutz von Kindern: http://europa.eu/legislation_summaries/justice_freedom_security/judicial_cooperation_in_civil_matters/jl0046_de.htm
Häupl, A.: *Die Kinderbetreuung im Vorschulalter im Spiegel der Sozialpolitik von Österreich, Frankreich und Ungarn*, Diplomarbeit, Norderstedt 2006
Heidelberger Familienbüro: www.heidelberger-familienbuero.de
Hellmann, J.: *Qualität in Krippen*, Marie-Meierhofer-Institut, Zürich 2002
Hetherington, E.M.: »The Aftermath of Divorce«, in: Stevens, J.H., Mathews, M. (Hg.): *Mother-Child, Father-Child Relationships*, National Association for the Education of Young children, Washington 1978, S. 149–176
Hetherington, E.M.: *Coping with Family Transition: Winners, Losers and Survivors*, Child Development, 60/1989, S. 1–40
Hetherington, E.M.: »The Role of the Individual Differences and Family Relationships in Children's Coping with Divorce and Remarriage«, in: Cowan, P.A., Hetherington, E.M. (Hg.): *Family transitions*, Hillsdale 1991, S. 165–194
Hetherington, E.M.: *An Overview of the Virginia Longitudinal Study of Divorce and Remarriage With a Focus on the Early Adolescent*, Journal of Family Psychology, 7/1993, S. 39–56
Hetherington, E.M., Kelly, J.: *Scheidung. Die Perspektiven der Kinder*, Weinheim 2003
Hollstein, W.: *Was vom Manne übrig blieb: Das missachtete Geschlecht*, Stuttgart 2012
Hötker-Ponath, G.: *Scheidungskinder im Blick – Wo bleiben die Kinder und Jugendlichen*, Blickpunkt EFL-Beratung, 4/2008, S. 38–50
Hötker-Ponath, G.: *Trennung und Scheidung – Prozessbegleitende Interventionen in Beratung und Therapie*, Stuttgart 2009
Institut für Demoskopie Allensbach (Hg.): *IfD-Umfrage 4297*, 2006

Johnston, J. R. et al.: »Clinical Ratings of Parenting Capacity and Rorschach Protocols of Custody-Disputing«, in: Paul, S.: *Aktueller Stand der nationalen und internationalen Forschung zu Folgen bei Kindern durch hochkonflikthafte Trennungen sowie Sammlung und kritische Bewertung von psychodiagnostischen Verfahren und wissenschaftlichen Erhebungsinstrumenten zur Erfassung von Folgen bei Kindern aus hochkonflikthaften Trennungsfamilien,* Potsdam 2010

Juul, J.: *Aus Stiefeltern werden Bonuseltern. Chancen und Herausforderungen für Patchwork-Familien,* München 2011

Kreyenfeld, M. et al.: *Finanzierungs- und Organisationsmodelle institutioneller Kinderbetreuung. Analysen zum Status quo und Vorschläge zur Reform,* DIW-Studie, Weinheim 2001

Kurdek, L. A.: *An Integrative Perspective on Children's Divorce Adjustment,* American Psychologist, 36/1981, S. 856–866

Kurdek, L. A.: »Children's adjustment«, in: Textor, M. R. (Hg.): *The divorce and divorce therapy handbook,* Northvale 1989, S. 77–102

Kurdek, L. A., Sinclair, R. J.: *Adjustment of Young Adolescents in Two Parent Nuclear, Stepfather, and Mother-Custody Families,* Journal of Consulting and Clinical Psychology, 56/1988, S. 91–96

Lamb, M. E., Wessels, H.: »Tagesbetreuung«, in: Keller, H. (Hg.): *Handbuch der Kleinkindforschung,* Bern 1997, S. 69–718

Largo, R. H.: *Verhaltens- und Entwicklungsauffälligkeiten: Störungen oder Normvarianten?,* Monatsschrift für Kinderheilkunde, 141/1993, S. 698–703

Largo, R. H.: *Kinderjahre. Die Individualität des Kindes als erzieherische Herausforderung,* München 1999

Largo, R. H.: *Babyjahre. Entwicklung und Erziehung in den ersten vier Lebensjahren.* München 2007

Largo, R. H., Czernin, M.: *Jugendjahre. Kinder durch die Pubertät begleiten,* München 2011

Lehmkuhl, U.: »Erfahrungen von Kindern und Jugendlichen im Rahmen der Trennung und Scheidung – Empirische Daten«, Zeitschrift für Familienforschung, 3/1991 S. 5–20

Lutz, W. (Hg.): »Lehrbuch für Paartherapie«, München 2006

Maccoby, E. E., Mnookin, R. H.: *Dividing the Child: Social and Legal Dilemmas of Custody,* Cambridge 1999

Marquart, E.: *Kind sein zwischen zwei Welten*, Paderborn 2011
Müller-Kucera, K., Bauer, T.: *Kindertagesstätten zahlen sich aus.* Sozialdepartement der Stadt Zürich: Edition Sozialpolitik, 5a/2001
Napp-Peters, A.: *Ein-Elternteil-Familien*, Weinheim 1985
Napp-Peters, A.: *Familien nach der Scheidung*, München 1995
Niesel, R.: »Erleben und bewältigen elterlicher Konflikte durch die Kinder«, *Familiendynamik*, 2/1995, S. 155–170
Offe, H.: »Empirische Scheidungsfolgen-Forschung: Ein Überblick ›über neuere Ergebnisse‹«, in: Han, J. et al. (Hg.): *Scheidung und Kindeswohl*, Heidelberg 1992, S. 25–53
Paul, S.: *Aktueller Stand der nationalen und internationalen Forschung zu Folgen bei Kindern durch hochkonflikthafte Trennungen sowie Sammlung und kritische Bewertung von psychodiagnostischen Verfahren und wissenschaftlichen Erhebungsinstrumenten zur Erfassung von Folgen bei Kindern aus hochkonflikthaften Trennungsfamilien*, Potsdam 2010
Pearce, F.: *Ab 2050 ist wieder viel Platz*, Weltwoche, 34/2002, S. 26–29
Petri, H.: *Erziehungsgewalt*, Frankfurt 1991a
Petri, H.: *Verlassen und verlassen werden*, Zürich 1991b
Rosengren, A. et al.: *Stressful Life Events, Social Support, and Mortality in Men Born in 1933*, British Medical Journal, 307/1993, S. 102–105
Rudolph, J.: *Du bist mein Kind. Die »Cochemer Praxis« – Wege zu einem menschlichen Familienrecht*, Berlin 2007
Rutter, M.: *Maternal Deprivation 1972–1978: New Findings, New Concepts, New Approaches*, Child Development, 50/1979, S. 282–305
Sandler, I. N. et al.: *Coping, Stress, and the Psychological Symptoms of Children of Divorce: A Cross-Sectional and Longitudinal Study*, Child Development, 65/1994, S. 1744–1763
Scarr, S.: *Wenn Mütter arbeiten. Wie Kind und Beruf sich verbinden lassen*, München 1990
Scarr, S., Eisenberg, M.: *Child Care Research: Issues, Perspectives, and Results*, Annual Review of Psychology, 44/1993, S. 613–644
Schmidt-Denter, U.: »Differentielle Entwicklungsverläufe von

Scheidungskindern«, in: Walper, S., Pekrun, R. (Hg.): *Familie und Entwicklung. Aktuelle Perspektiven der Entwicklungspsychologie,* Göttingen 2001, S. 292–313

Schmidt-Denter, U., Beelmann, W.: *Familiäre Beziehungen nach Trennung und Scheidung: Veränderungsprozesse bei Müttern, Vätern und Kindern,* Forschungsbericht, Band 1, Köln 1995

Sevèr, A., Pirie, M.: *Factors that Enhance or Curtail the Social Functioning of Female Single Parents,* Family and Conciliation Courts Review, 19/1991, S. 318–337

Smart, C.: *Equal Shares: Rights for Fathers or Recognition for Children?,* Critical Social Policy, 24/2004, S. 484–503

Tazi Preve, M. I. et al.: *Väter im Abseits. Zum Kontaktabbruch der Vater-Kind-Beziehung nach Scheidung oder Trennung,* Wiesbaden 2007

Wallerstein, J. S. et al.: *Scheidungsfolgen – Die Kinder tragen die Last. Eine Langzeitstudie über 25 Jahre,* Münster 2002

Walper, S.: *Familienbeziehungen und Sozialentwicklung Jugendlicher in Kern-, Eineltern- und Stieffamilien,* Zeitschrift für Entwicklungspsychologie und Pädagogische Psychologie, 27/1995, S. 93–121

Walper, S.: *Die Individuation in Beziehung zu beiden Eltern bei Kindern und Jugendlichen aus konfliktbelasteten Kernfamilien und Trennungsfamilien,* Zeitschrift für Soziologie der Erziehung und Sozialisation, 18/1998, S. 134–151

Walper, S.: »*Kinder wollen wissen, wie es weitergeht*«, in: www.familienhandbuch.de/trennungscheidung/die-zeit-vor-der-trennung/trennung-kinder-wollen-wissen-wie-es-weitergeht, 2008

Walper, S., Gerhard, A.-K.: »Konflikte der Eltern, Trennung und neue Partnerschaft: Einflüsse auf die Individuation von Kindern und Jugendlichen in Ostdeutschland«, in: Walper, S., Schwarz, B. (Hg.): *Was wird aus den Kindern? Chancen und Risiken für die Entwicklung von Kindern aus Trennungs- und Stieffamilien,* Weilheim 1999, S. 143–170

Walper, S., Gerhard, A.-K.: »Zwischen Risiko und Chance – Konsequenzen einer elterlichen Scheidung für die psychosoziale Entwicklung betroffener Kinder«, Persönlichkeitsstörungen, 7/2003, S. 105–116

Walper, S., Jurczyk, K.: *Gemeinsames Sorgerecht nicht miteinander verheirateter Eltern – Endbericht* 11/2010

Walter, C.: Referat über »Binationale Paare und ihre Kinder«. http://web.fu-berlin.de/xenos/doc/Binational, 2004

Weiss, R. S.: *Growing up a Little Faster: The Experience of Growing up in a Single Parents Household*, Journal of Social Issues, 1979, S. 81–111

von Borstel, S.: *Kommunen wollen »Krippen-Gipfel«*, Die Welt, 5.1.2013

Zartler, U. et al.: *Familien in Nahaufnahme. Eltern und ihre Kinder im städtischen und ländlichen Bereich*, Wien 2009

Register

A

Abhängigkeit, körperlich/psychische 34, 36f., 66, 68, 72f., 75, 80, 120, 149, 177f., 199, 230
Ablehnung 26, 38, 65, 131, 148f., 185f., 189, 192f., 201, 204, 237, 243, 253, 258, 260, 274
Ablösung 65f., 72, 120, 134, 193, 198, 237
Achtung/Achtsamkeit 72, 185, 253, 255, 274
Adoleszenz 63–72
   Bedeutung Gleichaltriger 54, 61
   Einstellung gegenüber Eltern 37
   jugendliche Sicht auf 64–67, 72f.
   Suizid 64
   und Zweitelternteil 251–254
Adoptivkinder 53, 68, 136, 256
Akzeptanz 49, 60, 68, 70, 72, 101, 105, 108, 110, 133, 140, 149, 157, 166f., 174, 179, 183f., 204, 210, 262, 279
Alleinerziehende 60, 83, 90, 130, 133, 164, 173, 208, 212, 220, 222, 228, 230, 233, 236, 238, 240, 286, 295, 300f., 304, 306
Anhänglichkeit, vermehrte 52, 100, 103, 112, 193, 214, 232
Au-pair-Mädchen 75f., 129, 133–135
Ausspielen der Eltern 144, 150, 255
autonome Lebensführung 187, 275
Autorität, erzieherische 145f.

B

Bedürfnisse, *siehe* Grundbedürfnisse
Besuchsregelung, Probleme der 114, 198
Betreuung 28, 49, 56, 76, 89, 94, 104, 106, 119, 126–142, 155, 179, 197f., 205, 217, 233, 235, 237, 247, 272, 296, 306
   außerfamiliäre 84, 90, 102, 130, 141, 213, 215, 277, 306
   familiäre 57, 79, 132, 277, 285f., 311
   kindgerechte 51, 138, 142, 295f.
   Residenzmodell 118, 121
   Wechselmodell 120, 124
Betreuungsqualität 27f., 36, 53, 58, 102, 129
Betreuungssystem 128f., 133f., 155, 203, 300–302, *siehe auch* Ganztagsstätten, Kinderkrippen, Tagesstätten

Beziehung, tragfähige 25, 28f., 47, 54, 57f., 67, 77, 84, 116, 119, 128f., 133, 139, 147–150, 165f., 195, 201, 204, 231, 246
Beziehungsfähigkeit 50f., 68, 72f., 87, 198, 266, 273
Bezugsperson(en) 28, 52–61, 75, 79, 83, 101f., 119, 124, 126f., 134f., 139f., 144, 146f., 151, 178, 201, 230, 239, 247, 251, 254f., 257, 267, 278, 285, 294, 307f.
  Eigenschaften 50f., 128, 165
  Verfügbarkeit 142, 277
Bindung, emotionale 132, 135, 245
Bindungsverhalten
  elterliches 79, 132
  Jugendlicher 53–55, 61, 72
  kindliches 50, 52–55, 57, 59, 66, 76–78, 146, 157, 261

D

Denkvermögen 26, 36, 38, 42, 45, 48
Distanzverhalten 25, 66, 69f., 72, 114, 254, 274
Doppelbelastung, elterliche 74, 236, 293f.

E

Eifersucht 100, 103, 149, 210, 227, 235, 237, 239, 250, 260–266
Elternbeziehung, scheidungsbedingte 185f., 204
Eltern-Kind-Beziehung 77–80, 128, 147, 154, 287
emotionale Verunsicherung 22, 74, 100, 103, 110, 112, 189, 193
Entwicklung, Aspekte kindlicher 31, 79, 98, 287, 293, 296
  Hauptfaktoren kindlicher 66, 72, 277f.
Entwicklungspotenzial, kindliches 203, 271
Entwicklungsstand 35, 38, 40, 42, 45, 48, 54, 96, 164
Entwicklungsverzögerung 100, 110, 136
Erfahrungen, konkrete gemeinsame 28f., 34, 41, 48, 50f., 54, 68f., 72f., 76f., 78, 127, 129, 201, 204, 241, 250, 262, 277f.
Erziehung 31, 49, 83, 87, 108, 115, 133, 143, 156f., 200f., 204, 228, 230, 236f., 241, 248f., 251f., 258, 286, 293, 295f., 300, 306
  antiautoritäre 288
  kindorientierte Grundsätze 123, 149
Erziehungsschwierigkeiten 148, 150, 256
Erziehungsstile, unterschiedliche 63, 124f., 128f., 143–145, 148, 153f., 157, 227

F

Familienmuster, überlieferte 88, 156, 174, 206–212, 283, 286
Familienformen 93, 104, 109f., 114, 120, 136, 271f., 275, 277, 280f., 292, 294, 305, 308, 311, *siehe auch* Alleinerziehende, Patchworkfamilie
Familiengründung, neue 220–267
Fit-Konzept 102, 108, 166
Folgekosten elterlicher Verhaltensweise 86
Frauen, geschiedene 84, 157, 187, 212, 218, 225f., 272, 280, 300
Freundschaften zu Gleichaltrigen 67, 83
Fürsorge 50, 54f., 78f., 82, 109, 184, 217f., *siehe auch* Betreuung

G

Ganztagesstätten 139, 295, 301, 306
Geborgenheit 23, 51, 53, 55, 64, 66, 68f., 76, 100–106, 108, 110, 112, 117f., 122, 125f., 129, 147f., 151, 155f., 164, 166–170, 173f., 179, 189, 203, 206f., 211f., 214, 216, 233, 238, 241, 245, 255, 257, 260–263, 275, 278, 285, 311
Geburtenrate und Bevölkerungsentwicklung 287, 305
Gefühlsebene 28, 31, 38, 45, 48, 67, 70, 77, 97f., 117f., 131, 153, 160–218, 256, 279, 310
Gehorsam 146, 157
Geschwister 27, 30, 43, 49, 111, 131, 177, 203, 209, 221, 224, 244, 257, 261, 275, 287
Geschwister-, Halb- u. Stiefgeschwister-Konstellation 210, 221, 224f., 247f., 260, 262–267, 280
-Beziehungen 100, 103, 113, 260, 262, 267, 286
gesellschaftliche Rahmenbedingungen 277f., 302, 305f., 308, 311
  Deutschland 88, 116, 122, 132f., 141, 202, 233, 289f., 292, 294, 296f., 299, 301f., 305f., 308f.
  Frankreich 122, 301f.
  Niederlande 203
  Österreich 123, 290, 292, 294, 302, 305f.
  Schweiz 128, 132, 154, 205, 289–292, 294, 299, 302, 304–306, 308
  Skandinavien 203, 302, 305, 308
Gewalt, körperlich/psychische 153f., 157, 197, 200
Grenzen setzen 112, 130, 144, 147f., 150, 226, 228, 230
Grundbedürfnisse, kindliche 51f., 54f., 76f., 101f., 109f., 141, 218, 230
  Erwachsener 165f., 187, 293
  Bedeutung je nach Alter 102

H

Halbgeschwister 210, 225, 247, 261, 265, 280
Hauptbezugsperson 52, 55, 57f., 60, 75f., 90, 117, 133, 135, 250, 263, 286

I

Identitätsfindung/-suche 68, 70, 88

K

Kinderkrippe 113, 136, 138–140, 302, 306
   Qualitätsanforderungen an 140–142
Kindesmisshandlung 37, 198
Kommunikation, regelmäßige elterliche 200, 204, 256
Konkurrenz, mütterliche 135
konstruktives Streiten 184f., 190
Kontaktförderung/-erschwerung 28, 78, 80, 152, 203, 241
Kontinuität, siehe Betreuung
Körpersprache 26
Kostenfaktor Kind 302f.
Kosten/Nutzen von Kindertagesstätten 139–141

L

Langzeitfolgen, siehe Scheidungskinder
Lebensbedingungen 110, 118, 125, 130, 162, 166, 195, 247, 262, 276–279, 285, 287, 293, 308
Lebensbogen, Verständnis für den 38, 44, 48
Lebenswelt, kindliche 27, 59, 94, 143
Leistung/Leistungsfähigkeit 99–101, 106f., 109f., 121, 125, 166, 174, 179, 218, 262
Lesen kindlichen Verhaltens 92, 102, 214
Liebe 24f., 34–39, 48, 65–67, 71f., 78, 86, 101, 143, 146, 149, 164, 177, 189, 194, 209, 214, 220, 241, 243, 258, 270, 276, 309–311
Loyalitätskonflikte 53, 65f., 72f., 123, 145, 172, 189, 192, 200, 204, 237, 252f.

M

Machtkampf, elterlicher 150, 171, 255
   kindlicher 150, 255
magische Phase 96f.
Männer, geschiedene 162, 167f., 174, 238, 309
Meinungsverschiedenheiten, erzieherische 145, 157, 235, 251, 258

P

Parental Alienation Syndrom (PAS) 87, 197f.
   Merkmale 198
Partei ergreifen 166, 172, 191f., 200
Partnerschaft vs. Elternschaft 24, 30, 52, 125, 161, 184, 192,

225, 230, 239, 241, 246, 275, 292f., 311
Patchworkfamilie 83, 208, 210, 212, 220–267, 280
aus Sicht des Kindes 242–267
psychosomatische Störungen 99f., 103, 106f., 110, 162f., 179, 212
Pubertät 36, 53, 57, 60, 63–72, 114, 120, 134, 190, 198, 237, 251–253, 256, 266, 279
Elternrolle in der 54f., 67, 91

Q
Quality-Time-Methode 134

R
Ratgeberliteratur 20, 26, 147, 216
Raumvorstellung 41f.
Rollenspiele 38, 95, 97f.
Rollenverständnis 38, 84, 87, 161, 163f., 253, 255, 289, 294f.
väterliches 69, 88, 92f., 129, 131, 156, 235f., 251f.

S
Scheidung/Trennung 20f., 62f., 83f., 86, 89f., 193
Auswirkungen 110, 193, 218, 270–281, 297
harmonische 22, 30, 185, 189
professionelle Begleitung 170, 180
Sündenbockfunktion 172, 196, 201, 280

Scheidungen und Scheidungskinder 292, 294
Scheidungshäufigkeit 240, 290f., 294
Zweitehen 248
Scheidungskinder 20–25, 83, 86, 107, 110, 114, 116, 130, 185, 193, 281
Beziehungsfähigkeit von 51, 67f., 72f., 198, 266, 273
Langzeitfolgen bei 185, 196, 274, 276, 281
Vorurteile gegenüber 212
Scheidungskonflikt 27, 31, 49, 62f., 71f., 186, 193, 200–205, 224, 270–281, 296f.
Bewältigung 183, 185
Scheidungstrend 290f.
Schuldgefühle
elterliche 62f., 68, 144, 148, 160, 177, 179, 210–218, 253
kindliche 61f., 144, 191, 236
Schuldzuweisung 154, 165, 171, 183f., 196f., 200, 204
Selbstwahrnehmung 38
Selbstwertgefühl 51, 55, 105f., 109f., 120, 125, 174, 179, 191, 203, 218, 262, 271, 279, 281
soziale Isolation 166, 170f., 173, 179, 183f., 285, 287
soziale Strukturen, Entwicklung des Verständnisses für 38, 99, 101, 104–110, 147, 216, 224, 262f., 286f., 292
soziales Netz 50, 54, 89, 155, 166, 173, 187, 212, 231, 247, 278f.

soziales Umfeld 99, 125, 136, 138, 141, 166f., 171, 174, 178f., 187, 189, 203f., 215, 238
Stellenwert von Kindern 277, 304
Stiefeltern 201, 208, 210, 224, 238, 244–247, 250–256, 265–267, 276, 292, 308
Stiefgeschwister 221, 224f., 247f., 260–267
Stiefmutter 225, 244, 255
Stiefvater 252
Streit, elterlicher 23, 26f., 30f., 36, 53, 56, 61, 66, 70, 86, 93, 101, 103, 109, 114, 121, 148, 162, 181–205, 228, 248, 270, 272, 274, 277, 281, 297
Stress 35, 82, 99, 106, 112, 125, 140, 148, 162, 177, 278

T

Tagesmutter 136–142
　Fragen an die 139
Tagesstätte, Qualität der 140–142
Trennungsphase 24, 31
Trennungsschmerz 21, 29, 62f., 65, 78f., 97, 156, 181f., 195
Trennungssymptome, *siehe* Scheidung, Auswirkungen

U

Überforderung 68, 75, 85, 91, 104f., 119, 134, 148, 152, 155, 162, 178f., 184, 193, 209, 215, 220f., 231, 248, 298, 306

Umgebung, vertraute 41, 51, 55, 62, 64, 113, 117, 189, 276f.
Unterstützung 31, 33, 47, 49, 75, 85, 92, 94, 99, 114, 118, 123, 125, 133, 152, 155, 165f., 170, 172, 179, 183, 209, 215, 228, 246, 251, 253f., 266, 276f., 285, 293, 301, 203–306

V

Vater-Kind-Beziehung 22, 24–27, 29, 40, 49, 56–58, 60–65, 74–77, 92, 128, 149–152, 157, 196, 204, 275
Väter, geschiedene 20, 78f., 84–89, 91, 162, 199, 210f., 233, 235, 239, 242, 276
Veränderungen ansprechen 27, 33f., 246
Verantwortung, elterliche 30f., 76–79, 82, 84, 97, 108, 121, 128–130, 192, 198, 210, 216, 235, 271, 297, 301, 305
soziale 130, 215, 256f., 286
Verdrängung, kindliche 21
Verhaltensauffälligkeiten 98–101, 103, 106–110, 148, 179, 191, 193, 195, 211–213, 248, 271f., 281
Verlust(ängste) 24, 53, 61, 66, 72, 75, 113, 135, 140, 149, 168, 177, 182, 187, 201, 237, 240, 275, 278, 281
Vernachlässigung 23, 25, 100, 103f., 106, 108, 141, 148, 150, 154, 157, 177, 179, 197, 200, 204, 262

Vertrautheit 27, 38, 41, 50f., 54, 57f., 64, 83, 115–117, 119, 121, 127, 132, 134, 147, 149, 176, 231, 235, 276f.
Verwöhnung 112, 144, 150, 157
Vorbild 50f., 53, 60f., 68f., 71, 134, 143, 147, 209, 218, 237, 254, 262, 266, 274, 278, 281, 285

W

Weltbild, kindliches 27, 36, 178
Wiederverheiratung(squote) 233, 238, 242–245, 254, 259
Wohlbefinden des Kindes 23, 27f., 38, 50f., 55, 58, 64–66, 73, 75f., 79, 84, 103f., 109, 116, 135, 192, 199, 203, 212, 237, 245, 250, 262, 278, 284, 296, 309
  Beeinträchtigungssymptome 23, 50, 58, 74–76, 98, 100, 110, 262, 278
Wohlbefinden Geschiedener 167–169, 278
  Beeinträchtigungen 166, 179, 285
wohlstandsverwahrloste Kinder 128

Z

Zeitfaktor 45, 52, 54, 56, 71, 74f., 78f., 89, 93f., 112, 121, 128, 130, 148, 165, 174, 179, 215, 217, 230f., 238, 241, 247, 249, 256, 266, 276f., 303
Zeitverständnis 36, 43, 48
Zuhause, unterschiedliche 93, 101, 111–125, 149, 247
  Qualität des 117f., 121, 125
Zusammenwachsen neuer Gemeinschaften 231, 249f.
Zusatzbelastungen, trennungsbedingte 82, 89
Zuwendung 38, 50–52, 54f., 57f., 66, 77, 79, 90, 100, 102, 110, 112, 125, 127, 142, 147, 157, 164f., 167f., 176, 179, 212, 216, 232, 236, 261, 263, 277f.
Zweiteltern, *siehe* Stiefeltern

Bildnachweis

Seite 10: Horst Reuther
Seite 11: Getty Images, Robert Daly
Seite 29, links: Getty Images, Stuart O'Sullivan
Seite 29, rechts: Getty Images, stevecoleimages
Seite 44: Remo H. Largo
Seite 65: iStock by Getty Images, Aldo Murillo
Seite 103: Getty Images, Donna Day
Seite 173, links: Getty Images, Purestock
Seite 173, rechts: Bildagentur-online/Tetra
Seite 186: Getty Images, Image Source
Seite 208: Getty Images, fStop Images – Halfdark
Seite 223: Remo H. Largo
Seite 310: Antonio Guillem
Seite 311: Getty Images, Matthias Tunger

»Largos Erziehungsklassiker sind aktueller denn je.«

Frankfurter Allgemeine Zeitung

Remo H. Largo /
Monika Czernin

Jugendjahre

Kinder durch die Pubertät begleiten

Piper, 400 Seiten
Mit 77 Abbildungen und Grafiken
€ 24,99 [D], € 25,70 [A], sFr 35,90*
ISBN 978-3-492-05445-4

Computersucht, Komasaufen, Schulmüdigkeit – selten gibt es positive Schlagzeilen über Jugendliche. Mit ihrem Buch wollen Remo H. Largo und Monika Czernin Verständnis für die Jugendlichen und ihre schwierigen Entwicklungsaufgaben wecken und den Blick dafür schärfen, dass in ihren Händen die Zukunft liegt. Ein Buch, das zum Umdenken auffordert.

PIPER

Leseproben, E-Books und mehr unter www.piper.de